21世纪高等院校财政学专业教材新系

南开大学"十四五"规划核心课程精品教材

U0648352

政府预算

（第三版）

Third Edition

马蔡琛　编著

GOVERNMENT BUDGET

东北财经大学出版社

Dongbei University of Finance & Economics Press

大连

图书在版编目（CIP）数据

政府预算 / 马蔡琛编著. —3版. —大连：东北财经大学出版社，2023.9
（21世纪高等院校财政学专业教材新系）
ISBN 978-7-5654-4953-6

Ⅰ．政…　Ⅱ．马…　Ⅲ．国家预算–预算管理–高等学校–教材　Ⅳ．F810.3

中国国家版本馆CIP数据核字（2023）第165229号

东北财经大学出版社出版
（大连市黑石礁尖山街217号　邮政编码　116025）
网　　址：http：//www.dufep.cn
读者信箱：dufep@dufe.edu.cn
大连天骄彩色印刷有限公司印刷　东北财经大学出版社发行
幅面尺寸：185mm×260mm　字数：339千字　印张：14.25　插页：1
2023年9月第3版　　　　　　　　2023年9月第1次印刷
责任编辑：刘东威　　　　　　　　责任校对：何　群
封面设计：张智波　　　　　　　　版式设计：原　皓
定价：52.00元

第三版前言

时隔五年，《政府预算》一书的第三版又要同读者见面了。尽管这是一次常规性的修订，但为了更好地体现一本教材的价值所在，在本书写作过程中，还是花费了不少心血的。

"国家的预算是一个重大的问题，里面反映着整个国家的政策，因为它规定政府活动的范围和方向。" 党的二十大报告从战略和全局的高度，明确了进一步深化财税体制改革的重点举措，提出"健全现代预算制度"，为做好新时代新征程财政预算工作指明了方向、提供了遵循。

在秉承前两版一贯风格的基础上，《政府预算》第三版结合《中华人民共和国预算法实施条例》等最新法律规范和改革实践，以及近年来笔者的教学感悟和研究成果，系统优化调整了全书的篇章结构布局，突出了理论与实践相结合，国内与国外相比较，深入浅出地梳理并阐释了中外政府预算的最新理论研究成果、发展路径、改革进程以及未来走向，更多地体现了"学以用为贵"的教材写作思路。本书不仅适合高等院校财政学专业以及其他经济管理类专业的本科生和研究生专业课程使用，也可供有关工作人员学习参考。

在潜心构思教材如何不断完善与持续推进研究的前沿性探索这两个方面，尽可能实现二者的相辅相成，一直是本书致力于实现的一个重要目标。在过去的五年中，我先后主持完成了国家社会科学基金重大项目"我国预算绩效指标框架与指标库建设研究"、审计署重点科研课题"财政资金绩效审计研究"、中国财政学会招标课题"重构全面绩效管理机制研究"以及全国预算与会计研究会招标课题"预算支出标准研究"等项目。目前正在主持推进的研究课题主要有：国家社会科学基金重大项目"新时代中国预算绩效管理改革研究"、中国教育会计学会重点研究课题"部门预算管理一体化背景下的高校绩效管理改革研究"等。这些政府预算系列研究课题的最新成果以及研究感悟，也尽可能地融入了第三版教材的修订之中。

在本书的前两版前言中，我都曾说过这样一句话："本书名为编著，其实某些章节实在是'著多编少'。"在第三版的修订中，仍旧坚持了这一原则。当然，为了践行这句话，这些年也确实付出了更多的努力与汗水。

我在南开大学带领的研究团队协助进行了文献收集与整理、制度规范与数据资料的对比更新、初稿和清样的校对等基础性工作。管艳茹、白铂、赵笛、桂梓椋、苗珊、朱旭阳、孙小雪、林江、马刘丁、朱雯瑛、黄少含等同志，为这些工作的顺利完成，付出了很多辛苦和汗水，在此一并致谢！

感谢"南开大学'十四五'规划核心课程精品教材"建设工程和南开大学经济行为与政策模拟实验室所提供的资助与支持。

感谢东北财经大学出版社刘东威老师多年来的支持与鼓励，并为本书的编辑出版付出了大量心血。

因笔者时间和水平所限，书中难免有不尽如人意之处，且留待未来的岁月中，或有机缘得以进一步完善吧。

愿中国政府预算改革能够行稳致远、未来可期！

马蔡琛

2023 年 8 月 22 日 初稿于 CA2862 航班重庆至天津途中，草于万米高空

2023 年 8 月 25 日 定稿于白河之津 北运河畔

目 录

第 1 章　政府预算概论 / 1

1.1　政府预算与生活中的经济现象 / 1

1.2　政府预算的起源与演进 / 6

1.3　现代预算制度的演化特征：基于百年预算史的考察 / 15

1.4　不同视角下的政府预算内涵界定 / 19

本章小结 / 21

综合练习 / 21

推荐阅读资料 / 24

第 2 章　政府预算的组织构架与最新实践 / 25

2.1　政府预算的组织构架与种类 / 25

2.2　政府预算的管理职权 / 29

2.3　政府预算的研究视角 / 35

2.4　预算管理制度改革的主要成就 / 45

本章小结 / 52

综合练习 / 52

推荐阅读资料 / 52

第 3 章　政府预算的管理原则与主要模式 / 54

3.1　古典预算管理原则 / 54

3.2　现代预算管理原则 / 59

3.3　我国的政府预算管理原则 / 60

3.4　政府预算的主要管理模式及其演化 / 63

本章小结 / 83

综合练习 / 83

推荐阅读资料 / 85

第4章　政府预算管理的利益相关方分析 / 86

4.1　政府预算利益相关主体的结构 / 86

4.2　预算管理的资金需求方 / 88

4.3　预算管理的资金供给方 / 90

4.4　预算管理的监督制衡方 / 101

4.5　利益相关方的整合：共同治理的预算管理框架 / 104

本章小结 / 106

综合练习 / 107

推荐阅读资料 / 107

第5章　政府预算的收支分类体系 / 108

5.1　政府预算收支分类概述 / 108

5.2　政府收支分类体系的国际经验 / 112

5.3　我国现行政府收支科目体系：以2023年为例 / 116

本章小结 / 123

综合练习 / 123

推荐阅读资料 / 125

第6章　政府预算编制与决策过程 / 126

6.1　政府预算编制与决策概述 / 126

6.2　政府预算编制的组织形式 / 128

6.3　预算编制的法律规定 / 130

6.4　部门预算的编制流程 / 134

6.5　政府预算收支的测算方法 / 136

6.6　部门预算的报表体系 / 138

6.7　中期财政规划改革：中期预算视野中的决策过程 / 146

本章小结 / 152

综合练习 / 153

推荐阅读资料 / 154

第7章　预算执行与国库管理 / 155

7.1　政府预算的执行 / 155

7.2　国库管理 / 164

7.3　财政总预备费管理 / 174

本章小结 / 179

综合练习 / 180

推荐阅读资料 / 182

第8章　政府决算与综合财务报告 / 183

8.1　政府决算 / 183

8.2　政府财务报告 / 187

本章小结 / 195

综合练习 / 196

推荐阅读资料 / 196

第9章　预算监督与绩效管理 / 197

9.1　政府预算监督 / 197

9.2　预算绩效管理：走向现代财政制度的必由之路 / 203

本章小结 / 216

综合练习 / 216

推荐阅读资料 / 217

主要参考文献 / 218

第1章

政府预算概论

通常，在每年第一季度，全国人民代表大会闭幕后，各大门户网站和主流媒体都会刊登上年预算执行情况和当年预算草案的报告。与之相应，地方各级报刊媒体于当地人民代表大会闭幕后，也往往要登载其上年预算执行情况和当年预算草案报告的全文或摘要。

但是，如果我们随机询问某个人是否留意过预算报告所讲述的内容，答案往往是："好像没有过。"倘若进一步再追问下去，为什么没有关注那些政府预算的相关报道时，人们的解释就多种多样了。其实，早在1902年，列宁同志在其《评国家预算》一文中就曾指出："尽管国家财政问题十分重要，对这些问题感兴趣的人却很少，这是不足为奇的。"[1]

其实，政府预算绝不仅仅是政府的事情，它与现实生活中的每一个人息息相关。政府预算中的每一个数字都反映了一定的经济内涵。只要稍微留意一下其中的含义，就会发现，原来我们生活中发生的许多重要事情，就是由这些数字造成的。[2]新中国成立初期，毛泽东同志就曾指出："国家的预算是一个重大的问题，里面反映着整个国家的政策，因为它规定政府活动的范围和方向。"[3]在党的十八届三中全会发布的《中共中央关于全面深化改革若干重大问题的决定》中，明确了建立现代财政制度的财税改革总体方向。在党的十九大报告中，针对现代预算制度进一步强调指出，建立全面规范透明、标准科学、约束有力的预算制度，全面实施绩效管理。党的二十大报告提出"健全现代预算制度"，讲求绩效成为现代预算制度的重点要求。

1.1 政府预算与生活中的经济现象

很多青年同学的长辈，如果主修的并非经济管理类专业的话，在他们学生时代的印象中，"预算"一词只是曾经出现在叶圣陶先生的名篇《多收了三五斗》的一段话中：

旧毡帽朋友今天上镇来，原来有很多的计划的。洋肥皂用完了，须得买十块八块回去。洋火也要带几匣。洋油向挑着担子到村里去的小贩买，十个铜板只有这么一小瓢，太吃亏了；如果几家人家合买一听分来用，就便宜得多。陈列在橱窗里的花花绿绿的洋布听说只要八分半一尺，女人早已眼红了好久，今天桌米就嚷着要一同出来，自己几尺，阿大几尺，阿二几尺，都有了预算。有些女人的预算里还有一面蛋圆的洋镜，一方雪白的毛

---

① 列宁. 列宁全集：第6卷［M］. 中文2版. 增订版. 北京：人民出版社，1986：240.
② 马蔡琛. 如何解读政府预算报告［M］. 北京：中国财政经济出版社，2002：1.
③ 毛泽东. 毛泽东文集：第6卷［M］. 北京：人民出版社，1999：24.

巾，或者一项结得很好看的绒线的小团帽。难得今年天照应，一亩田多收这么三五斗，让一向捏得紧紧的手稍微放松一点，谁说不应该？

在这一小段文字中，两次提及了"预算"一词。其实，叶老先生在这里所提到的预算，在经济学的视野中，指的是所谓的"私人家庭预算"，这与政府公共部门的预算还是有一些区别的。

从历史上看，国家干预除"君主的善意"外，并没有其他理由。但在整个19世纪，欧洲各国预算的增加和议会监督范围的扩大，使得为公共开支和国家税收提供确切的理由，成为一个更加迫切的问题。其基本理论思想是，在某些情况下，市场会发出不正确的信号，因此，集体的流动资金在自由行动和分散作出决定的个人手中，有时候不会得到最好的利用。国家用同等数额的资金，可以取得一致认为较好的结果。[1]现代市场经济是由政府介入的公私混合的经济运行机制。混合经济（mixed economy）意味着经济制度是政治和市场过程的混合物。在混合经济中，存在着配置资源的不同手段，不仅有市场机制，也有政府调节，两者共同发挥作用，促进经济和社会稳定可持续发展。

用更通俗的语言描述，我们日常生活中所需要的物品或服务大致可以分为两类：一类是由个人或家庭分别消费、单独受益的一般物品或服务，如食品、家电、服装及其他日用品等，在理论上称为"私人产品或服务"。这类产品或服务，企业愿意并且有能力生产或提供。另一类是为整个社会联合消费、共同受益的特殊产品或服务，如发电站、水库、铁路、大学、医院等。这类产品或服务，企业往往不愿意或没有能力生产或提供，难以通过市场机制加以妥善解决，往往需要政府出资兴建或予以资助，在理论上称为"公共（或准公共）产品或服务"。

下面，我们通过一个经济学中早期使用的关于"灯塔"的例子，来说明公共产品或服务存在的必要性。设想一个由居住在孤岛上的居民组成的社会，为了避免渔船夜晚搁浅或触礁，很显然需要一个灯塔。但是，无论是一个渔民为自己使用而修建，还是所有渔民都参与建设，只要灯塔建成了，每一个渔民都能从其服务中获取利益。像灯塔这样的公共或集体产品的显著特征就在于它的非竞争性和非排他性。非竞争性意味着一个灯塔可以由许多人使用。渔民数量的增加不会减少其他人可以得到的服务。而非排他性则意味着在当时的技术手段条件下，难以排除其他渔民不付任何代价而使用灯塔的情况。这种"免费搭车者"（free rider）的现象导致公共产品或服务缺乏资金来源而无法正常供应。所以，公共产品的供应往往只有通过政府提供才可行。

我们生活的现代经济社会，就是这样一种由提供竞争性产品的"私人经济部门"和提供公共产品的"政府经济部门"两大部类组成的混合经济。而政府预算集中反映了政府部门提供公共产品的规模和结构及其相应的成本耗费，以及筹集所需资金的具体来源等。政府财政经济活动的具体操作过程，往往由专门机构来完成（主要是财政部门），普通公众由于时间和专业知识的局限，往往难以详细了解。而政府预算则汇总了政府公共部门年度经济活动的主要内容，是我们了解政府经济活动和财政经济政策的重要窗口。

现实生活中，我们身边的许多事情都直接或间接在政府预算中得到反映。我们也经常可以从报刊、电视、广播以及互联网上看到或听到一系列政府预算所涉及的问题。

---

[1] 拉费 J，勒卡荣 J.混合经济 [M].宇泉，译.北京：商务印书馆，1995：7.

政府预算在罗列预算收支时，首先要介绍政府预算收入的情况。政府预算收入的主要组成部分就是税收收入，无论工商企业还是居民个人，都要与税收打交道。作为我国主要税种的增值税、消费税是由工商企业缴纳的，当前几乎占全部税收收入的半壁江山，盈利企业还要缴纳企业所得税。企业税收负担水平的高低，既影响政府各项支出对资金的需要能否得到满足，又影响企业的资金运转与盈利水平，无疑是企业所关注的。通过政府预算，可以发现各项税收的完成情况与增长幅度，从而在宏观层面上了解企业的税收负担状况。至于公民个人的工资薪金和劳务报酬所得等需要缴纳个人所得税，其涉及的范围则更为广泛，个人劳动所得适用累进税率，资本所得却仅适用比例税率，由此引起的社会关注，也成为百姓生活中常话常新的话题。近年来，随着经济社会形势的新变化，社会保障问题日益引起人们的关注。中央和地方政府每年用于社会保障的资金到底有多少，增长幅度有多大，是否保证了应对老龄化挑战的需要，是每个公民都关心的问题。这些在政府预算中也有明确的说明。关于政府预算作为国家账本的具体解读，可以参阅专栏1-1。

专栏1-1 ✅

解读2023年"国家账本"

2023年是全面贯彻落实党的二十大精神的开局之年，也是实施"十四五"规划承上启下、深入推进高质量发展的关键之年。2023年的政府预算报告坚持稳字当头、稳中求进，运用全面、系统、辩证的思维对2023年的预算安排与财政工作进行了总体部署。总体而言，2023年的"国家账本"呈现以下四方面的特点：

一、积极的财政政策加力提效，保障财政更可持续

回顾2022年，面对风高浪急的国际环境和艰巨繁重的国内改革发展稳定任务，在党中央集中统一领导下，积极的财政政策不断提升效能，更加注重精准、可持续，保障了宏观经济和社会的总体稳定。为应对多种超预期因素的影响，国务院印发了《扎实稳住经济的一揽子政策措施》，在助企纾困解难、稳投资促消费、保障基本民生等方面进行总体部署，彰显了积极的财政政策精准发力的特点。从财政收入的角度来看，全国一般公共预算收入比上年增长0.6%，新增减税降费及退税缓税缓费超4.2万亿元，有效减轻了企业负担，激发了市场活力。从财政支出的角度来看，中央部门连续四年压减一般性支出，中央本级"三公"经费财政拨款比2021年同口径减少了0.59亿元。而全国一般公共预算支出比上年增长6.1%，这意味着更多的资金被腾挪出来，用于保障国家重大战略部署及提升民生保障水平，为经济社会高质量发展提供了坚实财力。此外，积极的财政政策还体现在支出进度的前置方面，2021年年底，财政部就已提前下达地方新增专项债额度1.46万亿元，在此基础上，进一步要求加快新增专项债的发行使用进度，极大提升了专项债券撬动地方投资、加快经济恢复的作用，充分体现了积极的财政政策靠前发力的特点。

2023年的预算报告强调"积极的财政政策要加力提效，注重精准、更可持续"，这是"加力提效"一词自2019年后再次被提起，不仅延续了提升财政政策效能的要求，还释放出了更为积极的政策发力信号。"加力"主要指加强财政资金统筹，适度扩大财政支出规模，保持必要的支出强度。在落实过紧日子要求的前提下，赤字率由上年的2.8%上调至3%，中央本级支出同比增长6.5%。通过统筹财政收入、优化组合财政赤字、专项债、贴息等政策工具，重点保障国防、外交等国家重要安全领域以及乡村振兴、教育、医疗等基层民生实事项目。"提效"主要指统筹财政资源，提升财政政策效能。财政政策与货币、产业、科技、社会等政策协调配合，最终实现财政支出结构的调整与优化。同时，持续完善税费优惠政策，2023年将对科技创新、重点产业链等领域出台新增的减税降费政策，着力提升税费优惠的精准性与靶向性。另外，小规模纳税人增值税征收率阶段性降至1%，继续对月销售额10万元以下的小规模纳税人免征增值税，切实提升企业抗风险能力。最后，财政政策兼顾"促发展"与"防风险"，不断增强财政可持续性。2023年财政赤字比去年增加5 100亿元，且新增赤字均由中央财政承担，这在一定程度上降低了地方政府债务风险，减轻了地方政府财政压力。总的来说，2023年积极的财政政策切实践行系统观念，既采取了更有力、更有效的举措，持续巩固了稳中向好的经济态势，也充分考虑到发展中的诸多不确定性因素，为实现经济发展行稳致远保驾护航。

二、将恢复和扩大消费摆在优先位置，着力扩大国内需求

消费联结了供给端与需求端，是拉动经济发展、畅通国内大循环的重要力量，对于实现经济质的有效提升与量的合理增长具有促进作用。2022年为应对经济下行压力等多种因素，国务院先后印发《关于进一步释放消费潜力促进消费持续恢复的意见》与《扎实稳住经济的一揽子政策措施》，一系列政策举措稳步落实，促进消费持续恢复。例如，全国各地采取多种形式发放覆盖多个行业的消费券。在发放汽车消费券等消费优惠政策的带动下，北京市新能源汽车2022年前三季度零售额同比增长了11.4%。山西省在汽车、家电、家居家装等重点行业累计发放数字消费券25.05亿元，直接带动消费268.41亿元。此外，多渠道提升居民消费能力，多方面降低居民对未来生活水平的不确定性预期，是消费增长扩容的基石。从全国范围看，2022年全年累计免征新能源汽车车辆购置税879亿元，同时，将新能源汽车免征购置税期限进一步延长至2023年年底；从各地区角度看，在河南省，餐饮、零售、旅游、民航、公路水路铁路运输等五个特困行业的用电量可以享受电度电价的九五折优惠，云南、江苏、北京等多地还出台了暂缓缴纳养老保险费等相关政策，以此提振居民收入预期，提升消费信心。

2023年的预算报告提出要"促进恢复和扩大消费"，并将"着力扩大国内需求"摆在了主要收支政策的首要位置，进一步强调了持续促进消费对于经济平稳健康发展的重要作用。对比上年"促进消费持续恢复"之表述，2023年不仅延续了"恢复消费"的政策倾向，还将通过消费主体、消费客体以及消费渠道等多种路径进一步实现消费复苏，从而助力畅通国内大循环。在消费主体一侧，通过在税费优惠、转移支付、乡村振兴补助等方面做加法，在与人民基本生活息息相关的住房、医疗、养老成本等方面做减法，持续提升居民可支配收入，从而在最大程度上激发居民的消费潜力。在消费客体一侧，2023年仍将持续聚焦汽车、家居等重点领域出台一揽子优惠政策，统筹开展全国范围内的消费促进活动。汽车、家居等行业作为实体产业消费的重要支柱，从这些行业着手实施税费利好政策，能够最大限度地做大消费蛋糕，发挥其对全产业链消费的拉动作用。在消费渠道方面，2023年将进一步优化消费平台，同时完善重点城市物资保供供应链建设，为提振消费提供必不可少的优质载体。

三、持续强化资金与政策支持，扎实做好民生保障

切实保障和改善民生一直是政府工作的首要任务。回顾2022年，全国财政支出在民生方面的投入比例已达70%以上，关于就业、教育、卫生健康、养老等方面的举措稳步推进，逐项落实，为提升人民获得感与幸福感提供了扎实基础与保障。在就业方面，人社部门不断强化就业优先政策，对22个困难行业及符合条件的中小微企业实施了阶段性缓缴企业职工养老、失业、工伤保险费政策，全年释放政策红利约4 900亿元。此外，重点支持高校毕业生、农民工等群体就业创业，出台相关扶助政策。在教育方面，2022年九年义务教育巩固率达到95.5%，高中阶段教育毛入学率提高至91.6%。中央财政大力推进义务教育资源城乡一体化发展、推动学前教育、职业教育、高等教育高质量发展，持续推动构建普惠性强、优质均衡的基本公共服务教育体系。在卫生健康方面，各级财政稳步提升对居民医保参保缴费的补助力度，人均财政补助标准增加30元，达到每人每年不低于610元。基本公共卫生服务经费人均财政补助标准由79元提高至84元，同时加强绩效考核与评价，为持续提升基本公共卫生服务水平提供制度保障。在养老保障方面，企业职工基本养老保险全国统筹制度开始实施，在中央统一管理下，全年共跨省调剂资金约2 440亿元，有效均衡了地区间的收支平衡压力，保障了养老保险制度运行平稳。

在延续2022年民生保障政策的基础上，2023年仍将继续坚持以人民为中心的发展思想，进一步完善教育、医疗卫生、社会保障体系等多方面制度建设。首先，就业政策要落实落细。2023年中央财政就业补助资金将增加50亿元，重点投向就业创业扶持以及稳岗扩就业方面。特别提出要把促进青年尤其是高校毕业生就业摆在更加突出的位置。其次，教育体系要坚持加大投入力度和优化支出结构并举。"建设高质量教育体系"是2023年预算报告对教育体系建设提出的要求，也是"十四五"规划纲要中提出的具体目标。2022年教育支出重点投向了城乡义务教育补助经费、职业教育质量提升以及学前教育发展等方面，2023年将保持政策的连贯性，继续加大投入力度，同时为支持中西部地区高校"双一流"建设，将多安排10亿元地方高校改革发展资金。再次，医疗卫生服务方面要稳妥有序。为支持公共卫生服务体系的平稳发展，城乡居民基本医疗保险人均财政补助标准在每人每年610元的基础上提升至640元，基本公共卫生服务经费人均财政补助标准由每人每年84元提升至89元。此外，为实现基本公共医疗服务的城乡均衡发展，将继续加强县级公立医院的医疗服务能力建设，不断推进整体医疗服务能力的提升。最后，社会保障体系建设做到真正兜底。一方面，进一步统筹企业职工基本养老保险，确保各地区养老金能够按时且足额发放；另一方面，安排困难群众救助补助资金1 567亿元，尽力兜住困难群众基本生活底线。

四、进一步深化财税体制改革，强化预算绩效管理

财税体制改革与财税体制的演变过程息息相关。2022年预算管理改革的重点，从预算管理一体化建设与推动完善预算绩效管理两方面发力。一方面，预算管理一体化向纵深推进，中央部门于2022年年底前实现了全面实施预算管理一体化，并运用一体化系统开展2023年的预算编报等工作。此外，财政部制定了《预算管理一体化规范》和《预算管理一体化系统技术标准》，对预算全流程的各个业务环节进行了整合与规范，为预算管理改革的纵深推进提供了方向与遵循。另一方面，预算绩效管理改革步伐逐步加快，《社会保险基金预算绩效管理办法》的印发，迈出了预算绩效管理实现"四本预算"全覆盖的重要一步。随着预算制度改革的稳步落实，现代预算制度已基本确立。而从现代税制体系建设的角度来说，2022年7月印花税法正式生效，成为我国现行18个税种中第12个以法律形式予以规范的税种，同时，增值税法（草案）提请十三届全国人大常委会第三十八次会议首次审议，实现了税收法定的稳步推进与落实；对组合式税费优惠政策进行延续与创新，在现有扶持制造业、小微企业和个体工商户的减税降费政策基础上，持续扩大并提升政策的适用范围与减免幅度。

与2022年预算报告的表述相比，2023年的财政改革发展工作在"深化财税体制改革"前添加了"进一步"，并将"强化预算绩效管理"从"深化财税体制改革"中单独列出，一方面明确了财税体制改革纵深发力的目标，另一方面体现了完善预算绩效管理在健全现代预算制度中的重要地位。强化预算绩效管理作为积极的财政政策"加力提效"的重要抓手，将重点把握以下两方面的改革：一是完善全过程预算绩效管理链条。加强事前绩效评估，对"新出台重大政策、项目"进行事前绩效评估，这与《中共中央 国务院关于全面实施预算绩效管理的意见》中所提出的要求相吻合。具体来说，可以从预算申请与预算考核等方面设置事前绩效评估的标准。完善绩效指标体系，将绩效评价的指标、标准以及方法落到具体实践中，对绩效指标体系的编制流程及重点进行过程分解，提升指标与目标的可用性、科学性、有效性，提升评价结果的质量。妥善运用绩效评价结果，出台必要的激励约束机制，将绩效评价结果与下一年度预算安排关联，发挥评价结果"指挥棒"的作用。二是提升预算绩效管理的透明度。2022年共有102个中央部门公开了部门预算，其中100个部门共公开了727个项目的绩效目标，数量比上年增加599个。进一步推动各级政府部门的绩效信息公开工作，对于提升绩效管理监督问责制，实现"以人民为中心"的现代预算管理体系，无疑具有重大而持久的积极效应。

资料来源：马蔡琛，白铂.解读2023年国家账本［J］.中国财政，2023（8）.

从总体来看，在治理国家的各种体制理论中，预算理论的历史最长，影响也最突出。[①]政府预算并不仅仅是政府的事情，它与我们的日常生活息息相关。全面理解政府预算，就微观个体而言，可以帮助我们了解国家宏观经济政策，正确作出自己的相应决策；就宏观社会而言，可以帮助我们全面审查政府向公民"募集"资金的使用情况，防止政府对公共资金的随意浪费，从而有助于实现"依法用好百姓钱"的政府理财目标。

1.2 政府预算的起源与演进

1.2.1 政府预算名称的由来

1）财政的字源考察

在学科归属上，政府预算无疑属于财政学的研究范畴，许多读者不禁要问什么是"财政"呢？

"财政"一词最早于13—15世纪出现在拉丁文中，意为结算支付期限、支付款项、确定罚款支付等。16世纪"财政"一词传入法国，意为公共收入。17世纪演变为专门指国家理财。19世纪进一步阐明是指国家及一切公共团体的理财，并相继传入欧洲其他国家。19世纪末，日本引进"public finance"的词义，同时借用中国的两个汉字"财"与"政"，

---

① 亨利 N.公共行政与公共事务［M］.项龙，译. 7版. 北京：华夏出版社，2002：206.

确立"财政"一语（1882年日本开始用"财政奏折"一词）。

19世纪末，梁启超先生首创"和文汉读法"，将"预算""财政""经济"等词汇由日本传回我国。[①]在戊戌变法（1898年）"明定国事"诏书中首次出现"改革财政，实行国家预算"的条文。孙中山先生在辛亥革命时期宣传三民主义，曾多次用"财政"一词来强调财政改革。自民国开始，以"财政"命名官方机构，称"财政部"。20世纪40年代中华书局出版的《辞海》对财政概念的解释是："财政谓理财之政，即国家或公共团体以维持其生存发达为目的，而获得收入，支出经费之行为也。"这亦是引用西方国家公共财政定义而进行的表述。

"财政"，顾名思义，就是"理财之政"或"政府理财""以财行政"。就财政一般意义而言，财政是国家为了维持其存在和实现政府职能的需要，凭借政治权力对社会产品进行的分配。马克思、恩格斯对财政与国家的关系都有明确的论述："为了维持这种公共权力，就需要公民缴纳费用——捐税……随着文明时代的向前进展，甚至捐税也不够了；国家就发行期票，借债，即发行公债。"[②]"赋税是政府机器的经济基础"[③]。财政作为以政府为主体的收支活动，从收入角度分析，国家通过参与国民经济的分配过程，筹集国家财政资金；就收入形式而言，主要包括税收、国有企业上缴利润等。从支出角度分析，国家通过对集中起来的财政资金进行有计划的分配，以满足整个社会再生产和国家机器运转等各方面对资金的需要，从而为实现政府职能服务；就支出投向而言，按照支出功能划分，主要包括一般公共服务、外交、国防、公共安全、教育、科学技术、文化体育与传媒、社会保障和就业、医疗卫生、环境保护等方面；按照支出经济性质，主要包括工资福利支出、商品和服务支出、转移性支出、债务还本支出、债务付息支出等方面。政府预算作为政府的基本财政收支计划，所有上述财政收支活动都集中反映在政府预算安排之中。因此，了解了政府预算，也就基本了解了政府公共部门的运行轨迹。

2）预算的形式考察

从形式上考察，预算体现为一个有关收支计划的报表或报表体系，它涉及组织（可以是政府，也可以是企业和家庭）的财务收支及其平衡情况。预算报表与会计报表的区别在于，预算报表是前瞻性的，涉及未来时期的预期收入、支出及业绩；而会计报表是回顾性的，涉及已过去的历史情形。

3）政府预算的字源考察

从历史上考察，预算（budget）一词源于拉丁文"bulga"，原意为"皮革袋子""钱袋"的意思。早在100多年前，中国学者就曾指出："预算之名称，始于古代法兰西语之bougette，译意即革囊。及由日耳曼人传入英国，变为budget。又为英国国会之用语。"[④]同一时期的比较财政学研究者，亦做如是之认同："预算之得名，沿自古代法语之波革提（Bougette）。旧训为革囊之义。迄后，此语由诺尔曼人传之于英国，为巴革提（Budgete）。一时复成为国会之用语。其意义之所起，盖本于下院方承认租税，于会期之终，所有议案

---

① 梁启超先生1899年在其《爱国论》中就曾写道："以一国之财，办一国之事，未有不能济者也。而又于先事有豫算焉，于既事有决算焉。豫算者，先大略拟此事费用，逐条列出而筹之也；决算者，征信录之意也。"
② 马克思，恩格斯. 马克思恩格斯全集：第21卷［M］. 中共中央马克思恩格斯列宁斯大林著作编译局，编译. 中文1版. 北京：人民出版社，1965：195.
③ 马克思，恩格斯. 马克思恩格斯全集：第19卷［M］. 中共中央马克思恩格斯列宁斯大林著作编译局，编译. 中文1版. 北京：人民出版社，1965：32.
④ 吴琼. 比较预算制度论［M］. 上海：商务印书馆，1911：1.

悉纳诸革囊。例由度支部大臣开示之。于是咸目此革囊为王国财库，而度支部大臣之开此革囊也，不啻开示财库云。次及第十八世纪之末叶。此语再传之法国。至是始生法国巴革提（Budgete）之新语。当时预算已非复财库之义，乃计算之义，即计算将来财政期间之岁出、与其所需之岁入之谓也。又以之表示于形式的书面，亦称为预算。此与近代预算（Budgete）之义全同。预算字义之沿革，大略如是。其初不过限于公共财政上用之……近时其义已广泛。凡私法上之经济体亦袭用之。然仍不外指假定一将来收入之额于其中所支出之用项及数目而言也。"[①]

政府预算是较之于税收、公债等都要年轻的一个财政范畴。预算在财政学上成为一个公认的名词，大约是在 18 世纪初期的英国。1733 年，英国首相瓦尔坡尔（Oralpole）的财政提案，被一本名为"提包打开了"（The Budget Opened）的小册子所讥讽。在该书中，将这位英国首相画成一个变戏法的，预算法案就是他的技巧袋。[②]由于当时英国财政大臣到议会提请审议预算法案时，总是携带一个装有财政收支账目的大皮包，久而久之，人们就将政府收支计划寓意为"皮包"（参见专栏 1-2）。列宁同志也曾机智地以"魔术师"作为比喻，对沙俄政府的预算进行了辛辣的讽刺：魔术师以惯常的灵巧动作向观众空手一摊，然后双手一挥，金币就一个接一个地变出来了。观众拍手叫好。但是魔术师本人却开始竭力为自己辩解，差点儿没有掉下眼泪，他要人相信他不是在骗人，他没有赤字，他的债务要比财产少。俄国公众深谙衙门规矩，他们在一旁看着觉得有点不好意思，但是只有少数人自言自语地嘟哝着法国谚语："谁为自己辩护，谁就是自己招认。"[③]

专栏 1-2 ✓ ·······························•

英国的预算传统：基于财政大臣"红箱"的考察

2009 年 4 月 22 日，时任英国财政大臣的达林向议会宣读了 2009 年度英国财政预算。同往年一样，在这一年财政预算方案公布之前，达林在记者和民众面前举起一个红色手提箱让记者拍照。早在 1860 年，英国任期最长的财政大臣威廉·格莱斯顿公布年度财政预算时，就将其发言稿放在了一个猩红色的手提箱里。此后，除了 1965 年财政大臣卡拉汉改用过一个"俗气的棕色小提箱"外，几乎每任财政大臣都一直用这个已经掉了多处油漆的破旧红箱子。"财政大臣的公文包"也就逐渐演变为英国年度财政预算的代名词。

事实上，每年的预算审议过程都是一场消耗体力和精力的会议。无论是财政大臣还是内阁成员们，都必须不断进食或者喝饮料才能坚持下来。最长的年度财政预算发言，是格莱斯顿 1853 年创造的 4 小时 53 分钟，最短的则是 1867 年财政大臣迪斯雷利创造的 45 分钟。1909 年，财政大臣劳合·乔治在宣读其"人民预算方案"时，经过长达 3 个半小时的发言后，口干舌燥，竟然发不出声音。1960 年，财政大臣德瑞克·希思科特·艾默里在宣读财政预算时，虚脱倒地。

财政大臣是英国政府部门最重要的职务之一，而关系到国计民生和作为政治斗争"重磅炸弹"的年度财政预算方案，则是历任财政大臣"苦守"的最高机密。曾 4 次担任英国

---

① 小林丑三郎.比较财政学［M］.宋教仁，译.上海：商务印书馆，1917：214-215.
② 巴克.各国预算制度［M］.彭子明，译.上海：商务印书馆，1936：5.
③ 列宁.列宁全集：第 6 卷［M］.中共中央马克思恩格斯列宁斯大林著作编译局，编译.中文 1 版.增订版.北京：人民出版社，1986：240.

首相的格莱斯顿，之所以总是"像一位深情地怀抱着婴儿的母亲"那样紧抱着手提箱，其实是为了躲避爱打听的维多利亚女王。担任过10年财政大臣的布朗，曾因布莱尔向他"低声下气"地哀求透露一些预算内容，而与其不欢而散。

1947年，时任财政大臣的休·道尔顿将该年度预算的部分内容，透露给伦敦《星报》的记者。在议会上，没等他念到这一段，英国民众就在该报中看到了对每品脱啤酒征收一便士和对赛狗征税的预算内容。第二天，被首相艾德里斥为"十足的笨蛋"后，道尔顿只有宣布辞职回家。1996年11月，财政大臣肯尼斯·克拉克在发布年度财政预算前夕，不慎将财政预算内容几乎全部泄露给了《每日镜报》。幸运的是，该报出于职业道德拒绝予以公布，并将之归还给了英国财政部。

据说，红箱的主体通常由陈年松木制作而成，表面覆盖红色公羊皮，里衬是黑色绸缎，箱子镶嵌铅板，确保箱子在跌落水中时能够沉底，方便再次寻找，并且能经受子弹和爆炸物的冲击。红箱特别注重保密设计，将锁安装在手柄相反的一侧，确保每一次提起时箱子都是经过上锁的，否则就会散开。160多年了，"红箱"的款式几乎没有太大变化。

1998年以来，英国政府开始以互联网替代"红箱"的文件传递功能，使得用红箱的英国官员大为减少。如今仅有首相、财政大臣等高级官员依然保留着使用红箱的传统。

资料来源：[1] 北洼. 英财政大臣"红箱"趣事多 [N]. 环球时报，2009-04-24. [2] 今日头条. 49天三易其主的英国首相红箱子有哪些故事 [EB/OL]. （2022-10-26）[2023-04-23]. https://www. toutiao.com/article/7158543350461776418/? log_from=e0b08b8b7e936_1666783526169&wid=1682218294787.

预算制度是政府管理财政资金的重要制度，预算和财政一样，都是人类历史发展的产物，但预算和财政不是同一个概念。通常认为，财政是随着国家的产生而产生，而预算则是社会发展到封建社会末期和资本主义社会初期才产生的。严格地说，资本主义社会以前尚未形成一种预算制度，财政范畴中还不包括预算。但自近代以来，所有财政现象全部列入了名为"预算"的文件之中，政府的一切活动都被集中纳入了预算，以此现象为研究对象的财政学才得以作为独立的学科而确立。①

随着近代预算制度与预算管理理念在世界范围内的兴起，东方学者在早期将这一词汇意译为"国家预算"。直到20世纪90年代中期，在很多文件和教科书中，仍旧将政府预算称为国家预算。到后来，随着对多级政府理论的普遍认同，考虑到地方各级政府也在编制和执行着本级预算，经本级人民代表大会审议通过后，即具有法律效力，笼统称为"国家预算"似乎并不准确，近些年来"政府预算"的称呼才逐渐普及。

政府预算，是指国家以社会经济管理者身份取得收入，并用于维持政府公共活动，保障国家安全和社会秩序，发展社会公益事业等各项支出的政府基本收支计划。

1.2.2 政府预算制度的兴起

回顾历史，近代预算制度是在新兴资产阶级同封建君主进行斗争的过程中，作为一种经济斗争手段而出现的。这场斗争大体经历了三个阶段，最初表现在课税权上，对国王的课税权进行一定的限制，国王要开征新税或增加税负，必须经代表资产阶级利益的议会同意和批准；以后扩大到争夺财政资金的支配权上；最后，要求取消封建统治阶级对财政的控制和在财政上享受的特权。政府预算产生后，皇室的个人财务收支与国家财政收支的界

---

① 神野直彦. 财政学——财政现象的实体化分析 [M]. 彭曦，等译. 南京：南京大学出版社，2012：63.

限得以严格划分清楚。

　　在西欧封建社会末期，资本主义生产方式开始出现，商品货币关系也逐渐发展起来。从14世纪起，掌握着国家政权的封建统治阶级，对新兴资产阶级和农民横征暴敛，而自己却挥霍浪费，不负担任何捐税，严重地损害了新兴资产阶级和广大劳动群众的利益。在国家政权集中化过程中，国家机关的扩大，常备军的建立，国家机关官吏俸给的增加，都使国家的财政支出大量增加，于是产生了筹集经常性收入来源的要求。但是，国家在这一时期筹集资金还是比较困难的。因为过去取得财物的方法已不完全适用，只好把负担转嫁到新兴资产阶级和广大农民身上。在这种情况下，从封建社会里成长起来的新兴资产阶级就凭借着广大农民和城市平民反封建的伟大力量，对封建统治阶级展开相应的斗争。国家的预算制度就是在新兴资产阶级同封建专制统治阶级进行较量的过程中，作为一种经济斗争手段而产生的。

　　近代国家的预算制度雏形最早出现在英国，其确立与发展，是英国社会公众与君主之间经济利益争夺的产物，它体现出各相关利益主体维护自身利益的现实要求。其思想渊源可以进一步上溯到1215年英国《大宪章》首次确认的"非赞同毋纳税"以及1295年英国"模范议会"所提出的"涉及所有人的问题，应当由所有人来批准"的基本预算与税收原则。

　　但作为一个较规范的近代预算制度，它是经过很长时间才建立起来的。1789年，英国首相威廉·配第在议会通过一项《联合王国总基金法案》，把全部财政收支统一在一个文件中，至此才有了正式的预算文件。至19世纪初，才确立了按年度编制和批准预算的制度，即政府财政大臣每年提出全部财政收支一览表，由议会审核批准，并且规定设立国库审计部和审计官员，对议会负责，监督政府按指定用途使用经费。

　　英国的预算制度从14世纪新兴资产阶级出现以后，经过几百年的时间，到19世纪才发展成为典型意义上的政府预算。新兴资产阶级向封建专制君主夺取财权的斗争，是资产阶级革命斗争中的一项重要内容，是现代国家预算制度产生、建立和发展的前提条件；现代预算制度的产生是社会化生产方式发展的必然结果。总体而言，"英国预算制度的主要特征，由当时实际上的需要所决定的成分多，而由想要达到某种目标那种理论所决定的成分较少。需要最先，其次是行动，行动往往要耽搁些时候，最后才由理论来解释已成的事实。"[1]在英国，长期以来形成的议会"控制钱袋子"（control of the purse）的原则，主要包括：税收和公共基金支出的法定授权；经议会批准的部门活动的适当性和规则性；财政部批准部门支出的委托权，要服从最终的议会权力。[2]

　　欧美其他资本主义国家的预算制度确立较晚，一般是在18、19世纪建立了资产阶级政权之后才形成的。比如，法国没有预算就被认为是拿破仑时代财政上的主要缺点。[3]法国大革命时期的《人权宣言》中对预算已然作出了规定，到1817年规定立法机关有权分配政府经费，从而完全确立了预算制度。

　　美国早期的宪法中没有关于预算制度的规定，直到1800年，才规定财政部要向国会报告其财政收支，但当时的报告仅仅是汇总性质。在美国联邦预算制度形成的年代，其首

　　① 巴克. 各国预算制度 [M]. 彭子明，译. 上海：商务印书馆，1936：10.
　　② 利纳特，郑茂京. 预算制度的法律框架：国际比较视角 [M]. 马蔡琛，等译. 北京：经济科学出版社，2021：336.
　　③ 巴克. 各国预算制度 [M]. 彭子明，译. 上海：商务印书馆，1936：12.

任财政部部长汉密尔顿（Alexander Hamilton）确保了对所有财政事务的强有力行政领导。与英国政府预算制度是数百年英国社会自然演变的结果不同，美国联邦预算制度基本上是汉密尔顿个人天才的产物。[①]1790年1月，刚刚就任财政部部长不久的汉密尔顿提交了《关于公共信用》的报告，为宪法指导下的美国财政奠定了基石。[②]

美国南北战争后的1865年，国会成立了一个拨款委员会，专门主管财政收支问题。1908年和1909年，美国财政收支连续出现赤字，这才促使美国政府考虑建立联邦预算制度。1910年，威廉·塔夫特总统责成国会研究建立联邦预算制度。第一次世界大战后，美国国会在1921年通过了《预算与会计法》，至此才正式规定总统每年要向国会提出预算报告。其此后的预算制度演进，反映了行政部门和国会之间预算权力平衡的变化，以及对减少预算赤字的需要。[③]

资本主义制度下形成的近代预算制度，从唯物史观的角度来看，是具有一定进步意义的。它规定了一个国家的财政管理制度，取消了专制君主、封建贵族对人民的横征暴敛，并且明确地划清了政府财政收支和统治阶级个人收支之间的界限，这些都是它在历史上的进步作用。

1.2.3　马克思主义经典作家的预算思想

首先，分析公共预算的最终受益方和受损方是马克思财政思想的一贯传统。在《英镑、先令、便士，或阶级的预算，和此预算为谁减轻负担》中，马克思指出："辉格党人的财政政策就是这样一回事：他们凭着一套貌似冠冕堂皇实则支吾蒙哄、转弯抹角的低劣手法，一点一点地但却实实在在地给富人减轻负担而给穷人增加负担。"[④]所谓预算收入的削减带来的减税实际只会使富人获益，而这部分赋税负担最终要落到工人阶级的身上。马克思接着全面地叙述了资产阶级公共预算的内容，并讽刺道："格莱斯顿的预算是——用他自己的话、自己的说法来说——'为工商业阶级的便利'而编制的。"[⑤]通过分析预算各利益相关方的获益情况，是马克思抨击当时资产阶级国家公共预算虚伪性与欺诈性的有力武器。

其次，在预算的监督与管理上，马克思希望人民一旦夺取政权后，就建立"工人阶级的预算"。[⑥]列宁将这一设想付诸实践，提出："应使工人进入一切国家机关，让他们监督整个国家机构。尽量把工人和农民输送到这种机关中去……学会自己管理。"[⑦]列宁在《关于扩大杜马预算权的辩论》一文中，猛烈抨击了沙皇政府颁布的《预算法条例》中对国家杜马预算审查权所设的一大堆烦琐限制。对于条例中"讨论国家预算案时，凡根据现行法律、编制、计划以及各种按最高管理程序发布的圣旨而编入草案的收支项目，一律不得取消或更改"的规定，列宁批评道："这难道不是嘲弄吗？凡是合乎法律、编制、计划

① 于中一．基层财政预算工作指导全书［M］．北京：经济科学出版社，2005：15.
② 柯南特 A C．美国国父列传：亚历山大·汉密尔顿［M］．欧亚戈，译．北京：北京大学出版社，2014：35-36.
③ 利纳特，郑茂京．预算制度的法律框架：国际比较视角［M］．马蔡琛，等译．北京：经济科学出版社，2021：367.
④ 马克思，恩格斯．马克思恩格斯全集：第12卷［M］．中共中央马克思恩格斯列宁斯大林著作编译局，编译．北京：人民出版社，1998：657.
⑤ 马克思，恩格斯．马克思恩格斯全集：第12卷［M］．中共中央马克思恩格斯列宁斯大林著作编译局，编译．北京：人民出版社，1998：660.
⑥ 马克思，恩格斯．马克思恩格斯全集：第12卷［M］．中共中央马克思恩格斯列宁斯大林著作编译局，编译．北京：人民出版社，1998：669.
⑦ 列宁．列宁全集：第38卷［M］．中共中央马克思恩格斯列宁斯大林著作编译局，编译．北京：人民出版社，1986：140.

以及圣旨的东西，一律不得作任何改变！既然如此，还谈论俄国国家杜马的预算权岂不十分可笑吗？"他犀利地指出："俄国国家杜马是没有预算权的……颁布的所谓《根本法》是黑帮分子、沙皇和地主对人民代表机关的嘲弄。"[1]列宁认为，由全体人民赋予人民代表机关的预算权力，不应是阶级之间经济斗争妥协的手段，而应是体现人民财政、人民监督的制度化方式；人民代表机关审议、表决、监督预算，不应是政治"分肥"的过程，而应是"维护社会共同利益"的过程。

另外，马克思也十分重视公共支出投向的公平与正义。在评价资本主义国家的公共福利时，马克思曾指出："在现存的生产关系中，资产阶级的财富已经增长并继续增长，至于工人阶级，那就有大问题；他们的状况是不是因所谓的社会财富的增加得到改善还是疑问。"[2]政府所提供的公共产品（或服务）之于劳动者状况改善的效果，是马克思对于公共支出效率的关注重点。

马克思主义从人民的立场出发，对预算的功能定位有着更为科学民主的认识。预算的收和支实质上就是国家参与剩余产品的分配与再分配，以国民经济的协调发展、社会总生产的顺利进行为原则来安排预算，并将集中起来的社会财富用在全体劳动人民最需要的地方上，体现了"为民理财"的功能定位。

以马克思主义预算观为指导，新时代的人民预算内嵌于以人为本的社会主义制度逻辑中，集中体现在人民通过选举的人大代表来管好预算以及人民主动参与预算两个方面。作为"为民理财"的坚实载体和重要抓手，人大审查监督预算就是代表人民管理监督"人民财政"。作为"为民理财"的重要实现形式，参与式预算能够在很大程度上调动人民参与预算过程的积极性，发挥人民的首创精神，凸显以人民为主体的人民预算的巨大优越性。发挥人民代表在预算全过程中的主体作用，是实现实体正义与程序正义并重的一次理论飞跃，也应当成为新时代人民预算的重点建设内容。

1.2.4　政府预算制度在中国的发展

回顾20世纪初叶风云激荡的中国近代史，有许多事件当初仅是波澜壮阔岁月中的沧海一粟，却对此后的历史进程产生了深远影响。从政府预算的角度来看，这一时期也同样发生了一系列开时代先河的重要事件。如果不过多地对当年的社会改良者加以苛求的话，20世纪初叶现代政府预算萌芽在中国的产生，至少在某种程度上标志着封建皇室收支与政府财政收支的界限开始明确，政府预算也开始有可能成为以广大民众为代表的民权一方与封建王室贵族进行斗争的工具。当时一些学者就已经对政府预算的重要性有了相当深刻的认识。有人就曾指出："监督会计及预算之制，其严重如此，是皆国会重要之职权，即立宪国所以建设责任政府唯一之武器也。"[3]即使以现代的眼光来看，这些学者对政府预算重要性的认识也是发人深省的。

在中国，预算制度在清朝末期才开始建立。清光绪三十四年（1908年），清政府颁布《清理财政章程》。宣统二年（1910年）起，由清理财政局主持编制预算工作。该预算先

---

　　①　列宁.列宁全集：第16卷［M］.中共中央马克思恩格斯列宁斯大林著作编译局，编译.北京：人民出版社，1988：428.
　　②　马克思，恩格斯.马克思恩格斯文集：第4卷［M］.中共中央马克思恩格斯列宁斯大林著作编译局，编译.北京：人民出版社，1958：136.
　　③　杨度.金铁主义说［N］.中国新报，1907-01-20至1907-05-20.

由各省汇报，然后由度支部加以审核整理，资政院加以修正，奏请执行。由于辛亥革命的爆发，这部我国历史上第一部近代意义上的预算，只有预算而没有决算。

20世纪初叶，现代预算萌芽在中国产生以来的早期岁月，国内的学者对政府预算问题进行了一系列的探索与尝试。目前，可以收集到的文献（依出版时间先后）主要有：吴琼的《比较预算制度论》（商务印书馆，1911）①（参见专栏1-3），吴贯因的《中国预算制度刍议》（内务部编译处，1918）和《中国之预算与财务行政及监督》（上海建华书局，1932），陈启修（陈豹隐）的《财政学总论》（商务印书馆，1924），常乃德的《各国预算制度》（1930，出版社不详），胡善恒的《财务行政论》（商务印书馆，1935，分预算编成、预算之议定、财务行政、财政之监督等5编，逐一叙述各种财务制度的原理及各国施行的效果，并指出当时我国预算制度之不完善），何廉和李锐合著的《财政学》（商务印书馆，1935，2011年重印，侧重于中国财政制度的介绍），李权时的《财政学原理》（商务印书馆，1935，侧重介绍了英美的预算制度），尹文敬的《财政学》（商务印书馆，1935，精练分析了支出论及预决算论中的法理论述），杨骧的《中国现行公库制度》（正中书局，1941，重点介绍了当时中国和世界主要国家的国家金库制度），李君达的《中央预算制度》（独立出版社，1942），马寅初的《财政学与中国财政：理论与现实》（商务印书馆，1948，2001年重印），彭子明的译著《各国预算制度》（Budget in Governments of Today，原作者巴克，商务印书馆，1936）等。

专栏1-3 ✅ --- ●

近代预算思想在中国的传播与国内第一部预算学著作

中国历史上的思想家论述财政收支规模及结构的较多，而对预算的完整性、公开性论述不够，中国近代预算思想和预算制度不是从中国社会内部自发产生的，而是伴随着近代西学东渐而舶来的。

早在19世纪末，一些曾经游历西方的中国人和在华传教士就在其著作中陆续地向中国引入西方预算知识。中国近代著名的思想家、企业家郑观应在其1893年刊行的名著《盛世危言》中建议颁行"度支清账"（国家预算），并说这是中外各国"通盘理财之法"。黄遵宪在其1895年刊行的《日本国志》中介绍了西方的预算制度。值得注意的是，黄遵宪在这里将英文"budget"一词直接译为"预算"。

大体说来，19世纪末中国思想界对于西方预算制度的介绍仅停留在常识的水平上，未能进入到理论领域。1904年11月29日《时报》发表该报记者所撰的《论今日宜整顿财政》一文指出："财政之最要者，莫如预算……国家愈文明，则其岁出岁入之费愈多，则其预算之法亦愈精密。"1906年11月6日《南方报》刊载《论中国于实行立宪之前宜速行预算法》一文，对西方预算制度作了有一定理论深度的介绍："所谓预算者，国家预定收入、支出之大计划也……示民以信用之契据也。国用之支出亦以为民也，支出为民，故不得不邀民之许可，欲民许可，不得不受其监督。预算者，授民以监督之凭证也。"1907年

---

① 令人颇为遗憾的是，关于中国第一部预算著作《比较预算制度论》的作者吴琼之生平，笔者近十多年来遍查各类资料，均未发现任何线索。只有该书封面显示作者为江苏人。茫茫烟蔓寻何处，其人生平或许已然淹没于历史的尘埃之中。

4月21日，《时报》发表《论国民当知预算之理由及其根据》一文，对为什么要制定预算及预算性质作了理论分析。该文介绍了西方有关预算本质的三种学说，即法律说、财政委任说和行政责任免除说。宣统二年（1910）清政府试办之，宣统三年预算案发表后，梁启超发表《度支部奏定试办预算大概情形折及册式书后》一文，对清政府颁布的预算草案的收支不适合问题进行了猛烈抨击。

以市场经济为参照的早期预算制度改革，推动着理论界对西方国家预算制度的研究。在此背景下，1911年吴琼出版了中国历史上第一部预算学著作——《比较预算制度论》（上海：商务印书馆，1911）。吴琼在该书开篇就曾指出："预算无论何国，苟为采用立宪政体之国家，无不视此为最要之问题，亦为最难解决之问题。此预算问题，常为舆论之中心，为一般国民所注重。验既往而测方来，殆如出一途而未尝或渝。及随国运之进步，与财政之膨胀，人民智识之发达，则其重要之程度，且益见增进。东西各国，或起政治上之风云，内阁交迭，议会解散等事，试一考其原因，其与预算问题不相关涉者，殆屈指可数。"

在人类历史上，传统财政制度向现代财政制度的变迁过程中，预算制度的现代化是财政制度现代化的起点和核心内容。清末民初，近代预算思想在中国的逐渐传播，为此后中国预算现代化的开启奠定了基础，在中国预算史上具有十分重要的地位。

资料来源：［1］邹进文.清末财政思想的近代转型：以预算和财政分权思想为中心［J］.中南财经政法大学学报，2005（4）.［2］吴琼.比较预算制度论［M］.上海：商务印书馆，1911.［3］马蔡琛.政府预算［M］.2版.大连：东北财经大学出版社，2018：9-11.

当代中国的政府预算制度是随着中华人民共和国的成立而建立的。新中国成立以后，依据《中国人民政治协商会议共同纲领》中"建立国家预算决算制度"的有关规定，着手编制1950年全国财政收支概算。1949年12月，在中央人民政府委员会第四次会议上，通过了《关于一九五○年度全国财政收支概算草案编成的报告》，[1]这标志着新中国政府预算的诞生。新中国第一个预算编制工作是在非常复杂、困难的条件下进行的。当时编制第一个预算有两个方针：第一，保证战争胜利，逐步恢复生产。第二是量出为入与量入为出兼顾，取之合理，用之得当（参见专栏1-4）。[2]1951年7月，在统一全国财政经济工作的基础上，政务院又发布了《预算决算暂行条例》[3]，我国的政府预算管理制度从此建立起来。

专栏1-4 ✅ ·····································•

王丙乾同志回忆新中国第一个预算报告

我从1949年开始在财政部预算司工作，到1967年离开，共18年。我在预算司遇到的第一件大事就是参与编制我国的第一个预算报告（当时也称概算报告）。

我们党在革命根据地建设时期就十分重视财政工作，对预算编制积累了丰富的经验。在新中国成立前夕召开的全国政治协商会议通过的《共同纲领》中就规定："关于财政，

---

① 财政部办公厅.中华人民共和国财政史料·第二辑·国家预算决算（1950—1981）［M］.北京：中国财政经济出版社，1983：1.
② 王丙乾.中国财政60年回顾与思考［M］.北京：中国财政经济出版社，2009：23.
③ 中国社会科学院，中央档案馆.中华人民共和国经济档案资料选编（1949—1952）：综合卷［M］.北京：中国城市经济社会出版社，1990：301-307.

建立国家预算决算制度，划分中央和地方的财政范围，厉行精简节约，逐步平衡财政收支，积累国家生产资金。"新中国成立后，中财委和财政部就马上开始着手编制第一个预算报告。

新中国第一个预算编制工作是在非常复杂、困难的条件下进行的。当时战争还没有完全结束，解放战争仍在一些边远省份进行，大量的军费支出仍是头等大事。接受旧中国军政公教人员多达900多万人，财政压力很大。而国家经济遭受到了严重破坏，通货还不稳定，地方财政工作还没有就绪，所以要编好一个全国性的预算是很不容易的，但是在当时编好一部全国的预算是必需的，是迫在眉睫的事情。

当时编制第一个预算有两个方针：第一，保证战争胜利，逐步恢复生产。第二是量出为入与量入为出兼顾，取之合理，用之得当。

与现在的预算相比，这个预算比较简单，只能说是画出一个轮廓，一个基本框架。在预算编制前，大约1949年8月，陈云同志曾根据天津的税收情况，推算了一下1950年全国财政收支情况。虽然许多数字都是估计的，但都是有根据的，是接近实际的，比较可靠。

第一个预算的胜利完成，为我国建立预算管理制度奠定了很好的基础。1950年12月1日，政务院通过了《关于决算制度、预算审核、投资的施工计划和货币管理的决定》，初步建立起新中国的预算制度。

1950年的国家预算，是以粮食作为计算单位的。但是粮食什么品种都有，各地差异很大。像北方是小麦、南方是稻米，最后都按物价指数折算，这些数字都不是很准确。自1951年起，就开始以现金作为计算单位了，所有征收的粮食，均折合成现金支付。

最初，我们编制预算，主要还是根据地的经验，此后进一步借鉴苏联等社会主义国家预算制度的先进经验，并在实践中不断完善，逐步建立起适合我国国情的预算管理体制。苏联预算专家弗·亚·塔塔连阔同志在我们财政部工作期间，曾将苏联国家预算业务作了系统的讲授介绍。他的讲解不仅细致而且说理透彻，苏联的先进经验对改进我国国家预算业务有很大帮助。我们预算司的同志将当时的听讲笔记进行了整理编辑，出版了《苏联国家预算出纳业务释要》。那一时期，预算司在学习的同时，还先后编写了《苏联国家预算》《苏联和各人民民主国家1955年国家预算》《苏联和各人民民主国家1956年国家预算》等书。一些高校里的学者也翻译了《苏联国家预算》《苏联的预算》等一些书籍。

当时编写预算还十分艰苦，主要工具只有算盘、复写纸和手摇计算机，业务干部全会打算盘，而且一只手打一只手写，甚至是双手打算盘，同时计算不同的数据。每到结算的时候，财政部大厅里一片算盘声。

注释：王丙乾，河北省蠡县人，曾任中共冀中区第九地方委员会机关研究员、白洋县县委机关秘书、华北人民政府财政部审计处副科长。新中国成立后，历任财政部处长、司长、副部长、部长、党组书记、国务委员、全国人大常委会副委员长等职。

资料来源：王丙乾.中国财政60年回顾与思考［M］.北京：中国财政经济出版社，2009：22-28.

1.3　现代预算制度的演化特征：基于百年预算史的考察

财政为庶政之母，预算乃邦国之基。在当前全面深化改革中，财税体制改革成为各方关注的焦点。而现代财政制度的作用基础具体表现为现代预算制度，建立全面规范透明、标准科学、约束有力的预算制度，全面实施绩效管理，构成了国家治理体系与治理能力现代化的基础性制度载体。"现代财政制度"与"现代企业制度"的提法相似，二者都可以视为对传统制度的发展。从现实来看，"现代企业制度"可以理解为公司制度，但"现代财政制度"似乎不具有此类确定性。[1]其实，何谓现代预算或现代财政制度，本身就是一个颇难界定的范畴。近百年来，各国的预算制度已然从早期更具政治色彩的斗争工具，逐渐转化为国家治理的重要制度载体与支撑平台。现代各国的预算改革与制度建设，在追求决策理性化的过程中，逐渐演化出一系列更具绩效导向性与财政问责性的管理工具。

本书对于现代预算制度的研究，将分别从当今世界的预算改革潮流、中国传统理财经验的斟酌取舍、中国现实国情的沧桑正道，这样三个维度来界定预算现代性的内涵，从而尝试探寻未来中国政府预算治理体系及治理能力现代化的路径选择。

1）预算目标的渐进演化：从"控制取向"到"绩效导向"

纵观现代政府预算的演化进程，总体上呈现从"控制取向"逐步走向"绩效导向"的发展趋势。其早期阶段的功能设计是"控制取向"的，更为强调古典预算原则所倡导的"明确"与"约束"原则[2]，注重通过控制预算收支，实现立法机关对行政机关的有效控制。然而，随着政府职能与规模的不断拓展，国家干预逐渐成为一种社会思潮，客观上要求行政机构在预算问题上更具主动性。某些发达经济体由于预算执行中的支出控制太多、过于严格，制约了各部门的创新能力和灵活性。于是20世纪50年代前后，出现了以加强政府财政权为主导思想的现代预算原则。与新公共管理运动（NPM）引入公共部门之间的内部市场（internal market）竞争相适应，逐步采用了赋予行政部门更多自由裁量权的分权型预算管理模式，以鼓励创新与节约。其中，较具代表性的当属瑞典预算改革中提出的口号："各部的部长就是自己的财政部长。"[3]

尽管不断提升预算资源的配置与使用绩效，始终是现代预算制度不懈追求的目标，但就控制取向与绩效导向的现实应用而言，在不同国家的特定历史时期，结合自身的国情特点和经济社会发展阶段，又往往不得不有所侧重和取舍。二者甚至呈现某种"鱼与熊掌不可兼得"的关系。这正如艾伦·希克对发展中国家推行绩效预算改革提出的忠告："发达国家只有在已经建立起可靠的控制制度之后（而不是之前），才赋予管理者运作的自由，将先后顺序颠倒就要冒这样的风险，即在有效的制度建立以前，就给予管理者随心所欲地支配财政资金的权力。"[4]

在预算决策过程中，独立的预算编制传统的缺失，也成为大多数转型国家的制度障碍（尤其在转型初期）。[5]就中国预算管理的现实而言，由于长期以来对政府预算的管制太松，来自立法监督机构的外部约束弱化，造成了一定的资金浪费和低效率支出。因此，现

① 杨志勇. 现代财政制度：基本原则与主要特征 [M] //高培勇，马珺. 中国财政经济理论前沿（7）. 北京：社会科学文献出版社，2014：48.
② 在资产阶级革命过程中，提出了一系列通过立法机关控制政府财政活动的方法，后来的学者将其概括为古典预算原则，其核心思想为加强议会对政府预算的外部控制（参见本书3.1节的论述）。
③ BLONDAL J. 瑞典及OECD国家的预算编制管理 [C]. 预算编制与执行国际研讨会会议纪要，1999年7月29—31日.
④ 希克 A. 当代公共支出管理方法 [M]. 王卫星，译. 北京：经济管理出版社，2000：34.
⑤ MATINEZ-VAZQUEZ J，BOEX J. Budgeting and fiscal management in transitional economies [J]. Journal of Public Budget，Accounting & Financial Management，Vol.13. Fall 2001，No.3：353-396.

阶段的中国政府预算改革还应循序渐进，先以"控制取向"为主，待时机成熟后再转入"绩效导向"。从这个意义上讲，中国预算改革可能呈现的从"合规控制"逐步走向"绩效导向"的"两阶段"发展假说，应该说是可以基本成立的。

2）预算合约的两难取舍：理性决策的追求与现实过程的妥协

从表现形式来看，预算体现为贴有价格标签的一系列公共目标，但在更深层面上，则可以将预算当成一份合同①，即一种以公法为基础的合约结构。②预算决策与执行也更多地体现为一个制定和实施预算合同的过程。在预算决策中，由于信息交换的不对称性以及利益相关者逆向选择和道德风险的存在，这种合约结构往往呈现为不完全信息动态博弈。不同组织在实施预算合约时，采取的机会主义行为策略也有所不同。

在20世纪30年代以前，虽然各国的预算制度各具特色，但其组织形式及程序仍大体相同；自60年代以来，美国成为世界上最强大的经济体，其预算制度的不断创新也引起了各国的纷纷效仿。③近半个多世纪以来的世界预算改革，总体上呈现出追求预算决策理性化的发展趋势，从而试图正面回应科依（Key）在20世纪40年代提出的颇具政治哲学意味的经典预算命题："将有限的预算资源配置给活动 A，而不是活动 B，作出这一预算决策的基础何在？"④第二次世界大战以来，发达市场经济国家的预算管理，以早期的分行列支预算（line-item budget）为基础⑤，先后开展了多种模式的管理制度创新，以期提升预算决策的理性化与科学化水平。

无论是关注产出的绩效预算（performance budget）、强调长期计划性的计划-规划-预算制度（planning-program-budget system，PPBS）、突出个体自主性的目标管理预算（MBO）、强调项目优先次序的零基预算（ZBB），还是融合企业管理思想的新绩效预算（new performance budget）⑥，均试图提供某种理想的或最佳的预算模式，将有限的预算资源配置给最具价值的方向或活动。然而，现实的预算合约确定与执行过程，却在某种程度上体现出各相关方的利益交换与妥协。

其实，现代公共财政本身就是一种市场与政府妥协的结果。⑦政府预算作为一个集体选择过程，不论是预算总规模，还是具体部门或项目的资金分配，都不同程度体现了利益交换的倾向。⑧在预算资源配置过程中，受到负面影响的群体（包括行政支出部门），会强烈抵制预算资源的重新分配，而来自受益方的支持却往往相对分散。回顾数百年的预算发展史，预算管理原则从"古典"到"现代"的演变，实际上也是立法机构与行政机构之间相互交易与妥协的结果。现实中的预算决策过程，则体现为多数人未来利益与少数人既得利益之间的彼此博弈，其最终结果的达成往往意味着双方讨价还价的交易结果。⑨因而，真实世界中预算合约的确定与施行，难免在某种程度上偏离理性决策的预设目标和轨道，但这并不妨碍将提升预算决策的科学化水平作为引导各国预算改革的一个方向性

① 威尔达夫斯基 A，凯顿 N C.预算过程中的新政治学［M］.邓淑莲，魏陆，译. 4 版. 上海：上海财经大学出版社，2006：2.
② 程瑜. 政府预算契约论——一种委托—代理理论的研究视角［M］. 北京：经济科学出版社，2008：4.
③ 姜维壮. 比较财政管理学［M］. 北京：中国财政经济出版社，2000：317.
④ KEY O. The lack of budgetary theory［J］. American Political Science Review，1940，34（12）：1137-1144.
⑤ 分行列支预算，通常根据每一开支对象的成本来分配公共资源，这是最基本的预算组织形式。进一步论述参见本书第 3 章.
⑥ 亨利 N.公共行政与公共事务［M］. 项龙，译. 7 版. 北京：华夏出版社，2002.
⑦ 吕炜. 我们离公共财政有多远［M］. 北京：经济科学出版社，2005：33.
⑧ 马蔡琛. 初论公共预算过程的交易特征［J］. 河北学刊，2006（5）.
⑨ 马蔡琛. 变革世界中的政府预算管理——一种利益相关方视角的考察［M］. 北京：中国社会科学出版社，2010：54-55.

目标。

3）预算问责的纵深推进：从合规控制到公民参与的渐推渐进

如果说公共预算就是"以众人之财，办众人之事"，那么众人之事就当由众人来议定、让众人皆知晓、受众人之监督，这本是一个不言自明的问题。然而，自1295年英国"模范议会"最早提出"涉及所有人的问题，应当由所有人来批准"这一较具普适性的预算准则以来，在各国预算实践中，最终建成"以天下之财，利天下之人"的责任政府，仍旧是一个屡经波折的过程。

在通常的预算决策过程中，除了为数不多的市民大会或全民公决之外，大多数财政收支决策是经过选举产生的议员作出的。然而，在预算的准备过程中，以及由预算资金支持的服务活动中，许多关键性决策则是由未经选举的公共部门雇员作出的。[①]现代预算史的演进脉络显示，早期的预算问责侧重于强调议会的外部监督，预算成为对政府实施普遍控制的一种工具。20世纪80年代以来的全球预算改革浪潮，更为注重将预算作为赋权公民参与的工具。[②]通过广泛运用预算听证、公共服务调查、预算对话等技术手段，促使现代预算的功能从偏重合规性控制，逐步拓展为向公民赋权的一种公共治理工具，从而进一步提升了现代政府的合法性基础。

其中，较具代表性的当属参与式预算（participatory budgeting）在拉丁美洲、亚洲、非洲和欧洲诸国的广泛兴起。自1990年参与式预算的原始模型在巴西的阿雷格里港市面世以来，目前世界范围内有记录的实施案例已达1 000多个[③]，国内浙江省温岭市、河南省焦作市、上海市闵行区、云南省盐津县等地，也开展了不同形式的参与式预算改革试点。

尽管参与式预算之于普通公民而言，到底是一种"生活必需品"还是"奢侈品"，仍旧存在某些分歧。[④]然而，参与式预算通过预算过程中的公共学习，可以进一步促进政府与民间的和谐互动。作为公共服务受益方的公民，一旦通过行使公共权利而获得了权利主张，公民就应该接受、认同和内化权利主张的后果[⑤]，尊重经由公共选择程序而达成的预算结果。

4）预算周期的逐步拓展：从年度预算走向中期财政规划

预算程序中反复发生（且互有重叠）的事件，构成了预算周期（budget cycle），涵盖了预算编制、执行到决算的全过程。如同企业会计准则采用"会计分期假设"一样，各国的预算管理也往往以年度性原则作为预算周期的划分依据。年度性原则意味着预算必须每年都重新编制一次且只能覆盖某一特定时期。[⑥]然而，在20世纪的预算发展史中，由于年度性的预算周期假定增加了预算决策成本，无法满足跨年度的资本性支出需要，也难以反映预算安排与发展规划之间的有机联系，故而日益受到质疑。

同时，年度预算的决策模式容易助长一些短期行为倾向，而忽视了财政收支安排在中长期的可持续性，限制了政府对未来更为长远的考虑。在现实预算管理中，预算决策所

---

① 米克塞尔 J L. 公共财政管理：分析与应用 ［M］. 苟燕楠，马蔡琛，译. 9版. 北京：中国人民大学出版社，2020：34.
② 王雍君. 公共预算管理 ［M］. 2版. 北京：经济科学出版社，2010：426.
③ 辛多默 Y，特劳普—梅茨 R，张俊华. 亚欧参与式预算：民主参与的核心挑战 ［M］. 上海：上海人民出版社，2012：1.
④ 马蔡琛，李红梅. 参与式预算在中国：现实问题与未来选择 ［J］. 经济与管理研究，2009（12）.
⑤ 杨心宇. 现代国家的宪政理论研究 ［M］. 上海：上海三联书店，2004：137.
⑥ WILNER S. Budgetary principles ［J］. Political Science Quarterly，1935，1（2）：236-263.

覆盖的时间维度过短，也导致了预算调整过于频繁的"年年预算、预算一年"现象。[①]近年来，年终突击花钱等问题日益受到社会普遍关注，这既有社会转型期客观因素的影响，也不乏预算决策过程与公共政策制定过程分离、预算编制精细化程度有待提升的管理因素。

在"为将来而预算"的理念引导下，多数OECD成员国已采用了包括未来3~5年的多年期预算框架，以弥补年度预算的不足。[②]在那些因各种因素制约而难以全面实施中期财政规划的国家[③]，也针对资本性支出的未来成本、养老金等公民权益性支出的长期需求、政府担保等隐性负债，采用了某种方式的中长期展望。

需要注意的是，鉴以往之事易，证未来之事难，越是长时间尺度上的预算决策，其在预测精度上面临的挑战也越大。根据亚洲开发银行的观点，建立中期财政规划应具备经济运行稳定、可靠的宏观经济预测能力、严格的决策过程、良好的预算纪律性等条件。[④]从发展中国家和转轨国家的经验来看，由于上述条件还不完全具备，这些国家引入中期财政规划的成功案例尚不多见。因此，对于中期财政规划所可能达到的预期效果，仍需保持审慎乐观的态度。

1.4 不同视角下的政府预算内涵界定

通过对国内外相关文献的考察，可以发现不同研究者从不同的研究视角出发，对政府预算的含义有着不同的界定。概括起来，具有代表性的观点大致有以下几种：

1）政府预算是政府的基本财政收支计划或政府收支的说明书

无论是在国内还是国外，这都是一种对政府预算内涵认识的相对主流观点。马列主义经典作家就曾指出，"预算只不过是国家本年度预期收入和支出的一览表，并以上年度的财政经验即平衡表为依据……每一个国家预算的基本问题就是预算之间的对比关系，是编制平衡表、盈余表或者赤字表，这是国家确定削减或增加税收的基本条件"[⑤]。循着这一指导思想，国内持这种观点的研究者认为，政府预算是指以财政收支表为主的政府财政资金的基本收支计划（马国贤，2001）。它的功能首先是反映政府的财政收支状况（陈共，1999）。从形式上看，国家预算是一个具有法律地位的技术性的文件，它是所在财政年度的预期收入和支出的一览表，反映政府在年度内进行财政收支活动所应达到的各项收支指标和收支总额之间的平衡关系（邓子基，1987）。[⑥]从内容上看，政府预算是将财政收支活动记载在收支分类表中，以反映政府活动的范围和方向，体现政府的政策意图（项怀诚，1999）。国外研究者同样认为，一定时期中用款及筹款之完备设计，名曰预算（柏克，1933）。[⑦]也就是说，预算是一定时期内，政府财政活动的数字估量表（井手文雄，1990），而这种政府收支说明书或估计表格的形成与完善，经历了一个较为漫长的历史进

① 马蔡琛，黄凤羽.国家治理视野中的现代财政制度 [J].理论与现代化，2014（3）.
② 王雍君.公共预算管理 [M].2版.北京：经济科学出版社，2010：50.
③ 在国内外文献中，关于中期财政规划的类似称谓有很多，主要包括中长期预算、多年期预算、滚动预算、中期基础预算、中期财政框架、中期支出框架等，其具体含义大致相同。
④ 斯基亚沃 S C，托马西 D.公共支出管理 [M].张通，译.北京：中国财政经济出版社，2001：275.
⑤ 马克思，恩格斯.马克思恩格斯全集：第9卷 [M].中共中央马克思恩格斯列宁斯大林著作编译局，编译.北京：人民出版社，1961：67，87.
⑥ 邓子基.比较财政学 [M].北京：中国财政经济出版社，1987：122.
⑦ 柏克.市预算 [M].孙树兴，译.上海：商务印书馆，1933：1.

程（埃克图斯坦，1983）。

2）政府预算是一种解决公共资源配置问题的重要管理工具

预算管理在本质上是工具性的（instrumental）（王雍君，2002），其实质在于配置稀缺资源，因而它意味着在潜在的支出项目之间进行选择（爱伦·鲁宾，2000）。政府预算作为一种国家干预经济的政策工具，是集政府行政、法律、经济于一体的特殊管理工具与调节手段，通过政府预算收支计划，参与社会产品与国民收入的分配与再分配，以实现政府职能，贯彻经济政策（邓力平，2001）。从这个意义上讲，政府预算是政府分配集中性财政资金、优化资源配置的重要工具（胡乐亭，1998）。公共预算涉及目标的选择以及达到这些目标的方式的选择。一旦资源通过预算进程进行分配，组织的战略就变得明显了，即使它们没有被明确称为"战略"（罗伯特·李，2011）。

3）政府预算是具有较强政治性的活动

有研究者强调政府预算的政治性，指出它的整个活动过程受到立法机构和政治程序根本制约和规定限制的特点。预算不仅仅是技术和程序问题，没有财政的政府组织，是不可能正常运行的（王浦劬，2008）。[①]预算过程与政治过程之间的关系是非常紧密的，在很大程度上，预算过程可以看成是政治过程的核心（马骏和於莉，2005）。[②]本质上，公共预算是利益之权威分配的政治过程（谢庆奎和单继友，2009）。[③]国外学者认为预算制度是关于民众赞同和监督国家财政活动的制度，立宪政治的历史可以说就是现代预算制度的历史（井手文雄，1990）。在民主社会中，预算是限制政府权力的一个方法（罗伯特·李，2011），批复预算（"资金权力"）是立法部门对行政部门进行控制的主要形式，预算采取的形式必须使立法部门和公众能够对政府政策加以监督（萨尔瓦托雷·斯基亚沃－坎波、丹尼尔·托马西，1999）。预算将公民的偏好与政府产出联系起来，预算决策的制定描述了政府机构内部以及机构之间的预算行动者的相对权力，它也描述了处于一般利益集团和特定利益集团内的公民的重要性（爱伦·鲁宾，2000）。

4）政府预算是一种法律性计划，法制性是政府预算的根本特性

这种观点源于对预算本质上是计划还是法律的争论。持这种观点的研究者认为，在本质上，预算经立法机关批准公布后便成为法律，在计划经济下预算作为一种财政计划，而在市场经济体制下预算则是法律（焦建国，2001）。"计划"仅是政府预算的关键形式，唯有"法制性"才是政府预算的基本内容和活的灵魂，是政府预算区别于任何其他财政范畴的根本性质，是政府预算的精髓和要义所在。在市场取向的经济改革中，必须严肃政府预算的法制性，并用以约束政府的财政活动（张馨，1998）。循着政府预算行为法治化—政府财政运行规范化—政府公共经济行为规范化这样一条改革路径，我们也可以大致勾勒出现代财政预算制度的大致轮廓。

在社会主义市场经济中，政府预算是政府接受民众的委托，为实现政府在一定时期内的政治、经济和社会目标，筹集和使用集中性财政资金的具有法律效力的基本财政收支计划。

政府预算也有广义与狭义两种理解。狭义的政府预算单纯是指政府预算表格和报告

---

① 王浦劬.公共预算与政治学［M］//马骏，等.呼吁公共预算：来自政治学、公共行政学的声音.北京：中央编译出版社，2008：7.

② 马骏，於莉.公共预算研究：中国政治学和公共行政学亟待加强的研究领域［J］.政治学研究，2005（2）.

③ 谢庆奎，单继友.公共预算的本质：政治过程［J］.天津社会科学，2009（1）.

书；而广义的政府预算则包括预算编制、执行、决算、审计结果的公布与绩效评价等全部环节，也就是全部预算管理制度。本书中所指的政府预算主要是就广义的政府预算而言的。

本章小结 ✓ ┈┈┈┈┈┈┈┈┈┈┈┈┈┈┈┈┈┈┈┈┈┈ ●

• 政府预算并不仅仅是政府的事情，它与我们的日常生活息息相关。全面理解政府预算，就微观个人而言，可以帮助我们了解国家宏观经济政策，正确选择与自己相关的决策；就宏观社会而言，可以帮助我们全面审查政府向公民"募集"资金的使用情况，防止政府对公共资金的随意浪费。

• 政府预算不仅是经济学问题，还更多地涉及政治学与行政学层面上的集体选择问题。现代政府预算作为一种管理工具，具有较为明显的经济学与管理学科际整合的特征。

• 现代预算制度呈现从"控制取向"走向"绩效导向"、从合规控制转向公民参与、从年度预算拓展为中期财政规划等演化趋势。

• 在马克思主义预算观中，政府所提供的公共产品之于劳动者状况改善的效果，是公共支出效率的重要体现。马克思主义从人民的立场出发，认为预算的收和支实质上就是国家参与剩余产品的分配与再分配，以国民经济的协调发展、社会总生产的顺利进行为原则来安排预算，并将集中起来的社会财富用在全体劳动人民最需要的地方上，体现了"为民理财"的功能定位。

综合练习 ✓ ┈┈┈┈┈┈┈┈┈┈┈┈┈┈┈┈┈┈┈┈┈┈ ●

• 简答题
1.1 简要分析现代政府预算在世界范围内的发展与演进。
1.2 关于预算概念的主要观点有哪些？你对此有何见解？
1.3 现代政府预算的演化特征是什么？
1.4 简要论述马克思主义经典作家的预算思想。
• 案例分析题
1.1

邓小平同志论预算

邓小平同志早在1954年1月13日"在全国财政厅局长会议上所作的报告"中，就对预算问题作出了深刻的分析。阅读以下材料，请思考以下问题：

（1）"数字中有政策，决定数字就是决定政策"的具体含义是什么？

（2）"预算要归口，不能有不归口的预算项目"的具体含义是什么？

1954年1月，邓小平同志（时任政务院副总理兼财政部部长）在全国财政厅局长会议上作了题为"财政工作的六条方针"的报告。贯彻这六条方针的结果是1954年"预算执行中不仅没有动用上年结余，而且当年又有了1605亿元结余，是财政工作日子最好过的一年"。同时，这六条方针也对未来的财政工作产生了深远影响，值得每一位财政工作者认真学习和领会。六条方针具体如下：

第一，归口。为什么提出这个方针？这是鉴于过去的预算，特别是一九五三年的预算有危险性，而更大的危险性是财政部代替各部门决定政策，这是不懂得数字中有政策，决定数字就是决定政策。归口就包括政策问题，数字内包括轻重缓急，哪个项目该办，哪个项目不该办，这是一个政治性的问题……另一方面是预算不采取归口的办法，控制不住，干预过多，因而财政部成了被斗争的焦点。归口以后，就易于控制，预算就容易确定。所以预算要归口，不能有不归口的预算项目。归口不等于财政部不管，财政部有干预的权利，要提出意见。财政部提意见，是从全局出发，考虑有钱没钱，是否符合国民经济发展的比例。预算不能由各部自行决定，但必须以各部门为主，共同商量。各级、各部门对归口是赞成的，现在有一些还没有归口，归口以后，工作就主动了。

第二，包干。以后是否永远包干？不一定。有些是长期的，有些则不一定。但至少一九五四年必须包干，一九五五年也有不少还要继续包干。包干的目的主要是控制预算。包干的提出，是鉴于一九五三年预算在二月十二日通过，三月底总预备费就花光了，八月即失掉收支平衡。因此，今后为了控制预算，才实行包干。包干分两种：一是中央各口的包干，主要是归大口。财委是一大口，其中农林水归四办，交通归三办，财金贸归二办，工业归一办。总的预算投资多少，由财委、计委审核。各项事业的轻重缓急与投资的分配，由各口去考虑……一九五四年预算指示中已规定，总收入不应减少，并争取超过；总支出不应突破，并力求节约。可见收入也包干了。这样收支都由大家包起来，才能保证预算的巩固性。大家都负起责任，就不致于突破预算。包干的好处很多，所以一九五四年预算指示从去年十一月十日发出后，两个月来变动不大，这是过去没有见过的。

第三，自留预备费，结余留用不上缴。这点最麻烦，有的同志及苏联专家都不同意。其实，没有这一条，大家不可能有积极性，就不可能有归口和包干；有了这一条，大家才能有勇气和胆量实行归口、包干，地方才有力量应付意外开支。这次规定周转金为预算的百分之三至四，预备费为预算的百分之三至五，这就是摊了牌，摆在桌子上，大家来过日子，不要再在袖筒里办事，不要突破总预算。结余不上缴，但基建结余在外。

第四，精减行政人员，严格控制人员编制。如果不控制，是很危险的。理由不必解释。

第五，动用总预备费须经中央批准。这样，大家提出要求时就会更慎重一些了。这个批准权不应在财政部，而应在中央政治局。过去国家总预备费有相当一部分是买烧饼油条用掉了，如一九五三年就是如此。现在有了这一条规定，就可以防止这种现象发生。有了这一条的好处，是让大家知道要动用总预备费不容易。总预备费是留着解决大问题的，不是用来买烧饼油条的。

第六，加强财政监察。毛主席在中央的会议上特别提出这一点，这是以后财政工作的关键。财政上的浪费是很大的。毛主席说："有些项目节约百分之十，数字就了不起了。"如国家预算节省百分之十，就是二十多万亿元。因此，要加强财政监察。

为什么要提出六条方针？概括地说是因为：第一，六条方针有一个重大的政治目的，就是要把国家财政放在经常的、稳固的、可靠的基础上。……财政如何稳固，大家要研究，要谈清楚。第二，有了后备力量，国家财政才能集中力量保证社会主义工业化和社会主义改造的需要。党在过渡时期的总路线就是要建立一个伟大的社会主义国家，财政要保证这一点。如果财政不稳固，是不能保证的。实行归口包干后，剩下的预备费才能用到重大的事情上去，避免把钱用到买烧饼油条上去，才能保护住国家的总预备费，站稳脚跟，保证工业建设。第三，为了把国家财政放在稳固的基础上，保证社会主义工业建设，必须节减一切可以节减的开支，克服浪费。但如果没有六条方针，就不可能办到，即不可能发扬积极性，让大家来办财政。今天的问题复杂得很，仅靠几个章程、几个法令、几个办法办事是不行的，要因地制宜。只有大家管财政，大家热心财政，事情才好办。节约也要有积极性，如果没有地方的积极性，就不可能节约，就要发生浪费。

资料来源：邓小平. 邓小平文选：第1卷［M］. 北京：人民出版社，1994：193-195.

1.2

论中国预算法的修订：基于中国特色社会主义财政的角度

财政作为国家治理的基础和重要支柱，预算法往往也被称为"经济宪法"。2014年8月，历经长达十年的修订过程，预算法修正案终于由全国人大常委会以高票通过，完成了20年来的首次大修，修订后的预算法于2015年1月1日起施行。阅读以下新旧预算法对比（部分）的有关材料，请思考以下问题：

（1）从《中华人民共和国预算法》修订前后的对比来看，我国现代预算制度有何演化特征？

（2）从坚持、发展与完善中国特色社会主义财政基点出发，谈一下自己的心得体会。

原预算法总则第一条是，"为了强化预算的分配和监督职能，健全国家对预算的管理，加强国家宏观调控，保障经济和社会的健康发展，根据宪法，制定本法"。现总则第一条为："为了规范政府收支行为，强化预算约束，加强对预算的管理和监督，建立健全全面规范、公开透明的预算制度，保障经济社会的健康发展，根据宪法，制定本法。"比较立法宗旨表述上的区别，可以体会到中国特色社会主义财政的动态发展，体会到全面深化改革与全面依法治国对预算的要求，体会到财政国家性、公共性与发展性统一的新表现形式。

在原预算法中，对于预算编制原则的表述是第三条，"各级预算应当做到收支平衡"，而新预算法第十二条第二款规定，"各级政府应当建立跨年度预算平衡机制"；第三十二条规定，"各级预算应当根据年度经济社会发展目标、国家宏观调控总体要求和跨年度预算平衡的需要，参考上一年预算执行情况、有关支出绩效评价结果和本年度收支预测，按照规定程序征求各方面意见后，进行编制"。从年度预算走向跨年度预算平衡，进而走向中期财政规划，这一变化反映了建立现代财政制度与实施新预算管理体制的要求，反映了国家财政平衡观内涵的拓展。

原预算法规定，"地方各级预算按照量入为出、收支平衡的原则编制，不列赤字"。新预算法在第三十四条中做了这样的表述："中央一般公共预算中必需的部分资金，可通过举借国内和国外债务等方式筹措，举借债务应当控制适当的规模，保持合理的结构。"这样既坚持了从严控制政府债务的原则，又适应了经济社会发展的需要，从法律上解决了政府债务怎么借、怎么管、怎么还的问题。体现了在特定经济社会发展阶段中财政国家性、公共性与发展性的统一。有利于把地方政府融资引导到阳光下，建立起规范合理的地方政府举债融资机制；有利于人大和社会监督，防范和化解债务风险。

资料来源：马蔡琛.论中国预算法的修订与政府理财的挑战［J］.会计之友，2015（9）；邓力平.新预算法：基于中国特色社会主义财政的理解［J］.财政研究，2015（10）；马蔡琛.现代预算制度的演化特征与路径选择［J］.中国人民大学学报，2014，28（5）；楼继伟.认真贯彻新预算法 依法加强预算管理［J］.中国财政，2015（1）.

推荐阅读资料 ✅

［1］中共中央宣传部，国家发展和改革委员会.习近平经济思想学习纲要［M］.北京：人民出版社；学习出版社，2022.

［2］财政部《邓小平论财经》编辑组.邓小平论财经［M］.北京：中国财政经济出版社，1997.

［3］财政部干部教育中心.现代预算制度研究［M］.北京：经济科学出版社，2017.

［4］高培勇.共和国财税60年［M］.北京：人民出版社，2009.

［5］马蔡琛.如何解读政府预算报告［M］.北京：中国财政经济出版社，2002.

第2章
政府预算的组织构架与最新实践

现代政府预算作为一个复杂的组织系统，既包括处于较高层面的政治因素，也更多地涉及处于基础层面上的技术因素。因而，政府预算的组织构架与研究视角，往往具有"横看成岭侧成峰"的特点。不同的研究者从不同学科的视角出发，也形成了不同的预算理论。这些理论在各国预算改革舞台上也都或多或少地发挥着各自的影响，从而构成了更加丰富多彩的全球预算管理制度变革的绚丽图景。

在本章中，我们将从政府预算的组织结构、管理体制、职权划分、研究视角和最新实践等多个维度，就政府预算系统的运行模式加以较为全面的考察。

2.1 政府预算的组织构架与种类

2.1.1 政府预算的组织构架

一般来说，有一级政府就有一级财政收支活动主体，也就有一级预算。预算级次制度是国家根据预算管理权限所划分的预算层次，是纵向财政预算管理体制的基础。现代社会，基于多级政府的理论与实践，大多数国家都实行多级预算。

我国现行预算组成体系是按照一级政府设立一级预算的原则建立的。我国宪法规定，国家机构由全国人民代表大会、国务院、地方各级人民代表大会和各级人民政府组成。与政权结构相适应，同时结合行政区域的划分，相应设立五级预算：①中央；②省、自治区、直辖市；③设区的市、自治州；④县、自治县、不设区的市、市辖区；⑤乡、民族乡、镇。

按照政权构架，全国预算由中央预算和地方预算组成。中央预算即中央政府预算，是经法定程序批准的中央政府财政收支计划；地方预算是经法定程序批准的各级地方政府财政收支计划的统称，由各省、自治区和直辖市总预算构成。地方各级总预算由本级预算和汇总的下一级总预算组成；下一级只有本级预算的，下一级总预算即指下一级的本级预算。没有下一级预算的，总预算即指本级预算。县级以上地方政府的派出机关根据本级政府授权进行预算管理活动，不作为一级预算，其收支纳入本级预算。对于各地经济技术开发区的预算管理问题，根据财政部在20世纪80年代的早期规定，开发区新增的预算收入及其相应的预算支出是国家预算的一个组成部分，要统一纳入地方预算管理，有关收支数字一律编列入所在省、市财政总预算和决算。

在2014年8月修订通过的《中华人民共和国预算法》中，删除了1994年《中华人民共和国预算法》中规定的"不具备设立预算条件的乡、民族乡、镇，经省、自治区、直辖市政府确定，可以暂不设立预算"。也就是说，明确规定了乡镇一级也必须设立本级预算。①

在近年来的预算管理改革实践中，出现了一些"乡财县管"和"省直管县"等管理模式，在一定程度上突破了五级预算的组织管理构架。有关这些探索与尝试的利弊，限于篇幅，我们暂不加以评论，相信今后的预算改革实践会提供一个明确的答案。

我国现行预算体系如图2-1所示。

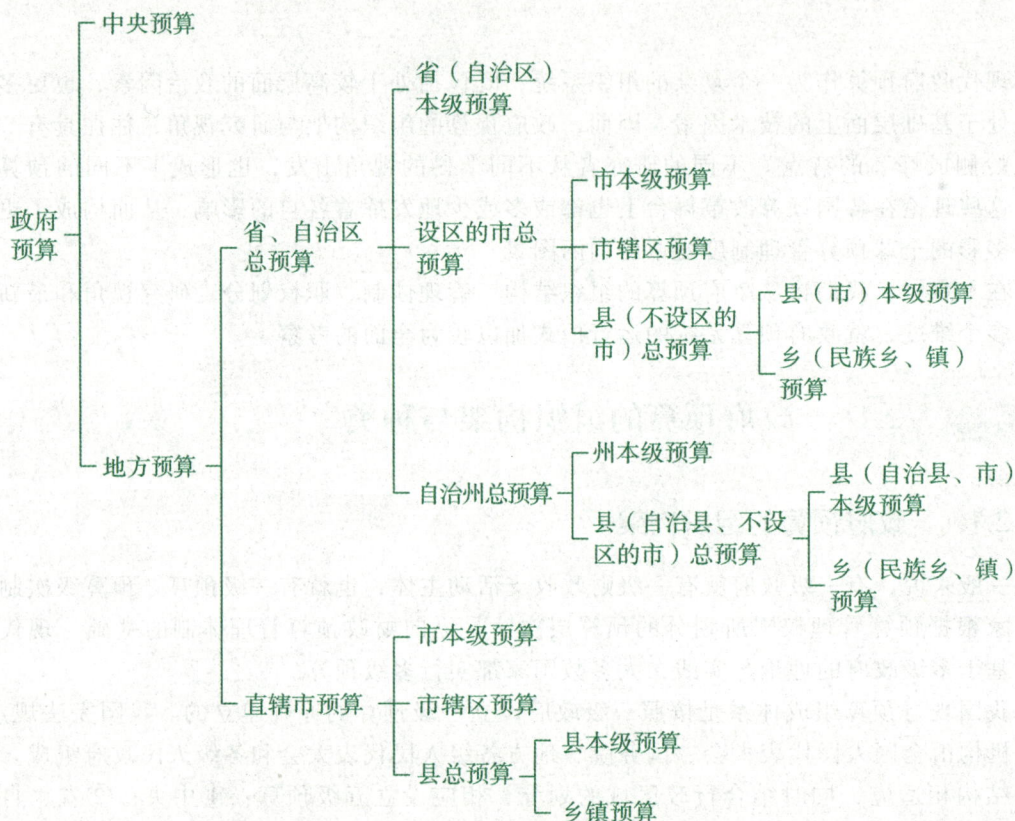

图2-1 我国的政府预算组织构架

我国法律规定，县级以上的地方各级人民代表大会审批本行政区域内的预算以及执行情况的报告。需要说明的是，本行政区域内的总预算包括本级预算和下级预算，那么上级人大是不是审批下级政府的预算呢？目前的实际做法是，全国人大审批的国家预算包括中央本级预算和地方预算，但地方预算只是汇编，实质性审查和批准的是中央本级预算和中央部门预算。这样，实际上各级人大只对本级预算进行实质性审批。

例如，2023年3月13日第十四届全国人民代表大会第一次会议通过的《第十四届全国人民代表大会第一次会议关于2022年中央和地方预算执行情况与2023年中央和地方预

---

① 依《中华人民共和国预算法》第二十四条第三款之规定："经省、自治区、直辖市政府批准，乡、民族乡、镇本级预算草案、预算调整方案、决算草案，可以由上一级政府代编，并依照本法第21条的规定报乡、民族乡、镇的人民代表大会审查和批准。"

算的决议》就是这样表述的："第十四届全国人民代表大会第一次会议审查了国务院提出的《关于2022年中央和地方预算执行情况与2023年中央和地方预算草案的报告》及2023年中央和地方预算草案，同意全国人民代表大会财政经济委员会的审查结果报告。会议决定，批准《关于2022年中央和地方预算执行情况与2023年中央和地方预算草案的报告》，批准2023年中央预算。"[①]

人民代表大会制度规定各级人大之间不是领导关系，因而可以说各级政权拥有相对独立的预算管理权。之所以说这种独立性是相对的，是因为我国宪法还规定，国务院统一领导全国地方各级国家行政机关的工作，规定中央和省、自治区、直辖市的国家行政机关职权的具体划分，并且规定地方各级人民政府对本级人民代表大会负责并报告工作的同时，对上一级国家行政机关负责并报告工作。我国是单一制而非联邦制的国家，凡是全国性的财政方针政策的制定以及财税管理法律法规的制定，以及相应的解释权和修订权都由中央政府来行使。地方政府在不违背中央统一规定的前提下，有权制定地区性财政和预算管理制度。

2.1.2 政府预算的种类

政府预算是一项相对较为复杂的工作，涉及社会经济生活的诸多方面。为了实现政府预算的不同功能，根据政府预算活动中的各种主要关系，相应建立了不同形式的政府预算组织形式和预算分类方法。目前，按不同的标志，政府预算的分类主要有以下几种（具体内容如图2-2所示）：

按照不同的政府级次分类，可以分为中央预算和地方预算。

按照预算内容分类，可以分为总预算和分预算（分预算大体包括了后文将要介绍的部门预算和单位预算）。

按照收支范围分类，可以分为经费预算（或运营预算）和专项预算（或项目预算）。

按照预算作用的时间长短分类，可以分为年度预算和中期预算（或中期财政规划）。

按照政府预算的编制范围和预算技术组织形式分类，可以分为单式预算和复式预算。

按照预算编制的内容和技术方法分类，可以分为增量预算和零基预算。

按照立法手续分类，可以分为正式预算（本预算）、临时预算和追加预算。早在近百年前，陈启修（陈豹隐）先生在其《财政学总论》一书中，对本预算、临时预算和追加预算这三种预算的分析，在今天看来也是颇多洞见的："临时预算者，当本预算尚未议定，而年度已经开始之时，略划定一极短期际临时编制之预算，专行于本预算未施行之前者也。本预算者，一年度，本来应行之预算。追加预算者，当本预算已经提出国会之后为补本预算所不足，或为应付新发生事实，所追加之预算。从预算本来之目的言之，自以仅用本预算为最佳，盖临时预算及追加预算，在理论上皆足以破坏预算之统一，使预算本来之作用，不能发挥也。临时预算制与延长预算制，皆为一种预算未定时临时救济之方法，各国有行之者，有不行之者。追加预算则各国大抵皆不能免，盖未来之事，非事前所能逆料，苟于总预算编成之后，发生新需要，自不能不提出追加预算以应之也。然追加预算亦

---

① 资料来源：人民网. 第十四届全国人民代表大会第一次会议关于2022年中央和地方预算执行情况与2023年中央和地方预算的决议［EB/OL］.（2023-03-14）［2023-05-13］. http://lianghui.people.com.cn/2023/n1/2023/0314/c452482-32643644.html.

图2-2　政府预算分类示意图

可以把政府预算分为**总预算**和**分预算**。从预算项目的分合来看，总预算就是政府财政收支的综合计划，它包括一般经费收支和各类特别收支两大项目，而分预算则是这两大项目的细目

从预算的部门划分来看，国防预算、经济投资预算等部门预算就是分预算，而各部门预算的汇总就是总预算

普通预算（经费预算）是指政府编制的一般财政收支项目的预算

特别预算（专项预算）是指政府对某些具有特别意义的项目另行安排的预算。例如，在某些发达国家，公营企业投资预算，公共工程投资预算、社会保险预算以及各类特种基金预算都属于特别预算

实践表明，特别预算往往不利于政府在各类收支项目之间进行资金的调剂使用，也在一定程度上影响了综合反映政府全部财政收支使用、变化的情况。因而，近年来有些国家已经不再编制普通预算与特别预算，而是实行编制总预算和分预算制度

可把预算划分为**中央预算**和**地方预算**。在单一制国家里，政府预算可以分为中央政府预算和各级地方政府预算；在联邦制国家中，政府预算可以分为联邦政府预算、州（邦）政府预算和各级地方政府预算。过去，国家预算通常仅指中央政府的财政预算，而现在的国家预算则包括各级地方政府的财政预算

本预算（正式预算）。它是政府依法就每年度可能发生的财政收支加以预计构成的，经立法机构审批后即可公布实施的预算

临时预算。有些时候基于某种原因，新预算年度即将开始而政府预算草案尚未完成立法程序，不能成为正式的预算，在这种情况下，为解决预算成立前的政府经费开支问题，就要先编制一个暂时性的预算，作为在正式预算成立前进行财政收支活动的依据，这就是临时预算

追加预算。在本预算已经批准且付诸实施的情况下，如果必须增加某项支出并同时相应地增加财政收入，政府就需要编制一种追加的预算，作为本预算的补充

预算内容分类

收支范围分类

政府级别分类

立法手续分类

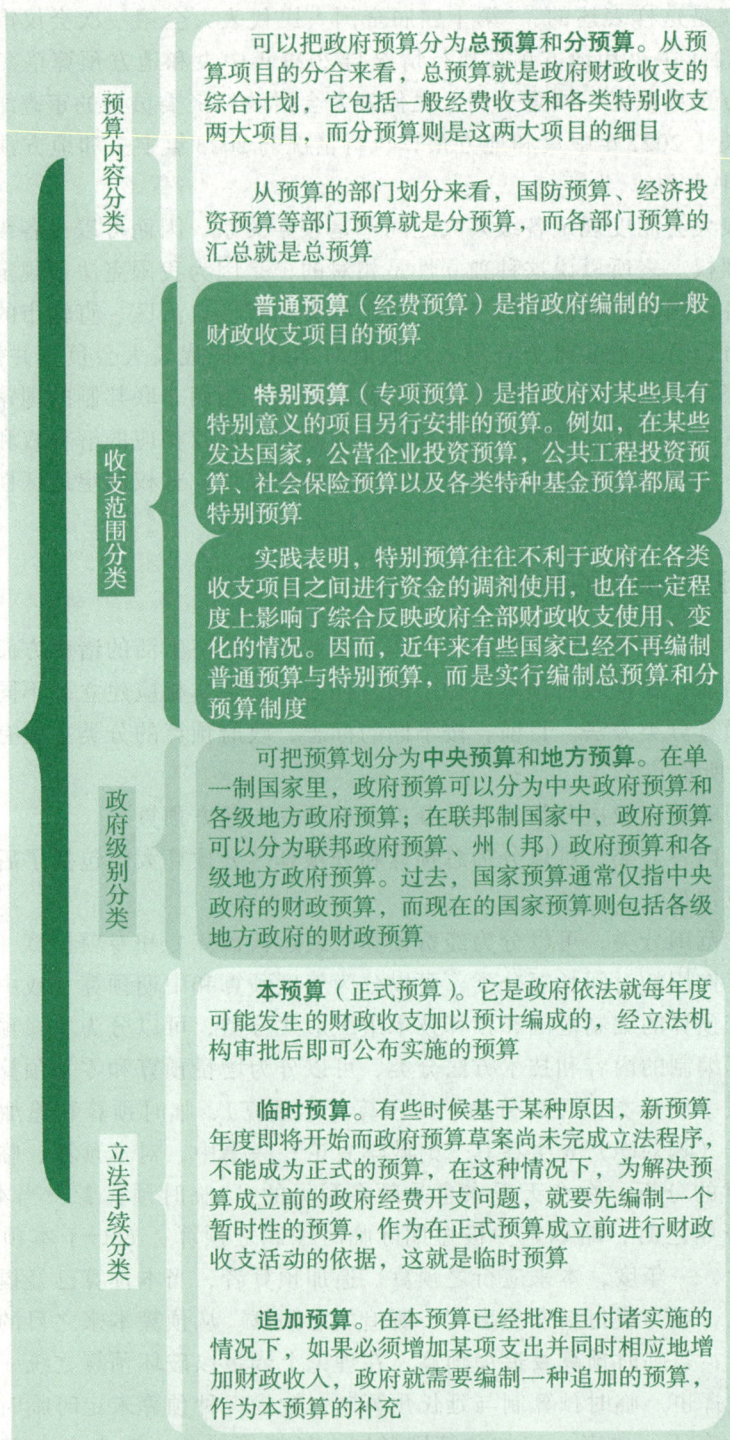

图2-2　政府预算分类示意图

可发生大弊，盖追加预算可以隐蔽财政之真相，凡遇岁出非常膨胀之时，政府虑不得议会之承诺，往往不悉揭其额于本预算，而留一部分以编成追加预算，藉以行朝三暮四之术，

以欺决意机关也。故各国对于追加预算，往往加以限制。"①

与前述中央预算和地方预算相联系的一个概念是总预算。一般说来，一级政府在一般性财政收支之外，往往还有一些特别项目的收支，如国有企业的财务收支、特别工程的收支等。过去，在相当长的时期内，这类收支与政府的一般财政收支是分别核算的，这种做法有损于预算的统一性和完整性。现在，许多国家都把这些预算合并在一起并统一列表核算，于是形成总预算。一级政府的总预算不仅包括本级一般财政收支和特别预算，也包括下级政府的总预算，从而形成完整的政府预算体系。

与总预算相对应的另一个概念是单位预算。单位预算是政府预算的基本组成部分，是各级政府的直属机关就其本级及所属行政、事业单位的年度经费收支所汇编的预算，另外还包括企业财务收支计划中与财政有关的部分，它是机关本身及其所属单位实现其职能或事业计划的财力保证，是各级总预算构成的基本单位。根据经费领拨关系和行政隶属关系，单位预算又可分为一级单位预算、二级单位预算和基层单位预算。

此外，在理论研究层面还有微观预算和宏观预算之分。正如芬诺（Fenno，1965）和威尔达夫斯基（Wildavsky，1964）所描述的，第二次世界大战后，微观预算——从底层到中层的决策，通常是自下而上对行政部门、计划和项目作出的——以稳定和可预测的预算过程为特征；宏观预算——高层决策，通常是自上而下对支出、收入和赤字总额及相对预算份额作出的——因历史上长期庞大的赤字而逐渐盛行。②许多工业化国家使用宏观预算的迹象表明，这些预算发展也在世界各地进行。③我国目前"两上两下"的预算管理流程，更具有微观预算所强调的自下而上启动预算过程的特点。

2.2 政府预算的管理职权

通常的预算工作程序包括预算的编制、批准、执行和监督四个阶段。政府预算管理需要经过以上流程，相关的参与各方才能有效地行使各自的职权，以实现预算控制和绩效提升的预期目标。

政府预算管理职权，是指在宪法原则的框架下，依据预算法等相关法律法规，对参与政府预算管理系统的各利益相关主体，就其各自的职责与权限所进行的法律界定。从世界各国预算管理实践看，无论是联邦制还是单一制国家，立法机关和行政机关的预算管理职权，通常都在宪法有关条款中加以原则规定，并进而由财政法、预算法等相关法律法规作出更为详尽的可操作的具体规定。④

预算过程与预算管理职权的界定与一国的政治制度和政府治理结构密切相关。一国的行政管理体制、立法体制和司法体制以及上述三者之间的互动影响结构，决定了在预算管理过程中各机构与团体的职权划分及其运作模式，尤其是政府行政与立法监督机构之间的相互制衡关系，对于预算过程及其资源配置结果的影响尤为显著。在本节中，我们将结合中国现实，分别从立法监督机构、各级政府部门和财政管理部门等政府预算主要利益相关

① 陈启修. 财政学总论［M］. 北京：商务印书馆，2015：74（原书于1924年由商务印书馆出版）.
② 卡恩 A K，希尔德雷斯 B H. 公共部门预算管理［M］. 韦曙林，译. 上海：上海人民出版社，2010：1-2.
③ SCHICK A. Macro-budgetary adaptations to fiscal stress in industrialized democracies［J］. Public Administration Review，46（March/April 1986）：124-34.
④ 卢洪友. 政府预算学［M］. 武汉：武汉大学出版社，2005：20.

主体的视角，对其相应的预算管理职权加以分析。

2.2.1 各级人民代表大会的预算管理职权

全国人民代表大会审查中央和地方预算草案及中央和地方预算执行情况的报告；批准中央预算和中央预算执行情况的报告；改变或者撤销全国人民代表大会常务委员会关于预算、决算的不适当的决议。

全国人民代表大会常务委员会监督中央和地方预算的执行；审查和批准中央预算的调整方案；审查和批准中央决算；撤销国务院制定的同宪法、法律相抵触的关于预算、决算的行政法规、决定和命令；撤销省、自治区、直辖市人民代表大会及其常务委员会制定的同宪法、法律和行政法规相抵触的关于预算、决算的地方性法规和决议。

县级以上地方各级人民代表大会审查本级总预算草案及本级总预算执行情况的报告；批准本级预算和本级预算执行情况的报告；改变或者撤销本级人民代表大会常务委员会关于预算、决算的不适当的决议；撤销本级政府关于预算、决算的不适当的决定和命令。

县级以上地方各级人民代表大会常务委员会监督本级总预算的执行；审查和批准本级预算的调整方案；审查和批准本级决算；撤销本级政府和下一级人民代表大会及其常务委员会关于预算、决算的不适当的决定、命令和决议。

乡、民族乡、镇的人民代表大会审查和批准本级预算和本级预算执行情况的报告；监督本级预算的执行；审查和批准本级预算的调整方案；审查和批准本级决算；撤销本级政府关于预算、决算的不适当的决定和命令。

全国人民代表大会财政经济委员会对中央预算草案初步方案及上一年预算执行情况、中央预算调整初步方案和中央决算草案进行初步审查，提出初步审查意见（参见专栏2-1）。

省、自治区、直辖市人民代表大会有关专门委员会对本级预算草案初步方案及上一年预算执行情况、本级预算调整初步方案和本级决算草案进行初步审查，提出初步审查意见。

设区的市、自治州人民代表大会有关专门委员会对本级预算草案初步方案及上一年预算执行情况、本级预算调整初步方案和本级决算草案进行初步审查，提出初步审查意见，未设立专门委员会的，由本级人民代表大会常务委员会有关工作机构研究提出意见。

县、自治县、不设区的市、市辖区人民代表大会常务委员会对本级预算草案初步方案及上一年预算执行情况进行初步审查，提出初步审查意见。县、自治县、不设区的市、市辖区人民代表大会常务委员会有关工作机构对本级预算调整初步方案和本级决算草案研究提出意见。

设区的市、自治州以上各级人民代表大会有关专门委员会进行初步审查、常务委员会有关工作机构研究提出意见时，应当邀请本级人民代表大会代表参加。

对依照《中华人民共和国预算法》第二十二条第一款至第四款规定提出的意见，本级政府财政部门应当将处理情况及时反馈。

依照《中华人民共和国预算法》第二十二条第一款至第四款规定提出的意见以及本级政府财政部门反馈的处理情况报告，应当印发本级人民代表大会代表。

全国人民代表大会常务委员会和省、自治区、直辖市、设区的市、自治州人民代表大会常务委员会有关工作机构，依照本级人民代表大会常务委员会的决定，协助本级人民代表大会财政经济委员会或者有关专门委员会承担审查预算草案、预算调整方案、决算草案和监督预算执行等方面的具体工作。

专栏 2-1 ✅ --●

第十四届全国人民代表大会财政经济委员会
关于 2022 年中央和地方预算执行情况与 2023 年中央和地方预算草案的审查结果报告

（2023 年 3 月 8 日第十四届全国人民代表大会第一次会议主席团第二次会议通过）

十四届全国人大一次会议主席团：

第十四届全国人民代表大会第一次会议审查了国务院提出的《关于 2022 年中央和地方预算执行情况与 2023 年中央和地方预算草案的报告》和《2022 年全国预算执行情况 2023 年全国预算（草案）》。在第十三届全国人民代表大会财政经济委员会根据全国人民代表大会议事规则、预算法规定对预算报告和预算草案进行初步审查的基础上，第十四届全国人民代表大会财政经济委员会根据各代表团的审查意见，作了进一步审查。国务院根据审查意见对预算报告作了修改。现将审查结果报告如下。

一、2022 年预算执行情况总体是好的

根据国务院报告的 2022 年中央和地方预算执行情况：一是全国一般公共预算收入 203 703 亿元，为预算的 96.9%，加上调入资金和使用结转结余，收入总量为 228 244 亿元；支出 260 609 亿元，完成预算的 97.6%，加上补充中央预算稳定调节基金等，支出总量为 261 944 亿元；收支总量相抵，全国财政赤字 33 700 亿元，与十三届全国人大五次会议批准的预算持平。其中，中央一般公共预算收入 94 885 亿元，为预算的 100%，加上调入资金，收入总量为 107 550 亿元；支出 132 715 亿元，完成预算的 99%，加上补充中央预算稳定调节基金等，支出总量为 134 050 亿元；收支总量相抵，中央财政赤字 26 500 亿元，与预算持平。二是全国政府性基金预算收入 77 879 亿元，为预算的 79%，加上地方政府专项债务收入、中央单位特殊上缴利润等，收入总量为 132 984 亿元；支出 110 583 亿元，完成预算的 79.6%，收支执行数与预算数相差较多，主要是国有土地使用权出让收入短收，支出相应减少。三是全国国有资本经营预算收入 5 689 亿元，为预算的 110.9%；支出 3 395 亿元，完成预算的 96.5%，调入一般公共预算 2 507 亿元。四是全国社会保险基金预算收入 101 523 亿元，为预算的 101.2%；支出 91 453 亿元，完成预算的 99%；本年收支结余 10 070 亿元，年末滚存结余 114 789 亿元。2022 年末，中央财政国债余额 258 693 亿元，地方政府一般债务余额 143 945 亿元、专项债务余额 206 706 亿元，都控制在全国人大批准的债务限额以内。预算草案中对有关预算执行情况作了说明。

财政经济委员会认为，2022 年中央和地方预算执行情况总体是好的。面对风高浪急的国际环境和艰巨繁重的国内改革发展稳定任务，国务院和地方各级政府在以习近平同志为核心的党中央坚强领导下，认真贯彻落实党中央决策部署，落实十三届全国人大五次会议有关决议要求，统筹国内国际两个大局，统筹疫情防控和经济社会发展，统筹发展和安全，加大宏观调控力度，积极的财政政策提升效能，更加注重精准、可持续，实施大规模退税减税降费，加大财政支出力度，加强民生保障，落实政府过紧日子要求，保持了经济社会大局稳定。

同时也要看到，预算执行和财政管理中还存在一些不容忽视的问题，主要是：有的支出政策和预算安排不够细化完善，部分收支相比预算变动较大；四本预算之间衔接不够，财政资金统筹有待规范；有些财政资金使用效益有待提升，绩效结果运用需要强化；一些地方特别是基层财政收支矛盾较为突出，基层"三保"面临不少困难；有些地方政府债务资金使用存在闲置和不规范问题，有的地方存在新增隐性债务、化解债务不实情况；税制改革需要深入推进，税收立法工作需要进一步加快；有的地方和部门没有切实落实过紧日子要求，违反财经纪律行为仍时有发生。这些问题要予以高度重视，认真研究，采取有效措施加以解决。

二、2023年预算草案总体可行

国务院提出的2023年中央和地方预算草案：一是全国一般公共预算收入217 300亿元，比2022年预算执行数增长6.7%，加上调入资金和使用结转结余，收入总量为236 330亿元；支出275 130亿元，增长5.6%；赤字率按3%安排，全国财政赤字38 800亿元。其中，中央一般公共预算收入100 165亿元，增长5.6%，加上调入资金，收入总量为107 415亿元；支出139 015亿元，增长4.7%；中央财政赤字31 600亿元。二是全国政府性基金预算收入78 170亿元，增长0.4%，加上上年结转、地方政府专项债务收入，收入总量为123 563亿元；支出117 963亿元，增长6.7%，调入一般公共预算5 000亿元，结转下年使用600亿元。三是全国国有资本经营预算收入5 358亿元，下降5.8%，加上上年结转收入，收入总量为5 634亿元；支出3 469亿元，增长2.2%，调入一般公共预算2 165亿元。四是全国社会保险基金预算收入109 357亿元，增长7.7%；支出98 008亿元，增长7.2%；本年收支结余11 348亿元，比2022年预算执行数增加1 278亿元，年末滚存结余126 138亿元。中央财政国债限额298 608.35亿元；地方政府一般债务限额165 489.22亿元，专项债务限额256 185.08亿元。

财政经济委员会认为，国务院提出的2023年的预算报告、中央和地方预算草案，以习近平新时代中国特色社会主义思想为指导，符合党的二十大精神，符合中央经济工作会议精神，符合年度经济社会发展目标和宏观调控总体要求，主要收支政策基本协调匹配，对存在的困难和挑战作了认真分析和相应安排，符合预算法规定，总体可行。

三、建议批准预算报告和中央预算草案

财政经济委员会建议，第十四届全国人民代表大会第一次会议批准国务院提出的《关于2022年中央和地方预算执行情况与2023年中央和地方预算草案的报告》，批准2023年中央预算草案，同时批准2023年地方政府一般债务限额165 489.22亿元、专项债务限额256 185.08亿元。

依据法律规定，地方各级政府预算由本级人民代表大会审查和批准。各省、自治区、直辖市政府依照国务院下达的债务限额举借的债务，依法列入本级预算草案或预算调整方案，报本级人大或其常委会批准。国务院将地方预算汇总后依法报全国人大常委会备案。

四、做好2023年预算执行和财政工作的建议

2023年是全面贯彻党的二十大精神的开局之年，做好财政预算工作意义重大。要在以习近平同志为核心的党中央坚强领导下，以习近平新时代中国特色社会主义思想为指导，全面贯彻落实党的二十大精神，贯彻落实中央经济工作会议精神，认真执行十四届全国人大一次会议审查批准的2023年中央预算及相关决议，扎实推进中国式现代化，坚持稳中求进工作总基调，完整、准确、全面贯彻新发展理念，加快构建新发展格局，着力推动高质量发展，更好统筹国内国际两个大局，更好统筹疫情防控和经济社会发展，更好统筹发展和安全，积极的财政政策要加力提效，推动经济运行整体好转，实现质的有效提升和量的合理增长，持续改善民生，保持社会大局稳定，为全面建设社会主义现代化国家开好局起好步提供有力支持。为做好2023年预算执行和财政工作，财政经济委员会提出以下建议：

（一）全面落实积极的财政政策。细化财税政策措施并及早向社会公布，稳定市场预期，提振发展信心。完善税费优惠政策，优化企业特别是民营企业发展环境，支持中小微企业和个体工商户发展。支持加快实施"十四五"重大工程，引导扩大民间投资。指导地方做好专项债券项目准备工作，提高债券项目储备质量，提升债券资金使用效益。进一步加强全面预算绩效管理，提高绩效评价质量，强化绩效结果运用，压减或取消低效无效项目资金。推进对部门和单位的整体绩效评价，加快健全完善全方位、全过程、全覆盖的预算绩效管理体系。积极运用预算管理一体化系统跟踪分析财政资金下达和使用，督促做好预算执行工作。加强财政政策与货币政策和产业、科技、社会、区域等政策之间的协调配合，形成共同促进高质量发展的合力。加强对经济形势的分析研判，丰富应对各种情况的政策工具箱，优化相机调控、精准调控。

（二）不断增强国家重大战略任务财力保障。坚持集中财力办大事，加强对扩大内需、科教兴国、乡村振兴等国家重大战略任务的财力保障。坚持牢牢把握扩大内需这个战略基点，加快建立稳定的财税政策支持机制。加大税收、社会保障、转移支付的调节力度，多渠道促进居民增收。加大促进消费的力度，对新能源汽车、绿色节能产品的消费给予税收优惠。加大对关键核心技术攻关的支持，健全科技创新多元投入机制，鼓励企业加大自主创新力度。落实好科研经费管理制度改革，确保下放的自主权接得住、管得好。坚持加大教育投入力度和优化结构并举，重点支持提升教育质量，强化高校和科研机构基础学科研究和高等教育人才培养。加大对全面推进乡村振兴、加快建设农业强国的支持力度，扎实推进高标准农田建设，持续提高农村公共服务水平。支持推动经济社会发展绿色转型，持续深入打好蓝天、碧水、净土保卫战。

（三）切实做好重点民生保障。进一步优化财政支出结构，加大对经济社会发展薄弱环节和关键领域的投入。加强公共卫生和疾病预防控制体系建设，支持公共卫生领域人才培养，合理确定基层医疗卫生人员待遇。继续支持疫苗接种、药物研发等工作，加强疫情防控经费保障。进一步完善鼓励生育的政策措施，加大对养老托幼服务的支持力度，促进人口均衡发展。完善应急财政支持和资金保障机制，加大对防灾减灾能力建设、应急救援处置能力提升的投入。高度重视地方特别是基层财政收支矛盾问题，加大转移支付和财力下沉力度，兜实兜牢"三保"底线。

（四）着力改进预算管理。加大财政资源、国有资产资源的统筹力度，提高统筹的规范性。健全完善国有自然资源收益制度，合理确定国有资本收益上交比例。稳步提高社会保险基金统筹层次。加强中期财政规划管理，并与年度预算安排相衔接，对重大政策、重大投资项目进行财政承受能力评估。细化预算编制，进一步将转移支付年初预算落实到地区。严格控制和规范预算调剂与资金调入调出。建立健全财政支出标准体系和标准动态调整机制。积极做好编制中央政府综合财务报告并依法报全国人大常委会备案的相关工作。做好2023年向全国人大常委会提交国有资产管理情况综合报告和专项口头报告金融企业国有资产管理情况的工作。

（五）持续加强地方政府债务管理。健全地方政府依法适度举债机制，结合地方财力情况、债务风险等，合理分配本地区债务限额。强化专项债券还本付息资金收支核算管理，探索建立专项债券本金提前偿还机制。抓实化解地方政府存量隐性债务。通过市场化法治化处理机制，规范隐性债务风险处置工作。推动融资平台公司分类转型发展，坚决遏制新增政府隐性债务。加大违法违规举债行为查处力度，严格落实追责问责机制。稳步推进地方政府隐性债务和法定债务合并监管。

（六）深入推进财税体制改革。进一步明确中央和地方政府财政事权和支出责任，深化省以下财政体制改革。完善财政转移支付体系，建立健全更加科学、规范高效的转移支付制度。完善财政资金直达机制，合理确定规模，优化管理机制。畅通增值税抵扣链条。调整优化消费税征收范围和税率，推进消费税征收环节后移并稳步下划地方。优化个人所得税综合所得征收范围，完善专项附加扣除项目和标准。适应数字经济发展、绿色发展的需要，研究完善相关税制，优化税收征管机制。加快推进财税法治建设，着力提升立法质量和效率，推进预算法、税收征管法修改和增值税、消费税、关税等立法，提高非税收入规范化、法治化水平。

（七）严肃财经纪律。健全财会监督体系，完善工作机制，提升财会监督效能。各级政府财政部门要加强对财政、财务、会计行为的监督，把推动党中央重大决策部署落实作为首要任务，坚持不懈严肃财经纪律。聚焦减税降费、党政机关"过紧日子"等重点任务，严肃查处财政收入不真实不合规、违规兴建楼堂馆所等突出问题，强化通报问责和处理处罚。严厉打击财务会计违法违规行为，严肃查处财务数据造假等问题。重点围绕重大政策措施落实和转移支付及直达资金分配使用、地方政府债务管理、基层"三保"等，加强审计监督。积极探索、稳妥推进政府综合财务报告审计工作。强化审计成果运用，推进审计结果公开，更好发挥审计作用。进一步加强财会监督、审计监督与人大监督的贯通协调，形成监督合力。

以上报告，请审议。

第十四届全国人民代表大会财政经济委员会

2023 年 3 月 8 日

资料来源：新华网.第十四届全国人民代表大会财政经济委员会关于2022年中央和地方预算执行情况与2023年中央和地方预算草案的审查结果报告［EB/OL］.（2023-03-09）［2023-05-02］. http：//lianghui.people.com.cn/2023/n1/2023/0309/c452482-32639951.html.

2.2.2 各级人民政府的预算管理职权

国务院编制中央预算、决算草案；向全国人民代表大会做关于中央和地方预算草案的报告；将省、自治区、直辖市政府报送备案的预算汇总后报全国人民代表大会常务委员会备案；组织中央和地方预算的执行；决定中央预算预备费的动用；编制中央预算调整方案；监督中央各部门和地方政府的预算执行；改变或者撤销中央各部门和地方政府关于预算、决算的不适当的决定、命令；向全国人民代表大会、全国人民代表大会常务委员会报告中央和地方预算的执行情况。

县级以上地方各级政府编制本级预算、决算草案；向本级人民代表大会做关于本级总预算草案的报告；将下一级政府报送备案的预算汇总后报本级人民代表大会常务委员会备案；组织本级总预算的执行；决定本级预算预备费的动用；编制本级预算的调整方案；监督本级各部门和下级政府的预算执行；改变或者撤销本级各部门和下级政府关于预算、决算的不适当的决定、命令；向本级人民代表大会、本级人民代表大会常务委员会报告本级总预算的执行情况。

乡、民族乡、镇政府编制本级预算、决算草案；向本级人民代表大会做关于本级预算草案的报告；组织本级预算的执行；决定本级预算预备费的动用；编制本级预算的调整方案；向本级人民代表大会报告本级预算的执行情况。

经省、自治区、直辖市政府批准，乡、民族乡、镇本级预算草案、预算调整方案、决算草案，可以由上一级政府代编，并依照《中华人民共和国预算法》第二十一条的规定报乡、民族乡、镇的人民代表大会审查和批准。

地方各级预算上下级之间有关收入和支出项目的划分以及上解、返还或者转移支付的具体办法，由上级地方政府规定，报本级人民代表大会常务委员会备案。

地方各级社会保险基金预算上下级之间有关收入和支出项目的划分以及上解、补助的具体办法，按照统筹层次由上级地方政府规定，报本级人民代表大会常务委员会备案。

2.2.3　各级财政部门的预算管理职权

国务院财政部门具体编制中央预算、决算草案；具体组织中央和地方预算的执行；提出中央预算预备费动用方案；具体编制中央预算的调整方案；定期向国务院报告中央和地方预算的执行情况。

地方各级政府财政部门具体编制本级预算、决算草案；具体组织本级总预算的执行；提出本级预算预备费动用方案；具体编制本级预算的调整方案；定期向本级政府和上一级政府财政部门报告本级总预算的执行情况。

2.2.4　各部门和单位的预算管理职权

各部门编制本部门预算、决算草案；组织和监督本部门预算的执行；定期向本级政府财政部门报告预算的执行情况。

各单位编制本单位预算、决算草案；按照国家规定上缴预算收入，安排预算支出，并接受国家有关部门的监督。

2.3　政府预算的研究视角

政府预算在世界范围的兴起，经历了大约数百年的发展历程，其总体变化趋势与整个社会科学研究（尤其是公共财政理论和公共管理理论）的演变呈现出较强的相关关系。在不同时空背景下，政府预算所依据的假设条件也有所不同，由此产生了不同的学说与理论。

就近代预算研究的早期发展而言，早在近90年前，南开大学的何廉先生和李锐先生在其《财政学》一书中就曾做过精练的概括：

财务行政与立法之内容，包括预算之编制与批准，岁出之行政与监督，以及公款之保管与赋税之征收等。关于此方面之问题，始注意研究者，为德国之官房学派。官房学之目的，注重在国家财产之收入及管理方法，故是派之著作中，以讨论此方面为最多。然以之为近世财政学之一部而论之较详者，实始于斯泰因氏（Stein），盖在氏以前，研究财政学者，大抵仅注意于财政之经济方面，自氏则始注重其法律方面。故从兹以后，财务行政及立法，遂成为财政学范围内之一部分。法国学者斯脱姆（Stourm）著有《预算》一书，关于财务立法方面，讨论尤详。惟英美财政学者，多将此问题，于所著财政学之末，约略述其大概或一部分，鲜有加以详细论列者。①

回顾现代预算理论的发展历史，应该说在20世纪60年代以前，是缺乏一套相对系统完整的预算理论的。自20世纪60年代以来，在芬诺（Fenno）和威尔达夫斯基（Aaron Wildavsky）等人的努力下，逐步形成了"渐进主义"的主流预算理论；同时，公共选择理论中也体现了某些预算管理的相关思想（例如，中间投票人理论所揭示的"中间投票人决定预算结果"的结论、尼斯坎南的"预算最大化"模型所阐释的政治家和官僚在预算交易过程中的互动影响等）。20世纪80年代以来，鲁宾（Rubin）和勒娄普（Leloup）等人相继提出了政府预算的政策过程模型和宏观预测模型，但都未能取代渐进主义预算理论的主流地位。近年来，众多研究者试图从新制度经济学、文化理论、后现代理论等视角来诠释现代政府预算，但目前的影响仍旧相对有限。正如巴特尔（Bartle，2001）所指出的，现在的情况是，我们有许多预算理论，只是没有一种最合适的政府预算理论。

概括起来，现代预算管理大体是循着两条分析脉络展开的。一方面，就研究对象而言，从早期的预算收入控制，逐步转向支出控制与运行绩效管理。同时，由于发达经济体的预算管理制度框架相对稳定，对其基本制度演化的研究相对较少，更多考察某一预算"子领域"中的具体问题，在许多方面体现出"精耕细作"的特征。其中，较具代表性的有，Kirchgaessner（2001）对于过去30年中预算程序与公共法令之间效率的比较，以及行政机构互动对预算影响的研究；②Meyers和Rubin（2011）对于美国近一个世纪以来预算执行与预算权演进的研究。③Caridad（2019）通过考察34个OECD成员国中央政府之绩效预算与中期支出框架的相互联系，发现中期支出框架的实施与绩效预算呈正相关。④另一方面，就学科跨度而言，预算研究呈现出与其他学科（如公共管理学、政治学、社会学、心理学、会计学、法学等）交叉渗透的整合趋势。较具代表性的有，Kraan（1996）从公共选择视角对预算决策问题的研究，⑤Kelly（2003）从公共管理视角对20世纪预算管理模式制度演化的分析。⑥

从理论沿革角度，可以认为，现代预算理论是在19世纪初到20世纪30年代初的自由市场经济时期的预算管理理论，以及从20世纪30年代到60年代初的预算经济功能理论的基础上发展和完善而来的。

---

① 何廉，李锐. 财政学［M］. 北京：商务印书馆，2011：447（原书于1935年由商务印书馆出版）.
② KIRCHGAESSNER. The effects of fiscal institutions on public finance：A survey of the empirical evidence［R］. CESifo Working Paper No. 617，the 57th Congress of the International Institute of Public Finance，2001.
③ MEYERS R T，RUBIN I S. The executive budget in the federal government：The first century and beyond［J］. Public Administration Review，2011（3）.
④ CARIDAD M. Performance budgeting and medium-term expenditure frameworks：A comparison in OECD central governments［J］. Journal of Comparative Policy Analysis：Research and Practice，2019（4）.
⑤ KRAAN D J. Budgetary decisions-a public choice approach［M］. Cambridge：Cambridge University Press，1996.
⑥ KELLY J M. The long view：lasting（and fleeting）reforms in public budgeting in the twentieth century［J］. Journal of Public Budgeting，Accounting & Financial Management，2003（2）：309-326.

2.3.1　19世纪初—20世纪30年代初期的预算管理理论

19世纪之前的政府预算思想，主要体现在古典经济学中关于国家经济职能、财政收支组织原则等一系列理论之中。

19世纪初期到20世纪30年代，经济自由理论居于主导地位，推行的是以古典经济学为指导思想的自由市场经济，主张国家不过多地干预经济生活。这一思想同样体现在政府预算研究中，其思想渊源来自马克斯·韦伯的官僚理论，研究的领域主要集中在详细描述政府的预算和会计体系，以及立法机关与审计等部门的活动，注重通过组织结构改进以控制预算支出。其中，比较有代表性的是弗里德里克·克里夫兰（Frederick A. Cleveland）对美国预算的研究，在其1915年出版的代表作《美国预算观念的进化》（Evolution of the Budget Idea in the United States）中，系统阐述了现代政府预算的基本原则。此外，斯脱姆关于法国预算体系的研究[①]、德雷尔对英国议会体系的考察，也是这一时期的重要代表。[②]20世纪20—30年代的政府预算研究，则主要集中在预算管理过程的考察，其分析重点是政府财政预算部门和资金使用部门之间、行政和立法部门之间以及行政部门内部的相互关系。

2.3.2　20世纪30—60年代初期的预算理论

两次世界大战后所发生的财政支出持续增长，以及国家干预主义经济政策的影响，构成了这一时期政府预算管理研究的基本背景。20世纪30年代以来，政府预算研究的重心发生了转移，政府预算从单纯的控制收支的工具，转向成为政府对宏观经济运行施加影响的手段，政府预算的经济功能得到了充分重视。按照著名预算学者普雷姆詹德的论述，预算作为经济政策的手段，其功能大体表现在以下几个方面："第一，从政策角度讲，它指明了经济的趋势，并表达了有效利用社会资源的意向……第二，预算的一个主要功能是促进经济的宏观平衡……第三，由于最近强调以公平的方式来分配资源，因而预算已成为减少不公平的工具……第四，预算应更好组织，以便使它对国民经济总体的影响得到快速的和富有意义的发展。"[③]

1940年，V.O.凯伊在批评当时预算文献过于刻板的同时，提出了预算管理的"元命题"："究竟是基于什么来决定要将X元用于A项目，而不是B项目？"[④]即使时至今日，就世界范围而言，对于这一问题的求解也远未能令人满意。从这个意义上讲，各国的政府预算管理改革或许永远在路上。

20世纪50年代以来，现代政治理论对组织结构和政府等级结构的重视，系统论所提供的全面综合的理论构架，以及数量分析方法的广泛应用，促成了计划-规划-预算制度（PPBS）的产生，使得政府在预算资源配置效率问题上有了突破。这些从20世纪初期到60年代的改革强调项目信息的应用，最终为更多预算制度的创新改革和现行预算体系的建立，奠定了良好的基础。[⑤]

---

① STOURM R. Le budget［M］. Guillaumin et Cie，1896.
② 普雷姆詹德.预算经济学［M］. 周慈铭，何忠卿，李鸣，译.北京：中国财政经济出版社，1989：前言.
③ 普雷姆詹德.预算经济学［M］. 周慈铭，何忠卿，李鸣，译.北京：中国财政经济出版社，1989：42-44.
④ KEY V O，Jr. The lack of a budgetary theory［J］. American Political Science Review，1940，34：1138-1144.
⑤ 李R，约翰逊R W，乔伊斯P G.公共预算系统［M］.苟燕楠，译. 8版.北京：中国财政经济出版社，2011：100.

2.3.3　20世纪70年代以来政府预算理论的新发展：多学科整合

20世纪七八十年代以来，在政治、经济、文化背景条件的变迁中，世界各国的公共管理改革揭开了序幕。其主要特点是：引入私人部门的管理方法，探索建立"企业型政府"；广泛推行合同制，实现政府管理的市场化；分散政府管理职能，实施分权化改革；推动公共管理信息化改革，逐步建立电子政府。以公共选择学派、货币学派和供给学派为代表的经济学理论，崇尚市场至上的新公共管理、管理主义与后官僚主义等理论思潮，构成了这一公共治理模式变革的思想基础。政府管理作为一个科际整合的研究领域，它从政治学、经济学、社会学、心理学、管理学等学科借鉴了许多理论与方法。[1]政府预算作为各国公共管理改革的重点问题之一，自然也体现了这一多学科整合的发展趋势。这种政府预算管理的多学科整合大体是沿着政治学、管理学、经济学和法学四条分析线索展开的。[2]

1）政治学的研究观点

政治学的研究观点强调预算过程的政治本质，其考虑问题的出发点是政治制度与政治行为之间的因果关系。政治学者认为政府预算本身就是一种政治产物，研究预算应从分析公共政策的决策过程与政府预算的贯彻执行出发。针对此问题最著名的当属威尔达夫斯基于1964年出版的《预算过程的政治学》（The Politics of Budgetary Process）一书中所提出的预算策略的经典论述。威尔达夫斯基试图从政治的角度来解释政府预算的演进过程及其结果，认为政府预算管理研究只是政府政策比较分析的一部分，预算过程的模型应考虑以下因素：组织内的妥协、主要利益相关角色的权力分配、政治策略，以及获得预算资金的预期等。舒曼（Shuman，1984）从行政部门与立法部门之间的互动角度来考察政府预算的形成过程，他认为预算与政治是分不开的，预算报告本身就是政治文件，而所谓"预算的政治"就是收益获得者与成本支付者之间的利益交换和斗争。

希克（Schick，1995）从议会政治与公共政策间关系的角度，来探讨美国联邦政府的预算过程。而罗森布罗姆（Rosenbloom）则分析了研究政府预算问题的若干途径，包括管理的、政治的以及法律的途径，其中政治途径对政府预算的分析，强调了预算管理中的代表性、共识与联盟的建立和预算分配中的权力定位等价值观念，并以渐进主义（incrementalism）作为预算分配的主要方式。范加斯特和马歇尔（Weingast & Marshall，1988）则认为，立法机构或预算审查制度的形成主要受制于两方面因素：现任立法者寻求连任的目标偏好，以及降低交易成本（transaction cost）的目的。

米哈依（Mayhew，1987）则从立法机构成员的自利行为出发，分析了立法机构的预算审查过程，他指出立法机构成员在任期内的首要目标是寻求连任，因此选区利益与选票效应便成为立法机构成员审查预算法案的主要考虑因素之一。在预算决策过程中，时常会出现民选代表彼此相互掩护，通过利益交换，分吃"预算馅饼"的"肉桶政治"（pork barrelling politics）。科维伊特和迈克库宾斯（Kiewiet & McCubbins，1991）则将政府预算视为一种契约，政府官员在民众同意的条件下运用资金，向出资者（公民及其代表）提供

---

① 张成福，党秀云．公共管理学［M］．北京：中国人民大学出版社，2001：12.
② 此外，还有社会学的分析视角对政府预算问题的研究。社会学把政府预算视为一种社会分配和调整机制。这种再分配本身就内含着政府从社会公平角度对不同社会阶层的收入加以调整，从而实现促进社会公平、公正和稳定的政策目标。参阅卢洪友．政府预算学［M］．武汉：武汉大学出版社，2005：6-7.

公共产品与服务，由此在预算管理中引入了"委托-代理"分析范式。由于委托人与代理人之间存在信息不对称、逆向选择和道德风险等客观问题，需要立法机构在授权行政部门编制预算时设计适当的机制，以避免"代理人问题"的产生。

2）管理学的研究观点

20世纪中后期，政府治理领域的重要变革趋势就是管理学、经济学、政治学、社会学乃至心理学在公共部门中的整合应用，将管理学与经济学的分析范式引入政府治理领域，从而掀起了所谓的"公共管理革命"。政府预算作为公共经济部门的核心范畴，自然也不可能回避这种管理变革的挑战。近年来，各国的公共管理改革都将政府预算改革作为重点领域之一，管理学的理论、方法与技术日益渗透到政府预算研究之中。

管理学的研究观点主张，影响组织行为唯一的、最有效的工具就是预算，因而应将政府预算过程视为一个功能性的名词，其内涵由控制、管理与规划等诸要素构成，预算制度应融合更多的政策分析与管理方法，以提高公共决策的绩效（徐仁辉，2000）。史蒂文·科恩与威廉·埃米克则认为，对于公共管理者而言，预算是一把双刃剑，既是一个控制手段又是一个被控制的手段。每一个预算程序要求公共管理者完成三个任务：一是从组织工作单位的环境中获得资源；二是在组织的从属单位中分配这些资源；三是跟踪消费以确保资源分配获得关注（Steven Cohen & William Eimicke，1998）。这种管理变革体现在预算形式上，要求从传统的按支出用途分类，改为按功能与绩效分类，并按项目与计划编制预算（诸如计划-规划-预算、零基预算等预算形式）。这些预算制度基本上是应用管理学理论来解决预算分配问题，这些管理制度是建立在预算是一个理性决策过程这一基本假设前提之上的，其目的在于将预算过程从支持政府行政资源的被动角色，转变为积极地决定政府施政计划的有力工具（Schick，1973）。这种运用管理学基本原理分析政府预算问题的思路，拓展了传统预算管理研究的范围。这种以预算管理为核心的财政管理学研究框架，对我国传统财政学研究范式的重构所可能产生的影响是十分深远的。从这个意义上讲，这也恰好印证了近年来我们所探求的财政学与公共管理学相互融合的研究范式。①

然而，这种理性决策的预算管理模型，在具体应用中仍旧面临着某些困难。这些困难主要源于三个方面：第一，预算决策的绩效不仅取决于具体的预算管理模式选择，还与历史习惯、传统模式的僵化、利益相关主体间的复杂关系等因素有关，仅仅通过管理系统的规范，是难以解决预算管理中的深层次问题的。第二，预算过程固然是决定政府计划与项目的工具，但仍应考虑政治制度对预算行为的影响及效果。第三，人类的行为（包括政府预算各利益相关主体的行为）作为一种不确定条件下判断和决策的体现，不仅受到利益的驱动，还受到多种心理因素的影响。②同时，将行为分析理论与经济运行规律、心理学与经济科学有机结合起来，也是21世纪以来作为经济学重要新兴分支的行为经济学（含相关方法的实验经济学）的重要特色。如何将心理学研究与政府预算研究有机结合起来，借鉴行为经济学的研究思路，探索预算决策过程中影响各利益相关主体行为特征的心理因素，并进一步尝试构建"预算心理学"的基本分析框架，也是当代预算管理研究的一个重

---

① 高培勇，马蔡琛，白彦锋．公共财政管理：分析与应用［M］．北京：中国人民大学出版社，2005：校译者前言．
② 马蔡琛，赵灿．公共预算遵从的行为经济学分析——基于前景理论的考察［J］．河北学刊，2013，33（4）：127-130.

要维度。[①]管理学研究将预算过程视为中性并可产生理性结果的观念，忽视了预算决策过程中的政治本质及利益冲突问题（Wildavsky，1966）。我们不妨将分析的视角再次投向各国政府预算管理改革的实践，同样也可以印证这种管理学研究观点所面临的困难。在过去几十年中，许多发展中国家在预算管理系统中引入了源于别国的所谓创新模式，就形式层面而言，这些国家的政府预算管理系统在每个环节上都是井然有序的，但其取得的实际成效却是十分有限的（王雍君，2002）。

3）经济学的研究观点

经济学对政府预算问题的研究，主要应用工具是福利经济学的相关理论，其研究既是实证的，也是规范的。规范的方法可以上溯到18世纪亚当·斯密提出的租税与政府支出原则。而实证方法则是通过运用经济计量方法，来解答"如何实现社会福利最大化"的问题。因而，经济学集中研究政府预算中的一些经济特性，如政府公共支出的适当组合与标准是怎样的？政府预算的规模如何确定？政府支出如何在不同项目之间分配？对于预算政策的经济效率应采用什么样的标准来衡量（Musgrave & Musgrave，1989）？另外，经济学的研究还关注于预算决策影响市场的诸多实证问题。例如，政府的不同收入与支出方案对社会目标的影响如何？政府税收和支出对社会经济与民众福利的影响怎样？私人经济部门对政府税收与支出政策变化作何反应？

总之，经济学对政府预算的研究最为注重的就是政府预算的"效率"问题。政府预算所提供的公共产品，具有不同于私人产品的非竞争性和非排他性特点，因而难以通过市场机制实现有效供给。而政府预算作为一种公共选择或集体选择的集中体现，所要解决的主要是非市场化决策如何确定的问题。针对公共产品与服务供给中所面临的困难，经济学的研究提出了许多解决方案。例如，由于大多数公共产品并不完全符合纯公共产品的标准，而是属于准公共产品的范畴，于是有的学者建议按公共产品产生的外部利益予以补贴（Steiner，1983）。至于公共产品的消费者偏好隐藏问题，则可以通过公共投票模型来取代市场机制。

然而，经济学对政府预算问题的研究与建议，基本上属于理论层面上的贡献，对政府预算管理实践并未产生想象中的巨大影响（徐仁辉，2000）。其主要原因在于：外部性的测算相当困难；由于投票悖论的存在，投票结果难以代表选民的中间偏好；多数票的投票方式需要牺牲少数人的利益等。同时，由于预算收入的限制，政府活动的选择经常是零和（zero-sum）游戏，帕累托效率标准往往无法适用（李允杰，1997）。

4）法学的研究观点

法学主要从社会公众通过立法机构规范政府预算行为的角度出发，循着政府行为法治化的线索，考察法律对政府预算管理各利益相关主体间权利和义务关系的调节与规范。这种以理性基础上的立法约束政府权力的思想，其渊源可以上溯到柏拉图和亚里士多德等人的古典法治思想，以及文艺复兴以来民主法治国家的理想与市民社会的实践。其中最具代表性的有：洛克对公共法律与社会公众之间关系的分析，孟德斯鸠对法律的人类理性的思考，以及法国重农学派代表人物魁奈对于"结成社会的人明显的最有利的秩序"（"自然法"）的强调。

---

① 马蔡琛. 变革世界中的政府预算管理——一种利益相关方视角的考察 [M]. 北京：中国社会科学出版社，2010：34-35.

从法学角度观察政府预算的研究者认为，要实现政府审慎并正确地运用自身权力的目标，仅仅依靠政府的自我意识与自我约束是远远不够的。具有法律权威的政府预算将能直接规范、约束与控制政府的具体活动，将政府行为和财政行为纳入法治化的轨道。政府预算法治化是财政行为法治化的基本途径，是公共财政赖以存在的基本形式（张馨，1999）。

在法学理论上，预算法有广义和狭义之分。广义的预算法，也就是实质意义上的预算法，是指一切有关调整政府预算关系的法律规范，包括宪法中有关预算的原则规定、国家权力机关和执行机关以及有关部门颁布的各种有关预算的法律法规和规范性文件等；而狭义的预算法，也称为形式意义上的预算法，是指国家最高权力机关制定的作为政府预算管理基本法的预算法。在法学实践中，世界各国都非常重视预算立法，其所采用的具体法律形式有以下几种：一是在《宪法》的有关章节中规定政府预算的有关问题；二是制定财政管理的基本法——财政法，在其中规定有关的预算管理问题；三是制定专门的预算法；四是通过年度预算方式确立预算的法律效力（张弘力，2001）。我国采取的是上述第三种方式，于1994年3月颁布了《中华人民共和国预算法》，并于2014年8月通过了《中华人民共和国预算法》颁布以来的第一次修正。

在预算基本法的原则框架之下，法学对政府预算管理的研究，分别循着预算实体法和预算程序法两个角度加以展开。预算实体法主要规定预算资金筹集、分配的方式，预算拨款的方式和负责机构等（如西方国家的季度预算法案、国会拨款法案等）；而预算程序法则主要规定政府预算草案提出后的审议环节、各有关机构的审批权限和要求、预算管理机构的职责及其与执法机关的关系；控制赤字、削减赤字，全面管理行政机构预算活动的要求等方面。通过对我国预算法条文的考察可以发现，虽然有实体方面的规定，但更多的内容与篇幅则是预算编制机关编制和修改预算的程序、行政机关修改和通过预算的程序、立法机关修改和批准立法的程序，以及预算执行与监督过程中的职权与程序等预算管理流程方面的规定。因而就总体而言，我国的预算法更侧重于程序法层面的规定。

长期以来，在预算实体法与预算程序法的关系问题上，理论与实务部门往往更倾向于强调实体法层面上的预算资金的筹集与配置效率问题，而对程序法层面上的合规性认识不足。这种现状既受到法学领域"重实体轻程序"的现实影响，也与某些政府部门过分强调当前经济发展的现实政绩，而忽视长远发展的规则与程序的重要性有关。其实，就一个处于社会经济转型期的经济体的长远发展而言，建立社会经济生活运行秩序的"程序正义"原则，远较追求经济资源短期配置的"实体正义"原则要重要得多。也正是从这个意义上说，从法学角度研究政府预算问题，对于政府预算管理改革所具有的影响与意义将是相当深远的。

在欧洲大陆国家，法学和财政学研究长期以来是相互交织的。通常法学要领先于经济学——先进的财政学研究是在法律系（而非经济系）中讲授的。在国家行政机关内，财政部门聘用了许多受过法律培训的人。在德国，法学家比经济学家更容易在联邦财政部门中就业并获得更优厚的薪金。与此相反，在英语国家中，对于预算制度，理论经济学家们并不愿意采用法律的观点。[①]布伦南（Brennan）和布坎南（Buchanan）（1985）进一步指出，在傲慢的所谓经济学家中，存在着一些对宪法一无所知的人，在判断权力斗争所需要的规

---

① 利纳特，郑茂京.预算制度的法律框架：国际比较视角［M］.马蔡琛，等译.北京：经济科学出版社，2021：19.

则方面，这些经济学家是缺乏足够知识储备的。[①]这种状况似乎也同样需要引起足够的重视。

综上所述，政府预算管理研究总体上是一个渐进的演变进程。这些研究思路虽然并未形成一个统一的学术流派，但每一种思路与观点都涉及政府预算问题的不同侧面，并运用不同的模型来加以解释。上述观点虽然都对现代政府预算理论作出了贡献，但也都存在缺点或不严密之处。从经济学角度所做的研究，无法制定出一套实用的标准，以此来判断哪些社会经济活动最适于以政府预算来供给；从政治学角度所做的研究，总是难以正确描述各个时期、各个单位的政治行为的差异对预算的影响；而从管理学角度提出的预算管理模式，通常在实践中又存在着实施障碍的局限（陈纪瑜，2003）；从法学角度对预算程序所做的强调，也面临着预算原则从"古典"的强调立法控制向"现代"的强调行政灵活性转化的挑战。

当我们从事政府预算管理的实践工作时，上述各学科的研究视角都被不同的关键人物所使用。"法官认为预算是一系列的法律程序。经济学家和政治学家由于视角的不同，所描述的对象也不同。公共管理者眼中的预算和其他人也不同。没有人不对，因为他们都根据自己所受教育和职业的视角来定义现象。"[②]因而，这几种研究线路的跨学科整合与借鉴，仍旧是当代政府预算管理改革所面临的重要议题之一。

2.3.4　全球公共预算改革的最新演化趋势：基于21世纪以来的考察

公共预算制度并非一成不变，而是一个与特定时空环境相联系的历史现象，需要将其置于全球视野和历史演化中加以考察。现代预算制度的演进历史表明，公共预算有三个层次的基本目标：优化资源配置、加强总额控制、提高运作效率。进入21世纪以来，世界范围内的社会经济环境发生了巨大变化，预算领域也随之掀起了管理变革的浪潮。在这二十多年间，公共预算面临着诸多新的挑战，如预算项目和结构的复杂化与多样化、财政压力与日俱增、年度项目向多年期项目的转变等。[③]为了应对这些挑战，公共预算领域涌现出众多理念创新和相应的改革实践。譬如，为了将预算决策的重点由资金的多少转移至项目的效果上来，各国引入了绩效预算；为应对金融危机带来的财政不确定性，各国进一步将风险管理技术引入预算领域。[④]总的来说，进入21世纪以来，预算制度更加侧重于管理和计划，财政的可持续性问题得到了重点关注。

这一时期的相关改革在公共预算的三大目标领域均有所突破，主要集中体现在以下三个方面：为优化资源配置而推进绩效预算改革；为加强总额控制而强化财政风险管理；为提高运作效率而组建独立财政委员会。其中，绩效预算改革在预算过程中注入了更多的理性因素，以期更加合理地解决资金分配问题，体现了预算决策机制科学化的内在要求。相对而言，强化财政风险管理和独立财政委员会的组建则受外部经济环境的影响较大，与经济形势的冲击性因素更为密切相关。

---

① BRENNAN G，BUCHANAN J M. The reason of rules: Constitutional political economy [M]. New York: Cambridge University Press，1985.
② 林奇 T D.美国公共预算 [M]. 苟燕楠，董静，译. 4版. 北京：中国财政经济出版社，2001：3.
③ RUBIN I. Past and future budget classics: A research agenda [J]. Public Administration Review，2015，75（1）：25-35.
④ 坎贾诺 M，克里斯汀 T.公共财政管理及其新兴架构 [M]. 马蔡琛，张慧芳，赵铁宗，等译.大连：东北财经大学出版社，2017：6-13；204-238；262-299.

1）优化资源配置，以结果为导向的绩效预算改革

20世纪90年代以来，受新公共管理理论所倡导的政府再造运动影响，澳大利亚、新西兰、英国等发达经济体开展了以结果为导向的绩效预算改革。为了与20世纪60年代不甚成功的传统绩效预算改革相区别，也称为新绩效预算改革。[①]在过去的数十年间，绩效预算在世界范围内不断拓展。对于绩效预算的定义，研究者大多强调绩效信息和预算决策之间的关系。例如，OECD（2005）将其界定为一种将资金分配与可测量的结果相联系的预算模式。[②]更有一些研究者直接将绩效预算表述为公共服务的绩效信息。例如，Schick（2003）就认为，绩效预算体现为包含行政机构运用公共资金做了什么（或计划做什么）的信息的预算形态。[③]根据发达经济体的实践，绩效预算大体可以划分为三类[④]：第一类仅在预算文件中体现绩效信息；第二类在预算编制过程中会考虑绩效信息，但并未将绩效信息与预算决策联系起来；第三类则依据绩效结果进行预算资金分配。

在各国实践中，绩效预算更多地被视为一种行政手段，它不仅会影响公共资源的分配，还对项目管理、预算的结构和进程、不同机构间以及行政机构与立法机构间的关系、政治结构和权力分布等造成影响。当然，绩效预算的施行效果会受到多重因素的影响，如测量系统（如何衡量项目结果、如何收集绩效信息、如何选择绩效手段等）、政治支持、政府推行绩效管理的能力（法律制度、员工能力、信息系统的构建等）。甚至城市（人口）规模也会在一定程度上影响绩效预算的施行效果，Ho & Ni（2005）的研究发现，大城市在预算过程中更多地运用绩效手段，[⑤]而在一些小城市（特别是人口少于50 000人的城市），其预算过程中就很少采用绩效手段。[⑥]总体而言，绩效预算有效实施的条件主要包括：较小的预算执行偏差、有效的内部控制系统、高技能的员工、较强的公民参与意识等。这些条件比绩效预算的模式选择更为重要。尽管各国绩效预算的实践不尽相同，但"确定支出优先顺序"和"有效使用绩效信息"则体现在颇具共性的重要核心环节。

2）强调总额控制，强化财政风险的管理

根据国际货币基金组织（IMF）的界定，财政风险是指在短期到中期的时间跨度内，财政变量与政府预算或其他财政预测中之预测值相偏离的可能性。[⑦]其成因包括偏离预期的经济增长、贸易冲击、自然灾害、政府担保等。

近年来，各国开始重视财政风险评估，并将其引入预算管理体系，其主要举措包括如下几个方面：

一是，提高财政透明度，充分披露财政风险的相关信息。金融危机暴露了这样一种情况：即使在发达经济体中，政府对其当前财政状况的了解，也是不够充分且客观的，这表

---

① 传统绩效预算和新绩效预算均强调基于绩效手段来分配财政资源，但二者最大的区别在于使用的绩效手段不同。传统绩效预算更关注投入（input）和产出（output），而新绩效预算更加强调预算决策的效率和产出结果（outcome）的有效性。本节中的绩效预算均指新绩效预算。详细参见：LU H. Performance budgeting resuscitated：Why is it still inviable［J］. American Journal of Hospital Pharmacy, 1998, 50（11）：161-162；马蔡琛，童晓晴. 公共支出绩效管理的国际比较与借鉴［J］. 广东社会科学, 2006（2）：30-34；马蔡琛，朱旭阳. 从传统绩效预算走向新绩效预算的路径选择［J］. 经济与管理, 2019, 40（1）：86-96.

② OECD. Modernising government：The way forward［R］. OECD, 2005：59.

③ SOULET A, CREMILLEUX B, RIOULT F. The performing state：Reflection on an idea whose time has come but whose implementation has not［J］. OECD Journal on Budgeting, 2003, 3（2）74-108（35）.

④ CURRISTINE T. Performance information in the budget process：Results of the OECD 2005 questionnaire［J］. OECD Journal on Budgeting, 2005, 5（2）：87-131.

⑤ HO A T, NI A Y. Have cities shifted to outcome-oriented performance reporting?—A content analysis of city budgets［J］. Public Budgeting & Finance, 2005, 25（2）：61-83.

⑥ RIVENBARK W C, KELLY J M. Performance budgeting in municipal government［J］. Public Performance & Management Review, 2006, 30（1）：35-46.

⑦ IMF. Fiscal risks：Sources, disclosure, and management［R］. IMF, 2008：4-6.

现为未能充分披露的财政赤字和政府债务，以及政府隐性债务向金融部门的转移。[①]世界银行和国际货币基金组织（2001）认为，如果政策目标和工具能够被公众适当知晓，且政策部门能够作出可信的承诺来实现这一目标，财政风险管理的有效性便能够增强。[②]国际货币基金组织（2016）进一步指出，现有的财政风险披露是不完整的、碎片化的且以定性为主的，通过财政压力测试的方式[③]，对潜在风险进行综合评估，有助于准确预测外部冲击对偿付能力的影响。[④]

二是，准确地识别并控制风险来源。Alper等（2012）将财政风险分为短期和中长期两类，短期压力来自总体融资需求、市场对违约风险的预期以及风险的外溢性；中长期压力则来自财政预算的调整需要，以及债务对增长与利率冲击的敏感性。[⑤]财政可持续性分析是识别财政风险的重要手段，包括动态模拟、敏感性分析等多种测度方法。在对风险进行有效识别的基础上，政府可以针对不同风险类型选择不同的管理方式。例如，通过限制个体和机构的市场活动来直接控制财政风险敞口；通过规制手段来减少市场实施冒险行为的激励，或通过避险工具、对冲工具等实现财政风险的转移。[⑥]

三是，加强对政府或有债务的风险管理。或有债务是指当且仅当出现特殊事件时才需要偿付的义务。当宏观经济框架、金融部门、监管体系和市场信息披露弱化时，或有债务便会非正常增长。[⑦]或有负债隐蔽性较强，很容易被忽略，经济合作与发展组织（OECD）成员国中仅有少数国家对或有债务进行报告。例如，新西兰要求中央政府在每一年（或每半年）报告或有负债的数据，主要包括担保和补偿、未申请的资产、立法程序或抗辩导致的债务等。[⑧]在现实中，政府往往缺乏有效管理风险的能力和动力，故应当对担保设置上限，将部分风险转移至私人部门承担。[⑨]但由于大量刚性兑付的存在，对或有债务的监督和管理权限应当集中于财政政策的实施部门。[⑩]此外，为有效降低或有债务转化为现实债务的概率，应该减少公共部门的直接风险敞口，并要求政府担保的受益者追加抵押物。

3）提高财政体系的运作效率，适时组建财政委员会

在各国实践中，财政委员会是一个具有行政或法定职权的常设机构，依据公共财政的长期可持续发展、短中期的宏观经济稳定以及其他官方目标，对政府的政策、计划及其执行进行公开而独立的评估。[⑪]自荷兰1945年成立经济政策分析局（CPB）以来，各国开始关注财政委员会的建设。Debrun和Kinda（2014）将各国的财政委员会分为四种类型：附属于议会（一般为议会预算办公室）、附属于行政机构、附属于审计机构以及独立机构。[⑫]各国的财政委员会在规模大小、独立程度等方面不尽相同，如美国国会预算办公室

---

① IMF. Fiscal transparency accountability and risk ［R］. IMF, 2012：3-5.
② IMF, WORLD BANK. Guidelines for public debt management ［R］. IMF Policy Paper, 2001：1-54.
③ 财政压力测试有两个关键要素：一是宏观经济风险，主要通过建立详尽的财政模型，解释宏观经济波动作用于税收侧时带来的非线性影响；二是预算刚性导致支出侧的财政调整减缓，主要考虑显性或隐性或负债的范围和可能性，以及其与经济波动之间的联系，可通过财政透明度报告、或有债权分析报告等获得相关信息。详细参见：IMF. Analyzing and managing fiscal risks best practice ［R］. 2016：15-17.
④ IMF. Analyzing and managing fiscal risks best practice ［R］. 2016：15-20.
⑤ ALPER C E, ARBATLI E C, CACERES C, et al. A toolkit for assessing fiscal vulnerabilities and risks in advanced economies ［J］. Applied Economics, 2012, 12（11）：650-660.
⑥ IMF. Analyzing and managing fiscal risks best practice ［R］. 2016：10-25.
⑦ BRIXI H P, SCHICK A. Government at risk：contingent liabilities and fiscal risk ［J］. World Bank Publications, 2002, 9（7）：533.
⑧ 马骏，赵早早.公共预算：比较研究 ［M］. 北京：中央编译出版社，2011：271.
⑨ IMF. Government guarantees and fiscal risk ［R］. 2005：7-10.
⑩ ČEBOTARI A. Contingent liabilities：Issues and practice ［J］. IMF Working Papers, 2008, 8（245）：1-60.
⑪ IMF. The functions and impact of fiscal councils ［R］. 2013：8-10.
⑫ DEBRUN X, KINDA T. Strengthening post-crisis fiscal credibility—fiscal councils on the rise：A new dataset ［J］. IMF Working Papers, 2014, 14（58）.

员工（全职）超过200人，而爱尔兰的财政顾问委员会仅有3人。[1]

各国财政委员会的职责主要集中在以下两个方面：

一是预测分析职能。即通过对经济趋势与财政状况的预测和分析，就财政政策和计划提出建议，为政策制定者提供更多的信息，但并不影响政策的决定。进入21世纪以来，一些研究者指出，政府对经济形势的预测往往过于乐观，特别是在经济繁荣时期，欧洲国家的这一现象更为明显，而独立机构（如财政委员会）对于真实产出的预测误差通常更小。[2]例如，英国的预算责任办公室（OBR）每年对经济和财政形势进行两次为期五年的预测，有效降低了政府为预留财政空间而进行"乐观预测"的偏差。[3]不过，当GDP或财政变量存在内生的不确定性时，财政委员会在预测误差上的优势便会减弱。

二是监督审查职能。即对财政计划和绩效情况进行审查，并对财政纪律的遵守情况以及预算执行的偏离度进行监督。基于数据优势，财政委员会能够对政策目标完成与否展开监督，这在施行中期预算框架的国家更为突出。[4]一些跨国证据表明，财政委员会有助于营造一种政府能够维护财政纪律的正面形象。[5]对于财政委员会在预测的准确性以及推动财政纪律遵守方面的贡献，应该给予充分肯定，但也不应过分夸大，特别是对于那些财政改革路远且长、制度执行能力和人力资源相对有限的发展中国家而言，更是如此。

2.4　预算管理制度改革的主要成就

2012年11月，中国共产党第十八次全国代表大会胜利召开，中国特色社会主义进入新时代。党的十八大以来，我国实现了全面建成小康社会的第一个百年奋斗目标，国家治理体系和治理能力现代化水平不断提高。2013年11月，《中共中央关于全面深化改革若干重大问题的决定》将财政放在了"国家治理的基础和重要支柱"的重要位置，而现代财政制度作用基础的具体表现就是现代预算制度，建立全面规范透明、标准科学、约束有力的预算制度，全面实施绩效管理，构成了国家治理体系和治理能力现代化的基础性制度载体。党的十八大以来，预算制度改革在全面深化改革的引领下持续深入推进，紧跟经济社会发展和科学技术变革的时代浪潮，取得了丰硕的改革成果，成为国家治理体系和治理能力现代化的重要推动力量。党的二十大报告从战略和全局的高度，明确了进一步深化财税体制改革的重点举措，提出"健全现代预算制度"，为做好新时代新征程财政预算工作指明了方向，提供了遵循。

2.4.1　现代预算制度建设的总体成就

1）预算制度建设推进国家治理体系和治理能力现代化

国家治理体系和治理能力是一个国家的制度和制度执行能力的集中体现，是全面深化

① IMF. The fiscal council dataset: A primer to the 2016 vintage ［R］. 2017: 6.
② FRANKEL J A, SCHREGER J. Over-optimistic official forecasts in the eurozone and fiscal rules ［J］. Review of World Economics, 2012, 149（2）: 247-272.
③ OBR. Office for Budget Responsibility ［EB/OL］. ［2018-07-08］. http://budgetresponsibility.org.uk/about-the-obr/what-we-do/.
④ 马蔡琛，李宛姝.后金融危机时代的政府预算管理变革——基于OECD国家的考察 ［J］. 经济与管理研究，2016, 37（6）: 105-113.
⑤ XAVIER DEBRUN, MANMOHAN KUMAR. Fiscal rules, fiscal councils and all that: Commitment devices, signaling tools or smokescreens? ［J］. Social Science Electronic Publishing, 2007.

改革的总目标之一。而深化预算管理制度改革作为全面深化改革的重要议题，也始终将推进国家治理体系和治理能力现代化作为其改革目标。国家治理的制度体系和治理能力是一个相辅相成的有机整体，党的十八大以来预算管理的制度体系建设和管理能力提升，也在相互促进中推动着国家治理体系和国家治理能力的现代化。

首先，预算制度建设推进了国家治理体系现代化。党的十八大以来，以《中华人民共和国预算法》及其实施条例的修订为核心，以《国务院关于深化预算管理制度改革的决定》《国务院关于进一步深化预算管理制度改革的意见》为阶段性指导，一套较为完善的现代预算制度体系逐渐形成。包括预算公开、预算绩效管理、中期财政规划管理、人大预算监督等多项改革措施，也是通过《中共中央 国务院关于全面实施预算绩效管理的意见》《关于进一步推进预算公开工作的意见》等制度建设来布局和推进的。其次，预算管理能力提升是国家治理能力现代化的重要抓手。在预算制度体系建设的基础上，各级政府通过预算能力培训和人才培养，不断加强预算编制、执行、决算、监督等多方面能力，并借助信息技术、数据平台等提升整体政府治理效能。

2）预算制度建设应对百年未有之大变局的机遇和挑战

近年来，面对国内外形势深刻变化的机遇和挑战，预算制度在推动自身开展科技创新、提高发展质量的同时，为在这场百年未有之大变局中把握航向提供了坚实的制度保障。

面对新一轮科技革命和产业革命的发展机遇，预算管理改革不断将新技术和新方法引入预算过程中，提高管理效能。通过预算管理一体化体系打破信息孤岛，加强部门之间的数据共享和信息联通；通过政府数据开放平台的建设，实现了"互联网＋"、大数据技术等在政府预算公开和群众监督中的应用；通过预算执行的联网监督和大数据审计，外部主体监督逐渐覆盖到预算管理的全过程……诸如此类的预算管理技术变革，推动了现代预算制度的规范化和高效化。

3）预算制度建设助推实现中华民族伟大复兴的中国梦

近年来，为了"实现中华民族伟大复兴的中国梦"的奋斗目标，预算管理通过不断统筹财政资源，优化支出结构，为国家整体战略布局提供了坚实的保障。

具体而言，各级政府带头过紧日子，从严控制一般性支出，加强"三公经费"管理，努力降低行政运行成本，从而将更多的财政资金用于支持社会主义现代化建设等重点支出领域。将有限的财政资金向重点领域倾斜，支持经济社会高质量发展，保障人民基本生活需要是预算管理的根本任务，从而为进一步实现中华民族伟大复兴的中国梦提供了基本保障。

2.4.2　深化预算管理制度改革的具体措施

1）政府预算的统筹和标准化管理

党的十八大以来，标准科学的预算制度建设以及财政资源的统筹管理愈发受到重视。党的十九大报告将"标准科学"加入对预算制度建设的整体要求之中，并在党的十九届四中全会决定中进一步将这一要求前置，提出完善"标准科学、规范透明、约束有力的预算制度"。随后，党的十九届五中全会提出了"加强财政资源统筹"的改革命题，"十四五"规划中也将"加强财政资源统筹，推进财政支出标准化"放在了深化预算管理制度改革的首要位置。可见，标准、统筹的政府预算体系已然成为现代预算制度建设的首要任务。

首先，预算支出标准体系和全口径预算管理是政府预算标准化和统筹管理的重要基础。对于预算支出标准而言，基本支出标准的试点起步相对较早，2009年项目支出定额标准体系建设全面启动之时，中央部门基本支出定员定额试点已初见雏形。党的十八大以来，《关于加快推进中央本级项目支出定额标准体系建设的通知》等制度加速了项目支出定额标准体系建设，也明确了预算支出标准作为预算编制依据的基础性作用。目前，行政、参公和公益一类事业单位已然全部纳入定额管理，[①]预算支出标准体系建设已然成为一套同时包括基本支出和项目支出的综合性体系。对于全口径预算管理而言，2014年修订的《中华人民共和国预算法》从法律的角度提出全口径预算管理的原则，明确了四本预算之间的统筹衔接方式。随后，《推进财政资金统筹使用方案》《划转部分国有资本充实社保基金实施方案》等加速了四本预算之间的统筹衔接，调入衔接比例不断提高。2015年以来陆续有19项政府性基金预算转列一般公共预算，国有资本经营预算调入一般公共预算的比例也由2015年的16%上升至2020年的35%，[②]完成了"到2020年国有资本收益的上缴公共财政比例提高到30%"的目标。

其次，预算管理一体化将制度规范与信息系统建设紧密结合，是标准、统筹的政府预算体系建设的重要技术工具。2019年6月，财政部按照"先地方、后中央"的"全国一盘棋"思路，正式启动了预算管理一体化建设。随后，2020年财政部印发《预算管理一体化规范（试行）》《预算管理一体化系统技术标准》对一体化系统的建设安排以及数据描述、接口标准、逻辑库表等技术规范作出了规定。目前所有省份已实现预算管理一体化系统上线运行，初步实现了全国预算数据的自动汇总和动态反映。[③]而中央部门的预算管理一体化改革试点启动于2021年5月，财政部、住房和城乡建设部等4部门完成了项目申报入库、预算上报、会计记账、资产处置等具体业务。2022年8月，108个中央部门正式上线预算执行业务，40%的中央部门已上线一体化系统。[④]2023年3月，为全面贯彻落实《国务院关于进一步深化预算管理制度改革的意见》（国发〔2021〕5号），深入开展预算管理一体化建设，以信息化推动预算管理现代化，依据《预算管理一体化规范（2.0版）》（财办〔2023〕12号），财政部对《预算管理一体化系统技术标准V1.0》进行了修订，形成了《预算管理一体化系统技术标准V2.0》。

2）政府预算的制度体系建设

2014年8月31日，历时十年的《中华人民共和国预算法》修订工作落下帷幕。预算法修订自2004年启动以来，历经三届人大、四次审议，经历了对复式预算存废、预算周期选择、预算层级设置等多方面的讨论，艰难求索才得以收其功。[⑤]新修订的预算法在总结预算改革前期成果的基础上，对全口径预算管理、跨年度预算平衡机制、预算公开和硬化预算约束等方面提出了新要求，这些也是当前预算管理制度改革仍旧不断探索的关键领

① 财政部预算司.中央部门预算编制指南（2021年）[M]. 北京：中国财政经济出版社，2020：6.
② 代睿."十四五"期间如何加强财政资源统筹？财政部答封面新闻 [EB/OL]. (2021-04-07) [2022-07-26]. https://www.163.com/dy/article/G70DJ3AP0514D3UH.html.
③ 财政部国库司.预算管理一体化建设的总体思路、取得进展和下一步工作 [EB/OL]. (2021-03-19) [2022-07-26]. http://www.czs.gov.cn/czj/39442/60263/content_3283663.html? ivk_sa=1024320u.
④ 财政部国库司.为预算管理制度改革提供坚实支撑——中央预算管理一体化第一批扩围部门成功切换上线 [EB/OL]. (2022-08-05) [2022-08-06]. http://gks.mof.gov.cn/ztztz/guokujizhongzhifuguanli_1/202208/t20220804_3831970.htm.
⑤ 马蔡琛，赵笛，苗珊.共和国预算70年的探索与演进 [J]. 财政研究，2019（7）：3-12.

域。在新预算法颁布之后，《中华人民共和国预算法实施条例》历经五年多的时间于2020年8月修订完成。预算法实施条例对预算法进行了细化和补充，对"预算支出标准""绩效评价"等关键术语进行了界定，对预算编制、预算公开、转移支付管理和政府债务管理等方面的要求更加细化和全面。在预算法这一预算基本法律的指引下，预算管理逐渐形成了在总方向上统筹引导，在具体改革内容上细化深入的制度体系（参见图2-3）。

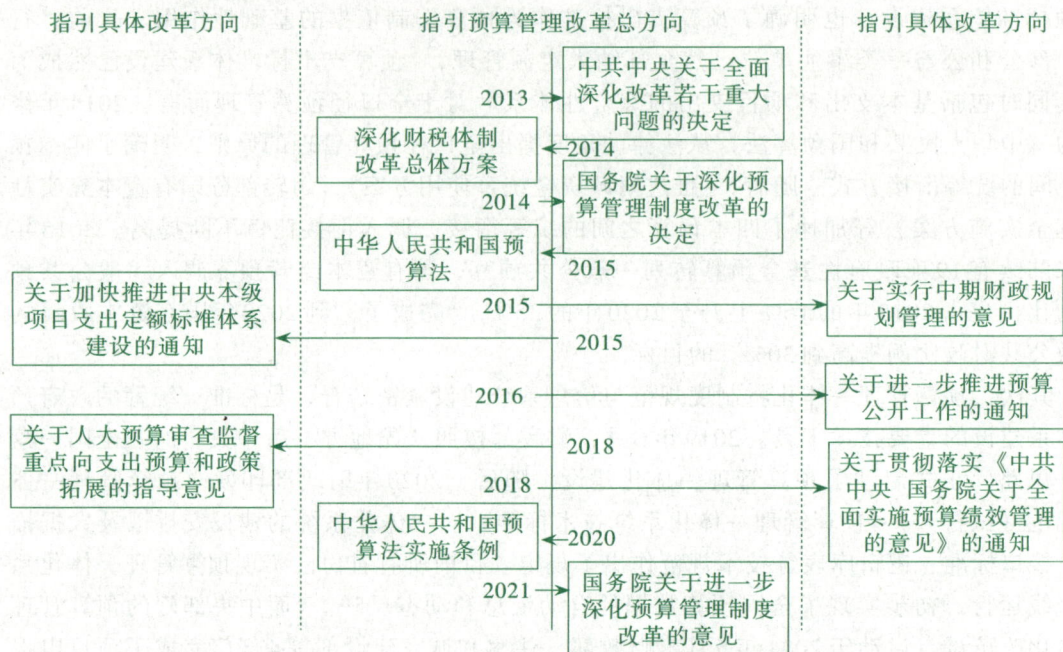

图2-3 十八大以来预算制度大事年表（部分）

在现代预算制度建设的总体指引下，2014年《国务院关于深化预算管理制度改革的决定》提出的完善政府预算体系、推进预算公开、建立跨年度预算平衡机制、优化支出结构等具体改革要求，成为之后几年预算管理制度改革的具体目标。2021年8月，在总结十八大以来预算管理制度改革阶段性成果的基础上，国务院提出了进一步深化预算管理制度改革的意见，强调提高效率、挖掘潜力、释放活力，更加注重预算管理的标准化和统一化。此外，在具体改革措施上，制度建设是推动改革加速前进的重要动力，预算公开、中期财政规划、预算绩效管理等改革措施都是在制度建设的推动下，才取得了如此丰硕的改革成果。

3）多元化和技术化的外部监督体系

预算监督是保证财政资金取之于民用之于民，保障公众对预算编制和执行结果知情权的重要手段。党的十八大以来，预算监督逐渐走向多元化，包括公众、人大和审计等众多外部主体都通过多种形式对预算资金的编制和执行展开监督。

一方面，预算制度逐渐透明、细化，公众行使预算监督的权利更加方便快捷。随着建设"公开透明"预算制度的要求提出，预算公开一直是预算管理制度改革的重点内容，公开内容逐渐细化、公开方式逐渐体系化。以中央部门为例，从公开内容来看，2013年首次将"三公经费"报表列入公开范围，而2022年公开的部门预算包括部门收支总表、政府性基金预算支出表、国有资本经营预算支出表等9张报表，预算绩效信息、预算绩效目标等也逐渐纳入部门预算公开的范围之中。从公开方式来看，已从一开始的各部门分散式公开发展为集成性的"中央预决算公开平台"，包括中央及中央部门预决算、政府性基金预算、国有资本经营预算等具体报表和解读，都可以在公开平台统一获取。

另一方面，人大和审计机关作为预算监督主体，监督内容逐渐扩展、监督方式逐渐走向技术化。从监督方式来看，各地加快推广应用人大预算联网监督系统和大数据审计，通过数字化手段将预算监督覆盖到预算编制、执行的全过程。目前所有的省级人大、90%以上设区的市级人大、80%以上的县级人大都建立了预算联网监督系统。[①]从监督内容来看，逐渐从预算执行的合规性监督过渡到绩效监督，更加关注预算资金的使用效果。具体而言，在年度上报人大的预算执行审计报告中，更多地关注预算资金的使用绩效以及单位预算绩效管理工作的开展情况，并将对绩效目标完成情况的考察融入预算联网监督系统和大数据审计中，绩效理念逐渐深入预算监督的全过程。

4）周期拓展的跨年度预算平衡机制建设

随着财政收支矛盾日益突出，预算编制逐渐关注预期性和长期性，如何推进跨年度预算的统筹协调，从中长期的角度保证财政可持续成为预算管理改革的重点。

跨年度预算平衡机制的建设将预算收支平衡视角从年度拓展到中长期。"建立跨年度预算平衡机制"是《中共中央关于全面深化改革若干重大问题的决定》中提出的重要内容。财政部于2018年印发的《预算稳定调节基金管理暂行办法》进一步规范了预算稳定调节基金在保持年度间政府预算衔接和稳定中的应用。但在跨年度预算平衡机制下，弱化了未来对收入的预期，而强化了对支出的预期，财政收支的压力和矛盾仍然突出。[②]因此，中期财政规划对未来三年收支计划的滚动预测和安排，就成为保证财政可持续的关键一环。

2015年国务院发布了《关于实行中期财政规划管理的意见》，对中期财政规划的具体编制进行了规范。在此基础上，中央部门和省级财政大多从2015年开始编制未来三年的中期财政规划，市县一级则视具体情况从2016年或2017年开始编制。当前，二级项目统一按"项目—活动—子活动—分项支出—标准（价格）—支出计划"的层次编报，所有项目都要填报绩效目标，并细化、量化为绩效指标。可见，中期财政规划的编制逐渐细化，并逐渐体现了标准科学、注重结果的编制理念。

5）注重结果的预算绩效管理

追求效率是人类生活的永恒主题，提高资金使用效率的要求在近年来愈发深入。2014年修订的《中华人民共和国预算法》中6次提到"绩效"一词，"讲求绩效"的预算管理原则第一次体现为法律的要求。党的十九大报告将"全面实施绩效管理"纳入预算制度建设的整体要求之中，2018年中共中央、国务院印发《关于全面实施预算绩效管理的意见》，对预算绩效管理改革进行顶层设计，自此预算绩效管理改革从零星探索走向全面覆盖，进入了高速发展、全面发展的新时代。

从预算绩效管理的客体出发，当前正处于"全方位、全过程"已较为成熟并逐渐向

---

① 中央纪委国家监委网站.十年来全国人大及其常委会新制定法律69件修改法律237件中国特色社会主义法律体系日臻完善［EB/OL］.（2022-06-30）［2022-08-06］.https://baijiahao.baidu.com/s? id=1736989725246315781&wfr=spider&for=pc.

② 广西壮族自治区财政厅.中期财政规划与跨年度预算平衡机制的关系［EB/OL］.（2015-07-07）［2022-07-26］.http://www.gxzf.gov.cn/html/xwfbhzt/gxsxzqczghglxwfbh/bjzl_26143/t969509.shtml.

"全覆盖"探索的发展阶段。具体而言，对于"全方位"和"全过程"预算绩效管理而言，已从专注于项目绩效评价，逐渐扩展到部门（单位）整体绩效评价以及政策绩效评价，并逐渐建立起以绩效目标为核心，覆盖预算编制、执行、决算全过程的预算绩效管理链条。对于正在探索的"全覆盖"预算绩效管理而言，除一般公共预算之外，政府投资基金、政府购买服务、政府和社会资本合作项目等重点领域的绩效管理正在逐渐启动，部分地区也开始启动国有资本经营预算绩效评价的试点工作。2022年6月，财政部等四部门印发《社会保险基金预算绩效管理办法》，迈出了实现预算绩效管理"全覆盖"的关键一步。

从预算绩效管理的主体出发，当前财政部门、支出部门等绩效管理内部主体不断加强预算能力建设，通过绩效目标指标的编制引领年度预算执行。目前，包括县级政府在内的地方财政，大多已形成或正在推进预算绩效指标库的建设。指标库包括了分行业、分领域、分层次的绩效评价指标和标准，指标设计细分到具体支出用途，并逐渐建立指标的动态调整和共享机制。对于预算绩效管理的外部主体而言，除了人大和审计的绩效监督之外，第三方机构的绩效评价业务也逐渐得到了规范。2021年财政部印发了《第三方机构预算绩效评价业务监督管理暂行办法》，进一步规范了第三方机构绩效评价的质量控制和监督管理，并设立了绩效评价"主评人"制度，以提高第三方机构绩效评价的专业性和科学性。在此基础上，云南省、湖南省等部分地区也相继出台规范第三方机构绩效评价付费管理和质量控制的相关办法，预算绩效管理的多主体协同发展模式逐渐形成。

2.4.3　预算管理制度改革的主要经验

党的十八大以来，预算管理制度改革始终坚持全面深化改革、全面依法治国、以人民为中心和"过紧日子"的原则，形成了一系列值得浓墨重彩的改革经验。

1）坚持全面深化改革的现代预算制度建设总目标

2013年，党的十八届三中全会正式提出"全面深化改革"的指导思想、目标任务、重大原则，成为解决中国现实问题的根本途径，也是坚持和发展中国特色社会主义的基本方略。全面深化改革提出实施"全面规范、公开透明的预算制度"，党的十八大以来的预算建设便是以此为指引，推出了一系列行之有效的改革举措。

首先，对于"全面规范"的预算制度而言，全口径预算管理原则和中期视角的预算理念逐渐深入到预算绩效管理、预算监督、预算公开等具体的改革措施之中，从预算管理的对象和周期层面逐渐实现全面管理。而预算管理制度体系和预算支出标准体系的建设，则引导了标准化、规范化的预算编制和改革路径，全面规范的预算制度逐渐形成。其次，对于"公开透明"的预算制度而言，预算公开范围不断扩大，地方层面上也基本实现"应公开尽公开"。2015年未公开预决算的地方各级部门为9.3万家，而2020年应公开预决算的20余万家部门中，预算和决算仅各有4家未公开。[①]此外，贵州省、深圳市等地还探索建立了政府大数据公开平台，各级部门预决算数据在大数据平台上统一汇总公开，实现了预算制度"公开透明"的技术化和数字化。

---

① 财政部监督评价局．财政部发布2019、2020年度地方预决算公开度排行榜［EB/OL］．（2021-12-30）［2022-08-06］．http://jdjc.mof.gov.cn/gongzuodongtai/202112/t20211230_3779345.htm．

2）坚持全面依法治国的预算法治建设基本方略

依法治国是党领导人民治理国家的基本方略，法治是治国理政的基本方式。在全面依法治国的背景下，预算法治建设是预算管理改革的引领、规范和保障，而预算管理改革的实践发展也反过来推动了预算法治建设。

首先，在全面依法治国的基本方略指引下，预算法的修订吸收了1994年预算法颁布以来的改革成果，并对未来预算管理改革制定了整体方略。而2014年预算法修订之后的一系列改革创新，又为修订《中华人民共和国预算法实施条例》积累了丰富的实践经验。预算法实施条例在严格遵循并贯彻落实预算法要求的基础上，与各项财政改革相衔接，将预算管理实践成果上升为法规，①进一步强调了"从细节处加以规范"和"把篱笆扎得更牢固些"的法治理念。②其次，预算法治建设逐渐细化和系统化。近年来，行政事业性国有资产条例、国有资产评估管理办法以及政府采购法（修订）等立法工作都在有序推进。③2021年5月27日，全国人大常委会预算工委主持召开政府绩效预算立法部门座谈会和专家座谈会，探讨了政府绩效预算立法工作的推进路径。④2022年的立法工作也将财政预算评审管理暂行办法、金融企业国有资产评估监督管理暂行办法（修订）等项目的起草作为立法工作的重点，⑤系统的预算法治体系初步成形。

3）坚持预算制度建设以人民为中心的根本立场

党的十八大以来，现代预算制度建设始终围绕以人民为中心的根本立场，加强预算管理的群众监督，始终把在发展中保障和改善民生作为预算安排的首要任务。

首先，群众监督预算管理的形式逐渐多样化。党的十八大以来，公开透明的预算制度建设一直是改革的首要工作，当前集成性的预决算公开平台建设、预算绩效报告的公开透明，为人民群众直接对预决算报告和预算实施效果开展监督提供了渠道和平台。部分地区还通过对教育、卫生等重点资金预算编制和绩效情况举行听证会的形式，搭建了人大代表和社会公众参与财政预算编制审查的监督平台。这样一来，群众对预算执行情况的监督形式就更加丰富，监督的内容也逐渐深入到预算政策的关键领域。其次，新时代的重点工作之一是不断提高保障和改善民生水平。2022年中央对地方转移支付增长18%，用于保障基层政府"三保"工作所需基本财力，地方政府也通过压减一般性支出、清理盘活各类政府存量资金等多种渠道筹措资金，使就业、教育、卫生、社会保障等重点民生领域的项目持续推进。

4）坚持"过紧日子"的预算支出要求

面对错综复杂的各种形势，如何为重点财政支出政策创造更多的财政空间，成为当前最紧要的财政问题。因此，政府"过紧日子"成为预算安排的长期指导思想，这也是让百姓"过好日子"的重要基础。

一方面，各级政府通过压减非刚性、非重点项目支出和公用经费支出的形式，将有限的资金投入重点领域。近年来，中央部门财政拨款"三公经费"连年压减，从2019年的

① 王金秀，张澜，万玥希.健全预算法治体系 强化预算监管机制——解读新《预算法实施条例》[J].财政监督，2020（21）：16-21.
② 王桦宇，宋以珍.秩序、效能与法治：迈向更加规范有序的预算治理图景[J].财政监督，2020（24）：5-10.
③ 财政部条法司.财政部2021年立法工作情况[EB/OL].（2022-03-29）[2022-09-15]. http://tfs.mof.gov.cn/caizhengfazhidongtai/202203/t20220328_3798910.htm.
④ 马蔡琛，桂梓椋.探索预算绩效监督的中国模式：基于国际比较视角[J].经济纵横，2022（1）：102-109.
⑤ 财政部条法司.财政部2022年立法工作安排[EB/OL].（2022-03-29）[2022-07-26]. http://tfs.mof.gov.cn/ caizhengfazhidongtai/202203/t20220328_3798917.htm.

81.07亿元减少到2021年的51.87亿元，累计下降36%。①此外，部分地区还出台多项措施，涵盖严禁、压缩、严控及统筹事项，为科学、精细地压减一般性支出打下基础。另一方面，各级政府通过加强预算绩效管理的形式，根据绩效评价结果，一定比例核减甚至取消预算完成率、资金执行率较低的项目，从而优化支出结构，提高资金使用效益。

本章小结 ✔

• 我国国家预算组成体系是按照一级政权设立一级预算的原则建立的。与政权结构适应，并同时结合我国行政区域的划分，相应设立五级预算：①中央；②省、自治区、直辖市；③设区的市、自治州；④县、自治县、不设区的市、市辖区；⑤乡、民族乡、镇。

• 政府预算管理职权，是指在宪法原则的框架下，依据预算法等相关法律法规，对参与政府预算管理系统的各利益相关主体，就其各自的职责与权限所进行的法律界定。

• 现代预算管理研究大体是循着两条分析脉络展开的。第一条，就研究对象而言，该领域的研究从早期消极的税收收入控制，逐步转向支出管理控制与运行绩效评价及绩效管理。第二条，就学科跨度而言，公共预算管理已超出了传统公共经济学的范畴，呈现出与其他学科（如公共管理学、政治学、行政学、法学、社会学、心理学等）交叉渗透的整合趋势，许多管理学和经济学中的新思想，在预算管理中得到了广泛的应用。

• 党的十八大以来，预算管理制度改革以推进国家治理体系和治理能力现代化为目标，积极应对"百年未有之大变局"的机遇和挑战，为中华民族伟大复兴的中国梦的实现提供了财政保障。全口径预算管理、预算支出标准体系建设、中期财政规划管理、预算绩效管理等具体改革措施，推动着现代预算制度的建设和完善。在预算管理改革的实践中，各级政府坚持全面深化改革和全面依法治国的战略布局，坚持以人民为中心的根本立场和"过紧日子"的基本原则，形成了一系列基本经验。

综合练习 ✔

• 简答题

2.1 我国的政府预算由哪些级次组成？

2.2 现代政府预算管理的研究视角有哪些？请加以简要评析。

2.3 简要说明全球公共预算改革的最新演化趋势。

2.4 试分析党的十八大以来中国政府预算管理改革的总体成就与主要经验。

推荐阅读资料 ✔

[1] 财政部预算司. 部分国家预算法汇编 [M]. 北京：外文出版社，2005.

---

① 关红妍，王楠，田琪永. 财政部："三公"经费连年压减 "紧日子"是长期政策 [EB/OL]. (2022-02-22) [2022-07-26]. https://m.gmw.cn/2022-02/22/content_1302815338.htm.

［2］财政部预算司．中央部门预算编制指南（2023年）［M］．北京：中国财政经济出版社，2022.

［3］马蔡琛．政府预算管理理论研究及其新进展［J］．社会科学，2004（5）.

［4］马蔡琛，苗珊．全球公共预算改革的最新演化趋势：基于21世纪以来的考察［J］．财政研究，2018（1）.

［5］马蔡琛，赵笛．党的十八大以来预算制度改革的重要成就与展望［J］．财政研究，2022（8）.

第 3 章

政府预算的管理原则与主要模式

政府预算的管理原则是政府预算各利益相关主体选择预算管理模式和构建预算组织体系的指导思想，体现了政府预算立法、编制、执行、评价、监督所应遵循的基本宗旨。预算管理原则是随着现代预算制度的产生而逐步形成的，并伴随其演化而不断发展。概括起来，政府预算管理原则大致呈现如下的发展脉络：在预算管理的早期，比较注重其控制性与合规性，将预算作为监督和控制政府行动的工具；到后来随着政府收支内容的日趋复杂，开始强调预算的周密性，更加注重预算技术和管理模式的改进；自功能预算理论发展以来[1]，日益转向更加注重发挥预算的功能性作用。

3.1   古典预算管理原则

在一些西欧国家，其国家预算制度的起源，可以追溯到民主制度引进之前的那些一度盛行的制度安排。随着时间的流逝，许多与国家预算制度有关的规则被记录下来，但不是全部。不同的法律传统反映出立法机关、行政机关以及公民之间在信任程度上的差异，以及政治制度上的差别。[2]在政府预算的不同发展阶段，预算体系面临的最紧迫问题是不同的，预算的目标及其管理原则也相应有所不同。资产阶级在革命过程中，为了限制封建皇室的财政权，提出了一系列通过立法机关控制政府财政活动的方法与原则，后来的学者将其概括为古典预算原则。古典预算原则的中心是强调"明确"与"约束"原则。在19世纪的预算改革浪潮中，也就是所谓的"预算时代"，其主要努力方向体现为这样两个方面：第一，建立对政府预算的外部政治控制——议会监督，将政治问责纳入预算过程；第二，在政府内部建立集中统一的财政控制，将行政控制引入预算过程。同时，19世纪的工业革命和经济发展所带来的金融和技术上的进步，也大大地降低了实行这样一种严格的预算控制所面临的交易成本。[3]内奥米·凯顿（Caiden，1989）就认为，这一时期的政府预算具有斯脱姆（Stourm，1909）所概括的四大要素：[4]（1）年度性（annuality），即预算决策通常需要每年进行一次；（2）一致性（unity），即所有的预算决策必须放在一起，同

---

①   功能预算理论（也称功能财政政策）的概念，创建于20世纪中叶，以凯恩斯经济理论为基础，强调将政府的课税、支出、举债等行为，作为一种具有调节经济功能的工具来加以运用。该理论认为，预算政策应以财政措施的实施后果（宏观经济总体运行和经济增长目标的实现）作为安排政府预算收支的依据。
②   利纳特，郑茂京. 预算制度的法律框架：国际比较视角［M］. 马蔡琛，等译. 北京：经济科学出版社，2021：13.
③   马骏，赵早早. 公共预算：比较研究［M］. 北京：中央编译出版社，2011：7-8.
④   CAIDEN N. A new perspective on budgetary reform［J］. Australia Journal of Public Administration，1989，48（1）：51-58.

时，所有的资源必须集中在一起，以期所有关于资源的预算要求能够获得公平的考虑；（3）拨款性（appropriation），即预算是公共的和公开的并且是经过议会同意的，只有那些经由预算拨付的资金才能够合法地进行支出；（4）审计（audit）要求，即政府部门的收支必须受到审计监督。

古典预算原则中较具代表性的当属意大利财政学者尼琪（F.Nitti）提出的预算管理六项原则和德国财政学者诺马克（F.Neumark）提出的预算管理八项原则。

3.1.1 尼琪预算原则

所谓"尼琪预算原则"，是由意大利财政学者尼琪（F.Nitti）提出的政府预算管理原则，是古典预算原则的重要代表之一。尼琪（1868—1953）是意大利经济学家、激进党政治家，他曾于1919—1920年期间担任意大利总理，关于预算原则的提出是在其1903年出版的《财政学原理》一书中，其主要内容包括以下六个方面：

1）公开性原则

所谓公开性原则，是指预算的内容应该力求详尽通俗，以便于立法机构和公众能够了解政府收支活动的全部情况。全部预算收支必须经过议会审查批准，成为公开性的文件。

2）确定性原则

所谓确定性原则，是指编制预算时，应该认真收集各种相关资料，依据社会经济发展的趋势，作出准确切实的预测，以防止预算的虚假，谋求预算的稳定确实性。

3）统一性原则

所谓统一性原则，是指同一预算收支体系内部，各项收支的编列与测算标准应该力求逻辑上的一致性，同时所有政府收支均应纳入同一预算之内（这是早期单式预算管理模式在预算理念上的重要体现）。

统一性原则的优点主要有两个方面：一是，一国之岁入岁出，分别排列，详载于总预算左右两方，不致收支混合，以达预算之平衡，且收支数目，逐项详列，便于监督，免致浪费；二是，收支总数，各列于总预算内，得以明了全国现状，以为决定财政政策之根据。①

4）总括性原则

所谓总括性原则，也称归一性原则，是政府预算完整性思想的集中体现，它要求所有财政收支都应纳入预算（参见专栏3-1），避免预算外开支。该原则与前述统一性原则相近，其区别在于：统一性原则主张预算收支标准的一致，并强调编制单式预算；而总括性原则反映了预算完整性的思想，即所有的政府收支都应该通过预算过程的批准才能进行，所有的政府收支均应编列于预算收支表格之中，不得以任何预算外财政资金的形式存在。

5）分类性原则

所谓分类性原则，是指预算收支应根据其性质分门别类，一目了然，以便于社会公众和审议机构了解政府财政资金活动的来龙去脉。

6）年度性原则

所谓年度性原则，是指预算必须按照规定的预算年度编制和执行，预算不能逾越预算

---

① 李超英.比较财政制度［M］.上海：商务印书馆，1943：38.

年度。这一原则后来在很多国家的公共财政管理中仍旧得到了体现。例如，在德国预算法体系的基本管理原则中，就有施行年度预算的规定。[①]其具体体现为禁止法规超载原则。也就是说，在年度财政预算中，仅仅考虑与年度收支有关的预算法案，其他均不予考虑。[②]

专栏 3-1 ✅ ···●

纳入预算管理≠纳入预算

在我国的部门预算改革中，曾经有过区分"纳入预算"与"纳入预算管理"的说法。也就是说，对于难以纳入政府预算体系的部分预算外资金，通过"收支两条线"等管理方式，由财政部门监督管理。但这与古典预算原则所要求的预算总括性原则还是有一定差距的。

2008年，审计署向全国人大常委会作报告时表示，2007年中央财政专户管理的行政事业性收费等非税收入343.6亿元未纳入预算。对此，财政部表示，拟将全国性及中央部门单位的所有行政事业性收费全部纳入预算管理。同时，要求地方财政部门在2010年前将省级批准设立的行政事业性收费全部纳入预算管理。南开大学经济学院马蔡琛教授指出，"纳入预算管理"不等同于"纳入预算"，这是中国预算管理的特有现象。"纳入预算"是在政府预算收支表中列出该项目，接受人大和社会监督；而"纳入预算管理"仅是将这笔资金纳入财政专门账户管理，即"收支两条线"，但政府预算表中未必显示其来源与用途。

也就是说，"纳入预算管理"只是钱进入财政部门视野，和过去单位自主开户决定收支相比是很大的进步，但距离"纳入预算"还有一个过程。

按道理，属于政府性资金都要纳入预算，不然这些收入就缺乏监督。"但实际操作存在一定困难。"马蔡琛指出，比如涉及一些控制资金配置权力部门的利益。再比如像农业、教育等领域，有部门支出与财政收入增速挂钩的规定，一旦将大量预算外资金纳入预算，会导致法定支出安排上的压力骤增。

资料来源：鲍颖. 财政部拟从今年起将中央行政收费纳入预算管理［N］. 新京报，2009-04-18.

3.1.2 诺马克预算原则

诺马克预算原则是古典预算原则强调预算民主监督功能和财政收支规划功能的又一重要代表，是由德国财政学者诺马克（F.Neumark）提出的，其主要内容包括八个方面[③]：

1）公开原则

所谓公开原则，是指政府预算内容应该公开，以使全体公众都能充分了解政府的收支

---

① 利纳特，郑茂京. 预算制度的法律框架：国际比较视角［M］. 马蔡琛，等译. 北京：经济科学出版社，2021：185.
② 上海财经大学公共政策研究中心. 2010年中国财政发展报告——国家预算的管理及法制化进程［M］. 上海：上海财经大学出版社，2010：146.
③ 诺马克（1900—1991）是犹太裔德国人，于1933年移居到伊斯坦布尔，任伊斯坦布尔大学教授。后来他回到德国，并担任两届法兰克福歌德大学校长（1954—1955年和1961—1962年）。欧洲联盟委员的财政和金融委员会就是于1960年在诺马克教授的主持下设立的。其预算原则的提出是在1927年出版的《预算通论》一书中。本小节关于诺马克预算原则的内容主要参考了以下资料：徐仁辉. 公共财务管理——公共预算与财务行政［M］. 台北：智胜文化事业有限公司，2000；陈纪瑜. 政府预算管理［M］. 长沙：湖南大学出版社，2003.

状况、财务计划及施政纲领的运行成本。预算公开包括程序公开与结果公开两个层面。程序公开是指预算的编制流程和审议批准程序应该公开透明，置于立法监督机构的全程控制之下。结果公开是指预算的执行结果（决算）的公开，以便公众对预算实际执行结果能够有全面的了解，并据以提出修改意见或建议。

2）明确原则

所谓明确原则，是指政府预算的收入来源渠道及支出用途、项目构成与分类方法，都应加以明确列示、清晰一致。在现实中，为了保证政府预算明确原则的实现，既需要编制总揽政府收支全局的总预算，也需要就每个部门的收入和支出情况，分门别类地加以详细列示（即部门预算），以体现公共部门的预算资金具体配置情况。

3）事前决定原则

所谓事前决定原则，是指政府预算应在财政年度开始之前，就经由立法机关审议通过。政府预算是公共财政体系运行的基本制度载体与运行平台，也是立法机关监督行政部门的重要工具。如果预算在年度开始前未能决定，而绝大多数政府部门的公共活动是连续进行的，财政收支活动也需要随之推进，这就有可能产生侵犯立法机关职权和产生财政舞弊现象。因此，通常市场经济国家大多规定政府预算必须在预算年度开始前完成立法审议程序。即使因为特殊情况，不能完成上述法定预算程序，法律也规定了相应的救济途径（参阅专栏 3-2）。

专栏 3-2 ✅ ·

德国的紧急预算制度

德国《基本法》第 111 条针对预算年度已经开始，政府预算尚未经议会审议通过的情况，规定了"紧急预算"制度。

1.如某个财政年度结束时，尚未以法律的形式确定下一年度预算计划的，联邦政府在新预算计划生效前，有权就下列事项给予一切必要的支出：

（1）维持依法设立的机构运转和实施依法决定的措施；

（2）履行合法订立的联邦的义务；

（3）上一年的预算计划已批准拨款时，继续支付建筑工程、设备购置和其他给付，或以此为目的的继续支付的补助。

2.非根据特别法律规定获得的税收和其他来源的收入或运营准备金不足抵偿第 1 款所指的支出时，联邦政府可通过贷款方式，筹措为维持经济运转所需的资金，最高贷款额可达上一预算计划最后总额的四分之一。

资料来源：联邦德国《基本法》（1949 年 5 月 23 日颁布，2002 年 7 月 26 日修改）。

4）严密原则

所谓严密原则，是指政府预算应对各收支项目产生严格的约束力，力求与未来财政决算保持尽可能的一致性。这里的严密具有特殊的含义。就预算收入而言，预算预计的收入应与实际可能筹集的收入基本相符，如果低估收入，会导致预算的不平衡；而高估则会不必要地加重公众的宏观税负水平。就预算支出而言，也是这样。总之，预算（在此主要是指年初预算数，而非调整预算数）应与实际执行结果保持尽可能的一致性。

5）限定原则

所谓限定原则，是指预算的各项目相互之间应有明确的界线，通常禁止经费相互流用。该原则有三个层面的含义：

第一，预算科目的设立与归宿应力求明确，以免 A 科目的费用改由 B 科目核销。也就是说，要尽可能避免隐性的不恰当的科目之间的经费流用。

第二，预算以外的支出项目必须禁止，包括预算中原来没有该项支出而安排支出，或超过预算授权限额安排支出，或者是将预算内列支的项目非法转移到预算外。这也是"先有预算，后有支出"原则的具体体现。

第三，禁止提前动支下年度的预算经费，或将本年度的经费未经法定程序结转下年使用。

6）单一原则

所谓单一原则，是指政府全部财政收支应纳入同一预算表内综合列示，不得另行编制独立的预算。单一原则包括两层含义：一是政府财政收支应统一编列，维持政府预算的完整体系；二是预算系统内部限定于同一项目的内容，不得分解列示于两个项目之内。单一原则实际上与前述尼琪预算原则中的统一性原则和总括性原则的含义是基本一致的。

7）完全原则

所谓完全原则，是指一切政府公共开支和预算收入均应完整地计入预算，不得存在任何游离于预算之外的政府性收支活动，以体现公共财政体系的健全与完整。

8）不相属原则

所谓不相属原则，也称收支不相属（non-affection）原则，是指任何财政收入与支出，不得有个别相属关系，不应以特定预算收入维持特定项目的预算支出。这是在没有出现专门目的税之时代，统收统支财政思想的集中体现。因为如果将特定的预算收入与特定的预算支出项目建立起确定的勾稽关系，则会将预算收支割裂为为数众多的基金，这与现代预算所主张的保持预算完整性的指导思想相背离。

当然，无论是在古典预算原则时代，还是现时的世界，政府为兴办公共事业，而以举借债务的形式筹措资金，通常会设立必要的偿债基金，以指定某种收入作为偿债来源，但这只能作为预算管理过程中的一种特例，而不能因此突破收支不相属的基本宗旨与原则。

尼琪预算原则与诺马克预算原则是古典预算原则的代表，它们集中体现了自政府预算产生以来的传统预算目标。著名公共预算专家希克（1966）指出，公共预算有三种主要功能，进而有三种预算取向：控制取向、管理取向和计划取向。通过对古典预算原则的考察，其主要价值判断的形成，大体上是基于"控制取向"的。古典预算原则主要包括两个方面：一是为实现政府对预算收支的计划管理与执行，二是立法机构对政府财政措施的控制与监督。上述原则是与自由资本主义时期的健全财政的最高思想相一致的。也就是说，预算原则的指导思想是控制预算收支以达到预算平衡。古典预算原则的指导思想时至今日仍旧具有重要的启示意义。

3.2 现代预算管理原则

3.2.1 现代预算管理原则的主要内容

在市场经济国家的兴起历程中，政府预算体现了各利益相关主体管理权转移斗争的妥协与谈判交易过程。在政府预算的早期阶段，往往更为强调古典预算原则所倡导的"明确"与"约束"原则，注重通过控制预算收支，实现立法机关对行政机关的有效控制。传统预算是通过公认的程序规则来实现的，注重的是预算的组织过程。[1]然而随着政府职能与规模的不断扩张，国家干预经济逐渐成为一种社会思潮，传统的古典预算原则单纯强调立法监控已不适应经济环境的变化，客观上要求政府行政机构在预算问题上拥有更多的主动性。于是20世纪50年代前后，出现了以加强政府财政权为主导思想的现代预算原则。

对现代预算原则具有代表性的描述，是时任美国联邦政府预算局局长的史密斯（H.D. Smith）于1945年提出的预算管理八项原则（也有人将现代预算原则称为史密斯预算原则）。其主要内容包括以下八个方面：[2]

（1）计划原则，即预算必须反映国家元首的行政计划。

（2）责任原则，即预算必须加强行政责任，立法程序使正式预算成立，成立后的预算执行则属于行政部门的职责。

（3）以政府预算报告为依据的原则，即预算的编制、批准与执行应以政府各部门的财政与业务报告为依据。

（4）灵活性原则，即预算收支在时间上要保证灵活性。

（5）程序多样化原则（多元预算程序原则），即预算程序必须依政府活动的种类而多样化。例如，可以采取追加预算或特别预算方式处理一些急需处理的计划。

（6）自由裁量原则，即预算要有适度的行政自主权，对于已经批准的支出项目不应过分限定，应保持行政机构具有一定的自由选择空间。

（7）执行中的弹性原则，即预算要有一定的弹性，预算中应包括随经济形势的变化而适当调整的内容。

（8）预算机构协调原则，即预算机构必须在预算的编制及执行上相互联系与协调，以保证预算能够顺利付诸实现。

即使我们不就现代预算原则的具体内容进一步加以展开，单纯从其原则表述中反复出现的"灵活性""多样化""自由裁量""弹性"等的字面含义，也可以大体上看出现代预算原则所主张的赋予政府行政机构更多的预算管理权能与灵活性的基本取向。

到后来，预算研究者内奥米·凯顿（Caiden，1989）进一步就现代预算的特性作出了如下概括：[3]①预算的非弹性（budgetary inflexibility）。虽然传统预算原则强调预算的非连续性或年度性，但20世纪70年代以来，预算越来越具有连续性，过去形成的对于某一团体的预算承诺常常不能随意终止，因此，许多预算决策就变成自动的而非年度的。②预算

---

① 希克.当代公共支出管理方法［M］.王卫星，译.北京：经济管理出版社，2000：1-2.
② 邓子基，等.比较财政学［M］.北京：中国财政经济出版社，1987：128.
③ CAIDEN N. A new perspective on budgetary reform［J］. Australia Journal of Public Administration. 1989，48（1）：51-58.转引自：马骏，赵早早.公共预算：比较研究［M］.北京：中央编译出版社，2011：9.

的不可预测性（budgetary unpredictability）。由于长期性的预算承诺所导致的支出每年都在变化，并取决于不可改变的去年的决策、涉及的受益人数和部门、经济波动等不可控的因素，因此，预算变得越来越不可预测。③预算的碎片化（budgetary fragmentation）。虽然传统预算原则强调预算的全面性或完整性，即使是20世纪60年代实行的计划–规划–预算制度（PPBS）也强调这种完整性，但70年代以来，预算常常被各种隐蔽的方法拆散，某些领域逐渐形成自己自由支配的资金，预算外活动逐渐出现。④预算的私有化（budgetary privatization）。由于公共和私人部门之间的界线越来越模糊，并且各种准政府组织被允许提供公共服务，一些私人部门和准政府组织实际上介入了政府的收支活动，但是却常常不受政府预算控制。

3.2.2 现代预算原则与古典预算原则的关系

史密斯提出的现代预算管理原则，代表了当时社会经济条件下行政机构谋求预算主动权的一种倾向，也体现了预算原则演变的一种趋势。现代预算原则与传统预算原则最大的不同点在于：更加强调政府行政机构在预算上的自主权。例如，史密斯预算原则中的程序多样化、自由裁量和执行弹性原则，就与古典预算原则的指导思想存在着一定的冲突。

由于现代预算原则的提出和实践，古典预算原则被逐渐修改和打破。例如，由于预算外项目和基金的大量存在，以及复式预算、绩效预算制度的引入，传统预算的完整性和年度性原则逐渐被修正。预算的公开性原则也由于预算的行政主动权的加强而变得名不副实。另外，由于预算原则演进与法律修订二者时间差异的存在，往往使得法律明文规定的内容与实践中的具体活动也不尽一致。

政府预算管理原则的演变，实际上也是立法机构与行政机构之间相互交易与妥协的结果。虽然现代预算原则是作为对古典预算原则的修正与补充而提出的，体现了政府行政部门追求预算效率的自主权，然而各国仍旧在相当程度上保留了立法机构对预算的监督与控制，古典预算原则的基本思想在现代政府预算管理中仍旧得到了体现。

其实，史密斯所提出的预算原则中，多元预算程序、自由裁量、预算时间弹性等三项原则，与诺马克的原则是相互矛盾的；责任、以政府预算报告为依据、具备适当能力以及预算机构协调原则，以往均被视为行政机关内部问题因而不予重视，但在今日讲究行政管理规划的时代则备受重视；至于预算计划原则，更是倡导规划预算制度下的产物。总之，一切皆流，无物常驻，预算的规范性（normative）原则并非一成不变，预算原则将随着预算的时代功能及制度的演进而改变，因此我们学习这些预算原则的目的，主要在于了解如何透过这些原则来推进预算过程，达成预算制度所预期的功能。[1]

3.3 我国的政府预算管理原则

预算原则是整个预算过程的重要依据，指导着预算的编制、审批、执行、调整、决算等各个环节的有序进行。[2]我国预算法明确规定，各级预算应当遵循统筹兼顾、勤俭节约、量力而行、讲求绩效和收支平衡的原则。

---

[1] 徐仁辉. 公共财务管理——公共预算与财务行政 [M]. 6版. 台北：智胜文化事业有限公司，2014：48.
[2] 朱大旗. 中华人民共和国预算法释义 [M]. 北京：中国法制出版社，2015：51.

1）完整性原则

政府预算的完整性原则，就是要求政府预算必须包括政府的全部财政收支项目，反映以政府为主体的全部财政收支活动，不允许在政府预算规定范围之外存在任何以政府为主体的资金收支活动。完整性原则是建立规范化、法治化政府预算的前提条件。只有完整的政府预算才能保证政府控制、调节各类财政性资金流向和流量的顺利进行，充分发挥财政的分配与调节作用。同时，政府预算的完整性也有利于立法机关的审议批准和社会公众对政府活动的了解，便于其监督政府预算的执行。

要保证预算的完整性，其重要的标准是预算报告的全面完整。一是各级政府预算应包括本级和所属下级政府的财政信息；二是政府预算应是各级政府预算内和预算外收支的集合；三是财政政策目标、宏观经济筹划、预算的政策基础和可确认的主要财政风险等财政决策依据要完整。目前，许多国家都致力于扩展政府预算的涵盖范围，凸显预算的完整性。例如，某些国家在预算报告中，开始尝试将税式支出、政府或有负债以及贷款担保等全面加以反映。①

2）统一性原则

政府预算是实施宏观经济调控的重要杠杆，保证政府预算的统一性是增强政府宏观调控能力的必要条件。政府预算的统一性原则，就是要求政府预算收支按照统一的口径、程序和方法来测算和编列。同时，任何机构的收支都要以总额列入政府预算，而不能只列收支相抵后的净额。这一原则实际上也是要求各级政府都只能有一个预算，而不能以临时预算或特种基金的名义另立预算。

3）可靠性原则

政府预算的可靠性原则，就是要求对预算收支的数字正确估算，不能过高或过低，更不能造假，而且各种预算收支的性质必须明确地区分，不能掺杂混同。

4）公开性原则

政府预算的公开性原则，就是要求全部预算收支经过立法机关审议，而且要采取一定形式向社会公布，接受其监督。

5）年度性原则

政府预算的年度性原则，就是要求政府预算按照一定的预算年度编制，列出全年的预算收支，对年度预算收支进行比较（参阅专栏3-3）。

专栏3-3 ✅

预算年度与预算先期执行

1）预算年度概述

预算年度（budget year），又称"财政年度"，是政府预算时效性的集中体现，是政府预算（或公共预算）编制和执行的有效起止期限。

预算年度的起止时间通常为1年，但也有一些例外。在历史上，时间跨度较长的当数欧洲历史上尼德兰王国时期的预算年度。"尼德兰之1817年宪法，规定经常之岁出，每间

---

① 财政部干部教育中心. 现代预算制度研究 [M]. 北京：经济科学出版社，2017：24.

十年，须一次求议会之协赞。"也就是说，该国政府经常性支出的预算年度为10年。

2）各国预算年度的采行状况

世界上多数国家的预算年度与公元纪年相吻合，即采用"历年制"，有些国家的预算年度与日历年度不一致，即采用"跨年制"。目前，采用历年制（从1月1日起至12月31日止）的国家主要有：中国、朝鲜、德国、法国、意大利、奥地利、比利时、丹麦、芬兰、希腊、爱尔兰、冰岛、卢森堡、荷兰、西班牙、葡萄牙、瑞士、挪威、俄罗斯、波兰、匈牙利、罗马尼亚、墨西哥、巴西等。

根据早些年间的统计，采用跨年制的国家，主要的表现形式有四种：

（1）从当年4月1日起至次年3月31日止为一个预算年度的国家包括英国、加拿大、日本、印度、印度尼西亚、新加坡、缅甸、新西兰、博茨瓦纳、莱索托、马拉维、南非、不丹、斯威士兰、牙买加、伯利兹等。

（2）从当年7月1日起至次年6月30日止为一个预算年度的国家包括瑞典（自20世纪90年代财政危机以后，已改为实行"历年制"）、科威特、孟加拉国、巴基斯坦、澳大利亚、塞拉利昂、津巴布韦、苏丹、埃及、喀麦隆、冈比亚、加纳、肯尼亚、毛里求斯、坦桑尼亚等。

（3）从当年10月1日起至次年9月30日止为一个预算年度的国家包括美国（联邦政府）、泰国、尼泊尔等。

对于采用跨年制的国家，如某国从2005年4月1日起至2006年3月31日的预算，称为该国2005—2006财年预算。根据某些国家的传统，也通常以结束年度来对预算年度加以命名。

3）影响各国预算年度确定的因素

（1）实行计划经济的国家，预算年度的起止日期，通常与国民经济发展计划的年度安排保持一致。

（2）部分市场经济国家根据议会会期确定预算年度，以便在国会召开期间讨论和审议政府预算。早在八十多年前，著名学者何廉、李锐就曾指出："宜使预算议决之期与实施之期，紧相连接。盖因相距太远，则政治上社会上之事变，易使议决之预算，与事实不相应合，其结果必致追加预算，使财政上发生弊端。然亦不可与议决之期相距太近，因太近则预算尚未议决，而年度已开始，又将使用临时预算制或延长上年度预算制，是亦足以损坏正式预算之效力。"

（3）气候与财政收支的季节性变化影响预算年度的确定。如果预算年度开始时正值税收旺季，国库充盈，便于执行新的预算安排。这种状况在财政收入受农业丰歉影响较大的国家表现得较为突出。譬如，西汉时期的戴圣在《礼记·王制》中记载："冢宰制国用，必于岁之杪，五谷皆入然后制国用。用地小大，视年之丰耗。以三十年之通制国用，量入以为出。"这就体现了农业国在年终岁尾、五谷皆入的时候，才开始编制国家用款计划（预算）的特点。

4）预算先期执行问题

预算先期执行问题往往系因预算年度已然开始，预算尚未能及时议定而造成。

根据《中华人民共和国预算法》规定，预算年度自公历1月1日起，至12月31日止。按照目前的惯例，全国人大在每年3月初至中旬开会，审议批准政府预算报告。预算报告获得批准后，如果加上财政部门和各部门批复过程所耗费的时间，各部门所属单位的预算最快要等到4月才能得到批准。由于历年制的预算年度与人民代表大会会期之间的脱节，直接造成了每年前几个月的政府预算的执行缺乏法律依据，存在预算先执行后批准的问题。

1994年3月22日，第八届全国人民代表大会第二次会议通过的《中华人民共和国预算法》第44条规定："预算年度开始后，各级政府预算草案在本级人民代表大会批准前，本级政府可以先按照上一年同期的预算支出数额安排支出，预算经本级人民代表大会批准后，按照批准的预算执行。"

由中华人民共和国第十二届全国人民代表大会常务委员会第十次会议于2014年8月31日通过、自2015年1月1日起施行的《中华人民共和国预算法》第54条规定："预算年度开始后，各级预算草案在本级人民代表大会批准前，可以安排下列支出：（一）上一年度结转的支出；（二）参照上一年同期的预算支出数额安排必须支付的本年度部门基本支出、项目支出，以及对下级政府的转移性支出；（三）法律规定必须履行支付义务的支出，以及用于自然灾害等突发事件处理的支出。根据前款规定安排支出的情况，应当在预算草案的报告中作出说明。预算经本级人民代表大会批准后，按照批准的预算执行。"

在2014年修订的新《中华人民共和国预算法》中，针对这一问题的因应性规定，在延续1994年《中华人民共和国预算法》相关规定的同时，又做了相应的细化和补充，总体而言，还是相对周密的。

资料来源：马蔡琛.政府预算［M］.2版.大连：东北财经大学出版社，2018：20-25.

3.4　政府预算的主要管理模式及其演化

政府预算是公共治理的核心议题，预算管理制度的创新与演进也成为整个公共管理制度变革的关键。政府预算并非单纯体现了公共资源配置和使用的技术层面问题，而蕴含了更为深刻的政治哲学命题。正如研究者所形容的那样，"预算是政府的血液……如果我们不说'政府应该怎样做'，而说'政府预算应该怎样做'，就可以更清晰地看出预算在政府中所起的核心作用"[①]。

近年来，世界各国的公共管理改革都将政府预算改革作为重点之一，这也反映了政府预算在当代政府治理中的战略地位。虽然政府预算在更多意义上属于一国国内法的范畴，而各国的治理模式不同，政府预算管理模式与运行机制受国际惯例的约束相对较小，但各国对程序法层面上的政府预算管理模式的研究，作为人类探索社会"善治"的共同努力，仍旧具有相当重要的参考价值。就各国政府预算管理实践而言，也体现出各国之间管理模式上的整合与借鉴。

在20世纪30年代以前，虽然各国的预算制度各有特点，但在预算的组织形式及编制、批准、执行与监督等程序方面则大体相同；而自20世纪60年代以来，美国逐渐成为世界上最为强大的经济体，美国政府预算制度的不断创新也引起了世界各国的纷纷效仿。[②]

在预算发展史上，市场经济国家的政府预算管理大体经历了如下的发展变迁历程[③]：

---

① WILDAVSKY A. Political implications of budget reform: A retrospective ［J］. Public Administration Review, 1992, 52 (11/12)：595.
② 姜维壮. 比较财政管理学 ［M］. 北京：中国财政经济出版社，2000：317.
③ HENRY N. Public administration and public affairs ［M］. 7th ed. New York：Prentice-Hall, Inc., 1999.

（1）以控制为目标的传统预算或分行列支预算管理模式；（2）以管理为目标的绩效预算（performance budget）；（3）以经济计划为目标的计划-规划-预算制度（PPBS）；（4）强调个人自主性的目标管理预算（MBO）；（5）强调项目优先次序的零基预算（ZBB）；（6）带有中央集权和立法色彩的自上而下预算或目标基础预算；（7）融合重塑政府思想的新绩效预算（其主要内容参见表3-1）。在此，我们从各国政府预算的主要管理模式演化过程，择其重点加以必要的介绍。

表3-1　　　　　　　　　　　　　　预算观念的演进与差异

特征	分行列支预算（1921—1939年）	绩效预算（1940—1964年）	PPBS（1965—1971年）	MBO（1972—1976年）	ZBB（1977—1980年）	自上而下预算（1981—1992年）	新绩效预算（1993年至今）
主要倾向	控制	管理	计划	管理	决策	控制和实现单一体制目标	管理
范围	输入	输入和输出	输入、输出、效果和备选方案	输入、输出和效果	备选方案	任务明确的输入和效果	输入和输出；与可选择方法相联系的备选方案
个人能力	会计	管理	经济学和计划	管理"常识"	管理和计划	与体制任务相关的政治、协调与知识	管理、计划和交流
重要内容	开支对象	部门活动	部门宗旨	方案效力	方案或机构的宗旨	方案或机构是否促进了体制目标	部门活动
决策方式	增量	增量	系统	分权	增量和参与	系统和进取性	增量、参与和分权
计划责任	责任不大	分散	集权	全面但各负其责	分权	集权	与中央预算机构共同承担
预算部门的角色	财务会计	效率	政策	方案的效力和效率	政策的优先权	实现单一体制目标	保证可信赖度

资料来源：亨利 N.公共行政与公共事务［M］. 项龙，译. 7版. 北京：华夏出版社，2002：208.

3.4.1　分行列支预算

　　分行列支预算（line-item budget），也有传统预算、逐项预算、逐条预算、线性预算、项目预算、条目预算、行政预算或分行排列预算等十来种译法，这是最基本也是最传统的预算组织形式。分行列支预算是根据每一开支对象的成本来分配公共资源的一种预算制度。

　　在预算发展史上，自古代埃及、巴比伦和中国的宫廷时代起，就有了以某种方式来逐项记录开支的做法。[①]马克思在《资本论》第二卷中，就曾对簿记作出过精辟论述："过程越是按社会的规模进行，越是失去纯粹个人的性质，作为对过程的控制和观念总结的簿记就越是必要。"[②]政府预算作为过程控制的工具，是公共管理社会化的产物。[③]现代意义上的分行列支预算直至20世纪初叶才基本成型，其标志是美国1921年开始实施的《预算

---

　　① 卢洪友. 政府预算学［M］. 武汉：武汉大学出版社，2005：43.
　　② 马克思. 资本论：第二卷［M］. 北京：人民出版社，2004：152.
　　③ 马国贤.政府预算［M］. 上海：上海财经大学出版社，2011：33.

与会计法》。

分行列支预算的主要功能是控制政府预算开支。其主要控制措施包括：分项、详细地记录政府购买的商品或劳务；采用标准化的政府会计控制系统；利用统一的政府采购制度和竞争性招标制度，增强政府购买性支出的透明度，力求节约公共开支。除了控制功能以外，分行列支预算还注重强调政府部门内部的增量决策、分散管理以及职责分工等内容，因此直至今日，该模式仍旧具有较为广泛的应用价值。

以下是某大学的一项学术会议的分行列支预算表及其说明的示例，见表3-2。

分行列支预算中的每一行（line）就是一个特定的支出科目（item），这些科目分别代表着特定的支出用途以及相应的资金数量。关于支出用途的信息越详细，预算部门越能有效地控制各支出机构的支出。因此，这种预算模式非常有助于对支出实行预算控制。[①]

表3-2　　　　　　分行列支预算的范例——ABC会议的支出预算表及其说明　　　　　　单位：元

A.	人员经费	元/人	合计
	20位参会者生活津贴	700	14 000
	项目主管津贴	1 750	1 750
	项目副主管津贴	1 500	1 500
	2位学生助手	1 000	2 000
	小计		19 250
	保险费（小计×25%）		4 813
	合计		24 063
B.	差旅费/餐费/住宿费		
	23人的住宿费、就餐费		7 750
	23人的差旅费		7 500
	项目主管与副主管的会议费用		500
	合计		15 750
A.	人员经费	元/人	合计
C.	通信及信息费		
	复印费		730
	邮资		400
	合计		1 130
D.	办公费		
	运营办公费		250
	咨询费		600
	合计		850
	加总数		41 793
E.	间接费用（加总数×10%）		4 179
	总计		45 972

预算说明

该会议项目的预算包括五类支出：人员经费、差旅费/餐费/住宿费、通信及信息费、办公费和间接费用。上述分类是基于该校的传统预算分类体系而作出的。

A.人员经费（合计=24 063元，包括额外的保险费）

这项支出主要包括：给予每位参会人员的津贴（每人700元），项目主管的津贴（1 750元），项目副主管的津贴，雇用勤工俭学的学生的补助，这些学生主要承担与会议有关的大量事务性工作。

项目主管将与项目副主管研究制定会议议程，撰写会议结束后的项目总结。除了这些共同分担的工作以外，他将负责检查与会议项目相关的后勤与行政工作，以及向校董事会递交项目最终执行情况报告。

项目副主管将协助项目主管制定会议议程（包括会议内容、主要活动安排等），撰写会议结束后的项目总结。

---

① BLAND R L，RUBIN I. Budgeting：A guide for local governments ［M］. Washington，D.C. ICMA 1997：12.

会议参加者在会前将填写有关"混沌钟理论的宇宙探测功能"的调查问卷，并参加2024年秋季举行的此次会议。会议鼓励参加者提交与会议主题相关的会议论文。

学生助手将负责向项目主管汇报以下工作：其所负责的邀请函名单、参会者的行程安排、收集并复印调查问卷，以及其分管的后期行政事务。

保险费：根据校方最近的（截至2023年12月26日）有关员工额外保险的规定，2024年的保险费率为25%。

B.差旅费/餐费/住宿费（合计=15 750元）

上述费用主要包括：参会者抵达会议地点的交通费、参会者于会议期间在本市的"混元金斗连锁活动中心"发生的餐费和住宿费，以及项目主管和副主管撰写会议报告并完成本项目评估所发生的会议费用。

会议住宿费和餐费的预算估测，主要来自本市5家类似活动中心的平均成本，以及23位与会者居住三个晚上的水平测算。各地"混元金斗连锁活动中心"每位客人每晚的住宿费标准为59元至89元不等。直至本预算申请提交之日，尚不能确定在上述"混元金斗连锁活动中心"的具体订房清单，因此本预算是按照其平均价格计算的。

差旅费的预算估测也是根据与会者抵达会议地点的平均机票价格水平测算的。

C.通信及信息费（合计=1 130元）

上述费用主要包括：会议邀请函、调查问卷以及会议文献包裹的邮寄费用（400元）；会议文件的复印费用（730元）。

D.办公费（合计=850元）

上述支出主要包括：与会议行政管理相关的办公用品（如信封、订书机、纸张等），以及会议期间使用的物品（如文件夹、新闻纸、放映用的幻灯胶片等）。如果预算允许，希望能够为每一位参会代表购买一部教学指导用书（由洪荒出版社出版的光明山学者陈九公讲席教授编写的教学指导用书《混沌钟的正确使用方法》），这将对于每位参会代表具有较强的会议研讨参考价值。

E.间接成本（合计=4 179元）

会议的间接成本根据校董事会的规定，统一按照上述费用的10%提取，作为会议不可预见支出的预备费。

实际上，分行列支预算的形成过程，可以概括为政府行政部门与财政部门之间的一场紧张谈判过程。[①]各行政部门希望其预算能够尽可能多地被通过，而财政部门则试图实现支出总额的适当削减。但是，很多政府行政部门往往得到一些强有力的利益集团的支持，并且行政预算的测算过程，技术相当复杂。例如，上例中会议支出的具体测算过程，政府财政预算部门往往难以真正考察其依据是否合理。

从上例中也可以发现，就形式而言，分行列支预算基本上是一种对机构投入加以具体说明的"家庭预算"的形式，如人员经费、设备支出、办公用品和交通费用等。不妨做一个简单的类比，传统的分行列支预算就像是一个面包师，虽然他购买了面粉、牛奶和糖，却没有考虑所要出售的蛋糕、甜点和面包的数量，以及可以制作这些产品的其他配方。这样做生意是愚蠢的，同样，如此运营政府预算也是愚蠢的。[②]

分行列支预算比较适用于较低层级的政府组织，而不适用于高层级的政府组织。如果意识不到这一点，就可能会导致"在宏观层面上进行微观管理"。[③]如果一个机构从事多项活动或项目规划，或者若干机构从事同一项活动或项目规划，就难以凭借分行列支预算

---

① 在本小节中，对于分行列支预算的评价，主要根据下面的相关内容归纳整理而成：瑞宾J，林奇T D. 国家预算与财政管理［M］.丁学东，等译．北京：中国财政经济出版社，1990.
② 米克塞尔J L.公共财政管理：分析与应用［M］.苟燕楠，马蔡琛，译．9版.北京：中国人民大学出版社，2020：208.
③ 马骏，赵早早.公共预算：比较研究［M］.北京：中央编译出版社，2011：302.

的形式来确定其预算支出。同时，分行列支预算过于倾向于将预算决策的注意力集中于不断增长的人员经费和设备支出等项目，也容易诱使预算决策偏离对公共支出根本目的——满足社会公共需要程度——的考察。

尽管如此，分行列支预算仍旧是具有相当的生命力的。如果我们将美国1960年的预算框架与其1980年的各级政府预算实践加以对比的话，可以发现二者之间有着极其相似之处。造成相似的原因有两条：首先，一些预算改革没有能够完全付诸实践；其次，这20年的预算改革没有带来多大的实质性变化。[①]根据对美国的一项市、县预算的调查，截至20世纪末尚有80%的地方政府仍旧使用分行列支预算管理制度，只不过其中某些是与绩效预算或其他预算管理模式相互结合使用而已。[②]

3.4.2 计划-规划-预算制度

计划-规划-预算制度（planning-program-budget system，PPBS）[③]是根据国家的经济现状与发展趋势，以及当前所要达到的总体目标，利用系统分析以及成本效益考察等工具，评估公共开支计划的成本效益，协助政府拟定最有效的预算决策，以期实现公共财政资源合理配置的一种预算管理制度。[④]

计划-规划-预算制度的管理思想，最初萌生于企业管理部门。早在1924年福特汽车公司就已经运用类似的管理模式，以试图提高企业效率。第二次世界大战期间，美国战时委员会制订的物资控制计划也援引了该方法。20世纪50年代，兰德公司开始在武器系统检测中使用系统分析方法，并提出在空军的计划工作中使用所谓的"方案包"（也称为"规划包"）作为预算决策单元，但被当时的空军高层拒绝。在兰德公司提出的"方案包"建议中，包含了为完成某一特定的公共目标而拟采取的各种方案的集合。

1961年，麦克纳马拉就任美国国防部部长[⑤]，他认为"计划-规划-预算制度"有助于控制国防开支，在征得当时的美国总统约翰逊认可后，于1965年开始在联邦政府各部门中全面推行计划-规划-预算制度。截至1967年，美国预算局[⑥]指导21个部门实行了该制度，并准备最终推广到36个部门。[⑦]

计划-规划-预算制度实际上是一种以程序为重点，而非以组织为重点，来评价短期与长期需求的预算管理模式。采用计划-规划-预算制度的首要意图，是使行政部门的预算摆脱渐进主义的决策体系[⑧]，而改为一种合理的综合决策方法。计划-规划-预算制度包括：（1）通过扩充项目预算使目标具体化；（2）使实现既定目标的机制具体化；（3）联系每一可供选择的方案进行成本-效益分析；（4）系统的长期（若干年）分析和计划。项目预算和成本-效益分析是计划-规划-预算制度的最重要内容。

① 瑞宾 J，林奇 T D. 国家预算与财政管理 [M]. 丁学东，等译. 北京：中国财政经济出版社，1990：109.
② COPE G H. Budget for performance in local government [M]. Municipal Year Book，Washington，DC：International City Management Association，1995：42.
③ program budget 在国内也有译为"项目预算"的，但考虑 program budget 与中国预算管理实务中的项目预算，仍旧存在一定的差别，故本书还是采用了"规划预算"的称谓。
④ 陈纪瑜. 政府预算管理 [M]. 长沙：湖南大学出版社，2003：28.
⑤ 麦克纳马拉曾经担任福特汽车公司的经理职务，具有丰富的企业管理经验。
⑥ 1970年，美国预算局更名为管理和预算办公室（Office of Management and Budget，OMB），也译作"预算管理局"或"管理预算局"。
⑦ 亨利 N. 公共行政与公共事务 [M]. 项龙，译. 7版. 北京：华夏出版社，2002：210.
⑧ 有关渐进主义预算决策模式的分析，请参阅本书 2.3 节的有关内容。

在具体操作上，计划-规划-预算主要体现为如下几个基本步骤[①]：

首先，各行政机构根据总体上的公共部门现有资源、经济状况以及未来的经济形势分析等资料，设计组织的长期目标，并制订达到长期目标的各种可行的计划方案，然后对这些计划进行评估筛选，进而形成优劣排序。

其次，根据上一阶段设计的计划方案，预测未来五年内某项计划可能产生的效果与相关成本，并根据计划进度在五年期间加以妥善安排。

最后，在长期计划设计与编制五年计划的基础上，编制支出经费预算，并安排筹措年度预算经费，从而汇编形成年度预算。

表3-3描绘的是宾夕法尼亚州使用的规划预算分类。注意其中的分类依据是向公众提供的服务，而不是依据各个政府部门（事实上，有几种服务是由不止一个政府部门提供的）或者该政府部门所购买的投入品以及这些部门的活动。这种预算结构是以最终产出为导向的。例如，在"对人员和财产的保护"这一项目中，就有好几个机构参与提供服务。如果我们只考虑其中的一个部门，比如说州警察部门，那么会对预算中的项目重要性问题提供一种误导性的观点。其中，"指导和帮助服务"是规划预算中常见的预算类别；根据这些功能所提供的投入品，而不是根据其他服务的提供，来进行相应的分配。宾夕法尼亚州的预算说明，许多机构会参加几个规划的活动，而许多规划的完成也不仅需要一个部门的活动（交通运输除外）。

计划-规划-预算制度的主要缺陷在于，大部分采用这一管理模式的政府机构（如美国，仅有其国防部是例外情况），都过于注重技术分析的作用。[②]具体说来，主要包括[③]：第一，难以确定适当的任务或绩效标准，定量问题的解决有一定难度；第二，当一个公共部门同时承担多项公共支出计划时，难以在不同的计划之间精确且合理地配置预算资源；第三，过于强调计量测度的精确性，忽视了政治、社会因素对于预算决策的影响。我们可以通过如下的实例来进一步说明。[④]

例如，一个城市政策部门为了盗窃案发案率最小化的目标，可以通过多种途径来实现，而且所有这些途径初看起来似乎都是合理的。如拨出一定数量的资金，实施防盗项目。这个项目可能包括下列一些措施：（1）维持现行做法，设立一个中心警察局并配备一些双人巡逻车；（2）设立一个中心警察局并配备一些单人巡逻车；（3）增加公共教育项目支出，以加强市民的自我保护措施，如改进安装门锁、警报装置、照明系统等；（4）重点加强对海洛因的管制，因为从道理上分析，很多盗窃者是为了满足其吸毒瘾而作案的。在资金有限的条件下，成本-效益分析可用来比较防止盗窃最佳战略的措施。为了对这一实例中的一些问题进行有益的分析，我们需要相当多的经验数据。请看上面的（3），改进门锁与防止盗窃之间有什么关系？如果两者之间只有一般的关系，且进一步的研究表明，治安教育项目并不十分有效，那么，我们就不会对这一措施提供投资。遗憾的是，很多项目具有多重目标，在集资过程中这些目标很可能彼此竞争。

---

① 陈纪瑜. 政府预算管理［M］. 长沙：湖南大学出版社，2003：28.
② 当时的美国预算局局长斯塔茨在与美国农业部部长（农业部是当时实行PPBS较为成功的5个部门之一）谈话时，后者曾经对预算局局长说："斯塔茨，我的办公桌上有一摞约4英尺的PPBS报告，我该拿它怎么办？"资料来源：亨利N.公共行政与公共事务［M］. 项龙，译. 7版. 北京：华夏出版社，2002：212.
③ 卢洪友. 政府预算学［M］. 武汉：武汉大学出版社，2005：47-48.
④ 该案例来自瑞宾J，林奇TD.国家预算与财政管理［M］. 丁学东，等译. 北京：中国财政经济出版社，1990：118-119.

表3-3 　　　　　规划预算的结构示例：宾夕法尼亚州政府，2023—2024年

指导和帮助服务（占2023年总预算的2.4%）：这一全州项目的目标是提供一个有效的管理支持系统，以此来促进本州各项目目标的实现

子分类：管理与援助服务、财政管理、健身设施和商品管理、州际关系

所涉及的机构（人员）：州长办公室、行政办公室、副州长、审计长、财政局、税务和一般服务局、道德委员会、医疗保健费用控制委员会、州雇员的退休系统、政府支持机构和立法机构

对人员和财产的保护（占2023年总预算的11.8%）：该州项目的目标是构建和谐的生活环境和社会体系，保护个人与组织的生命和财产，使之免受非法或不公正的对待以及自然和人为灾难的侵犯

子项目：一般行政与支持、公共保护与执法、控制和减少犯罪、预防青少年犯罪、被告裁定、社会治安和社区安全、预防自然灾害、保障消费者权益、社区与职业安全稳定、预防和消除歧视性行为

所涉及的机构：银行和证券系统、州政府矫正局、保险委员会、州警察部门、州检察署、犯罪和违法行为委员会、公用事业委员会、酒类管制局、紧急事务管理局、司法机构以及乳品市场管理委员会等

教育（占2023年总预算的19.6%）：该项目的目标是提供一个学习经验和机会的系统，允许每个人通过高质量的基础教育和特殊教育项目，以及通过高质量的职业和技术教育以及高等教育来实现其充分潜在的智力发展……

子项目：教育支援服务、基础教育、高等教育

所涉及的机构：教育局、高等教育援助机构、卫生署、公共福利局、税务局、劳动和产业局

卫生与公共服务（占2023年总预算的51.5%）：该项目的目标是确保所有公民都能够享有优质的医疗服务、帮助人们寻求自给自足的生活、为退伍军人提供援助、创造机会使得个人和家庭能最大限度地融入社会中……

子项目：人力资源支持、社会中个体的发展、为宾夕法尼亚州的原住民提供援助、维持收入水平、保障物理治疗、保障公民心理健康

所涉及的机构：卫生署、公共福利局、农业局、劳动和产业局、军事事务局、税务局等

经济发展（占2023年总预算的3.3%）：该项目的目标是投资公共资源，为宾夕法尼亚州的居民创造更多的就业机会。为了能实现这个目标，该项目提供了许多种类的补助金、贷款，同时还为能够加大经济投资、刺激经济增长、扩大就业机会的活动提供贷款担保……

子项目：经济发展和创造就业、州经济发展、创新经济发展、劳动力投资、州经济资产、社区发展

所涉及的机构（人员）：行政办公室、审计长、住房金融机构、教育局、劳动和产业局、税务局

交通运输（占2023年总预算的8.3%）：该项目的目标是建立一个与全国乃至世界交通运输网的接口体系，可以满足州内人员与货物快捷、便利、高效、安全地移动

所涉及的机构：运输局

娱乐和文化发展（占2023年总预算的1.0%）：该项目的目标是改善宾夕法尼亚州城市居民、近郊居民以及乡村居民的生活质量。项目将资源集中于娱乐和文化设施建设，以确保宾州的居民都能充分享受本州的自然美景。同时，该项目还确保居民与游客们可以探索宾州文化传统的多样性、参观我们创造性的艺术社区、了解我们丰富的历史以及在保护国家遗产所作出的卓越成就……

子项目：娱乐、文化发展

所涉及的机构：自然资源局、教育局、历史和博物馆委员会、钓鱼和船舶委员会、竞赛委员会、艺术委员会等

债务清偿（占2023年总预算的1.1%）：这一全州项目的目标是保证有足够的财政资源来及时偿还州债务。州政府通过债务融资，来为州内的资本性项目、选民批准的债务公投以及一些救灾项目来提供资金

注意：一些机构所开展的活动涉及好几个项目，并不是所有的项目都有子项目。

资料来源：GOVERNOR'S OFFICE OF THE BUDGET. 2023-2024 Executive budget, common wealth of pennsylvania［R］. Harrisburg：Commonwealth of Pennsylvania，2022：B6-B17.

总体上看，计划-规划-预算制度对于地方政府层面上的影响要相对显著一些。根据对美国运用PPBS情况的调查，41%的州政府机构和35%以上的市、县，都在某种形式上采用了PPBS，60%的城市至少在某些部门实行了这一制度，在普遍实行这一制度的城市中，57%的城市认为它"非常有效"。[①]在20世纪60年代和70年代，PPBS的影响逐渐超出美国，许多发达国家和发展中国家开始引入这一方法。例如，法国就充满热情地实施了PPBS，这主要是因为法国本身就有很强的经济计划以及预算理性的传统。在联合国等国际组织的建议下，一些发展中国家也实行了PPBS。即使现在，一些国家仍然用项目预算称呼它们的绩效预算。[②]

3.4.3　PPBE与规划预算[③]

虽然总体上"计划-规划-预算制度"（PPBS）早在数十年前就被美国联邦政府放弃了，但仍被其国防部所采用，因为它符合政策制定和多军种预算的多方需求，同时也提供了关于规划和支出的长期观念。[④]美国国防部在2003年将其更名为"计划-规划-预算-执行系统"（PPBE）。[⑤]"PPBE"（计划-规划-预算-执行，Planning，Programming and Budgeting Execution Process）是"PPBS"（planning-program-budget system）在该部门运行40多年并取得较好成效的基础上，经过改进而生成的预算管理系统。PPBE作为军队系统的长期战略规划，将中期建设计划、年度预算以及预算执行与评审整合为一体，成为合理配置国防资源的预算管理体系。"规划预算"（program budgeting system）与"PPBS"存在着诸多联系，二者有着许多相通或重叠之处。规划预算是根据消费者的需求或财政支出对于公共目标的实现所作出的贡献，来对预算所建议的支出活动进行组织。

通过对"PPBE"和"规划预算"的考察发现，其蕴含的预算理念以及追求的目标——效益，与绩效预算具有直接的联系。而前两者在注重投入预算、加强合规性控制的基础上，又突出了产出和效能的实现问题。

1）PPBE及其主要特点

（1）PPBE产生的背景

PPBE是在PPBS的基础上产生的。PPBS的管理思想萌生于美国的企业管理部门，早在1924年，福特汽车公司就已运用类似的管理模式以试图提高经营效率。1961年，曾任福特汽车公司经理的麦克纳马拉就任美国国防部部长。他认为，在当时的预算管理模式下，由各军种单独提出预算数额，国会只能根据上一年度的军费使用情况，先确定军费总额，然后由国防部在限额内切块分配给三军。由于缺乏统一规划，各军种单纯根据自己的设想进行战争准备，而难以考虑共同的军事战略目标，造成财力资源重复配置和严重浪费。为此，他将美国兰德公司的管理模式逐步运用于国防部，获得了巨大成功。据统计，麦克纳马拉任职期间（1961—1968年）共节省国防开支约150亿美元。[⑥]在国防部的影响

　　① 亨利N.公共行政与公共事务［M］.项龙，译.7版.北京：华夏出版社，2002：212.
　　② 马骏，赵早早.公共预算：比较研究［M］.北京：中央编译出版社，2011：322.
　　③ 马蔡琛，李璐.再论中国政府预算改革的路径选择——基于PPBE和规划预算的考察［J］.甘肃行政学院学报，2009（1）.
　　④ 麦卡菲JL，琼斯LR.国防预算与财政管理［M］.陈波，邱一鸣，译.北京：经济科学出版社，2015：88.
　　⑤ JONES L R，MACAFFERY J L. Budgeting financial management，and acquisition reform in the U.S. Department of Defense（Charlotte：Information Age Publishing，2008）一书中对于国防部的预算和其他财政管理体系，包括PPBES，都做了精彩的描述与分析.转引自：米克塞尔J L.公共财政管理：分析与应用［M］.苟燕楠，马蔡琛，译.9版.北京：中国人民大学出版社，2020：216.
　　⑥ 邹国臣，陈耀初.美国的PPBS及其特点［J］.现代军事，1989（5）.

下，联邦政府各部门、机构纷纷引进了 PPBS 系统，形成了风靡一时的预算改革潮流。它将长期规划、中期建设计划与年度预算编制紧密结合起来，将传统的一年一度的预算准备转变为着眼于政府长期的公共政策目标。但由于种种原因，PPBS 在其他政府部门运用不到十年时间，便于 1971 年停止使用了。而自 1962 年起，PPBS 就一直在美国国防部国防资源分配与管理中发挥着重要作用。

随着国家安全和军事战略的调整，进入 21 世纪以来，美国国防部提出军事转型战略，同时也在寻求军事规划活动的转变，以期能够找到一种面向未来、基于能力的预算资源配置方法。美国国防部认为，PPBS 过于刚性且反应迟钝，难以适应动态的、不确定的国家安全环境，而且过程过于烦琐，不能及时有效地将军事战略协调地融入国防计划中。因此，美国国防部 2003 年 5 月发布"重大倡议决定 913"文件，宣布对 PPBS 进行重大改革。新的国防资源分配管理办法——"计划－规划－预算－执行"（PPBE）——于 2005 财年开始实施。

尽管 PPBE 目前尚属于美国国防部内部使用的预算管理系统，但是其将远期目标、中期计划与预算执行有机结合的先进方法，从资源的投入控制到注重绩效结果的运行程序，是值得在更加广泛意义上的公共预算管理中加以研究和关注的。

（2）PPBE 较之 PPBS 的主要变化

① 规划阶段，加强了作战需求部门在制定规划过程中的作用，以提升规划与作战能力需求的协调一致性。

② 计划和预算过程由每年一次改为两年一次，计划和预算并行推进，分为预算年和非预算年。预算年是发布国防预算的偶数年（如发布 2005 财年预算的预算年是 2004 年），制定为期两年的计划与预算；非预算年是预算年的下一年度，即国防预算的奇数年。非预算年只需根据预算年所制订的方案进行调整和修订，以节约时间用于预算执行情况的评价和监督、资金流转的管理以及长期计划的执行等重要问题，而不是用于制订计划。

③ 增加了预算执行评审阶段，更好地评估国防项目的投资效益。PPBS 着重考虑的是经费投入情况，效益问题一般要到经费已拨付或项目正在执行中才加以考虑。而在 PPBE 制度中，增加了预算执行的评审过程，采用绩效度量准则检查计划执行的情况，并将这种评审覆盖整个计划和预算过程，进一步保障了终极战略目标的实现。计划和预算的评审工作同时推进，避免了 PPBS 制度中计划和预算阶段依次进行所产生的大量重复评审和决策，提高了工作效率。[①]

（3）PPBE 的主要特点

第一，以周期滚动推进的方式实现规划、计划与预算的有机结合。PPBE 每两年进行一次滚动推进，根据长期规划制订后续六年的计划和其中头两年的预算，通过周期向前滚动，实现预算编制的连续动态性。制定规划就是制订计划，制订计划就是制定预算，使预算既能服从长远规划，又能适应不断变化的国际国内环境与相应的国防需求变动。

第二，按军事职能而不是按军种切块来编制计划和预算。军事计划项目的预算不按军种切块，而是按军事任务和功能分为 11 大类[②]。完成同一类任务的不同项目，无论来自哪个军种，均纳入同一类计划。例如，"战略力量"计划类中，既包括海军弹道导弹核潜

---

① PAPARONE C R. Resourcing the force in the midst of complexity : The need to deflate the "PPB" in PPBE［J］. Army Logistician，ProQuest Military Collection .Mar / Apr 2007 : 40.
② 这 11 大类分别为：战略力量，常规力量，情报与通信，空运与海运，警备队与预备役部队，研究与开发，物资供应与维护，训练、医疗及其他人员保障活动，管理与保障，援外，特种部队等 11 类。

艇，也包括空军的战略轰炸机和陆军的洲际弹道导弹。这样把类似项目归纳在一起加以综合平衡和比较分析，减少了由于各军种分别安排各自发展计划而造成的重复和浪费。

第三，充分发挥国防规划与资源委员会的作用。国防规划与资源委员会负责国防部和各军种规划、计划与预算的审定，从而使国防部、参谋长联席会议、各军种部及所属主要司令部之间建立了一个完整的管理体系，使得规划、计划与预算工作经过层层负责、逐级审批、不断补充和修改，最后由国防部部长办公室进行综合平衡，从而形成了一个有机整合的预算系统。

第四，形成制度化和规范化的工作制度与程序。在规划、计划和预算的不同阶段，不仅对各有关部门的工作内容、分析研究、文件编制、审批程序等有明确要求，而且有严格的时间限制和文件传递流程，[①]并且以法规形式将其固定下来，使之制度化、规范化，从而减少了推诿扯皮的现象，提高了预算过程的运行效率。同时，也有效约束了各阶段决策的自由裁量权和主观随意性。

第五，强化对计划和预算的执行评审，注重产出和绩效。在PPBS的基础上，PPBE进一步加强了对计划和预算执行的评审，以提高国防资源的使用效益。为此，国防部内设专门的系统分析机构——计划评估局——进行计划部分的系统分析，以节约公共资源，克服重复建设等弊端。同时，在预算编制上注重成本与效益分析，充分运用定量分析方法，审查每项支出计划的效果与费用的配比关系。

2）规划预算及其主要特点

规划预算（program budgeting system）中"规划"一词的内涵与PPBE中的"规划"（programming）非常相似。在预算系统中，"规划特指公共组织从事的、旨在促进相同目标的若干活动（activity）的集合"。在美国预算管理实践中，宾夕法尼亚州预算中的"指导和帮助服务"和帕克瑞志市预算中的"政策制定与管理"，都是规划预算中较为常见的规划类别。

规划的设立是以实现公共目标的贡献程度为基础，而不考虑具体提供服务的都是哪些行政管理组织。从本质上来说，规划框架要求政府机构明确自己能提供什么样的产品和服务，然后根据这些产品或者服务的流程来组织预算申请和预算执行。这种预算管理模式将预算的重点从财政支出的购买对象（政府所要购买的产品）转移到支出的目的（政府向社会提供服务）上来。

与传统预算相比，规划预算的主要特点在于，在传统预算管理中，对资金的竞争是在政府部门之间或者政府机构内部进行的，以部门或各组织机构为本位展开的。与之相反，在规划预算中，竞争是在相似的规划之间展开的，跨越了传统的组织本位界限。它可以促使各方参与者将注意力集中转向公共支出结果，这些参与者包括部门管理者、部长、立法机关代表和公众。也就是说，"规划"与我们平常使用的项目并非同一个概念。规划预算按照特定目标的规划（与活动），打破部门界限来归集投入的预算资源，而不是按照组织机构来归集预算资源。这是规划预算不同于基于组织本位配置资源的传统投入预算的主要特征。

以韩国环境部的规划预算为例[②]，韩国环境部打破了向所属各局和办公室切块分配资

① PAPARONE C R. Resourcing the force in the midst of complexity：The need to deflate the "PPB" in PPBE ［J］. Army Logistician，ProQuest Military Collection .Mar / Apr 2007：48.
② BARRACLOUGH K. Introduction to program budgeting ［D］. Istanbul：Fiscal Management Reform Workshop，June 6-8，2005.

金的办法，而是根据规划目标来组织资源以完成各项环境保护活动。部长的角色和职责范围就是根据确定的政策目标来决定各个规划的规模和适当数量，在年度预算中考虑中期规划，以将预算结构和绩效管理联系起来。图3-1是韩国环境部的规划预算结构图。该部工作的总体目标是"环境保护"，为达到总体目标，下设5个子目标，分别是"环境政策"、"水"、"空气"、"自然"和"废品"，每个子目标下又分别有2~5个规划，共计16个规划，其中环境管理局拥有一个独立的规划。根据规划来制定预算，并且安排为达到这一规划目标的各项活动。比如"首都地区的空气质量"这一规划中安排的活动，就包括采用天然气公共汽车等。

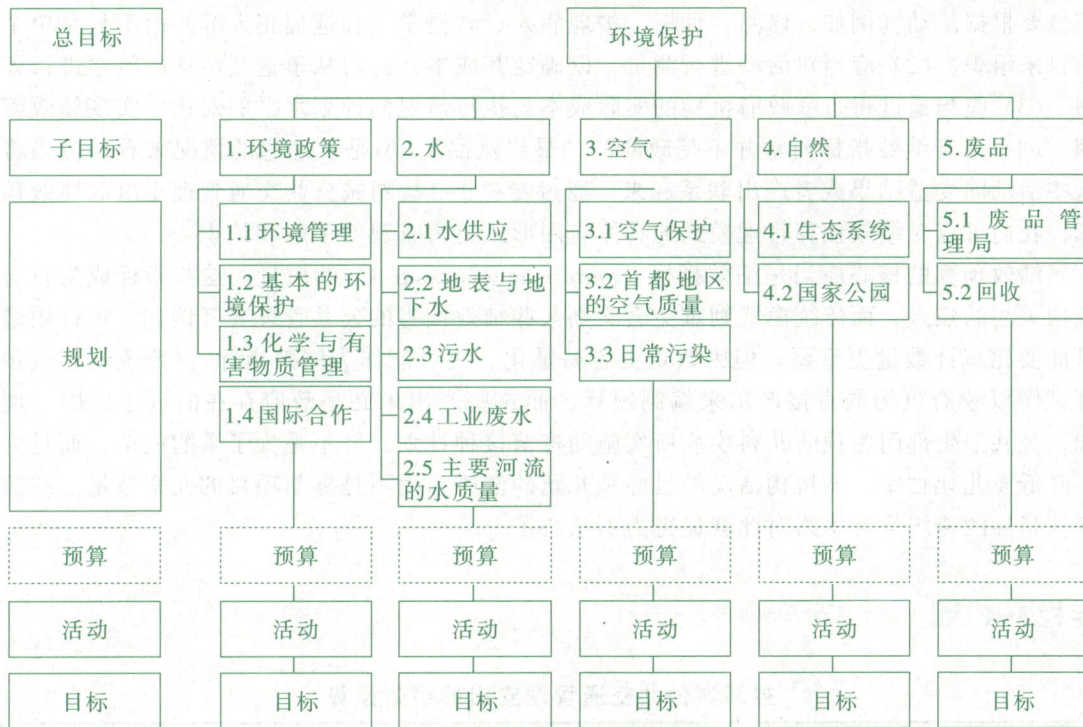

图3-1 韩国环境部规划预算结构图

由此可知，规划预算包括总目标、子目标、规划名称、预算资金、活动等各个方面，以规划作为预算拨款的基础，聚焦于由规划确定的各项活动的运行效率，围绕政府制定的战略目标作出预算资源分配决策，这不仅使得规划与资源配置相匹配，更增强了各预算支出机构的受托责任和财政透明度，使得政府同立法机构和社会公众的关系更为和谐友好。[①]

3.4.4 从"绩效预算"到"新绩效预算"：一个简要的演进脉络

1）绩效预算的兴起

绩效预算（performance budgets）[②]在市场经济国家的兴起，可以追溯到20世纪最初十年间的纽约市。绩效预算的历史源自1912年成立的塔夫脱委员会（Taft Commission），这

---

① BARRACLOUGH K. Introduction to program budgeting [D]. Istanbul: Fiscal Management Reform Workshop, June 6-8, 2005.
② 早期的绩效预算也被称为"传统绩效预算"或"绩效预算的第一次浪潮"。关于绩效预算的称谓，国内研究者最初的译法为"业绩预算"。根据对国家社科基金项目数据库的检索，国内较早系统研究绩效预算的是南开大学经济学院张志超教授带领的研究团队，其2003年立项的国家社科基金一般项目为"美国政府业绩预算技术及其对我国的借鉴意义"，该项目结项后出版的专著则名为"美国政府绩效预算的理论与实践"（中国财政经济出版社，2006）。这一从课题立项到结项的名称变化，也可以大体上反映出绩效预算这一新兴事物在引入早期的发展变化脉络。

使得绩效预算于 1934 年被美国农业部采用，于 20 世纪 30 年代末被田纳西流域管理局（Tennessee Valley Authority）采用，[①]而其作为一个预算术语使用则形成于 1949 年胡佛委员会提出的一个概念。[②]绩效预算是公共预算管理的一种全新理念和方法，其基本含义是将"绩效水平与具体的预算数额联系起来"。此后又曾经尝试过"规划预算""计划-规划-预算"等方法，都取得了一定的成效。这些预算改革在世界各国产生了巨大的影响，以"成本-绩效"作为评价标准的预算管理理念日益深入人心。[③]

在绩效预算的概念中，包含了几项从传统分行列支预算思维方式的转变[④]：（1）预算信息要根据活动（例如，修路、种树、护理病人、教授学生和逮捕犯人等）而不只是单个项目来组织。（2）应当对活动进行测量，以确定其成本，并对从事这些活动的效率进行评估。（3）应当通过将每家政府机构的实际成本与执行情况同计划水平的对比，实现绩效管理。（4）尽管绩效指标通常并不是政府的"最终产品"，但是从理想的情况来看，应当将这些活动同受益结果或者产出联系起来。通过专栏 3-3 盐湖城公共交通管理支出的绩效预算，我们可以对绩效预算管理模式的具体应用形成更为直观的了解和认识。

绩效预算的核心应当是绩效指标（performance measures）的质量。这些指标成为政府机构关注的焦点，而传统模式则难免会奖励某些绩效拙劣的公共管理者（例如，审计质量可能要比审计数量更重要，但因数量更容易量化，更可能作为绩效指标）。传统的绩效预算试图以政府机构的直接产出来编制预算，而这些产出未必是政府存在的真正原因。例如，公共卫生部门为预防儿科疾病所实施的疫苗接种计划，并不是为了采购疫苗，而是为了降低婴儿死亡率，该机构活动的目标是儿童的健康，而不是参与项目的儿童数量。绩效预算指标的传统设计思路对此就显得力不从心了。

专栏 3-4 ✅ - ●

盐湖城公共交通管理支出的绩效预算

公共交通管理			
规划：积雪清理部门：公共事务部			
规划说明：在寒冷冬天的天气条件下，为了安全运输，清除街道上的冰雪			
规划运行支出（单位：美元）			
资源需求	1979—1980 年（实际）	1980—1981 年（预算）	1980—1981 年（估测）	1981—1982 年（建议）
人工服务	19.5/279 318	16.9/325 358	11.25/190 618	4.7/111 975

---

① 麦卡菲 J L，琼斯 L R.国防预算与财政管理［M］.陈波，邱一鸣，译.北京：经济科学出版社，2015：91.
② 1949 年胡佛委员会的报告将这种预算管理模式的变革称为绩效预算。在此之前，绩效预算被称为功能预算或行动预算。其实，美国联邦预算此前就已经开始绩效导向与绩效评价管理的变革。这在很大程度上归功于 1939—1946 年时任美国预算局局长并提出著名的现代预算管理原则的哈罗德·D.史密斯。但是，胡佛委员会指出了政府实施分行列支预算时所遇到的问题，更加强调绩效的价值。1950 年，杜鲁门总统向国会递交了第一份完整的绩效预算。
③ COMMISSION ON ORGANIZATION OF THE EXECUTIVE BRANCH OF THE GOVERNMENT. Budgeting and accounting［M］. Washington, D.C.: U.S. Government Printing Office, 1949.
④ 米克塞尔 J L.公共财政管理：分析与应用［M］.苟燕楠，马蔡琛，译.9 版.北京：中国人民大学出版社，2020：210.

公共交通管理				
运营费用和保养费用	39 081	48 300	29 763	47 720
收费和服务	61 774	193 169	111 864	199 379
资本性支出	0	17 596	12 570	0
作业信贷 （work order credits）	（212）	0	0	0
合计	379 961	584 423	344 815	359 074
规划资源（单位：美元）				
一般性基金	379 961	584 423	344 815	359 074
合计	379 961	584 423	344 815	359 074

规划预算要点说明

1980—1981 年的数据显示，对冰雪规划中的人员工作时数作出了过量分配，为此在年中调整时进行了修正，并在 1980—1982 年的预算申请中得到了准确反映。在 1980—1981 年间，对过去 5 个冬季的情况进行了分析研究。研究显示，我们对 1980—1981 预算年度的预测显然是不切实际的，因此将雇员的工作时间向其他规划进行了分配，使其他规划的支出水平和人员经费都有所上升。

绩效目标

1. 为了研究除雪规划的"规模"。

2. 为了扩大在实际中犹他州交通管理局（U.D.O.T.）和盐湖城（S.L.C.）的责任。

3. 为了对"特大暴风雪"等紧急情况的处理系统进行评估。

绩效评估	1979—1980 年（实际）	1980—1981 年（预算）	1980—1981 年（估测）	1981—1982 年（建议）
需求				
1.需要优先清理积雪的道路里程（英里）	400	400	460	460
2.降雪厚度（英寸）	63	68	45	68
3.处理暴风雪所需要的员工人数	15	19	16	19
4.处理暴风雪所需盐的吨数	7	10	10	10
5.处理暴风雪需要除雪的次数	8	9	6	9
工作量				
1.街道撒盐的员工工作小时数	n.a.[①]	12 640	1 000	2 060
2.街道除雪的员工工作小时数	n.a.	18 960	1 400	3 090
3.使用盐的吨数	7 410	8 000	4 900	8 000

绩效评估	1979—1980年（实际）	1980—1981年（预算）	1980—1981年（估测）	1981—1982年（建议）
生产能力				
1.优先处理积雪的道路每英里的成本（美元）	962	1 418	874	765
2.每场暴风雪的平均成本（美元）	25 663	29 864	25 138	18 513
效果				
1.冰雪所导致的车辆交通事故次数	253	250	135	250
2.所收到的投诉次数	49	50	35	50

①n.a.：该数据不可获得。

资料来源：米克塞尔J L.公共财政管理：分析与应用 [M]. 苟燕楠，马蔡琛，译.9版.北京：中国人民大学出版社，2020：211-212.

与传统的投入预算相比，绩效预算开始从"对机构的预算资源配置"的关注，转移到"对机构业务活动的预算资源配置"的关注。从总体上看，绩效预算只是取得了有限的进展。在美国，由于国会的强烈反对，绩效预算在当时并未得到全面推行。在不少国家，尤其是发展中国家，尽管对绩效预算的期望很高，但实施结果却并不理想。这主要是由于当时绩效预算的设计在技术方面和政治方面存在许多障碍①：①由于各部门的工作性质差别很大，且具有不可比性，因而无论绩效指标的设计、工作量的统计，还是成本-收益分析，都需要进行大量烦琐的工作。②许多社会效益较强的政府活动和项目很难用量化的指标来加以评价，这就限制了成本-收益法的应用。③绩效预算虽注重对产出进行分类和测量，但却对政府的目标和计划关注不够，绩效考评缺乏政府长期战略规划的支撑，导致考评失去方向，而且考评结果与相应的资源配置也缺乏联系。④从政治角度看，绩效预算没能协调好行政部门和立法部门的关系，缺乏来自立法部门的支持是绩效预算失败的原因之一。为了克服绩效预算存在的这些问题，结合绩效预算与规划预算二者特色的"新绩效预算"理念就应运而生了。

2）新绩效预算的演进

20世纪90年代后期以来，人们在尝试将预算过程的重点从投入转移到产出或者结果的过程中，形成了新绩效预算。②新绩效预算的思路是，与政府绩效相关的是社会目标与结果，而不是机构的直接产出或活动，并根据其结果对机构进行考核，应关注这些结果到底是如何实现的。

现代政府"再造"运动（"reinvention" movement）对新绩效预算的发展具有重大影响。正如奥斯本（Osborne, D.）和盖伯勒（Gabler, T.）所认为的那样③，新绩效预算会

---

① 董振海. 美国20世纪五六十年代实施的绩效预算改革及启示 [J]. 中国财经信息资料，2010（3）.
② 新绩效预算还有很多其他的称谓，如企业式预算（entrepreneurial budgeting）、结果导向预算（result-oriented budgeting）、任务预算（mission budgeting）和结果基础预算（outcome-based budgeting）等。
③ 奥斯本和盖伯勒称这个预算系统为"支出控制预算"（expenditure control budgeting）：议会为各个运营单位制定支出限额；议会对政府部门的管理，依据的是绩效结果，而不是财政支出；议会放弃对政府部门运营活动的微观管理。政府部门可以收到"利润分成"（profile sharing），因为它们可以保留财政支出限额之内的结余。参阅 OSBORNE D, GABLER T. Reinventing government: How the entrepreneurial spirit is transforming the public sector [M]. New York: Plume, 1992.

使政府对结果负责，而不用根据投入品来对政府机构拨款。也因为政府机构节约了成本或者努力为民众提供了服务（其中也包括如果私人生产公共服务更加合适的话，政府机构将公共服务让渡给私人部门提供的情况），会对政府机构给予奖励，从而在战略发展、成本分析和计划中更注重长期性。通过实行以结果为核心的预算，政府应当对公众的利益变得更加负责；通过赋予政府更大的灵活性，在服务的提供过程中，政府可以变得更有效率、更富有企业家精神。

新绩效预算融合了传统绩效预算和规划预算的特点。对结果的关注是规划预算的重点，但新绩效预算并不要求跨越政府机构（将不同政府机构的相似规划集中到一起）。与传统绩效预算关注任务、活动或者直接产出不同的是，新绩效预算关注的是结果。从重要性上来说，新绩效预算综合了原有预算分类的思想。

当然，新绩效预算仍旧未能全面解决"传统绩效预算"中的已有难题。绩效优的项目才应该享受财政资助，但难道不会是正因为缺少财政支持才造成项目的失败吗？绩效差的项目就应该被惩罚并减少对其的财政支持，难道不应该给予更加丰厚的财政支持以期提高这些项目的绩效吗？[①]

新绩效预算在地方政府中的应用较为广泛。1998年，在美国50个州中，有47个州有以绩效为基础进行预算的要求。美国联邦政府的步骤则显得相对缓慢，但也取得了一定的进展。1990年的《财务总监法案》（CFOA）要求联邦机构的财政官员编制并报告自身部门的系统绩效指标；1993年的《政府绩效与结果法案》（GPRA）则进一步要求每个政府机构编制战略规划、年度绩效计划和年度绩效报告，而同年国家绩效评价委员会（National Performance Review，NPR）成立，专门负责GPRA的监督和实施，这也进一步推进了政府绩效评价和预算制度的重大改革；2002年"项目等级评估工具"（Program Assessment Rating Tool，PART）的出台[②]，使得GPRA的目标进一步强化，其目标是每年审核联邦政府所有项目的20%，最终每个项目在5年之内都会得到审核。

此外，在一些发达经济体，绩效测量即便被政府机构的项目管理者所采纳，也只是用于预算的准备阶段以及对已分配资源的使用情况进行监督，而很少会被直接用于财政资金的分配中。在一定意义上，这说明了绩效测量作为管理工具比预算工具更加有效。[③]

3）"传统绩效预算"与"新绩效预算"的关系

"新绩效预算"与此前的"传统绩效预算"有着相当深的历史渊源，二者相同的地方很多，但新绩效预算也有一些自身新的特点。与传统绩效预算一样，新绩效预算的基本思想也是强调管理。新绩效预算的决策方式也是渐增预算（incremental budgeting）模式。与传统绩效预算不同的是，新绩效预算的决策方式不仅是渐增式或增量式的，也是参与式和分权式的。[④]

与传统绩效预算一样，新绩效预算的范围基本上也仅限于输入和输出，尽管后者对输出质量的重视要高于前者；同时，新绩效预算的范围也包括考虑现有方针之外的备选方

---

① 刘昆. 绩效预算：国外经验与借鉴 [M]. 北京：中国财政经济出版社，2007：4-5.
② 国内研究者对于PART的译法并不统一，大体分为以下五种：一是项目等级评估工具或项目等级评定工具（财政部预算司，2007；齐守印等，2011；苟燕楠、马蔡琛，2020）；二是项目评价等级工具、项目评估分级工具、项目评级工具、项目评价评级工具等（马蔡琛等，2017；朱春奎，2008；马国贤、钟志刚，2022；范柏乃等，2013；阿儒涵等，2020）；三是项目评估比率工具或项目评估比例工具（黄敏，2007；郑建新、许正中，2014）；四是绩效评级工具或项目评级工具（褚燕楠，2011；褚贯忠，2013）；五是项目评价体系（刘昆，2007；马洪范，2008）.
③ 刘昆. 绩效预算：国外经验与借鉴 [M]. 北京：中国财政经济出版社，2007：5.
④ HENRY N. Public administration and public affairs [M]. 7th ed. New York：Prentice-Hall，Inc.，1999.

77　　第3章　政府预算的管理原则与主要模式

案，但备选方案基本上仅限于市场外包抑或直接经营。

此外，二者的相通之处还体现在，实施新绩效预算的行政官员必须是精通管理的人。同时，他们还必须是出色的计划人员，善于与人交流。新绩效预算在很大程度上依赖于绩效评价，而归根结底，"绩效评价是一个政治沟通问题"①。

同传统绩效预算一样，实施新绩效预算时，必须沟通的关键信息是各机构的活动情况，重点是机构的效率和职责的完成情况。制订计划是各机构与预算管理当局的共同任务（在传统的绩效预算中，制订计划的任务分散于各机构之中，并未引起较多的关注）。预算管理当局的任务首先是保证职责的完成。在这一点上，新绩效预算与传统绩效预算有所不同，传统绩效预算关注的首要问题是预算机构的效率。

3.4.5　零基预算

1）零基预算的发展与演化

零基预算（zero-base budgeting，ZBB）最初始于20世纪60年代，是由美国德州仪器公司开发的，它要求管理者重新论证他们的预算申请，而不管以前是否有过拨款。零基预算专门用来克服增量预算的缺点，即活动一旦开始就永远进行下去。零基预算过程包括三个步骤：第一，将每一个独立的部门活动作为一个决策包；第二，按照决策在预算期间给组织带来的效益对决策包进行排序；第三，按照优先次序将预算资源分配给各个决策包。零基预算适合于管理日益减少的财政资源，当组织面临紧缩和财政困难时，管理者急需有效的手段来分配有限的资源，而零基预算正是这种手段。决策包（decision package）是一个识别和描述特定活动的文件，通常由部门管理者负责制定。它包括对活动目标的陈述、活动的费用、人员需求、绩效考评标准、备选行动方案，以及对直接效益和间接效益的评价。

同时，在实施零基预算时，还要就每个决策单位编制四种不同资金水平的预算：第一，最低水平（minimum level），即预算若低于此水准则无法施行；第二，维持水平（current or maintenance level），即维持现状而不做重大调整的预算金额水平；第三，中间水平（intermediate level），即介于最低和维持水平之间；第四，加强或改进水平（enhancement or improvement level），即为了实现增加产出或改进服务，而需增加的资金需求水平。但在零基预算的实际运行中，每项活动的维持性服务水平，仍旧是零基预算分析问题的起点，并以此为基础，各部门经常随意乘以不同的百分比，就轻易得出了上述四种不同资金水平下的预算方案。美国国会公共会计局（General Accounting Office）的调查发现，各机构在编制预算"决策包"时，并未进行适当的分析，大多是采用上述任意百分比的方式进行的。②

在零基预算制度下，预算过程不再只是单纯关注于新增的支出项目或计划，而是就所有的预算资源需求，不论是正在进行中的还是新增的，都要从其出发点开始审议（所谓"零基"）。由此，一些不必要或过时的预算活动，将有可能被终止。一个相对典型的案例是，比利时政府在20世纪20年代曾经设立了一个"橡树项目"，政府每年安排一定数额的资金，以支持从国外引进橡树。由于每年安排预算都是以上年执行数为基础，因此"橡树项目"的资金每年都予以安排。直到20世纪90年代，人们突然发现，"橡树项目"早在几

---

①　KETTL. Reinventing government［J］. Appraising the National Performance Review，1994：46.
②　UNITED STATES GENERAL ACCOUNTING OFFICE. Budget formulation：Many approaches work but some improvement are needed［R］. Washington D.C.，1980：72-74.

十年前就已经结束了。这表明，以上年执行结果作为制定下一年度生产、销售计划和编制预算的基础，长期如此，往复循环，会不可避免地出现计划与实际相差甚远的情况。^①有鉴于此，零基预算制度往往不受以前年度预算资源配置格局的约束，可以重新确立支出项目的优先顺序，将有限的预算资源配置到使用效率更高的项目中，从而使得预算决策更具弹性。

零基预算编制方法于20世纪70年代初期异军突起，尤其是1977年开始在美国联邦政府所有部门与机关推广，使得其名声大振。1980年，零基预算制度实施满三年时，管理和预算办公室（OMB）宣称，零基预算制度取得了令人满意的效果，节省了大量的联邦政府经费，零基预算关于决策单位的优先顺序的比较是相当有用的。在联邦政府的推动下，到1982年，美国已有大约18个州采用了零基预算制度。^②但零基预算旋即如昙花一现，于20世纪80年代初期以后逐渐销声匿迹。根据西方学者对零基预算效果的调查，零基预算只有在很小的范围内和特定的情况下才是有效的。^③

关于零基预算方法的优缺点，国内外研究者展开了大量研究。顾名思义，零基预算主要是以零为基础编制预算，核心概念是依据项目的实际需要，根据重要性原则确定预算安排，将预算决策过程由传统的自上而下转变为自下而上（Willoughby，2008^④）。就零基预算的优点而言，其依托严格的定期审查进行资金分配的特点，打破了传统增量预算体系的僵化格局（Peter，1977^⑤），能够最大程度地避免政府部门产生浪费性支出，有助于解决财政困境（Ibrahim，2019^⑥）。就零基预算的缺点而言，由于零基预算的编制方法本身会产生大量的操作数据，导致预算信息收集和处理的工作量大幅增加，因此零基预算通常比传统的预算程序需要更多的管理者和管理时间（Pyhrr，1977^⑦；John，1999^⑧）。

进入21世纪以来，零基预算方法的应用范围不断扩展。一方面，近年来采用零基预算理念与方法的国家数量有所上升。2008年的金融危机引致全球财政紧缩，英国、法国、瑞典、波兰等OECD国家均认同并采纳了零基预算的内在理念和核心策略，开始强调对基准支出实行系统和深入的审查制度（李成威和杜崇珊，2020^⑨）。另一方面，零基预算应用的行业范围不断拓展。近年来陆续有研究者尝试将零基预算由政府部门推广至其他行业。譬如，Bryan（2018）^⑩对图书馆预算编制模拟使用零基预算，主要用于重新审核分配材料费、人员支出、管理费用和信息技术（IT）费用，得出零基预算编制方法能够合理调减人员支出和IT费用的结论。Gokhan Kazar（2022）^⑪等构建了建筑行业的零基预算框架，研究发现零基预算相比传统预算方式而言，节省了0.81%的项目总预算和4.74%的重点项目成本。

从零基预算提升绩效的实际效果来看，理论上，高效预算的特点主要包括透明度、完

① 中华人民共和国财政部预算司.零基预算［M］.北京：经济科学出版社，1997：1-2.
② 中华人民共和国财政部预算司.零基预算［M］.北京：经济科学出版社，1997：5.
③ 亨利 N.公共行政与公共事务［M］.项龙，译.7版.北京：华夏出版社，2002：215.
④ WILLOUGHBY K G.Budget management capacity of state governments：Issues and challenges［J］.Public Performance & Management Review，2008，31（3）：432-442.
⑤ RANDALL B. HAYES，WILLIAM R C. Changes in task uncertainty induced by zerobase budgeting：Using the Thompson and Hirst models to predict dysfunctional behaviour［J］.Abacus，1988，24（2）：145-161.
⑥ IBRAHIM M. Designing zero-based budgeting for public organizations［J］.Problems and Perspectives in Management，2019，17（2）：323-333.
⑦ PYHRR P A . The zero-base approach to government budgeting［J］.Public Administration Review，1977，37（1）：1-8.
⑧ MIKESELL J L. Fiscal administration：analysis and applications for the public sector［M］.Fort Worth：Harcourt Brace College Publishers，1999：257.
⑨ 李成威，杜崇珊.零基预算：从方法到理念演进的要件分析［J］.中央财经大学学报，2020（10）：3-9.
⑩ SCHNEIDER K G，BRYAN C O. Zero-based budgeting in a cutback scenario for a small academic library［J］.Library Leadership and Management，2018，32（2）：1-16.
⑪ KAZAR G，MUTLU U，TOKDEMIR O B. Development of zero-based budgeting approach for multinational construction contractors［J］.Engineering，Construction and Architectural Management，2022：1-16.

整性、开放性、参与性、问责制等（Lulaj和Haxhi，2019[①]）。而零基预算的基本要素包含可见的项目成本收益、成本治理、问责制，以及一致的激励措施，这都属于高效预算的特点范畴（Nnoli et al.，2016[②]；Callaghan et al.，2014[③]）。Lauth和Rieck（1979）[④]认为，零基预算将预算规划、编制、决策结合成了一个系统的过程，它使决策者能够根据对实现特定项目目标的各种预期计划进行效率分析与比对选择，提升资源配置绩效。Carol（2007）则认为，零基预算制度能够使职工更好地了解政府机构资金安排的目标，以此提升预算资金使用绩效。[⑤]实践中，关于零基预算对预算管理绩效的提升作用，研究者们进行了分析，得出的结论各不相同。譬如，Hentschke（1978）[⑥]对零基预算的应用进行系统评估，发现零基预算能够带来预算绩效水平的改善。而Lauth（1978）[⑦]对佐治亚州实行的零基预算改革进行分析后认为，零基预算编制程序的应用，相比传统的预算编制方法而言，只有微小的积极影响。而我国在20世纪90年代首次试行的零基预算处于较浅的层次，尚未真正达到零基预算改革应有的效果（叶青和吕阳，2016[⑧]）。总的来看，零基预算执行绩效不佳，可能是受到政府机构设置不够合理、预算程序不够完整和灵活、预算分配权过于分散、预算支出管理低效、编制技术手段落后等多重因素的制约（聂丽洁和王俊梅，2004[⑨]；Coulmas和Law，2010[⑩]）。

就早期实践而言，零基预算改革未能取得预期成效的主要原因在于，其增加的工作量远远超过可能带来的收益，因此只能适应政府支出结构调整的一时之需，而难以作为一种长期安排上的预算决策方式。佐治亚州的零基预算始于1973财政年度，一度成为公共焦点，但结果却并不如期待的那样成功。涉及决策包、多种资助水平和排序过程的大量正式文件应运而生，未能将零基预算的项目焦点、决策包等典型技术融入预算实践和预算过程之中。理性的、全面的技术未能在微观层面对渐进主义的预算决策造成影响，也没有在宏观层面的资源分配中发挥作用。[⑪]例如，一项研究显示，在对零基预算工作量负荷的检测中，某机构发现因使用零基预算增加了300%的预算文件，共计准备了90 000个文件，其中包含478个决策包，75个决策单位；而在实施零基预算之前，大约只需要22 500个文件就足够了。[⑫]目前，各国的预算决策虽然在不同程度上体现了零基预算削减支出的思想，但总体上仍旧是以增量方式（我国所谓的"基数法"）编制下年度预算的。

① LULAJ，HAXHI. Transparency and accountability in the public budget，empirical study（data analysis）in local governments-municipalities [J]. International Journal of Education and Research，2019，7（4）：69-86.
② NNOLI U F，ADEYEMI S S，ONUORA O A. Zero-based budgeting：Pathway to sustainable budget implementation in Nigeria [J]. Business Trends，2016，6（3）：28-35.
③ CALLAGHAN S，HAWKE K，MIGNEREY C. Five myths（and realities）about zero-based budgeting [R]. New York：McKinsey Company，2014：2.
④ LAUTH T P，RIECK S C. Modifications in Georgia zero-base budgeting procedures：1973-1981 [J]. Midwest Review of Public Administration，1979，13（4）：225-238.
⑤ HODLOFSKI C. Zero-base budgeting：A tool for cutting back [J]. 2007，5（2）：13-19.
⑥ HENTSCHKE G. Evaluating zero-base budgeting in the light of earlier budget reforms [J]. Journal of Education Finance，1978，4（2）：234-247.
⑦ LAUTH T P. Zero-base budgeting in Georgia state government：Myth and reality [J]. Public Administration Review，1978，38（5）：420-430.
⑧ 叶青，吕阳. "十三五"推行零基预算改革的研究 [J]. 经济研究参考，2016（32）：20-29.
⑨ 聂丽洁，王俊梅. 关于绩效预算与零基预算相结合的预算方法体系的思考 [J]. 中央财经大学学报，2004（12）：1-5.
⑩ COULMAS N & LAW M D. Budgeting in a chaotic economic environment：Factors leading to improvement [J]. Journal of Marketing Development and Competitiveness，2010，5（1）：42-46.
⑪ 刘昆. 绩效预算：国外经验与借鉴 [M]. 北京：中国财政经济出版社，2007：10.
⑫ UNITED STATES GENERAL ACCOUNTING OFFICE. Streamlining zero-base budgeting will benefit recisionmaking [R]. Washington，D.C.，September 25，1979：31.

2）中国的零基预算改革

在始于20世纪90年代的中国政府预算改革中，零基预算带有某些非常耀眼的色彩。早在90年代中期，安徽省（1994年）、河南省（1996年）、湖北省（1993年）、云南省（1995年）、深圳市（1995年）等省市结合自身财政预算管理的现状，借鉴国外经验，突破了传统的采用"基数法"编制预算的框架，实行了零基预算改革。

为应对财政收支压力，缩减支出规模，自2010年起，广东、江西、天津、陕西等地重新开始探索试行零基预算改革。与90年代改革的背景不同，此次零基预算改革的开展，有着近二十年来逐渐完善的分税制财政体制作为基础，同时伴随着预算绩效管理改革以及新预算法的颁布实施。

实践中，零基预算制度横向边界不断扩展，纵向改革不断深入。从横向来看，一方面，各省市先后加入到改革大军中来。譬如，2019年，天津市人民政府办公厅印发《关于严格实施零基预算管理的工作方案》。《安徽省全面实施零基预算改革方案》要求，从编制2023年预算起，在全省范围内全面实施零基预算改革。另一方面，在深化部门预算改革的背景下，零基预算制度改革由一些地方政府的试点，开始扩展至各省级部门。各地陆续出台省级部门零基预算改革方案。例如，2020年甘肃省人民政府办公厅印发《甘肃省省级部门实施零基预算管理工作方案》，2021年河南省财政厅印发《河南省推进省级部门支出零基预算管理改革方案》。从纵向来看，地方政府的零基预算改革也在向纵深推进。譬如，广东省先后出台《广东省省级财政零基预算改革方案》《2016年省级财政零基预算改革试点工作实施细则》，稳步推进零基预算改革。广西壮族自治区本级于2021年启动改革试点，在编制2022年预算时，选择自治区发改委、科技厅等10个单位实行零基预算，并以2023年在所有区直部门全面推开作为下一步改革目标。

需要指出的是，市场经济诸国实行的零基预算是以预算定编、定额、定标准等基础工作已经完成为起点，而中国各地区则是以预算定编、定额、定标准作为试行零基预算的起点。这表明，在中国试行零基预算需要付出更大的努力。[①]

3.4.6　一个简要的归纳

其实，每一次主要的预算改革运动，尽管可能会被新的所取代，但都会对后来产生持续的影响。[②]正如恩格斯所指出的那样："如果您画出曲线的中轴线，您就会发现，研究的时间愈长，研究的范围愈广，这个轴线就愈接近经济发展的轴线，就愈是跟着后者平行而进。"[③]通过对市场经济国家政府预算管理制度变迁的考察，其预算管理模式看似纷繁复杂，其实仍旧呈现出某种规律性的色彩。概括起来，现代预算管理模式的发展和演进规律可以归纳为这样几个方面：

1）各国预算管理模式的选择，呈现追求预算理性化的色彩

回顾20世纪以来的各种预算管理模式选择，大多是为了从预算理念和管理理论上，回应科依（Key）于1940年提出的经典预算命题："在什么基础上，决定将某一数量的拨

---

①　中华人民共和国财政部预算司.零基预算［M］.北京：经济科学出版社，1997：前言.
②　凯丽 J M，瑞文巴克 W C.地方政府绩效预算［M］.苟燕楠，译.上海：上海财经大学出版社，2007：14.
③　马克思，恩格斯.马克思恩格斯选集：第4卷［M］.中共中央马克思恩格斯列宁斯大林著作编译局，编译.
北京：人民出版社，1972：506-507.

款拨给活动 A 而不是活动 B？"①自 20 世纪 30 年代至 80 年代，为了提高预算资源配置效率，一些国家实施了一系列预算改革，并很快影响到其他国家的预算管理模式选型。

这些预算管理模式都希望找到一种科学的、理性的预算资金分配模式，从而一劳永逸地解决预算资金的分配问题。具体地说，也就是希望用理性的经济和预算分析，来取代根据政治判断和预算基数来分配资金的传统预算模式，因而也被称为"理性预算模式"（Kettl，1992）。②

2）预算管理模式体现了立法与行政机构之间的权力转移过程，并且随着最高行政首脑的更迭而不断变换

20 世纪以来，美国联邦预算过程在重要的方面改革了很多次。③1921 年，行政预算过程被采用；1974 年，国会《预算改革法案》通过，它限制了总统在预算方面的一些自由裁量权，并加强了国会检查行政机构收入计划和经济设想的能力；1985 年通过了《格拉姆-林德曼-霍林斯法案》，以设法减少和缩小赤字，经过多次反复后，该法案被 1990 年的《预算执行法案》代替，以进一步强化平衡标准。20 世纪 80 年代和 90 年代，国会与总统（加上政府）更平等的预算权常常沿政党路线分裂，导致国会和总统之间进行高峰预算协商，最后导致 OMB 和国会领导的更集中的控制，以达成和实施协议。可见，这些看似纷繁复杂的预算管理模式变迁，其实质是立法与行政机构之间的权力争夺与转移过程。

就形式而言，尽管自 20 世纪中期以来，以美国为代表的市场经济国家政府预算管理模式经历了六七个发展阶段，名目变换似有眼花缭乱之感。其实，这些预算模式的选择主要是随着其总统任职的更迭而变化的，并非完全如坊间所流行的观点，认为其主要是理性且审慎选择的产物。

如果我们将各类预算管理模式的施行期间与美国总统的任期相比较的话，也可以大体验证上述结论。例如，计划-规划-预算制度（PPBS）实行于约翰逊任美国总统时期，自尼克松当选美国总统后，开始逐渐偏离了 PPBS 管理模式。目标管理预算（MBO）制度在福特任总统期间，于 1975 年由美国联邦政府的一些公共部门引入。零基预算实行于卡特入主白宫之后，但当里根继任总统后，管理和预算办公室于 1981 年正式取消了零基预算制度。小布什政府采用了项目等级评定工具（PART），这号称是预算与绩效的一种整合方案。但奥巴马政府的第一个预算文件声称，政府会重塑 PART 体系，使普通民众、国会以及外界的专家了解预算过程："基于国会的意图和民众对政府项目的反馈，政府会减少意识形态上的绩效目标，取而代之的是美国人民真正关心的目标。项目不会被单独评价，所有目标人群一致的项目以及目的一致的项目都要放在一起进行评估。"④但通过 2013 年的预算可以看出，PART 显然并没有被替代或改进。奥巴马政府采用的是一种被称为"循证预算"（evidence-based budgeting）的管理方式。⑤

因此，中国政府预算管理制度的选型，未必需要严格遵循市场经济国家预算管理模式

① KEY V O. The lack of budgetary theory [J]. American Political Science Review, 1940, 34 (6): 1137-1144.
② KETTL, DONALD F. Deficit politics [M]. New York: Macmillan, 1992//马骏.中国公共预算改革：理性化与民主化. 北京: 中央编译出版社, 2005: 283-284.
③ 鲁宾 I. 公共预算中的政治：收入与支出, 借贷与平衡 [M]. 马骏, 叶娟丽, 译. 4 版. 北京: 中国人民大学出版社, 2001: 116.
④ OFFICE OF MANAGEMENT AND BUDGET. Fiscal year 2010 president's budget—Overview: A new era of responsibility: Renewing America's promise [R]. Washington, D.C.: OMB, 2009: 39.
⑤ 米克塞尔 J L. 公共财政管理：分析与应用 [M]. 苟燕楠, 马蔡琛, 译. 9 版. 北京: 中国人民大学出版社, 2020: 234-239.

的演进路径，而应采用"拿来主义"的方式，结合具体国情加以审慎选择。

3）各国预算管理模式的演进呈现从投入预算走向产出预算的发展方向

从投入走向产出，从资金分配为中心走向注重预算资金运用的绩效结果，应该是近年来中国预算改革中非常重要的一个议题。但是，投入（input）、产出（output）、结果（outcome）等的具体含义，在理解上则难免陷入术语解释的困境。我们不妨以城市道路修理为例，简要说明三者之间的关系。

（1）投入。城市街道部门购买所需要投入的各类资源（例如，沥青、碎石子、机器设备运营所需要的燃料以及雇用员工等）。

（2）产出。使用上述原材料和人工，开展道路修理活动，并最终完成任务（例如，填补道路凹凸不平、重新铺设路面等）。

（3）结果。由于这些活动的开展，达成了预期结果（人员和财物可以更安全且便捷地通行）。

（4）社会影响。提高人民生活水平。

本章小结 ✅

• 在资产阶级革命过程中，为了限制封建皇室的财政权，提出了一系列通过立法机关控制政府财政活动的方法与原则，后来的学者将其概括为古典预算原则，其核心思想是强调"明确"与"约束"原则。而现代预算原则主张赋予政府行政机构更多的预算管理权能与灵活性。

• 政府预算管理原则的演变，是立法机构与行政机构之间相互交易与妥协的结果。虽然现代预算原则是作为对古典预算原则的修正与补充而提出的，体现了政府行政部门追求预算效率的自主权；然而，各个市场经济国家仍旧在相当程度上保留了立法机构对预算的监督与控制。

• 在预算发展史上，市场经济国家的政府预算管理大体经历了如下的发展变迁历程：（1）以控制为目标的传统预算或分行列支预算；（2）以管理为目标的传统绩效预算；（3）以经济计划为目标的计划-规划-预算管理模式；（4）强调个人自主性的目标管理预算；（5）强调项目优先次序的零基预算；（6）带有中央集权和立法色彩的自上而下预算或目标基础预算；（7）融合重塑政府思想的新绩效预算。

综合练习 ✅

• 简答题

3.1 如何理解现代预算原则与古典预算原则的相互关系？

3.2 我国的预算管理原则主要包括哪些内容？

3.3 简要叙述市场经济国家政府预算管理模式的发展演化历程。

• 案例分析题

绩效结果取向的机制设计：以英国囚犯运送为例

请阅读以下资料，结合传统绩效预算与新绩效预算的相关理论，尝试回答下列问题：

1. 在该案例中，如果采用传统绩效预算的管理方式，应该如何设计考核评价指标。如果采用新绩效预算的管理方式，又应该如何设计考核评价指标（提示：可以借鉴国际贸易中有关"离岸价"与"到岸价"的关系来加以分析）。

2. 近年来，一些国家对于监狱或看守所等机构，采用了包括 PPP 在内的合作式或民营化管理方式。请查阅有关改革的最新进展，并就其利弊加以分析。

导读提示：在该案例中，"政府按上船时运送的囚犯人数来给船主付费"，就是所谓的"投入控制"；"政府改为按照下船时实际到达澳大利亚的囚犯人数来付费"，就是所谓的"产出控制"；而有效地降低囚犯在运送途中的死亡率，提高其生存质量，就是所谓的"绩效结果"。预算制度设计的政治哲学理念就在于，利用政府预算参与各方追求自身利益的动机，通过机制设计从"投入控制"转向"产出控制"的适时调整，实现提升预算资金使用效率的"绩效结果"。

18 世纪英国探险家到达澳大利亚并宣布其为英国属地，正值大英帝国在世界各地实行殖民统治时期。当时英国普通移民主要是到美国，为了开发蛮荒的澳大利亚，政府决定将已经判刑的囚犯运往澳大利亚，这样既解决了英国监狱人满为患的问题，又给澳大利亚送去了丰富的劳动力。

将犯人从英国运送到澳大利亚的船运工作由私人船主承包，政府支付长途运输囚犯的费用（自然属于政府预算支出）。一开始英国私人船主向澳大利亚运送囚犯的条件和美国从非洲运送黑人差不多，船上拥挤不堪，营养与卫生条件极差，囚犯死亡率极高。英国历史学家查理·巴特森写的《犯人船》一书记载，1790 到 1792 年间，私人船主送运犯人到澳大利亚的 26 艘船共 4 082 名犯人，死亡 498 人，平均死亡率为 12%。其中一艘与著名灾难大片主角同名的"海神号"航船，424 个犯人死了 158 个，死亡率高达 37%。

如此之高的死亡率不仅造成了巨大的经济损失，而且在道义上引起社会强烈的谴责。罪不至死的犯人在海上运输中实际上面对了一次死刑的审判煎熬。政府如何解决这个问题呢？

从我们熟悉的一般思维方式上寻找解决问题的办法有：

一种做法是进行道德说教，让私人船主良心发现，希望他们改恶从善，不图私利，使他们认识到囚犯也是人，应该为囚犯创造更好的生活条件。所谓"万里漂洋只为财"，私人船主敢于乘风破浪，冒死亡的风险把囚犯送往澳大利亚，其最朴素的目的就是赚取利润。他们尽量多装犯人，提供最坏的饮食条件，都是为了降低成本赚取更高的利润，这是普通的经济学理性行为。而且，私人船主之间也存在竞争，大家都拼命压低成本竞争，谁要大发善心，恐怕就会在激烈的竞争中被淘汰没有生意做。在这种情况下，要把运送囚犯死亡率下降寄希望于人性改良似乎是不切实际的。

另一种办法就是政府进行干预，政府用行政手段来强迫私人船主改进运输方法。诸如由政府以法律形式规定最低饮食、居住和医疗标准，甚至由政府派官员到船上负责监督实施这些复杂的规定。但政府干预并不是万能的，这种做法成本很高，要严格实施法律就需要派官员到运送囚犯的船上去执法，这样就要在原有运费以外再增加一笔庞大的政府雇员开支，因为随船押送是一件苦差事，不给高薪没人肯干。即使派了监督官员，囚犯的待遇就可能改善吗？面对贪婪成性又有点海盗作风的船主，押运官员面临两种选择：一种是与船主同流合污，压低成本分享利润；另一种是坚决执法，但自己的生命受到威胁，在海上无法无天的船主把那些不识相的官员干掉，扔到海里，诡称他们暴病而亡，对船主并不是什么难事。面对船主的利诱和威迫，官员的最优选择只能是与船主合作。当猫与鼠合作后，鼠辈就更猖狂了，押送中的囚犯困境可以想象会更糟。

其实200多年前，英国政府解决这个问题的办法非常有趣，第一，没有乞求船主们发善心，寄希望于道德说教的作用；第二，也没有设立什么新的政府监督机构，委派什么押运特派员。而是对原有的制度进行了一个简单的创新性修改，实施了一种新制度就解决了问题。

政府不再按上船时运送的囚犯人数来给船主付费，而是按下船时实际到达澳大利亚的囚犯人数来付费。当按上船时人数付费时，船主拼命多装人好得到更多的钱，而且途中不给囚犯吃饱吃好，把省下来的食物成本变为利润，至于有多少人能活着到澳大利亚，则与船主无关。但是当政府按实际到达澳大利亚的人数付费时，能有多少人到达澳大利亚才是至关重要的。这些囚犯是船主的财源，当然不能虐待了，正如牧羊人不会虐待自己的羊一样。这时私人船主就不会一味多装囚犯，因为要给每个人多一点生存空间，要保证他们在长时间海上生活后仍能活下来，还要让他们吃饱吃好，当然还要配备医生，带点常用药……这些抉择与措施是极其复杂的，现在这是船主的事而不是政府的事情了。

据《犯人船》一书介绍，当这种新制度付诸实施后，其效果立竿见影。1793年，3艘船到达澳大利亚，这是第一次按从船上走下来的人数支付运费。在422个犯人中，只有一个死于途中。以后这种制度经过修改完善后普遍实施，政府按到澳大利亚的人数和这些人的健康状况支付费用，甚至还有奖金。这样，运往澳大利亚囚犯的死亡率迅速下降到1%～1.5%。私人船主的人性没有变，政府也不用立法或建立庞大的监督机构，只是改变一下付费制度，一切问题就都解决了。

资料来源：［1］BATESON C B. The convict ships ［M］. 2nd ed. Glasgow : Brown, Son & Ferguson, 1969. ［2］马蔡琛. 政府预算 ［M］. 大连：东北财经大学出版社，2007：77-78.

推荐阅读资料 ✅ ------------------------------------- •

［1］财政部干部教育中心. 现代预算制度研究 ［M］. 北京：经济科学出版社，2017.

［2］马蔡琛. 变革世界中的政府预算管理——一种利益相关方视角的考察 ［M］. 北京：中国社会科学出版社，2010.

［3］亨利 N. 公共行政与公共事务 ［M］. 项龙，译. 7版. 北京：华夏出版社，2002.

［4］米克塞尔 J L. 公共财政管理：分析与应用 ［M］. 苟燕楠，马蔡琛，译. 9版. 北京：中国人民大学出版社，2020.

第4章
政府预算管理的利益相关方分析

在现实的管理世界中，政府预算作为一个集体选择问题，不论是政府预算的总体规模，还是预算资金的具体分配，都不同程度地体现了一种利益交换的倾向。循着这种利益交换的分析范式，政府预算组织体系中的各相关利益主体，作为追求自身利益的"经济人"，都将在相对理性的前提之下，展开彼此间复杂的博弈过程。在本章中，我们将从政府预算利益相关主体的行为特征入手，进一步考察不同利益相关方在预算过程中的相互影响与运行机制。

4.1　政府预算利益相关主体的结构

在公共产品理论中，从公共产品的实体形态出发，往往以政府部门作为公共产品的供给方，而以居民和企业为代表的私人经济部门作为公共产品的需求方。在图4-1中，从政府预算资金运动的角度出发，我们将政府预算部门作为预算资金的供给方，而将运用资金的各利益团体作为资金需求方。由此，政府预算管理利益相关方之间的基本组织结构可以概括为：

第一，预算资金使用者分析：从资金需求方考察。政府预算管理的资金需求方由各政府部门、财政拨款的事业单位和部分享受政府规制或财政补贴的企业等组成。这些资金使用者在向广大居民与企业提供公共产品与服务的同时，作为相应的交换，将从政府预算部门获得相应的预算资金。虽然在市场经济的通常情况下，预算资金总体上是有限的，各利益集团之间存在着此消彼长的竞争关系，但如果没有强供给约束，资金使用者不断追求预算规模最大化的内在冲动，是极有可能转化为现实的。由于预算资金供求上的信息不对称性（asymmetric information），预算资金使用者掌握着有关公共产品之成本收益的相对信息资源优势，也往往能够实现预算规模的持续扩展，其结果难免会加大私人经济部门的税收负担。

第二，政府预算部门分析：从资金供给方考察。从图4-1中可以看出，政府预算部门作为联系利益相关方的核心角色，是各相关利益主体关注的焦点。由于政府预算部门处于承接预算资金使用者与立法监督机构的"桥梁"地位，因而具有比较典型的双重委托-代理关系。就政府预算部门与资金使用者而言，政府预算部门是委托方，资金使用者是代理方；就政府预算部门与公共选择机制形成的立法监督机构而言，立法监督机构是委托方，政府预算部门是代理方。在信息传导上，代理方大多处于优势信息地位，因此，就信息优

资金需求方：
利益集团

政府垄断或
保护的企业

政府
部门

事业
单位

部分厂商分化

公共物品

交易

公共物品

厂商
（产业结构）

税收

公共选择

政府预算部门
资金供给方

税收

居民
（社会结构）

监督　约束

集体选择的
交易成本

监督制衡方：
立法监督机构

集体选择的
交易成本

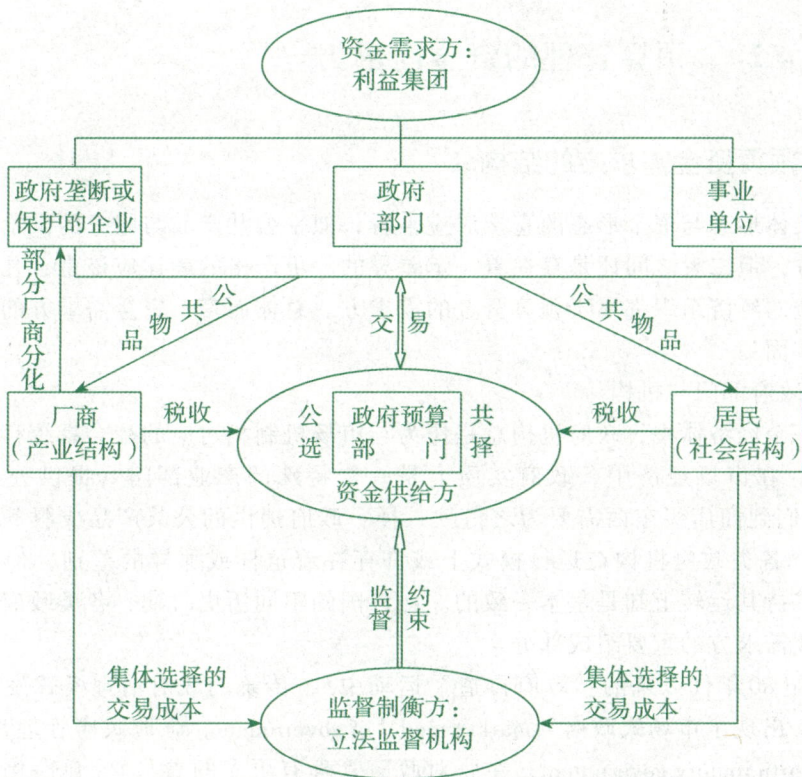

图4-1　政府预算管理利益相关方的基本组织结构

势的传递而言，资金使用者>政府预算部门>立法监督机构。同时，政府预算部门所掌握的资金与其设租寻租收益之间，也存在较强的正相关关系。鉴于预算部门所具有的这种双重委托-代理关系，在缺乏监督制衡机制约束的情况下，预算部门为了实现自身效用函数的最大化，有时也会设法与资金使用者合谋，通过设租与寻租行为，扩大政府预算的总体规模。按照通常的理解，归属于公共部门配置的资源，如果超过必要的限度，其运用效率往往会低于私人部门。因此，纳入政府预算的资金规模过大，将会影响社会资源整体的配置效率。

第三，公共选择分析：从监督制衡机制考察。立法监督机构代表了最广大人民群众的根本利益，是公共治理结构中"消费者主权"的集中体现。监督制衡机制作为一种公共选择或集体选择的结果，其完善程度是建立在私人经济部门支付集体选择交易成本基础之上的。通过公共选择机制的约束与监督，可以在一定程度上抑制预算资金供求双方追求预算规模最大化的内在冲动。适当的公共选择机制设计，也可以改变其他利益关系方的效用函数，将预算规模控制在有限且有效的范围之内，以实现社会资源配置的进一步优化。然而，公共选择机制的设计与运行，作为追求"一致同意"的过程，同样面临着个人效用加总为集体效用的困难，也是存在相当大的交易成本的。随着公共选择机制完备程度的提高，其交易成本将呈现加速递增态势，因而适宜的监督制衡机制应在约束预算规模的节约收益与机制设计运行的交易成本之间寻求某种均衡。

4.2　预算管理的资金需求方

4.2.1　预算资金需求方的结构

如果从实体形态与资金形态的直接对应来看，似乎公共产品与服务的供给就是预算资金的需求方，但二者之间还是存在着一定差异的。更严格的表述应该是，凡是依法取得政府预算资金的经济组织都属于预算资金的需求方。总体而言，资金需求方的结构大体包括以下几个方面：

1）各类政府部门与机构

在任何一个经济体中，政府机构总是作为与市场机制相对应的社会系统存在的。从某种意义上说，在市场经济中，政府实质上是一个特殊的产业部门（提供公共产品或服务）。正如人们到商店买东西需要为之付款一样，政府提供的公共产品或服务也不是"免费的午餐"。[①]各类政府机构在运行模式上或许存在着这样或那样的差别，但在需要政府预算资金以维持其运转上却是基本一致的。在各国的不同历史时期，各类政府部门与机构都是预算资金需求方的重要组成部分。

在20世纪80年代以来的"政府再造"运动中[②]，传统的政府治理模式发生了许多根本性的变革，出现了市场式政府（market model of government，强调政府管理市场化）、参与式政府（participatory government，主张对政府管理有更多的参与）、弹性化政府（flexible government，认为政府需要更多的灵活性）和解制型政府（deregulating government，提出减少政府内部规则）等新的政府治理模式（B.盖伊·彼得斯，2001）。这些公共管理改革的经济背景，主要是面临着不同程度的财政经济危机，以及由此所导致的日益严重的财政压力。正如一些研究者所指出的："改革主要是由严重的财政赤字所引发，大规模地削减预算无疑构成了大多数行政改革的主要动因。"[③]由此可见，无论是过去还是将来，各类政府部门与机构都是政府预算资金最为重要的需求者之一。

2）事业单位

事业单位或许是一个颇具中国特色的词汇[④]，就其通常含义而言，事业单位是指那些不具有社会生产职能和国家管理职能的，不以营利为目的，资金供应主要依靠财政拨款或其他来源，直接或间接为上层建筑或经济基础以及人民生活服务的社会组织或机构。目前的事业单位作为预算资金的需求方，大体有三种情况：一是全额预算单位，即全部资金需求都来自政府预算；二是差额预算单位，即部分资金来自政府预算，不足部分自行解决；三是自收自支的单位，这些单位从资金缴拨关系上已体现不出传统事业单位的特点，只不过其提供的产品与服务仍具有一定的公共性罢了。

[①]　高培勇. 中国纳税人丛书［M］. 北京：中国人民大学出版社，2000：总序.
[②]　自20世纪80年代以来，为了适应国际化的挑战，革除政府的各种弊病，世界各国均开展了大规模的政府改革或"政府再造"运动。政府再造运动作为一种新的公共管理典范，其核心理念是塑造企业型政府，期望通过强调顾客导向的市场取向改革，提升政府治理能力，促进社会的发展与进步。
[③]　国家行政学院国际合作与交流部. 西方国家行政改革述评［M］. 北京：国家行政学院出版社，1998：196.
[④]　之所以将其称为事业单位，或许是为了与企业单位相对应，企业是以利润作为其生存与发展的资金来源的，而事业单位则没有相应的盈利（至少其设立的初衷没有考虑盈利的因素），为了维持其运转并完成相应的事业使命，就需要政府或其他经济组织予以资金上的支持。

3）提供公共产品与服务的私人经济部门

公共产品不仅可以由政府部门生产，同样也可以由私人经济部门生产，再以政府采购的方式向社会提供。从这个意义上讲，提供公共产品与服务的私人经济部门也是政府预算资金需求方的组成部分。在市场经济国家，政府采购的规模通常占到当年 GDP 的 10% 以上，或为财政支出的 30% 左右。按前一个口径计算，我国政府采购的规模应在 8 000 亿元以上；按后一个口径计算，也应在 4 000 亿元左右。①因此，适度扩大政府采购规模无疑是公共支出管理未来的发展方向。

然而，与享受政府转移支付的居民个人一样，在实际预算资金运动中，这些私人部门往往并不同预算资金供给方发生直接的资金转移关系，其资金需求通常纳入某一个政府部门或机构的预算之中。在国库集中收付制度的条件下，政府采购资金的账面流转，不再经过各部门与机构的资金账户，而是由财政国库部门直接划拨到公共产品或劳务的提供者账户中去。但这只是资金核算方式上的一种表面变化，在部门预算和政府采购预算的资金需求方序列中，是不存在独立的私人经济部门的。鉴于私人部门与政府之间的产品交换已经属于相对典型的市场交易行为，而这并非本章讨论的重点，因此，本章以下对资金需求方的进一步分析，将不包括对这些私人经济部门的详细考察。

4.2.2　预算资金需求方的行为特征

预算资金使用者之间在组织结构上虽然存在着很大的差异，但其作为统一的资金需求方仍旧存在许多共同特征，也正是这些特征决定了资金需求方整体上的价值取向与行为模式。概括起来，其基本行为特征主要包括以下几个方面：

1）预算资金需求方在组织结构上大多具有"科层制"组织的特点

所谓"科层制"②是德国社会学家马克斯·韦伯对工业社会组织形态的一种概括，按照通行的解释，科层制指的是一种权力依职能和职位进行分工和分层，以规则为管理主体的组织体系和管理方式。③更具体地说，也就是指类似政府机关那样专门化、层次分明、制度严格、责权明确的组织模式。按照公共行政学的观点，理想的科层制组织的核心特征包括等级管理、层级节制、专业分工、报酬固定、人格中立、文书和档案管理等几方面。预算资金需求方在组织结构上基本符合科层制组织的这些特征。在现代工业社会中，无论是采用何种经济制度的国家，政府机构都是相对典型意义上的科层制组织。因此，预算资金需求方在总体上呈现出科层制的组织形态，组织内部权力的分布呈现"金字塔"式的构架。在这种严密的等级管理制度下，任职者和机构严格按照层级节制的方式进行管理，权力的行使主要集中在组织的少数领导者手中，下级人员和机构要受上级的控制和监督。

2）预算资金需求方在总体上是一些具有自身利益取向的利益集团

通常意义上，利益集团（interest group）或压力集团（pressure group）是指那些具有某种共同的目标并试图对公共政策施加影响的有组织的团体。如果从经济人假设出发来加

---

① 张通. 加快我国政府采购制度的建设步伐 [J]. 预算管理与会计，2000（12）：3-6.
② 韦伯使用的德语原词为 burokrate，英语为 bureaucracy，中文最初译为"官僚制"，是指类似政府机关那样层次分明、制度严格、责权明确的组织模式。官僚制原本是一个中性词汇并无贬义。但近半个世纪以来，国内使用的"官僚"一词往往含有贬义，因而一些研究者在分析 Bureaucracy 时，采用了"行政制""科层制""行政组织体系"等译法。为了避免与通常含有贬义的"官僚主义"相混淆，本章此处在描绘其组织结构时采用了更具形象化的"科层制"的说法。后续章节在分析其运行机制与模式时，则采用"官员机构"这一虽不甚准确但更为中性的概念。
③ 孙远东. 组织管理方式的历史生成与现代重构 [J]. 管理现代化，1998（4）：75-76.

以考察，这些有共同利益的经济个体所组成的集团，其追求的目标往往是集团自身利益的最大化。政府预算资金需求方作为一个群体，它们的共同目标是通过各种方式（或者以提供公共产品作为交换，或者通过寻租获得利益）而获得政府预算资金。尽管获得预算资金的途径各异，但有一点是共同的，即都需要通过集团行动影响政府预算部门的资金分配来加以实现。因此，可以认为预算资金需求方在某种意义上类似于一些具有自身利益取向的利益集团。

3）预算资金需求方提供公共产品的成本与收益测量相对困难

资金需求方得以换取预算资金的条件，是向社会提供一定数量的公共产品与服务。不论是公共经济部门还是私人经济部门，对其产出进行评估的主要手段都是成本–收益分析方法。但在对资金需求方所提供的公共产品进行成本–收益分析时，往往存在着相当程度的模糊性。这种模糊性主要源于许多公共产品的投入与产出不能直接以市场价格来加以衡量。

首先，由于大多数预算资金使用者并未通过市场机制竞争性地出售其提供的公共产品与服务，许多与公共产品相联系的项目的市场价格根本就不存在（例如国家安全、环境保护等）；其次，由于市场失灵的存在，许多市场价格也难以反映相关产品的真实社会边际成本或社会边际收益；最后，在政府预算交易过程中，供求双方处于双边垄断的地位，就资金需求方而言，往往某种公共产品只由一个或少数几个政府部门提供，这也为政府部门掩盖公共产品的真实边际成本与边际收益提供了可能。

在预算交易过程中，预算资金需求方在名义上总是根据其提供公共产品所需的成本换取相应的预算资金。而这种成本–收益比较上的模糊性，使得资金需求方提供公共产品的实际成本与追求自身利益而在集体行动中花费的交易成本之间，难以作出明确的界定。资金需求方集团的少数领导者，可以利用这种交易过程中的模糊性，将追求利益集团自身利益而支出的交易成本，隐蔽地加入到集团提供公共产品的整体成本中去，而不必由利益集团自身支付其集体行动的成本。

4）预算资金需求方以实现公众利益作为集团目标的合法性基础

在现代混合经济中，预算资金需求方所提供的公共产品与服务，具有满足社会公共需要的特性。政府经济职能在某种程度上也确实可以弥补市场经济的不足，有效地供给公共产品与服务毕竟是提高全民福利的客观要求。因而在实际预算活动中，资金需求方往往并不需要直接表露其追求集团利益最大化的实际动机，而是以社会正义和公众利益作为其获取预算资金的合法性基础。实现大众的福利总是人们美好的愿望与追求，在给定预算资金供求双方谈判能力的前提下，面对这种社会正义理念的感召，由于信息不对称的存在，政府预算部门也难以准确测度资金需求方所提供产品的真实成本与收益，加之又缺乏其他的竞争性组织作为比较的参照系，往往也只能满足资金需求方的要求。

4.3 预算管理的资金供给方

4.3.1 预算资金供给方的结构

与资金需求方庞杂的结构相比，供给方的结构要相对简单得多。在市场经济国家的预算管理实践中，通常是由政府财政部门总揽政府公共收支的。[①]与之相应，资金供给方也基本上是由政府预算部门组成的。

虽然由于历史发展道路和政治经济体制的不同，各国预算部门的设置及其具体职能划分存在着诸多差异，但以政府预算部门作为资金供给方，履行向广大资金使用者配置预算资金的职能，却是各国普遍采取的预算管理模式。根据各国预算法的规定，资金供给方（政府预算部门）的主要职责通常包括编制年度或多年期政府预算草案；批复与执行立法监督机构审议通过的政府预算；监督预算执行，编制年度决算并进行绩效评价等。在预算管理流程上，我国与发达经济体的做法也是基本一致的。

4.3.2　预算资金供给方的行为特征

1）供给方同样具有自身的部门利益

在通常的预算管理实务中，预算部门往往被视为一种"中性"的组织。在财政学与公共管理学的传统分析框架中，也甚少涉及政府预算部门自身的利益取向分析。似乎预算部门就是一个理性地完成政府委托的预算使命，忠实地履行预算编制、执行以及决算的"中性"机构，在这一过程中并不掺杂任何预算部门自身的利益。然而，如果从"经济人"的研究假设出发，或许可以进一步打开预算管理的"黑箱"，从而洞悉政府预算部门的利益之所在。

政府预算部门作为一种具有自身价值取向的利益团体，也同样追求本部门效用的最大化。承认这种预算部门追求自身利益的价值取向，并不意味着预算部门就是一个纯粹追求私利的利益集团。通过预算资金配给，实现社会资源的合理配置，同样是预算部门所追求的更为主要的目标，也是其在社会公共部门体系中得以存续的合法性基础之所在。现实中的政府预算部门，往往同时面对自身利益与社会利益的双重目标，只不过当部门偏好与社会目标发生冲突的时候，如果预算部门有更多的自主决策空间，或者自身偏好有可能以社会偏好的名义实现，政府预算部门也许更注重自身目标。从这个意义上讲，对其引入必要的监督制衡机制，无疑是非常必要的。

2）供给方拥有资金结构性配给的适度自由裁量权

在预算规模既定的条件下，供给方往往倾向于获取预算资金在各使用者和各级政府之间结构性配给的自由裁量权（discretionary power）[②]，从而不仅在预算总量上体现本部门的重要性，更从预算结构上对资金使用者施加影响，并为预算部门的"灵活"调剂提供更多的权力空间。

政府预算部门所拥有的这种资金结构性配给中的自由裁量权，是随着预算管理原则由古典向现代的变迁与演进而逐渐确立的。[③]自20世纪30年代以来，随着国家干预经济活动从单一政策向社会普遍思潮的演化，在预算管理问题上，各国更加强调以政府预算部门为代表的行政机构在预算管理中的主动权。这种主动权表现为政府行政机构对于已获立法

---

① 鉴于某些政府性收支游离于预算之外仅是我国社会转型时期的暂时性问题，而本章研究的体制前提是相对成熟、规范的社会主义市场经济，因此，预算外收支问题将不作为本章考察的重点，本章将主要分析政府预算部门作为资金供给方的行为特征。

② 这里所说的"自由裁量权"主要借用了法理学理论中对行政机构自由裁量权能的界定，是指法律赋予行政机关根据具体情况进行判断、决定其行为的权力。也就是说，法律允许在一定情况下，或一定限度内，由行政机关自己决定是否实施、怎样实施及实施何种行政行为。"自由裁量权"的设定目的，在于使行政机关根据具体情况、具体对象，作出一个正确合理的选择和判断，从而更加准确地贯彻政府预算管理法律法规的政策意图。

③ 有关古典预算原则向现代预算原则的演进过程，参阅本书第3章中的相关论述。

批准的支出项目具有一定的自由选择空间，并对预算执行负有更多的责任。随着古典预算原则向现代预算原则演进，作为预算资金供给方的政府预算部门，逐渐由单纯的被监督的对象，转变为拥有更多预算资金配给自由裁量权的利益相关主体。

从横向上看，政府预算部门不仅介入各资金使用者预算规模总量的确定，还进一步干预各部门对自身预算的结构性安排。预算部门通过支出定额以及备选项目排序等控制手段，在一定程度上影响着对各部门预算支出的结构配置。虽然这种做法在一定程度上可以通过标准定额、绩效评价等方式，抑制各部门对预算资金的浪费，但是按照信息分布的基本原理，预算资金使用者对于资金结构性配置所掌握的信息，要远优于政府预算部门，所以这种资金结构性配置权力向预算部门的转移，有时可能是非效率的。

3）供给方的管理模式与手段日趋复杂化

政府预算作为公共治理的核心问题之一，在其产生以来的数百年间，日益得到人们的重视。随着时代的变迁，许多新的经济学与管理学研究成果也不断应用到政府预算管理中。与之相应，政府预算部门从事预算管理的手段与技术也在不断发生变化，其总体趋势是管理手段日益呈现复杂化。

早期的分行列支预算模式以控制作为主要的管理目标，所应用的主要管理手段只是通常的会计与计划等一般性的管理工具。随着管理模式的演进以及经济学与管理学的发展，政府预算对效率与效果重视的倾向日益明显。政府预算部门逐渐采用了目标管理、决策理论、系统理论、控制理论以及计量经济学和博弈论等一系列更为复杂的管理方法与手段。尤其是现代复式预算体系中的资本预算的发展，与传统经费预算的管理模式存在诸多不同之处，这更使得预算管理工具与方法呈现出某种难以避免的复杂性。同时，在20世纪后半期兴起的新公共管理运动中，经济学、政治学、管理学、社会学、心理学等多学科的方法与技术在政府预算管理中的整合应用，使得政府预算管理模式与管理手段的复杂化趋势进一步深化（参见专栏4-1）。政府预算也就逐渐由相对简单明了的收支平衡表，转变为只有专业人士才能理解的专业文献了。

专栏4-1 ✅ -----------------------------------●

公共预算遵从的行为经济学分析：心理学理论在政府预算管理中的应用

政府预算利益相关主体的群体决策行为，作为不确定条件下判断与决策的综合体现，不仅受到利益驱动和法律约束，还受到参与主体行为心理因素的影响。心理学理论（尤其是认知心理学和实验心理学）在经济学中的应用是行为经济学的基础。行为经济学从人类自身的心理特性和行为特征出发，揭示了影响行为选择的非理性心理因素，其分析方法较为契合实际生活中的决策状况。其实，早在亚当·斯密、马歇尔、凯恩斯时代，研究者就开始关注人类行为的经济分析。马克思在《1844年经济学-哲学手稿》中也讲到了心理学。马克思认为：我们看到，工业的历史和工业的既成的对象存在，是人类本质力量的已经打开的书卷，是感性地呈现于我们之前的人类心理学……如果这本书卷，即正是这部历史的最感人最易解的部分，对于心理学不揭开来，那么这心理学就不能成为一门真正内容丰富而又实际的科学。

一般而言，心理学以达到对行为的描述、理解、预测和控制为研究目的。20世纪70

年代，卡尼曼（Kahneman）和特维斯基（Tversky）创造性地实现了经济学和心理学的融合，奠定了以"前景理论"（prospect theory）为核心的行为经济学分析框架。理查德·泰勒（Richard Thaler，1999）进一步提出"行为生命周期假说"（behavioral life-cycle hypothesis）和"心理账户"（mental account）的概念，尝试在经济分析中引入行为心理因素，从而拓展了行为经济学的研究范畴。就现实应用而言，行为经济学主要应用于微观经济领域；而对于宏观层面的问题，尤其是制度运行中个体心理与群体心理的反应机制差异，则因小样本实验扩大至海量宏观范围后，其结论的可拓展性受到一定的局限。

在公共经济学领域，行为经济学通常仅在公共产品供给、税收遵从等有限主题中有所应用，但鉴于其充分考虑了心理因素对行为主体决策的影响，对经济行为的分析更具解释性，自20世纪80年代以来，各国政府财政研究的重点也开始转向各利益主体的行为选择问题。2004年，美国密歇根大学税收政策研究中心的斯莱姆罗德（Slemrod）与南加州大学法学院的麦卡弗里（McCaffery）首次提出行为财政学（behavioral public finance）的学科概念，自此逐渐形成了行为财政学这一新兴的经济学分支。行为财政学借助行为经济学中的心理分析理论和实验研究方法，对财政税收问题进行了重新解构，以使财政学对现实问题更具解释力和科学性。就政府预算管理问题而言，马蔡琛、赵灿（2013）运用行为经济学的前景理论，从损失厌恶性、敏感度递减性、参照依赖性三个维度，深入剖析了预算偏离的心理动因。马蔡琛、郭小瑞（2015）和马蔡琛、张铁玲、孙利媛（2015）运用前景理论分别分析了中期财政规划中的预算决策机制和预算执行偏差问题。总体而言，如何将心理学研究与政府预算研究有机结合起来，借鉴行为经济学（以及实验经济学）的研究思路，探索政府预算决策过程中影响各利益相关主体行为特征的心理因素，并进一步尝试构建"预算心理学"的基本分析框架，也是今后政府预算管理（乃至整个财政管理）领域中值得进一步深化研究的重要命题。

前景理论认为，行为人的决策是由主观价值函数和权重函数的乘积决定的。相对于财富的绝对值，相对值更加受到关注（损失或获得是相对于参照点而言的）。面对损失时，行为者往往是风险偏好的；面对获得时，行为者则是风险规避的。一定量财富增加带来的心理幸福感，远低于同等财富减少带来的痛苦感。前期决策的实际结果，将会影响下一期的风险态度和决策。与之相应，前景理论的三条重要性质为参照依赖、损失厌恶和敏感度递减。

1）参照依赖

根据参照依赖（reference dependence）理论，价值的载体是以某一参照点为中心而定义的"损失"或"获得"，和实际的绝对值相比，实际情况和参照水平之间的相对差异更加重要。卡尼曼和特维斯基认为，在决策过程中，当事人运用不同决策启发程序，对前景进行"编辑"，以确定合适的参照点；进而通过偏好函数（价值函数）对被编辑的前景加以编码和选择，将低于参照点的视为损失，超过的视为获得。编辑之后当事人对精练的前景进行评价。而心理学研究表明，参照标准在影响偏好的诸因素中具有非常重要的作用。

根据参照依赖理论，在实际预算执行中，财政部门首先对预算收入规模这一问题进行"编辑"，选取年度预算方案中的财政收入水平作为参照点；然后展开"编码"：相对于参照点的增量，超收收入即体现为"获得"。之后进入评价阶段，即这一"获得"显然给财政部门带来了正效用。由此可见，财政部门的决策者在进行决策分析时，并非单纯关注绝对收入数额，而是以心理参照点为基准，将决策结果抽象为最终收入额相对于参照点的偏离方向和程度。

2）损失厌恶

损失厌恶（loss aversion）作为前景理论的核心内容，认为行为人对财富水平的减少（损失），较之同等财富的增加（获得）更为敏感。在金钱和其他可以被衡量的方面，根据行为经济学的经验估计，放弃某种物品带来的心理负效用，大约是得到同等物品的心理正效用的2倍（损失厌恶系数约为2）。

损失厌恶的另一重要表现是现状偏见（status quo bias），即行为人对属于现状的事件，较之不属于现状的事件，具有更高的评价。因此，当面临当前确定性的收益和未来可能的不确定性时，行为人往往倾向于保持既有行为习惯不变，以规避未来可能的不确定性。根据预算决策的渐进主义规则，如果资金使用者厉行节约，缩减预算开支规模，在所有权缺位和不能分享预算节余的情况下，剩余的预算资金可能被收回；而且，其下一年的预算额度也可能被削减。依照损失厌恶理论，明智的资金使用者会选择维持原有的预算开支规模，而不采取任何节省开支的行动，以规避可能面临的预算资金损失。更有甚者，还会突破预算限额实现"超支"，这样才能保证下一年度的预算拨款额不被削减甚或增加。这在一定程度上诠释了资金使用者年终突击花钱和财政支出"黏滞性"的成因。这种行为不断被学习和内部化，形成了自我羊群效应。

3）敏感度递减

敏感度递减（diminishing sensitivity）是指不论损失还是获得，其边际心理效用均随数值的不断增加而变小。例如，当某人的债务从1万元增至2万元时，其心理的忧虑感可能会大幅上升；而当债务从100万元增至101万元时，则不会有较为明显的感受。这也符合心理物理学原理中的"韦伯-费希纳定律"（Weber-Fechner law），即感觉强度与刺激强度的对数呈正相关关系。因此，当外界刺激强度呈几何级数增减时，行为人的内心感觉强度仅呈算术级数增减。

预算管理中的超收和超支现象，随着其资金数额的不断增加，利益相关主体心理效用的敏感度会不断下降，也就更难产生遵循年度预算法案的动机。在监督机构对年度预算的审议中，敏感度递减表现得尤为明显。在年度预算草案的审议中，关注的往往只是本年度财政收支比上年增长的百分比，而非绝对值。因此，正如敏感度递减原理所揭示的，审议者的心理效用取决于预算收支增减的百分比，而非其绝对数值。但是，政府预算的规模极其庞大，微小的百分比变化，都会对应于数额巨大的公共收支规模变动。现实中，即使是上万亿元的预算规模增加，也会较容易地获得通过，这不可避免地带来立法机关在预决算审议上的困难。

资料来源：[1] 马蔡琛.政府预算 [M]. 2版.大连：东北财经大学出版社，2018：256-261.[2] 马蔡琛. 变革世界中的政府预算管理——一种利益相关方视角的考察 [M]. 北京：中国社会科学出版社，2010：35. [3] 马蔡琛，赵灿. 公共预算遵从的行为经济学分析——基于前景理论的考察 [J]. 河北学刊，2013（4）.

4）供给方与其他相关主体间具有双重委托-代理关系

从本章图4-1对政府预算利益相关方组织结构的分析中可以发现，政府预算部门作为联系其他相关主体的核心角色，是各利益相关方关注的焦点，发挥着中介与桥梁的作用，具有相对典型的双重委托-代理关系。

就政府预算部门与立法监督机构而言，在法律关系上，政府预算部门接受立法机关的委托，将公众以税收形式缴纳的满足社会共同需要的资金加以汇总分配。政府预算部门所拥有的资金配给权力，源于立法机构的委托与授权。政府预算部门是受立法机构（以及形成立法机构的广大民众）的委托，从事预算资金的具体分配工作的。预算部门要对资金的运用效果向立法机构负责，这也是政府预算部门作为一个独立的公共机构得以存续的原因所在。在二者的关系上，立法监督机构是委托方，政府预算部门是代理方。

就政府预算部门与资金需求者而言，预算部门根据资金使用者提供公共产品的状况，将集中的预算资金配置到具体的资金使用部门，以换取相应的公共产品与服务。由此，政府预算部门又将资金运用的具体权力委托给资金使用者来执行，预算资金使用者运用资金的效果（也就是所提供的公共产出的绩效），要接受政府预算部门的监督与审核。在二者的关系上，政府预算部门是委托方，资金使用者是代理方。

以上分析所指向的委托方与代理方，是从法学角度就委托-代理关系加以确定的，而经济学则是从更一般的抽象意义上界定委托-代理关系。经济学上的委托-代理关系，泛指任何一种涉及非对称信息的交易，在交易中占有信息优势的一方称为代理人，另一方则称为委托人。[①]

在政府预算部门与其他利益相关主体的信息分布上，负责具体工作的一方总是处于信息优势地位。政府预算部门作为专门管理预算资金的部门，其日常工作主要是围绕预算管理活动展开的，预算部门获取资金运用的信息成本比外部监督者要低得多。同时，立法监督机构的事权范围较之政府预算部门广泛得多，管理与监督政府预算只是其众多职责中的一项，因而在投入的精力与掌握的信息上，二者之间往往是不对称的，政府预算部门要比立法监督机构具有更多的信息优势。与政府预算部门关注全部预算资金的配给与运营不同，作为需求方的各资金使用者所关注的只是资金配给中可能属于自己的相对份额。各使用者对于各自专属领域内预算资金配给的成本-收益分析，作为一种"私人信息"通常是不会对外透露的，并且由于专业分工的局限，政府预算部门对于各资金使用者专属领域内的具体公共支出活动，也往往知之甚少。于是在特定资金使用者资金份额的分配中，资金使用者的信息又优于政府预算部门。因而，就信息优势的传递而言，资金使用者>政府预算部门>立法监督机构，也同样显示出某种双重委托-代理关系的特征。

4.3.3 预算资金供给中的寻租行为分析

在经济学的分析视野中，预算资金供给过程在作为一种政府调节社会经济活动手段的同时，也体现为预算资金使用者竞争有限预算资源的互动博弈过程。在这一竞争过程中，由于各利益相关主体的信息分布存在着非对称性（就信息传递优势而言，资金使用者>政府预算部门>立法监督机构），使得政府预算管理活动中诱发某种形式的"设租"与"寻租"行为有了可能。通过对预算管理中的"租金"价值加以适当的界定，分析预算管理寻租活动的运行机制与特征表现，比较不同机制设计与制度安排下抑制寻租行为的路径选择，自然也就具有了十分重要的现实意义。

---

① 杨瑞龙. 当代主流企业理论与企业管理［M］. 合肥：安徽大学出版社，1999：60.

1）预算管理"租金"含义的界定

租金作为一个重要的经济学范畴，最初是专指地租而言的。近代以来，租金的概念不断拓宽，往往泛指各种生产要素的租金，即支付给资源所有者的款项中超过这些资源在任何其他可供选择的用途中所能得到的最大款项的那部分收入，也就是超过机会成本的收入。在寻租经济学中，租金进一步被用来表示由于政府的行政干预导致垄断而形成的超额利润或价差收入。

具体就预算管理过程中的寻租活动而言，其租金的表现形式则显得相对隐蔽且复杂。由于预算资金使用者提供公共产品的成本与收益衡量具有相对模糊性、各个利益集团的自身利益往往与公共利益相互叠加，难以准确区分，因此，按照通常的分析范式，或许难以准确揭示预算活动中的租金价值。然而，在具体管理实践和常识层面上，预算管理中的寻租活动在一定范围内确实是存在的。正如公共选择理论所指出的，来自政府预算的资金流量是一笔被搜寻的奖金，能够从中获益的决定这项资金流量分配的人明白这个事实，因而展开寻租活动。为了进一步揭示预算过程中所蕴含的租金价值，首先需要从预算资金使用者的效用函数来加以考察。

如果将每个预算资金使用者视为一个独立个体，其提出的预算申请大体由两部分构成：一是以上年预算规模为基础的适度调整，二是特殊情况申请的追加拨款。如果以 Y_{it} 表示第 i 个资金使用者在 t 时期的预算资金需求，则 $Y_{i(t-1)}$ 为前一时期（t−1时期）实际分配给第 i 个资金使用者的预算规模；以 β_{it} 表示第 t 期较前一期的预算调整幅度（通常情况下 $\beta_{it}>1$，即每个资金使用者的预算规模基本呈现渐增的趋势）；ζ_{it} 表示第 t 期该资金使用者获得的追加拨款数额；那么单个资金使用者的预算需求函数可以表示为：

$$Y_{it} = \beta_{it} \cdot Y_{i(t-1)} + \zeta_{it}$$

也就是说，每一个资金使用者实现自身效用最大化（在此体现为预算规模最大化）的途径有两个：一是在上年预算规模基础上尽可能扩大本年预算的增加幅度；二是在因不可预见因素而可能出现预算追加的情况下，尽可能获取更多的补充拨款。

根据渐进主义预算理论，由于各类支出安排增长幅度的标准差较小，使得各资金使用者的支出增幅 β_{it} 的差异并不很大。产生这种现象的原因或许在于，虽然任何一个资金使用者都在努力向其他利益相关方证明本部门比其他部门更重要，理应获得更多的增量预算资金配给，但由于资金使用者提供的公共产品满足社会共同需要的特性，导致在各类公共支出的重要性之间进行取舍是相当困难的。在 β_{it} 难以大幅度增长的情况下，因特殊因素而产生的补充预算拨款（ζ_{it}）对于各资金需求者的重要性就更加不容忽视了。

因此，预算管理中的租金主要来源于这样两个方面：一是预算资金增幅（β_{it}）；二是额外的补充预算追加（ζ_{it}）。当预算资金增长与预算追加超过该资金使用者提供公共产品或服务的必要成本的时候，其中的超额预算资金配给部分就相应构成了预算资源分配中的租金价值。各预算资金使用者寻求更多超额预算资金配给的活动，以及政府部门预算资源分配中的自由裁量权，也就相应形成了预算管理过程中的"寻租"与"设租"活动。

2）预算管理寻租活动的运行机制

对于预算管理过程中寻租活动的运行机制，可以从如下三个层面来加以考察：一是预算资源的市场交易环境；二是寻租者的互动竞争影响；三是双向信息不对称可能引致的

"设租"行为。

（1）预算资源分配的市场交易环境

政府预算管理作为一种资金供求双方间的交易过程，是在一个类似于内部市场（internal market）的结构中进行的。在内部市场中，预算资金使用者在提供公共产品或服务的同时，作为交换，从资金供给方获得了相应的预算资金。

在内部市场结构中，由于政府预算资金在供给和需求上都难以完全具备竞争性市场所要求的条件，供求双方均处于相对垄断的地位，因此，在政府预算过程中，政府往往需要依赖某一特定的资金使用者提供的既定公共产品与服务，而这些机构除了预算资金之外，也往往没有可供替代的其他资金供给来源。如果从经济学的视角加以界定的话，这种官员机构与资金供应方之间的关系，具有比较典型的"双边垄断"市场结构的特点。鉴于竞争性资金供给者与产品提供者引入的困难，资金使用者就不仅是一个完全垄断者（这意味着它可以将供给价格提高到边际成本以上），而且还是一个实行差别待遇的垄断者（这意味着它可以就同样的单位产品向不同的消费者索取不同的价格）。在内部市场环境中价格标准的模糊性与双边垄断条件下价格高于边际成本的现实可能性，导致了政府预算资金供求双方交易活动的真实成本与收益往往难以准确衡量。这种特殊的市场交易环境，既使得资金需求方实现预算规模最大化的愿望有了可能，也为资金供给方在有限政府预算资源的配置过程中实现自身收益最大化提供了设租与寻租的空间。

（2）寻租过程中的互动竞争性分析

在通常的寻租理论中，寻租活动往往强调这样一种现象，那就是利用政府机器，带有强制性地实现财富转移的可能性，将会鼓励个人或集团投入资源，从事游说或反游说的负和博弈，以获得或阻止资源的转移（塔洛克，1999）。在预算分配过程中，不同预算资金使用者之间的相互竞争，也大体符合寻租经济学的理论描述。在预算规模既定的条件下，利益彼此对立的资金使用者相互之间的竞争手段（或寻租手段）是多种多样的：既可能通过代表本部门的利益集团向资金供给方施加压力；也可能利用各种手段对资金供给方进行游说；还可能利用自身的信息优势，人为扩大公共产出的成本等。由于预算规模既定，社会获得公共产品与服务的总量也是一定的，而这种寻租活动是需要相应成本的，需求方之间的彼此竞争博弈并非一种零和游戏，因为在博弈过程中会把大量的社会资源浪费在彼此竞争的交易过程中，其最终结果应该是某种"负和"的社会损失。下面利用博弈论中的"囚徒困境"（prisoners dilemma）模型，进一步分析提供不同公共产品的资金使用者之间竞争的具体行为过程。

假设社会中只有两个部门 A 与 B，分别提供两种社会必需的公共产品。每个部门面对其他部门的竞争都有两种可选择的策略：竞争或不竞争。在不竞争的时候，两个部门的得益[①]分别为 Ma 和 Mb。以 δar 和 δac 表示 A 部门竞争的收入与成本（δar>δac>0），δbr 和 δbc 表示 B 部门竞争的收入与成本（δbr>δbc>0）。于是得到如图 4-2 所示的 A、B 两部门寻租博弈的战略式表述。

[①] 得益代表参加博弈的各对弈方从博弈中所获得的利益，在这里代表各部门在预算资金寻租竞争中所获得的利益。

		部门B	
		不寻租	寻　租
部门A	不寻租	Ma，Mb	Ma − δbr，Mb + δbr − δbc
	寻租	Ma + δar − δac，Mb − δar	Ma + δar − δac − δbr，Mb + δbr − δbc − δar

图4-2　预算资金使用者寻租活动的囚徒困境模型

在图4-2中，不论对方选择什么战略，每个部门的最优战略都是"寻租"。例如，如果部门B选择寻租，部门A选择不寻租时的得益为 Ma − δbr，选择寻租时的得益为 Ma + δar − δac − δbr，由于 δar − δac > 0，因而寻租要比不寻租好；如果部门B选择不寻租，部门A也不寻租时的得益为 Ma，部门A选择寻租时的得益为 Ma + δar − δac，因而寻租还是比不寻租好。也就是说，"寻租"是部门A的占优战略。[①]类似地，"寻租"也是B的占优战略。因此，(Ma + δar − δac − δbr，Mb + δbr − δbc − δar)作为该博弈的唯一纳什均衡，是部门A和B理性选择的结果。然而，对于整个社会资源的配置来说，这种纳什均衡的结果却是不利的，双方不寻租时的净收益之和为 Ma + Mb，寻租时的净收益之和为：(Ma + δar − δac − δbr) + (Mb + δbr − δbc − δar) = Ma + Mb − δac − δbc。

显然，就整个社会而言，"不寻租"的净收益要大于"寻租"的净收益。之所以产生这种结果的原因在于，各资金使用者之间的寻租作为一种寻求超额预算资金配给的交易过程，并没有创造任何社会价值，而是通过浪费有价值的资源来消灭价值，无谓地以交易成本的形式消耗了很多社会资源。令人遗憾的是，如果缺乏相应的机制设计改变各部门博弈中的得益状况，这种浪费社会资源的不利局面将作为纳什均衡而长期存在。

（3）双向信息不对称条件下的"设租"与"寻租"行为

根据公共选择理论的分析，如果政府干预市场的调整过程缺乏竞争性的进入力量来促使租金耗散，那么租金就会存在，寻租活动就不可避免。[②]在预算管理的双边垄断内部市场结构中，由于双向信息不对称的存在，预算资源分配过程中存在的超额预算资金配给（租金），往往难以通过竞争性的力量加以耗散，因此，预算过程中的寻租活动具有某种长期性的特点。

预算管理中的双向信息不对称体现在以下两个方面：一是预算资金使用者在资金运用上具有更多的信息优势。资金使用者可能凭借其信息优势，并利用公共产出服务于广大民众的正义性感召力量，通过各种游说与寻租活动向政府预算部门施加压力，从而人为地扩张其预算资金需求。二是政府预算部门具有资金配给自由裁量权上的信息优势，可以利用资金配给权来影响资金使用者的行为，从而通过不断改变预算资金配给的规则与结果，人为地创设超额预算资金配给的分布结构，并以这种"设租"行为，诱导预算资金使用者在新的租金分布格局下展开新一轮的寻租活动。同时，从动态的角度加以考察，政府预算部门所掌握的资金配给自由裁量权还有不断扩大的趋势，这就使得预算管理活动中存在的租金价值难以消散。

---

① 占优战略（dominant strategies）是指，让博弈的参与人单独地评估他面临的战略组合中的每一个战略，并且，对于每一个组合，他从自己的所有战略中选择一个使他盈利最多的战略。如果对于参与人面临的每一个不同的战略组合，参与人都选择同一个战略，这个被选择的战略就叫该参与人在博弈中的"占优战略"。

② 方福前. 公共选择理论——政治的经济学［M］. 北京：中国人民大学出版社，2000：131.

3）预算管理寻租行为的主要特点

绝大多数预算管理活动内生于政府部门的特点，决定了预算管理中的"寻租"与"设租"现象除了具有寻租活动的一般特征外，还具有其自身的特点。

（1）现实预算管理中寻租现象具有合法性的特点

分析寻租问题时，通常将寻租定义为类似于腐败的非法性活动，认为寻租活动就是政府官员的腐败行为，其实腐败并不等于寻租活动，这一点在预算管理中表现得尤为明显。政府预算部门在进行预算资金的结构性配给中，往往会面对来自各个资金使用者的"游说"与"反游说"活动（以下统称为"游说活动"）。这些游说活动并非针对某一官员个人，在现实的预算管理过程中，真正向预算管理人员进行直接货币支付的行为相对较少。然而，这些游说活动毕竟是需要进行精心策划、反复论证的，也同样会花费大量的社会资源。

也恰恰是这种合法性的特点，导致了治理预算管理寻租活动机制设计上的困难。司法武器面对这种合法性的寻租活动通常是束手无策的。这些精心策划的以满足社会公共需要形式出现的游说活动，由于高举社会正义与民众福利的旗号，也往往具有相对较强的说服力。政府预算部门面对这种寻租行为，也不得不采取某种妥协的方法，给寻租者配置相对更多的预算资金。寻租成功的"示范效应"，又会进一步鼓励更多的预算资金使用者加入寻租的行列。

（2）资金使用者属于公共部门的特点，可能引致出现寻租成本最大化的倾向

在存在政府管制的情况下，可能被纳入管制序列或享受政府垄断保护的企业，也会采取某种寻租行动。然而企业毕竟是一个追求利润最大化的经济体，当寻租的边际成本大于其边际收益时，企业就会考虑停止其寻租活动。而大多数预算资金使用者属于政府公共部门，资金使用者所追求的目标是其所属部门权力效用最大化，这种效用最大化在某种程度上则进一步体现为预算规模的最大化。因此，实现利润最大化的边际成本等于边际收入的约束条件，对于预算资金使用者往往并不适用。当寻租的边际成本超过其边际收益时，只要有进一步的寻租投入，扩大预算资金配给的总规模，资金使用者就存在着继续追加寻租成本的内在冲动。

由于双向信息不对称的存在，虽然资金使用者对其提供公共产出的成本-收益的度量掌握较为充分的信息，在游说活动中往往居于较为主动的地位，但各使用者之间的竞争通常是非常激烈的，各使用者对预算部门资金配给自由裁量权的具体运用又往往不甚了了，于是在一次总付性预算拨款模式下，在明了其最终的预算资金配给之前，各使用者往往难以确定自身预算总规模的可能状况。为了确保实现预算规模最大化的目标，某一资金使用者只能尽其所能地开展游说活动，尽可能多地投入寻租成本。在信息双向不对称的条件下，甚至可能会出现寻租总成本大于寻租收益的极端情况。

（3）预算部门资金配给自由裁量权的存在，使得租金耗散的趋势受到阻碍

根据寻租经济学理论，如果政府的活动受到必要的限制，市场过程能够主导经济行为，并保证任何经济租金都由竞争性的进入力量来耗散的话，那么寻租活动就会逐渐没有存在的空间。然而，政府预算资金供求双方的博弈过程，是在一种具有供求双边垄断特征的内部市场结构中展开的，政府预算资金供求中的租金价值，往往难以通过竞争性进入力量的加入来耗散。

同时，政府预算部门所拥有的资金配给自由裁量权，作为一种限制供给的行为，又会不断创造出新的租金分布状态，从而进一步诱导各资金使用者去寻求潜在的租金价值。这种"创租"与"寻租"活动的彼此结合，使得预算管理过程中存在的潜在租金价值短期内不会轻易消散，因而政府预算管理活动中的"寻租"活动往往呈现长期性的特点。

　　4）可行的路径选择："科层制"与"委员会"决策机制的比较

　　通过上述分析可以发现，预算管理的寻租活动得以存续的原因，主要在于政府预算部门在预算决策中拥有较大的资金结构性配给权力。循着这一思路，似乎解决政府预算管理中寻租问题的症结，也就在于改变预算管理的决策机制。20世纪80年代以来，各国研究者就如何减少政府公共管理中的寻租活动进行了相当深入的研究，并提出了一些颇有启迪意义的可行思路。那就是改变传统科层制组织结构下的决策方式，通过引入"委员会决策机制"，促使租金加速消散，以减少政府预算管理（乃至政府公共管理）中的寻租活动（Congleton，1983）。现通过以下的简单模型分析，来说明"委员会决策机制"与"科层制决策机制"在寻租活动中的区别。

　　假设存在着一笔不可分割的增量预算资金[①]，价值为10万元，仅有两个资金使用者A和B，并且A与B对于另一方所采取的策略是可以观测的，同时也可以根据对方的策略选择，及时调整自身的策略。对于这笔增量预算资金的分配存在着两种不同的模式，即"科层制决策机制"与"委员会决策机制"。（1）在科层制决策机制下，虽然需要经过政府预算部门的集体讨论，但最终的资金配给则取决于某一层面决策者的个体偏好，而领导者的偏好在很大程度上受到资金使用者寻租和游说活动的影响。某一方在寻租活动中投入的成本越大，就越有可能获得全部的预算资金增量。在这种决策机制下，每一方为了获得竞争的胜利，都会试图用稍稍高于对方的代价作为游说与寻租的投入。如果初始状态为双方各投入5万元用于彼此竞争，那么A只要略微增加投入（如追加0.5万元），使力量对比变为5.5：5，即可获得竞争胜利，从而获得4.5万元（10-5.5）的净收益。同样，B也会采取相应的策略（如追加0.6万元）。于是，最后的竞争结果必然导致双方的投入都接近于增量预算资金的价值，使得彼此的力量对比接近10：10的水平。（2）在委员会决策机制下，增量预算资金的分配由一个3人委员会投票决定，而每个委员的投票倾向则取决于资金使用者游说与寻租的努力程度。由于在3人委员会投票决定胜负的情况下，每个资金使用者只要争取两票赞成即可获胜。假设资金使用者A初始的投入分布为每个委员1万元，即投入分布为1：1：1；则使用者B只要选择1.3：1.3：0，即可获胜；针对B的策略选择，A只要将投入分布改变为0：1.6：0.3，就可以争取到多数票；而B在下一轮则可能选择0.3：0：0.6，从而转败为胜。如此推演下去，双方的寻租投入会越来越小，从而使得不投入寻租成本成为A与B的理智选择。

　　由此可以得出如下结论：采用多人委员会表决的民主方式来分配政府预算资金，可能会更富有效率。虽然通过引入多人委员会的决策机制，可能诱导资金使用者从自身利益出发，理性地放弃寻租活动，但是，由于政府预算部门作为一种科层制的组织结构，具有等级管理、层级节制等先天特点，在政府预算部门的决策过程中引入委员会决策机制，也确

　　① 之所以选取增量预算资金作为分析的对象，主要是因为增量的规模可能较小，便于进行分析讨论；同时在渐进主义预算理论之下，现实预算资金分配的关注焦点也主要集中在增量部分。至于将资金假定为不可分割的原因，主要是出于分析简化的考虑，并且在现实中，如果一笔资金的规模相对较小，如此处假定的10万元，也的确难以在各使用者之间加以分割。

实存在着某些难以克服的障碍。在众多的决策模式中，最具委员会决策机制典型特征的组织形式，当属经由全体民众以代议制形式产生的立法监督机构，而最终决定并监督政府预算资金配给的权力也理应属于立法监督机构所有。因此，上述分析或许提供了另一种解决政府预算管理寻租问题的可供选择的思路：通过构建政府预算管理的公共选择机制，强化立法监督机构在预算资金结构性配给中的作用，约束资金供求双方的行为，从而尽可能有效地解决政府预算管理过程中可能产生的"设租"与"寻租"问题。

4.4　预算管理的监督制衡方

4.4.1　引入政府预算监督制衡机制的必要性

1）完善政府预算管理中的监督制衡机制是实现依法治国的客观要求

依法治国作为基本的治国方略，几乎已成为各国的通例。这绝非各国发展道路上的偶然决策，而是某种必然的选择。法国启蒙思想家孟德斯鸠在《论法的精神》一书中就曾指出："一切有权力的人都容易滥用权力，这是万古不易的一条经验。有权力的人们使用权力一直到遇有界限的地方才休止……从事物的本质来说，要防止滥用权力，就必须以权力约束权力。"[①]在社会主义国家中，人民具有共同的根本利益，没有党派之间的互相争斗与拆台，但从巴黎公社以来的历史经验教训表明，社会主义国家也必须建立基于法律的监督与制约机制。

法治的作用不仅在于约束微观经济主体的行为，更在于对政府行为的约束。[②]依法治国的思想在公共经济领域的体现，就是依法理财、依法监督政府公共经济活动，而政府预算恰恰是政府公共经济活动的集中反映。只有通过立法监督机构对政府预算资金收支实施全方位监控，才有可能将政府的全部经济活动置于法律的监督之下，从而约束政府经济行为在法治的轨道上运行。也只有通过立法监督机构对政府公共部门膨胀的冲动加以约束，建设社会主义法治国家的事业才具有根本的制度保障。

2）完善政府预算管理中的监督制衡机制是加强党的领导的现实需要

在社会主义社会中，全体人民的根本利益是一致的，各种具体的利益关系和内部矛盾可以在这个基础上进行调节。在新的历史时期，加强党的领导和健全监督制衡机制是调节各种利益关系和人民内部矛盾的主要方式。中国共产党与立法监督机构之间存在着根本利益的一致性，中国共产党和立法监督机构都代表着中国最广大人民群众的根本利益。我党之所以赢得广大人民的拥护，是因为我党在革命、建设、改革的各个历史时期，总是代表着中国最广大人民的根本利益，并为实现国家和人民的根本利益而不懈奋斗。党的二十大报告指出，必须坚持人民至上。人民性是马克思主义的本质属性，党的理论是来自人民、为了人民、造福人民的理论，人民的创造性实践是理论创新的不竭源泉。

正如在新中国成立初期我党就已认识到的那样，"我们的财政是'取之于民，用之于民'的人民的财政，全国人民代表大会和地方各级人民代表大会都有监督我们的财政收支

① 孟德斯鸠. 论法的精神：上册 [M]. 张雁深，译. 北京：商务印书馆，1961：154.
② 钱颖一. 市场与法治 [J]. 经济社会体制比较，2000（3）.

的权力和责任"①。在政府预算管理过程中，通过突出党委的领导核心作用，强化立法监督机构作为最高国家权力机关的职能，按照党总揽全局、协调各方的原则，规范政府预算利益相关主体——党委与人大、政府、政协以及人民团体——之间的关系，经过法定程序，使党的主张与人民的意愿成为国家意志。因此，完善政府预算管理中的监督制衡机制，是加强党的领导的现实要求。

3）完善政府预算管理中的监督制衡机制符合人民群众当家理财的时代潮流

让广大民众当家作主、管理国家事务，始终是现代文明所追求的重要理想与目标之一；建设社会主义民主，也是人民群众的共同愿望。早在20世纪40年代设计新中国成立方略之初，党的第一代领导集体就指明了建设社会主义国家的"新路"，那就是只有让人民来监督政府，政府才不敢松懈；只有人人起来负责，才不会人亡政息。②几十年来，社会主义民主政治下的人民代表大会制度日益完善，人民群众可以通过立法监督机构传达自己的心声，真正成为管理国家事务的主人。

政府公共经济领域公民主权的具体体现，就在于立法监督机构对政府公共收支的监督与制衡。在市场经济中，公民要向国家纳税，以保证政府财政收入的充足；而政府则担负着为公民提供公共产品的义务。同时，社会主义市场经济更加强调微观经济主体自身的经济利益，作为让渡自身资金的广大纳税人关注其税款是如何被政府花费的，也符合现代市场经济规律的客观现实。作为政府财政资金的供给者——公民，自然有权全面了解政府是如何花费公民自己的钱。而公民监督政府对公共资金使用情况的主要工具就是政府预算。公民只有通过集体行动，凭借立法监督机构的监督与制衡功能，才能在政府预算决策过程中传达出自己的声音。因而，完善政府预算管理中的监督制衡机制，既符合现代财政民主决策、民主理财的要求，也是建立廉洁、高效政府的现实途径，体现了全社会共同治理和实现政府"善治"的时代潮流。

4.4.2 政府预算监督制衡方的行为特征分析

1）代表人民利益是监督制衡方最基本的行为特征

作为监督制衡方的立法监督机构，从其产生之日起，就是出于代表民众利益的需要，也始终是人民群众最根本利益的代表。这也是立法监督机构在行为特征上与其他利益相关主体（资金需求方和供给方）最主要的区别之一。总体而言，立法监督机构所体现的民众利益主要表现在两个方面，即民众保护者和民意发掘者。所谓民众保护者，是指立法监督机构在工作过程中积极听取民情，提出民隐，以及伸张民意。所谓民意发掘者，是指立法监督机构以主动发掘民间疾苦、解决民众问题为己任。

预算作为一种政治过程，立法监督机构代表民众利益的特点，在预算管理过程中表现得更加淋漓尽致。首先，在制定政府预算法案和审议年度预算草案时，立法监督机构将会认真地采纳公民个人的意见并加以提炼，而不是把某一利益相关方的政策倾向强加于人。其次，如果代表不同利益的公民与团体，在预算政策的取舍上存在某种利益冲突，并有可

---

① 周恩来. 周恩来选集：下卷［M］. 北京：人民出版社，1984：142.
② 1945年7月，毛泽东同志在中国革命胜利前夕同黄炎培先生有一段谈话。黄炎培先生说："我生60多年，耳闻的不说，所亲眼看到的，真所谓'其兴也勃焉'，'其亡也忽焉'，一人，一家，一团体，一地方，乃至一国，不少单位都没有能跳出这周期率的支配力……一部历史，'政怠宦成'的也有，'人亡政息'的也有，'求荣取辱'的也有。总之没有能跳出这周期率。"毛泽东同志回答说："我们已经找到新路，我们能跳出这周期率。这条新路，就是民主。只有让人民来监督政府，政府才不敢松懈。只有人人起来负责，才不会人亡政息。"

能导致政府预算管理产生阻滞，则立法监督机构体现出居中协调的角色，为各方提供了一个交换意见的协商空间。

2）监督制衡方具有委员会决策机制的特点

由于立法监督机构不可能采取全体民众都参与预算决策的"一致同意"的方式，因而采用某种形式的代议制是各国政府公共治理的通行模式。正如列宁在《国家与革命》一书中指出的那样，"如果没有代议机构，那我们就很难相信什么民主，即使是无产阶级民主"[①]。代议制民主（representative democracy）作为人类创造的一种治理国家的工具，在不同国家具有不同的具体形态，我国的人民代表大会制度就是一种社会主义的代议民主制度，是具有中国特色的政权组织形式。在代议制的政府治理构架下，立法监督机构是"虚弱"还是"强大"，主要依赖于其对政府预算的控制，只有经由政府预算，立法监督机构才能够对政府行为施加切实有效的影响。相应地，也只有作为国家权力机关的立法监督机构与作为执行机关的政府部门之间建立起相互约束、相互制衡的共同治理模式，政府预算制度才可能有效地运转。

3）监督制衡方面临偏好加总的困难以及组织协调的交易成本

由于监督制衡方的代表来自社会各行各业，分别代表了不同的利益取向，他们对预算政策的偏好也往往存在着一定差异，将这些不同的利益与偏好加以整合是相当困难的，通常需要一个相对漫长的彼此谈判交易、讨价还价的过程，甚至在极端的情况下，个人偏好总合成社会偏好将是不可能的。按照美国学者阿罗的分析，"如果我们排除效用人际比较的可能性，各种各样的个人偏好次序都有定义，那么把个人偏好总合成为表达社会偏好的最理想的方法，要么是强加的，要么是独裁性的"（Arrow，1963），这就是所谓的"阿罗不可能定理"（Arrow's impossibility theorem）。该定理揭示了立法监督机构整合民众意愿上的困难，即不可能存在一种能够把个人对 N 种备选方案的偏好次序转换成社会偏好次序，并且准确表达全体社会成员的各种各样的个人偏好的社会选择机制（方福前，2000：57）。

即使通过表决程序的安排以及相关约束，可以在一定程度上消除"阿罗不可能定理"的影响，但是，在有限的政府预算决策期间内，就各利益相关方的偏好和要求加以整合与协调，也仍旧面临着相当大的困难，自然也需要投入大量的组织成本和谈判交易成本。

4）立法监督机构成员视角广泛性与精力有限性的矛盾

立法监督机构的组成人员代表着社会各方面的利益要求，其关注的视野涉及社会民生的各个层面。在社会经济转型时期，许多新生事物亟待通过国家立法加以规范，不适应社会主义市场经济要求的法律也需要修订，因而立法监督机构承担着相当繁重的立法任务。同时，立法监督机构作为国家权力机关，还承担监督宪法和法律的实施，监督"一府两院"的工作等监督职能。关于政府预算的法律法规的制定修改和对年度政府预算的审议，仅仅是立法监督机构众多职能中的一项。同时，在特定的年度中，立法监督机构全体会议召开的次数有限，并且会期有限，而需要审议的内容很多，也容易导致立法监督机构组成人员在关注视角的广泛性与自身精力的局限性之间，难以达成理想的平衡，以至于对于政府预算决策的考量往往难以深入。

---

① 列宁. 列宁选集：第3卷［M］. 中共中央马克思恩格斯列宁斯大林著作编译局，编译. 北京：人民出版社，1972：211.

这种关注视角广泛性与精力有限性之间矛盾的另一种表现，是立法监督机构组成人员除了作为代表之外，往往还拥有许多个人事业和职业生涯。加上现实中的政府预算又往往具有日趋复杂化的倾向，更加使得立法监督机构的个别组成人员未必完全具备审议修改政府预算所必需的专业素养。

5）监督制衡方也会受到利益集团的影响和议程的控制

由于立法监督机构的组成成员来自不同的利益团体，代表了社会不同阶层的利益，在其决策过程中，自然也会受到相应利益团体的影响。在某些集团的利益彼此有冲突的情况下，立法监督机构对政府预算的审议，也将体现各利益集团之间彼此谈判交易的过程。当然，这种不同利益团体通过立法监督机构相互交换意见，彼此讨价还价的过程，也为社会各阶层之间相互沟通、化解社会矛盾提供了一种合法的议事机制，有利于维护社会的稳定。

立法监督机构审议政府预算的过程与最终的均衡结果，还会受到来自议程安排的影响。根据公共选择理论的研究，在多数票规则下，如果事先确定一个投票（或表决）程序，委员会决策机制的集体选择将会获得某种确定的结果，从而避免出现投票循环①的不利影响。因而，在不同表决程序安排下，对政府预算法案的审议也将出现不同的结果，确定表决程序的权力也常常就是决定预算审议结果的权力。于是，立法监督机构对政府预算的审议，在很大程度上还将受到议程安排的控制。

4.5 利益相关方的整合：共同治理的预算管理框架

循着本章前述的分析脉络，似乎可以得出这样一个结论：不论是预算资金供求双方，还是立法监督机构，受其自身行为特征的局限，如果仅仅通过约束与改善某一方的行为，往往难以达成提高预算资金使用效率的目的。现实的政府预算管理，需要在不同利益相关主体之间实现某种程度的整合。通过构建某种共同治理（co-governance）的政府预算管理框架，有望实现提升政府预算资金配置效率的目标。

现代实验经济学的研究显示，在人类的幼年时期表现出了更强的自利倾向，这与新古典理论的假设条件更为接近，然后人类在后天为了维持群体的整体利益，而逐渐形成了利他主义的倾向。②因此，利益相关主体共同治理的模式不仅体现了当代公共治理领域变革的发展潮流，也是人类文明日益走向成熟的标志。政府治理所面临的复杂性、动态性与多元性的现实环境，使得政府的治理过程绝非政府单方面行使职权的过程，而是一个政府与整个社会的互动过程。③政府、社会、公民的共同治理已成为实现政府"善治"的客观要求。政府预算管理作为公共管理的重要内容之一，其治理模式的选型也应体现利益相关主体共同治理的发展方向。

政府预算管理利益相关方的共同治理结构涉及众多的利益相关主体，既包括作为本章

---

① 投票循环也称为投票悖论（the paradox of voting），是由法国学者孔多塞和博尔塔在18世纪80年代考察投票规则时提出的重要理论，其基本含义是，在多数票规则下，如果备选方案超过两个，其最终投票结果将不能在多个备选方案中达成均衡，而是在各种选择之间循环。但如果在两个备选方案之间进行选择，多数票规则就可以获得一个均衡的结果。有关投票悖论的详细内容，可以参阅方福前. 公共选择理论——政治的经济学 [M]. 北京：中国人民大学出版社，2000：56-57.
② 贺京同. 行为经济学与中国经济行为 [M]. 北京：中国财政经济出版社，2006：9.
③ 张成福，党秀云. 公共管理学 [M]. 北京：中国人民大学出版社，2001：369-370.

分析重点的预算资金使用者、政府预算部门、立法监督机构，也包括本章没有专门述及但绝非不重要的审计部门、新闻媒体、社会公众等。这些行为主体之间的互动不仅复杂，而且每个行为主体都有可能对预算产生决定作用。然而，由于立法权和行政权具有主导作用，因此大部分研究主要集中在平衡这两种权力的影响上。[①]

所谓政府预算利益相关方的共同治理结构，就是要将这些利益相关主体之间的互动影响与相互制约关系整合于一个彼此衔接、相互制衡、权责明确、激励兼容的框架之下，以期从机制设计上减少政府预算管理中的资源浪费现象，提升有限预算资源的使用效率。概括起来，政府预算管理利益相关方共同治理结构的基本框架可以用图4-3加以说明。

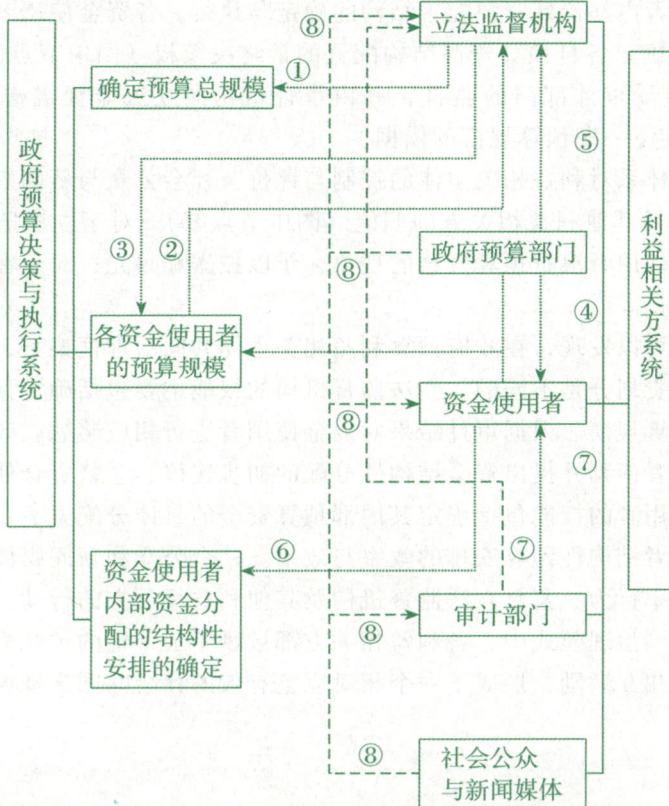

图4-3　政府预算管理利益相关方共同治理结构的基本框架示意图

在图4-3中，将政府预算利益相关方共同治理的框架划分为两个相互影响的系统，左侧为政府预算决策与执行系统，包括确定预算总规模、各资金使用者的预算规模，以及资金使用者内部资金分配结构的确定，这样三个层面的内容。右侧为利益相关方系统，包括政府预算管理涉及的各利益相关主体，即民众及其代表组成的立法监督机构、政府预算部门、资金使用者、审计部门、社会公众与新闻媒体等。各利益相关主体在预算管理中的相互影响与共同治理，是通过其在预算决策与执行系统中具有的不同职责划分与权能分布实现的，其基本影响结构如下：

（1）预算总额的确定。预算总额是由民众及其代表组成的立法监督机构，根据一定时

---

① CAF-拉丁美洲开发银行. 面向发展的公共财政：加强收入与支出之间的联系［M］. 北京：知识产权出版社，2013：260.

期国民经济发展态势和社会公共需要变化趋势确定的（图中节点①），该总额一经确定，除经立法监督机构审议修改，执行中不得变更、突破。

（2）各资金使用者结构性预算规模的确定与执行。各资金使用者在既定预算总额中所占份额的确定以及预算的执行，大体经过以下三个步骤：首先，在政府预算部门和不同资金使用者之间通过初步谈判，提出总额控制下各资金使用者的预算规模预案（图中节点②）；其次，立法监督机构对各资金使用者的结构性预算规模进行分部门表决（图中节点③）；最后，政府预算部门监督资金使用者遵守各自预算规模的情况（图中节点④），并及时向立法监督机构报告（图中节点⑤）。

（3）资金使用者内部预算资源配置结构的确定与执行。各资金使用者行政首长在其预算规模范围内拥有确定各自预算资源结构配置的最终决策权（图中节点⑥），但其执行结果与绩效评价要接受审计部门的监督，并由审计机构向立法监督机构报告（图中节点⑦），以此作为确定下一期预算规模的依据。

（4）社会监督体系对利益相关主体的控制与评价。社会公众与新闻媒体肩负着监督与考核立法监督机构及其他利益相关方的职能（图中节点⑧）。对于立法监督机构调整预算总额，以及各资金使用者浪费预算资金的现象，予以披露和曝光；对于在预算决策中玩忽职守的代表予以撤换。

通过以上分析可以发现，在政府预算利益相关主体共同治理框架下，不同利益相关主体的权能分布与职责划分是不同的。立法监督机构的权能主要包括确定预算总规模和各资金使用者结构性预算规模、根据审计结果对资金使用者进行相应奖惩。政府预算部门的权能包括同资金使用者谈判并提出资金结构性分配的初步建议、监督资金使用者遵守预算规模的情况。资金使用者的权能包括确定其内部预算资金的具体分配方案。审计部门的权能包括监督资金使用者结构性预算安排的效率与效果。社会公众和新闻媒体则负责披露预算过程中的各种非效率行为、监督立法监督机构及其他利益相关方的行动。因此，在政府预算利益相关主体共同治理模式中，各利益相关方都被赋予了一定的预算管理权能，这些权能之间相互制约、相互激励，形成了一个相对完整有效的社会共同治理模式。

本章小结 ✅ --- ●

• 预算资金需求方由各政府部门、财政拨款的事业单位等组成。由于预算资金供求上的信息不对称，预算资金使用者掌握着相对优势的信息资源，也往往能够实现预算规模的持续扩展。

• 政府预算部门作为联系利益相关方的核心角色，处于承接预算资金使用者与立法监督机构的"桥梁"地位，具有比较典型的双重委托-代理关系。就政府预算部门与资金使用者而言，政府预算部门是委托方，资金使用者是代理方；就政府预算部门与公共选择机制形成的立法监督机构而言，立法监督机构是委托方，预算部门是代理方。

• 立法监督机构代表最广大人民群众的根本利益。适当的公共选择机制设计，也可以改变其他利益关系方的效用函数，将预算规模控制在有限且有效的范围之内，以实现公共财政资源配置的进一步优化。

• 政府预算利益相关方的共同治理结构，就是要将这些利益相关主体之间的互动影响与相互制约关系，整合于一个彼此衔接、相互制衡、权责明确、激励兼容的框架之下，以期从机制设计上减少政府预算管理中的资源浪费现象，提升有限预算资源的使用效率。

综合练习 ✅

• 简答题

4.1　政府预算管理利益相关主体包括哪些方面？

4.2　简要分析政府预算各主要利益相关主体的基本行为特征。

4.3　试举例说明预算管理利益相关方共同治理结构的基本框架。

推荐阅读资料 ✅

［1］马蔡琛. 变革世界中的政府预算管理——一种利益相关方视角的考察［M］. 北京：中国社会科学出版社，2010.

［2］马蔡琛. 政府预算管理中的"寻租"活动分析［J］. 财贸经济，2004（11）.

［3］马蔡琛，等.山坳上的中国政府预算改革——变革世界中的现代预算制度［M］.北京：经济科学出版社，2018.

第5章
政府预算的收支分类体系

在各级预算之间，正确地划分预算收支的范围，是设计预算管理体制中比较复杂和比较重要的一项任务，也是具体贯彻统一领导、分级管理原则的重要问题。[①]所谓分类，意指按照种类、等级或性质分别归类。对预算资源进行功能性分类，可以使预算授权和支出、借款担保和税式支出，同其试图满足的公共需求联系起来。[②]政府预算收支分类体系是编制政府预算和决算、组织预算执行以及预算单位进行会计核算的重要依据，是财政预算管理的重要基础性工作，直接关系到预算透明度的提升，关系到预算管理的科学化和规范化，是现代财政制度建设的重要核心议题之一。

5.1　政府预算收支分类概述

"预算总数只是预算冰山之一角"，当我们将总预算分解成各政事别、各机关别甚至更细部的预算来进行观察时，人们所忽略的预算过程中的许多重要方面，都将显露在阳光之下。[③]政府收支分类，就是在政府预算管理中，按照特定的标准，对政府预算收入和支出进行类别和层次划分，以全面、准确、清晰地反映政府收支活动，从而有效地为政府预算的编制、执行和决算提供基础性的技术平台。[④]预算决策的具体操作务必使财政收支的归宿清楚，科学的收支分类能够为预算决策提供分类的、有层次的、系统的财政经济信息。[⑤]因此，政府收支分类体系作为财政管理的一项重要基础性工作，不仅关系到财政预算管理实践的科学化和规范化，即各级政府及其各部门应该如何进行会计核算并记录收支信息，而且也关系到财政预算管理的透明度，即政府可以向社会各界提供什么样的财政预算收支信息。[⑥]

政府财政统计体系旨在为政策制定者和分析人员系统研究广义政府部门或公共部门的财务活动、财政状况和流动性的发展变化提供统计数据。一套科学合理的政府财政统计体系能够为财政风险管理提供真实反映财政运行的数据。而一套不科学的政府财政统计体系可能会存在以下问题：相关概念模糊，使得财政行为的核算发生改变；范围不清，将属于

---

① 国家预算教材编写组.国家预算 [M]. 北京：中国财政经济出版社，1980：39.
② 米克塞尔 J L.公共财政管理：分析与应用 [M]. 苟燕楠，马蔡琛，译. 9版. 北京：中国人民大学出版社，2020：242.
③ 苏彩足. 政府预算之研究 [M]. 台北：华泰书局，1996：91.
④ 在政府预算管理实务中，政府收支分类、政府预算收支分类和政府预算收支科目这三个概念，往往是经常混用的。鉴于三者之间的指向是大同小异的，故本书将之视为同一概念。
⑤ 王金秀，陈志勇. 国家预算管理 [M]. 3版. 北京：中国人民大学出版社，2013：30.
⑥ 马蔡琛，赵早早.新中国预算建设70年 [M]. 北京：中国财政经济出版社，2020：196.

统计范围内的活动转移到统计范围外；确认时间不合理，将属于本期核算的活动转移到未来；价格确定不合理，掩盖了真实反映财政运行状况的价值量；分类体系不科学，使得政府财政数据的局部平衡发生改变。[①]

5.1.1 政府收支分类的意义

第一，适应经济运行的市场化转型，提升公共资金使用绩效。我国最初的政府预算收支科目的基本框架，是在 20 世纪 50 年代仿照苏联财政管理模式建立的。自市场化改革以来，从 1997 年开始，政府预算收支科目分为一般预算收支科目和基金预算收支科目两大部分。1998 年预算收支科目修订后又分为三部分，即一般预算收支科目、基金预算收支科目和债务预算收支科目。通过 2007 年的收支分类改革，新的科目体系包括收入分类、支出功能分类和支出经济分类三部分。体现计划经济特点的一些支出科目，如"企业挖潜改造资金、流动资金"等，退出了收支分类的历史舞台。这顺应了经济运行机制的市场化转型，有效地提升了公共资金的使用绩效。

第二，因应经济全球化的发展潮流，促进中外政府财务语言的对接与整合。政府收支分类要将国际政府财政收支统计的常规口径与我国国情相结合，将长远目标和现实需要有机衔接。既要符合市场经济国家的通行做法，体现政府职能和经济性，以便进行国际比较和研究；又要充分满足我国现行经济体制和经济管理的客观要求，体现政策的延续性，保证改革的顺利推进。[②]

第三，增加预算透明度，实现人民群众当家理财。按照通常的理解，公共财政就是"以众人之财，办众人之事"。其实，在这一说法的背后，还蕴含着更深层次的含义，那就是"众人之事，当由众人来议定，让众人都知晓"。从我国国情出发，建立起一个民主的、高效的预算管理制度体系，保证人民依法实现民主决策、民主管理和民主监督政府预算的权利，是推进社会主义政治文明和依法治国的必然要求。

为了保证借助收支分类体系中的各种分类方式编制而成的预算能够全面、系统、准确地反映政府的收支活动，构建收支分类体系时需要遵循以下原则：第一，全面性原则。分类体系中的每种分类方式必须能够覆盖所有政府部门的收支活动。第二，同质性原则。每种分类方式的划分标准都应当是明确的，且需要根据该标准对政府所有收入或支出进行统一分类。第三，独立性原则。每种分类方式都应当有独特的分类标准。在这些原则中，"全面性"是预算收支分类的基础性原则，如果全面性缺失，大量预算收支被归于"其他收入"和"其他支出"科目中，预算过程中的决策者和监督者就难以对这些收支安排的合理性进行评判，预算规划、控制功能的发挥势必受到影响。[③]

然而，在现实中，仍有许多常说常新的问题总是困扰着我们：为什么涉及无数纳税人千百亿资金的公共预算，没有能够引起广大公众的足够关注？为什么预算制度距离"依法用好百姓钱"的目标仍旧存在某些差距？产生这些问题的原因固然是多方面的，但作为非专业人士的人大代表和普通公众看不懂政府预算，应该说是一个重要的因素。政府收支分类的科目设置要科学合理，列示的内容和范围应该清晰明了，便于操作，避免过于复杂。

---

① 刘立佳，刘博敏，刘小兵.IMF2001 版政府财政统计是否有利于财政风险管理——一项基于世界经验的实证分析 [J]. 财贸经济，2015（8）：25-37.
② 王金秀，陈志勇. 国家预算管理 [M]. 3 版. 北京：中国人民大学出版社，2013：32.
③ 孙硕，邓淑莲.国家治理现代化背景下的政府预算收支分类体系研究 [J]. 财政研究，2020（12）：22-24.

通过收支分类改革，可以保证预算决策的公开透明，能够实现非专业人士"看得懂""说得清""审得明"公共预算的改革目标。通过对政府财政收支分类的"多维定位"，清晰地说明政府的钱是怎么来的，最终用于何处。

5.1.2　政府收支分类体系的运用范围

政府收支分类在财政管理中主要应用于以下几个方面：

（1）编制和汇总预决算。各地区、各部门、各单位的预决算收支，都要按照政府收支分类统一规定的科目填报汇总。

（2）办理预算缴、拨款。各单位和个人都要按照政府收支分类科目填制专用凭证，办理缴、拨款，进行对账和结算。

（3）组织会计核算。各级财政总会计、各单位预算会计的收支明细账，都要按政府收支分类科目进行核算。

（4）报告预算执行情况。各地区、各部门、各单位都要按照政府收支分类科目，定期汇编总预算和单位预算收支执行情况表，以便各级人大、政府、社会公众及时了解预算收支执行情况。

（5）进行财务考核分析。行政事业单位可以综合运用支出功能分类和经济分类，对既定的行政事业计划任务和单位预算进行分析比较、绩效考核。

（6）进行财政收支统计。政府财政收支数据只有按统一的政府收支分类科目进行归集、整理，才可与有关历史数据、国际数据进行合理的对比分析。

5.1.3　我国现行预算法规定的政府收支范围

新中国成立以来，随着我国政府预算收支范围和内容的变化，以及政府机构的调整，经济体制改革的不断推进等，政府预算收支范围的划分也相应时有调整。针对计划经济条件下政府预算收支科目存在的问题，财政部从1999年启动了政府收支分类改革工作，借鉴相关国际经验并结合具体国情，于2004年形成《政府收支分类改革方案（征求意见稿）》，并于2005年选择6个中央部委和5个省市进行模拟试点。2006年2月，财政部发布了《政府收支分类改革方案》，将政府收入按照来源和性质分为6类，每类下设款、项、目；将政府支出按照政府功能和政策目标分为17类，每类下设款、项；将政府支出按照经济性质和具体用途分为12类，每类下设款，比如"工资福利支出"类下设"基本工资""奖金""住房公积金"等款。其后，财政部每年均下发次年政府收支分类具体科目，用以指导预算编制和会计核算工作。2009年8月，财政部下发了《关于推进财政科学化精细化管理的指导意见的通知》，提出"建立由公共财政预算、国有资本经营预算、政府性基金预算和社会保障预算组成的有机衔接的政府预算体系"，并对各预算功能、收支范围及其管理作出了概括解释。[①]2014年修订通过的新《中华人民共和国预算法》对于预算收支范围作出了进一步明确规定：

第二十七条　一般公共预算收入包括各项税收收入、行政事业性收费收入、国有资源（资产）有偿使用收入、转移性收入和其他收入。

---

① 朱大旗. 中华人民共和国预算法释义［M］. 北京：中国法制出版社，2015：116.

一般公共预算支出按照其功能分类，包括一般公共服务支出，外交、公共安全、国防支出，农业、环境保护支出，教育、科技、文化、卫生、体育支出，社会保障及就业支出和其他支出。

一般公共预算支出按照其经济性质分类，包括工资福利支出、商品和服务支出、资本性支出和其他支出。

第二十八条 政府性基金预算、国有资本经营预算和社会保险基金预算的收支范围，按照法律、行政法规和国务院的规定执行。

第二十九条 中央预算与地方预算有关收入和支出项目的划分、地方向中央上解收入、中央对地方税收返还或者转移支付的具体办法，由国务院规定，报全国人民代表大会常务委员会备案。

第三十条 上级政府不得在预算之外调用下级政府预算的资金。下级政府不得挤占或者截留属于上级政府预算的资金。

2020年8月由国务院颁布并自2020年10月1日起施行的《中华人民共和国预算法实施条例》，就预算收支范围作出了进一步的细化规定：

预算法第二十七条第一款所称行政事业性收费收入，是指国家机关、事业单位等依照法律法规规定，按照国务院规定的程序批准，在实施社会公共管理以及在向公民、法人和其他组织提供特定公共服务过程中，按照规定标准向特定对象收取费用形成的收入。预算法第二十七条第一款所称国有资源（资产）有偿使用收入，是指矿藏、水流、海域、无居民海岛以及法律规定属于国家所有的森林、草原等国有资源有偿使用收入，按照规定纳入一般公共预算管理的国有资产收入等。

预算法第二十七条第一款所称转移性收入，是指上级税收返还和转移支付、下级上解收入、调入资金以及按照财政部规定列入转移性收入的无隶属关系政府的无偿援助。

转移性支出包括上解上级支出、对下级的税收返还和转移支付、调出资金以及按照财政部规定列入转移性支出的给予无隶属关系政府的无偿援助。

政府性基金预算收入包括政府性基金各项目收入和转移性收入。

政府性基金预算支出包括与政府性基金预算收入相对应的各项目支出和转移性支出。

国有资本经营预算收入包括依照法律、行政法规和国务院规定应当纳入国有资本经营预算的国有独资企业和国有独资公司按照规定上缴国家的利润收入、从国有资本控股和参股公司获得的股息红利收入、国有产权转让收入、清算收入和其他收入。

国有资本经营预算支出包括资本性支出、费用性支出、向一般公共预算调出资金等转移性支出和其他支出。

社会保险基金预算收入包括各项社会保险费收入、利息收入、投资收益、一般公共预算补助收入、集体补助收入、转移收入、上级补助收入、下级上解收入和其他收入。

社会保险基金预算支出包括各项社会保险待遇支出、转移支出、补助下级支出、上解上级支出和其他支出。

地方各级预算上下级之间有关收入和支出项目的划分以及上解、返还或者转移支付的具体办法，由上级地方政府规定，报本级人民代表大会常务委员会备案。

地方各级社会保险基金预算上下级之间有关收入和支出项目的划分以及上解、补助的具体办法，按照统筹层次由上级地方政府规定，报本级人民代表大会常务委员会备案。

5.2　政府收支分类体系的国际经验

　　GFS2001 是 IMF 在 2001 年出台的政府财政统计规范，其核算基础和基本框架实现了与其他宏观统计体系（如国际收支统计、货币与金融统计、1993 年国民账户体系）的统一，是提高政府财政、操作和监督的责任感和透明度全球趋势的一个重要组成部分。为了使 GFS2001 能够真实反映政府财政运行状况，IMF 对其概念、统计范围、核算基础、分类体系等方面都进行了科学的设计。用净值理念对收入和开支的重新定义是其重大改变，在判断一项活动是否属于政府收支的时候，便需要考察其是否改变了政府的净值，这能够更准确地核算政府的资源。在核算范围方面，将属于广义政府部门的机构单位都纳入进来；在核算时间的选择上使用了权责发生制，能够更为准确地核算政府的负债，有利于政府财政全貌的刻画。[①]记录的价格是市场价值，更能反映政府所掌握资源的真实价值。采用了覆盖全面且不重合的分类体系，包括收支分类、资产分类、负债分类、资产负债价值改变形式分类等，使人们能够从不同的视角对政府活动进行分析。在上述构成要素的基础上，GFS2001 形成了以政府运营表、其他经济流量表、资产负债表、现金来源和使用表构成的闭合分析框架。[②]

　　当前，学术界对政府财政统计的研究主要停留在规范性的设计层面，这方面研究的主要成果集中体现在国际货币基金组织（IMF）发布的相关资料。2015 年，IMF 又发布了《政府财政统计手册 2014》。作为 IMF 发布的第三版政府财政统计手册，该版本继承了 GFS2011 的基本框架。[③]

5.2.1　政府收入分类

　　国际货币基金组织在《2014 年政府财政统计手册》中将政府收入划分为税收、社会缴款、赠与、其他收入四类，具体情况如下：

　　1）税收收入

　　税收收入类下细分为：对所得、利润和资本收益征收的税收，对工资和劳动力征收的税收，对财产征收的税收，对商品和服务征收的税收，对国际贸易和交易征收的税收，其他税收等。

　　2）社会缴款

　　社会缴款类下细分为：社会保障缴款和其他社会缴款。其中社会保障缴款又按缴款人细分为雇员缴款、雇主缴款、自营职业者或无业人员缴款、不可分配的缴款。

　　3）赠与

　　赠与类下细分为：来自外国政府赠与、来自国际组织赠与和来自其他广义政府单位的赠与。

---

①　朱海平.政府财政统计体系采用权责发生制的现实基础与理论背景［J］.经济体制改革，2009（1）：128-132.
②　刘立佳，刘博敏，刘小兵.IMF2001 版政府财政统计是否有利于财政风险管理——一项基于世界经验的实证分析［J］.财贸经济，2015（8）：25-37.
③　刘立佳，刘博敏，刘小兵.IMF2001 版政府财政统计是否有利于财政风险管理——一项基于世界经验的实证分析［J］.财贸经济，2015（8）：25-37.

4）其他收入

其他收入类下细分为：财产收入，出售商品和服务，罚金、罚款和罚没收入，未分类的其余转移，与非寿险及标准化担保计划有关的保费、费用和应收赔款等。

5.2.2　政府支出分类

1）政府支出分类的主要类型

国际上，预算支出分类的主要方式有部门分类、功能分类和经济分类三种。

（1）部门分类。这是指对预算支出先按部门进行分类，然后在部门内部按所属预算单位进行分类。比如，可以将预算支出分为：国防部门支出、教育部门支出、农业部门支出等。这种分类方式主要按政府的部门结构来进行，可以明确政府各部门的支出规模和财政财力，但不能反映出部门支出的真正用途和支出性质。

（2）功能分类。这是指按预算支出的功能进行分类，也就是按照预算支出的性质进行分类，具体可分为：一般公共服务支出、国防支出、外交支出、教育支出、社会保障和就业支出等。根据国际货币基金组织《政府财政统计手册》的功能分类模式，预算支出按政府执行的职能，可以进一步划分为一般政府服务职能的支出、公共服务和社会服务职能的支出、经济服务职能的支出、其他职能的支出等四类。

（3）经济分类。这是指对预算支出按其是否与物品和服务相交换为标准而区分为购买性支出和转移性支出。购买性支出，直接表现为政府购买日常政务活动所需要的或用于投资所需的物品和服务的支出。转移性支出，直接表现为资金无偿的、单方面的转移。这类支出主要包括补助支出、捐赠支出和债务利息支出。

公共财政的职能在于提供公共产品和服务，而政府收支分类的目的，就是为老百姓提供一本政府服务成本的明白账。政府支出分类体系改革，按照支出功能与经济用途设置的复合分类体系，恰恰具有这样的特点。我们不妨将其与企业的成本核算相类比加以说明。

大多数企业都生产很多种产品，并且要逐一核算每种产品的生产成本，这是企业理财的基本常识。政府收支分类改革中的功能分类，详细列举了一般公共服务、外交、国防、公共安全、教育等政府公共支出类型，大体相当于向公众描绘了政府这个"工厂"到底向社会提供了哪些具体产品的目录。而经济分类则具体解析了工资福利支出、商品和服务支出、债务利息支出、债务还本支出等具体的项目经济构成，从而进一步描绘了各种公共产品的成本结构。也就是说，如果从企业成本管理的角度来类比，部门分类大体类似于按照车间来分类（生产公共产品的不同部门），功能分类大体相当于按照产品来分类（不同类型的公共产品），经济分类则近似于按照成本构成来分类（直接材料、直接人工等）。综合比较三种预算支出分类方法，各有其利弊。部门分类主要明确资金管理责任者，解决"谁"的问题；功能分类主要反映政府支出的功能，明确"做什么"的问题；经济分类主要反映支出的经济性质，明确"如何使用"的问题。

2）国际货币基金组织的政府支出功能分类

国际货币基金组织的政府财政统计标准，将政府要承担的主要功能和服务责任（classification of functions of government）做了如下的分类：

（1）一般公共服务，包括行政和立法机关的金融与财政事务、对外事务，对外经济援助，一般服务，基础研究，一般公共服务"研究和发展"，未另分类的一般公共服务，公共债务操作，各级政府间的一般公共服务等。

（2）国防，包括军事防御，民防，对外军事援助，国防"研究和发展"，未另分类的国防等。

（3）公共秩序和安全，包括警察服务，消防服务，法庭，监狱，公共秩序和安全"研究和发展"，未另分类的公共秩序和安全等。

（4）经济事务，包括一般经济、商业和劳工事务，农业、林业、渔业和狩猎业，燃料和能源，采矿业、制造业和建筑业，运输，通信，其他行业，经济事务"研究和发展"，未另分类的经济事务等。

（5）环境保护，包括废物管理，废水管理，减轻污染，保护生物多样性和自然景观，环境保护"研究和发展"，未另分类的环境保护等。

（6）住房和社会福利设施，包括住房开发，社区发展，供水，街道照明，住房和社会福利设施"研究和发展"，未另分类的住房和社会福利设施等。

（7）医疗保障，包括医疗产品、器械和设备，门诊服务，医院服务，公共医疗保障服务，医疗保障"研究和发展"，未另分类的医疗保障等。

（8）娱乐、文化和宗教，包括娱乐和体育服务，文化服务，广播和出版服务，宗教和其他社区服务，娱乐、文化和宗教"研究和发展"，未另分类的娱乐、文化和宗教等。

（9）教育，包括学前和初等教育，中等教育，中等教育后的非高等教育，高等教育，无法定级的教育，教育的辅助服务，教育"研究和发展"，未另分类的教育等。

（10）社会保障，包括伤病和残疾，老龄，遗属，家庭和儿童，失业，住房，未另分类的社会排斥（social exclusion N.E.C.），社会保障"研究和发展"，未另分类的社会保障等。

这些规划或者功能性分类中的数据，为国际比较提供了一个良好的基础，也为预算规划的发展提供了一个良好的开端。[①]

3）国际货币基金组织的政府支出经济分类

按照国际货币基金组织政府财政统计分类标准，政府支出按经济性质分类主要包括：

（1）雇员补偿，包括工资和薪金（分现金形式的工资和薪金、实物形式的工资和薪金）和社会缴款（分实际的社会缴款和估算的社会缴款）。

（2）商品和服务的使用。

（3）固定资产的消耗。

（4）利息，包括只对票面支付进行指数化的利息和到期时支付金额指数化的利息。

（5）补贴，包括向公共公司提供的（分向金融公共公司提供的和向非金融公共公司提供的）、向私人企业提供的（分向金融私人企业提供的和向非金融私人企业提供的）和向其他部门提供的（包括其他广义政府单位、为家庭服务的非营利机构以及作为生产者的家庭）。

（6）赠与，包括向外国政府提供的（分经常性和资本性两种）、向国际组织提供的（分经常性和资本性两种）和向其他广义政府单位提供的（分经常性和资本性两种）。

（7）社会福利，包括社会保障福利（分为现金形式的社会保障福利和实物形式的社会

---

① 米克塞尔 J L. 公共财政管理：分析与应用［M］. 苟燕楠，马蔡琛，译. 9版. 北京：中国人民大学出版社，2020：245.

保障福利）、社会救济福利（分为现金形式的社会救济福利和实物形式的社会救济福利）、雇主社会福利（分为现金形式的雇主社会福利和实物形式的雇主社会福利）。

（8）其他开支，包括除利息外的财产开支和其他杂项开支（分为经常性和资本性两种）与非寿险及标准化担保计划有关的保费、费用和应付赔款。

5.2.3 辩证地看待相关国际经验

其实，有关预算之科目（filiation）应如何区分，早在近百年前中国学者就曾有过精辟的论述：[①]

（1）预算科目之纵断的多寡疏密如何。此问题亦为一种便宜问题，当因时因地而异其答解。考欧洲各国古来预算皆甚疏略，其后因立宪政治发达，议会权力扩张，遂逐渐由粗疏而趋于精密。以现状言之，其在英国，约百数十，普国约三百，法日二国约至七八百，意大利则竟至九百以上，其参差不同，可谓甚矣？平心论之，预算分科过于粗略，固无由知财政之真相然，过于繁密，亦不免劳费而无大利益，要当视其时其地之情状，而斟酌定之也。（2）预算科目之横断的等级多寡如何。关于此事，各国各有不同，有分为款项目者，有分为款项者。大抵分科之等级过多则病劳费，而分级太少，则又难于洞知财政之内容，要当斟酌财政上之情形而定之。

20世纪70年代以来，许多发展中国家引进了国际组织推荐的标准预算规则和方法，却未能取得令人满意的效果。这恰恰说明，良好的预算程序如果不能同预算参与各方的利益协调机制实现整合，仍旧可能会产生不良的绩效结果。政府收支分类改革只是现代财政制度建设的一个制度运行平台，预算过程是政府财政部门与其他利益相关主体、政府与整个社会的互动过程。在政府收支分类改革这个"舞台"上，还需要整合政府部门、立法监督机构、社会公众等各个方面的力量，构建具有纵深体系的公共预算利益相关主体共同治理结构。

尽管政府预算在更大意义上属于一国国内法的范畴，由于各国公共治理模式的不同，政府预算管理模式与运行机制受国际惯例的约束相对较小，但政府收支分类体系作为政府公共经济行为的"商务语言"，仍旧需要较多地考虑其国际可比性问题。

我国始于2007年的政府收支分类改革主要参考了国际货币基金组织（IMF）的《政府财政统计手册》（GFS）和联合国出版的《政府事务的经济和功能分类手册》等内容，这些范本在强调经济分类和功能分类的重要性上是大体一致的。但有两点需要注意：

第一，我国始于21世纪第一个十年的政府收支分类改革，变化较大的是政府支出功能分类体系的构建。但自20世纪70年代以来，由于对经济影响的估计日益重要，许多国家在主要预算文件中采用了支出的经济分类，尽管功能分类仍旧是最主要的分类，但经济分类的重要性也日益突出。功能分类强调预算活动和政策，而经济分类强调预算的经济影响，两者不可偏废。

第二，我国的政府收支分类改革似乎更多参照了国际货币基金组织于1986年发布的政府财政统计体系，从这个意义上讲，已然大体实现了中外政府商务语言的对接与整合。然而，随着联合国国民账户体系（SNA，1993年版）的发布，国际货币基金组织在征求各

---

① 陈启修. 财政学总论［M］. 北京：商务印书馆，2015：83（原书于1924年由商务印书馆出版）。

国意见后，于2001年正式发行了新版的《政府财政统计手册》，使得国际货币基金组织的财政统计核算体系与联合国国民账户体系的新标准保持一致。修改后的政府财政统计体系相比1986年《政府财政统计手册》，主要的修改有以下几个方面：对政府财政统计体系记录的单位和经济事件的范围、记录经济事件的时间、定义、分类和平衡项目进行了重大调整。

其中需要特别关注的是经济事件的记录时间问题。在修改后的《政府财政统计手册》中，记录交易和其他经济流量的时间由权责发生制原则确定。也就是说，流量在经济价值被创造、转换、交换、转移和消失时记录。而在1986年《政府财政统计手册》中，交易在收到和支出现金时记录。这一变动的预算改革背景在于，自20世纪80年代以来，权责发生制预算与政府会计原则在市场经济国家的应用范围日益扩大，并取得了一定的成功。

5.3　我国现行政府收支科目体系：以2023年为例[①]

5.3.1　一般公共预算收支科目

1）一般公共预算收入科目

一般公共预算收入科目包括税收收入、非税收入、债务收入、转移性收入四个类级科目。

（1）税收收入主要包括增值税、消费税、企业所得税、企业所得税退税、个人所得税、资源税、城市维护建设税、房产税、印花税、城镇土地使用税、土地增值税、车船税、船舶吨税、车辆购置税、关税、耕地占用税、契税、烟叶税、环境保护税、其他税收收入等款级科目。

（2）非税收入主要包括专项收入、行政事业性收费收入、罚没收入、国有资本经营收入、国有资源（资产）有偿使用收入、捐赠收入、政府住房基金收入、其他收入等款级科目。[②]

其中，专项收入包括教育费附加收入、铀产品出售收入、三峡库区移民专项收入[③]、场外核应急准备收入[④]、地方教育附加收入、文化事业建设费收入、残疾人就业保障金收入、教育资金收入[⑤]、农田水利建设资金收入[⑥]、森林植被恢复费[⑦]、水利建设专项收入[⑧]、油价调控风险准备金收入[⑨]、专项收益上缴收入[⑩]、其他专项收入等项级科目。

行政事业性收费收入包括公安行政事业性收费收入、法院行政事业性收费收入、司法行政事业性收费收入、外交行政事业性收费收入、商贸行政事业性收费收入、财政行政事业性收费收入、税务行政事业性收费收入、海关行政事业性收费收入、审计行政事业性收

[①] 中华人民共和国财政部.2023年政府收支分类科目［EB/OL］. http：//yss.mof.gov.cn/xiazaizhongxin/202211/t20221110_3850684.htm（2022-11-10）［2023-07-06］.
[②] 鉴于非税收入类级科目的内容较多且广受关注，故本节详述之，而对于其他类级科目则仅简要介绍下辖之款级科目。
[③] 反映中国长江三峡工程开发总公司和中国长江电力股份有限公司缴纳的三峡库区移民专项收入。
[④] 反映按核电厂核事故应急准备专项收入管理规定征收的场外核应急准备收入。
[⑤] 反映新疆生产建设兵团和地方政府从土地出让收益中计提的教育资金。
[⑥] 反映从土地出让收益中计提的农田水利建设资金。
[⑦] 反映林业草原部门按《森林植被恢复费征收使用管理暂行办法》征收的森林植被恢复费。
[⑧] 反映按《水利建设基金筹集和使用管理办法》等有关文件规定缴入国库的水利建设基金收入。
[⑨] 反映各地征收的油价调控风险准备金。
[⑩] 反映按有关规定上缴的专项收益收入。

费收入、国管局行政事业性收费收入、科技行政事业性收费收入、保密行政事业性收费收入、市场监管行政事业性收费收入、广播电视行政事业性收费收入、应急管理行政事业性收费收入、档案行政事业性收费收入、港澳办行政事业性收费收入、贸促会行政事业性收费收入、人防办行政事业性收费收入、中直管理局行政事业性收费收入、文化和旅游行政事业性收费收入、教育行政事业性收费收入、体育行政事业性收费收入、发展与改革（物价）行政事业性收费收入、统计行政事业性收费收入、自然资源行政事业性收费收入、建设行政事业性收费收入、知识产权行政事业性收费收入、生态环境行政事业性收费收入、铁路行政事业性收费收入、交通运输行政事业性收费收入、工业和信息产业行政事业性收费收入、农业农村行政事业性收费收入、林业草原行政事业性收费收入、水利行政事业性收费收入、卫生健康行政事业性收费收入、药品监管行政事业性收费收入、民政行政事业性收费收入、人力资源和社会保障行政事业性收费收入、证监会行政事业性收费收入、银行保险行政事业性收费收入、仲裁委行政事业性收费收入、编办行政事业性收费收入、党校行政事业性收费收入、监察行政事业性收费收入、外文局行政事业性收费收入、国资委行政事业性收费收入、其他行政事业性收费收入等项级科目。

罚没收入包括一般罚没收入、缉私罚没收入、缉毒罚没收入、罚没收入退库等项级科目。

国有资本经营收入包括利润收入、股利股息收入、产权转让收入、清算收入、国有资本经营收入退库、国有企业计划亏损补贴、烟草企业上缴专项收入、其他国有资本经营收入等项级科目。

国有资源（资产）有偿使用收入包括海域使用金收入、场地和矿区使用费收入、特种矿产品出售收入、专项储备物资销售收入、利息收入、非经营性国有资产收入、出租车经营权有偿出让和转让收入、无居民海岛使用金收入、转让政府还贷道路收费权收入、石油特别收益金专项收入、动用国家储备物资上缴财政收入、铁路资产变现收入、电力改革预留资产变现收入、矿产资源专项收入、排污权出让收入、航班时刻拍卖和使用费收入、农村集体经营性建设用地土地增值收益调节金收入、新增建设用地土地有偿使用费收入、水资源费收入、国家留成油上缴收入、市政公共资源有偿使用收入、其他国有资源（资产）有偿使用收入等项级科目。

捐赠收入包括国外捐赠收入和国内捐赠收入等项级科目。

政府住房基金收入反映按《住房公积金管理条例》等规定收取的政府住房基金收入，包括上缴管理费用、计提公共租赁住房资金、公共租赁住房租金收入、配建商业设施租售收入、其他政府住房基金收入等项级科目。

（3）债务收入主要包括中央政府债务收入、地方政府债务收入2个款级科目。

（4）转移性收入反映政府间的转移支付以及不同性质资金之间的调拨收入，包括返还性收入、一般性转移支付收入、专项转移支付收入、上解收入、上年结余收入、调入资金、债务转贷收入、动用预算稳定调节基金、区域间转移性收入等款级科目。

2）一般公共预算支出功能分类科目

一般公共预算支出功能分类科目包括一般公共服务支出、外交支出、国防支出、公共安全支出、教育支出、科学技术支出、文化旅游体育与传媒支出、社会保障和就业支出、卫生健康支出、节能环保支出、城乡社区支出、农林水支出、交通运输支出、资源勘探工业信息等支出、商业服务业等支出、金融支出、援助其他地区支出、自然资源海洋气象等支出、住房保障支出、粮油物资储备支出、灾害防治及应急管理支出、预备费、其他支出、转移性支出、债务还本支出、债务付息支出、债务发行费用支出等类级科目。

（1）一般公共服务支出反映政府提供一般公共服务的支出。一般公共服务支出类科目分设26款：人大事务、政协事务、政府办公厅（室）及相关机构事务、发展与改革事务、统计信息事务、财政事务、税收事务、审计事务、海关事务、纪检监察事务、商贸事务、知识产权事务、民族事务、港澳台事务、档案事务、民主党派及工商联事务、群众团体事务、党委办公厅（室）及相关机构事务、组织事务、宣传事务、统战事务、对外联络事务、其他共产党事务支出、网信事务、市场监督管理事务、其他一般公共服务支出。

在"一般公共服务"中，大多数"款"级科目下都设有"行政运行"、"一般行政管理事务"和"机关服务"等项级科目。"行政运行"科目反映行政单位（包括实行公务员管理的事业单位）的基本支出。"一般行政管理事务"反映行政单位（包括实行公务员管理的事业单位）未单独设置项级科目的其他项目支出。"机关服务"科目反映为行政单位（包括实行公务员管理的事业单位）提供后勤服务的各类后勤服务中心、医务室等附属事业单位的支出。其他事业单位的支出，凡单独设置了项级科目的，在单独设置的项级科目中反映。未设置项级科目的，在"其他"项级科目中反映。

（2）外交支出反映政府外交事务支出。人大、政协、政府及所属各部门（除国家领导人、外交部门）的出国费、招待费列入相关功能科目，不在本科目反映。

外交支出类科目分设9款：外交管理事务、驻外机构、对外援助、国际组织、对外合作与交流、对外宣传、边界勘界联检、国际发展合作、其他外交支出。

（3）国防支出反映政府用于国防方面的支出。国防支出类科目分设5款：军费、国防科研事业、专项工程、国防动员、其他国防支出。

（4）公共安全支出反映政府维护社会公共安全方面的支出。公共安全支出类科目分设11款：武装警察部队、公安、国家安全、检察、法院、司法、监狱、强制隔离戒毒、国家保密、缉私警察、其他公共安全支出。

（5）教育支出反映政府教育事务支出。教育支出类科目分设10款：教育管理事务、普通教育、职业教育、成人教育、广播电视教育、留学教育、特殊教育、进修及培训、教育费附加安排的支出、其他教育支出。

（6）科学技术支出反映科学技术方面的支出。为适应科教兴国战略要求，同时考虑目前我国科技经费管理的特殊需要，支出功能分类单设了"科学技术"类级科目，反映国家用于科学技术方面的支出。

科学技术支出类科目分设10款：科学技术管理事务、基础研究、应用研究、技术研究与开发、科技条件与服务、社会科学、科学技术普及、科技交流与合作、科技重大项目、其他科学技术支出。

同时，需要注意的是，中国社会科学院研究生院的支出，不列入教育支出类中，而属于社会科学支出中的"其他社会科学支出"。[①]

（7）文化旅游体育与传媒支出反映政府在文化、旅游、文物、体育、广播影视、电

---

① 尽管中国社会科学院大学已然于2017年成立，但在《2023年政府收支分类科目》中，仍旧如此列示。

影、新闻出版等方面的支出。文化旅游体育与传媒支出类科目分设6款：文化和旅游、文物、体育、新闻出版电影、广播电视、其他文化旅游体育与传媒支出。其中，从业余体校的教育内容看，既包括体育技术训练，也包括文化教育。政府收支分类将其归入"群众体育"，主要是考虑在国民经济行业分类中，业余体育学校列入其他体育。

（8）社会保障和就业支出反映政府在社会保障与就业方面的支出。社会保障和就业支出类科目分设21款：人力资源和社会保障管理事务、民政管理事务、补充全国社会保障基金、行政事业单位养老支出、企业改革补助、就业补助、抚恤、退役安置、社会福利、残疾人事业、红十字事业、最低生活保障、临时救助、特困人员救助供养、补充道路交通事故社会救助基金、其他生活救助、财政对基本养老保险基金的补助、财政对其他社会保险基金的补助、退役军人管理事务、财政代缴社会保险费支出、其他社会保障和就业支出。

（9）卫生健康支出反映政府卫生健康方面的支出。卫生健康支出分设13款：卫生健康管理事务、公立医院、基层医疗卫生机构、公共卫生、中医药、计划生育事务、行政事业单位医疗、财政对基本医疗保险基金的补助、医疗救助、优抚对象医疗、医疗保障管理事务、老龄卫生健康事务、其他卫生健康支出。

（10）节能环保支出反映政府节能环保支出。节能环保支出类科目分设15款：环境保护管理事务、环境监测与监察、污染防治、自然生态保护、天然林保护、退耕还林还草、风沙荒漠治理、退牧还草、已垦草原退耕还草、能源节约利用、污染减排、可再生能源、循环经济、能源管理事务、其他节能环保支出。

（11）城乡社区支出反映政府城乡社区事务支出。城乡社区支出类科目分设6款：城乡社区管理事务、城乡社区规划与管理、城乡社区公共设施、城乡社区环境卫生、建设市场管理与监督、其他城乡社区支出。

（12）农林水支出反映政府农林水事务支出。农林水支出类科目分设8款：农业农村、林业和草原、水利、巩固脱贫攻坚成果衔接乡村振兴、农村综合改革、普惠金融发展支出、目标价格补贴、其他农林水支出。

（13）交通运输支出反映交通运输和邮政业方面的支出。交通运输支出类科目分设6款：公路水路运输、铁路运输、民用航空运输、邮政业支出、车辆购置税支出、其他交通运输支出。

（14）资源勘探工业信息等支出反映用于资源勘探、制造业、建筑业、工业信息等方面支出。资源勘探工业信息等支出类科目分为7款：资源勘探工业开发、制造业、建筑业、工业和信息产业监管、国有资产监管、支持中小企业发展和管理支出、其他资源勘探工业信息等支出。

（15）商业服务业等支出反映商业服务业等方面的支出。商业服务业等支出类科目分为3款：商业流通事务、涉外发展服务支出、其他商业服务业等支出。

（16）金融支出反映金融方面的支出。金融支出类科目分为5款：金融部门行政支出、金融部门监管支出、金融发展支出、金融调控支出、其他金融支出。

（17）援助其他地区支出反映援助方政府安排并管理的对其他地区各类援助、捐赠等资金支出。援助其他地区支出类科目分为9款：一般公共服务、教育、文化旅游体育与传媒、卫生健康、节能环保、农业农村、交通运输、住房保障、其他支出。

（18）自然资源海洋气象等支出反映政府用于自然资源、海洋、测绘、气象等公益服务事业方面的支出。自然资源海洋气象等支出类科目分为3款：自然资源事务、气象事务、其他自然资源海洋气象等支出。

（19）住房保障支出集中反映政府用于住房方面的支出。住房保障支出类科目分为3款：保障性安居工程支出、住房改革支出、城乡社区住宅。

（20）粮油物资储备支出反映政府用于粮油物资储备方面的支出。粮油物资储备支出类科目分为4款：粮油物资事务、能源储备、粮油储备、重要商品储备。

（21）灾害防治及应急管理支出反映政府用于自然灾害防治、安全生产监管及应急管理等方面的支出。灾害防治及应急管理支出类科目分为7款：应急管理事务、消防救援事务、矿山安全、地震事务、自然灾害防治、自然灾害救灾及恢复重建支出、其他灾害防治及应急管理支出。

（22）预备费反映预算中安排的预备费。

（23）其他支出反映不能划分到上述功能科目的其他政府支出。其他支出类科目分为2款：年初预留、其他支出。年初预留主要是指有预算分配权的部门年初预留的支出。其他支出主要反映除上述项目以外其他不能划分到具体功能科目中的支出项目。

（24）转移性支出反映政府的转移支付以及不同性质资金之间的调拨支出。转移性支出类科目分为10款：返还性支出、一般性转移支付、专项转移支付、上解支出、调出资金、年终结余、债务转贷支出、安排预算稳定调节基金、补充预算周转金、区域间转移性支出。

（25）债务还本支出反映归还债务本金所发生的支出。债务还本支出类科目分为3款：中央政府国内债务还本支出、中央政府国外债务还本支出、地方政府一般债务还本支出。

（26）债务付息支出反映用于归还债务利息所发生的支出。债务付息支出类科目分为3款：中央政府国内债务付息支出、中央政府国外债务付息支出、地方政府一般债务付息支出。

（27）债务发行费用支出反映用于债务发行兑付费用的支出。债务发行费用支出分为3款：中央政府国内债务发行费用支出、中央政府国外债务发行费用支出、地方政府一般债务发行费用支出。

5.3.2 政府性基金预算收支科目

政府性基金预算收支科目包括政府性基金预算收入科目和政府性基金预算支出功能分类科目。

政府性基金预算收入科目包括非税收入、债务收入和转移性收入3个类级科目。

政府性基金预算支出功能分类科目包括科学技术支出、文化旅游体育与传媒支出、社会保障和就业支出、节能环保支出、城乡社区支出、农林水支出、交通运输支出、资源勘探工业信息等支出、金融支出、其他支出、转移性支出、债务还本支出、债务付息支出、债务发行费用支出、抗疫特别国债安排的支出15个类级科目。

5.3.3 国有资本经营预算收支科目

国有资本经营预算收支科目包括国有资本经营预算收入科目和国有资本经营预算支出

功能分类科目。

国有资本经营预算收入科目包括非税收入和转移性收入2个类级科目。

国有资本经营预算支出功能分类科目包括社会保障和就业支出、国有资本经营预算支出、转移性支出3个类级科目。

5.3.4　社会保险基金预算收支科目

社会保险基金预算收支科目包括社会保险基金预算收入科目和社会保险基金预算支出功能分类科目。

社会保险基金预算收入科目包括社会保险基金收入和转移性收入2个类级科目。社会保险基金收入科目包括企业职工基本养老保险基金收入、失业保险基金收入、职工基本医疗保险基金收入、工伤保险基金收入、城乡居民基本养老保险基金收入、机关事业单位基本养老保险基金收入、城乡居民基本医疗保险基金收入、国库待划转社会保险费利息收入、其他社会保险基金收入9个款级科目。转移性收入包括上年结余收入、调入资金、社会保险基金转移收入、社会保险基金上级补助收入、社会保险基金下级上解收入5个款级科目。

社会保险基金预算支出功能分类科目包括社会保险基金支出和转移性支出2个类级科目。社会保险基金支出科目包括企业职工基本养老保险基金支出、失业保险基金支出、职工基本医疗保险基金支出、工伤保险基金支出、城乡居民基本养老保险基金支出、机关事业单位基本养老保险基金支出、城乡居民基本医疗保险基金支出、其他社会保险基金支出8个款级科目。转移性支出包括年终结余、社会保险基金转移支出、社会保险基金补助下级支出、社会保险基金上解上级支出4个款级科目。

5.3.5　支出经济分类科目

支出经济分类是按支出的经济性质和具体用途所做的一种分类。在支出功能分类明确反映政府职能活动的基础上，支出经济分类明细反映政府的钱究竟是怎么花出去的，是付了人员工资、会议费，还是买了办公设备等。支出经济分类与支出功能分类从不同侧面、以不同方式反映政府支出活动。它们既是两个相对独立的体系，又相互联系，可结合使用。

1）设置政府支出经济分类的缘由

一是为了使政府收支分类体系更加完整。依照国际通行做法，政府收入分类、支出功能分类以及支出经济分类共同构成一个全面的、明晰反映政府收支活动的分类体系。如果我们只设支出功能分类而不设支出经济分类，政府每一项支出的具体用途便无法反映。

二是为了使原有支出目级科目反映的内容更加明晰、完整。我国2001年以前只设有12个反映支出经济性质、具体用途的支出目级科目。2002年以后有关具体科目虽然细化、扩展到了30多个，但仍存在不够完整、不够具体的问题。比如，一些资本性支出就无法得到具体反映。改革后的支出经济分类设类、款两级，可以更加全面、清晰地反映政府支出情况。

三是为了规范管理。支出经济分类既是细化部门预算的重要条件，同时也是预算单位执行预算和进行会计核算的基础。因此，单设支出经济分类对进一步规范和强化预算管理具有十分重要的意义。

2）设置政府支出经济分类的原则

（1）全面反映的原则。支出经济分类将原来一个粗略反映政府部分支出性质的附属科目表，转变成一个可按支出具体用途独立反映全部政府支出活动的分类体系。

（2）明细反映的原则。支出经济分类较原预算支出目级科目更加细化，按预算管理要求分设60多个款级科目，可充分满足细化预算和强化经济分析的要求。

（3）便于管理的原则。支出经济分类科目的设置既参考了国际通行做法，也充分考虑了我国目前政府支出管理和部门预算改革的实际需要。

在支出功能分类中，机关运转支出与各专项业务支出分别通过"行政运行""一般行政管理事务""机关服务"以及各相关功能科目单独进行了反映。而支出经济分类主要反映政府的钱是怎样花出去的，是用于发放干部职工工资，还是用于购买商品和服务。因此，不需要在支出经济分类中再设置机关运转支出与专项业务支出科目。

3）政府预算支出经济分类科目

根据《支出经济分类科目改革方案》（财预〔2017〕98号）修订后的支出经济分类科目分为政府预算支出经济分类科目和部门预算支出经济分类科目。在此重点介绍政府预算支出经济分类科目。

（1）机关工资福利支出。反映机关和参照公务员法管理的事业单位（以下简称参公事业单位）在职职工和编制外长期聘用人员的各类劳动报酬，以及上述人员缴纳的各项社会保险费等。

（2）机关商品和服务支出。反映机关和参公事业单位购买商品和服务的各类支出，不包括购置固定资产、战略性和应急性物资储备等资本性支出。

（3）机关资本性支出（一）。反映机关和参公事业单位资本性支出。切块由发展改革部门安排的基本建设支出中机关和参公事业单位资本性支出不在此科目反映。

（4）机关资本性支出（二）。反映切块由发展改革部门安排的基本建设支出中机关和参公事业单位资本性支出。

（5）对事业单位经常性补助。反映对事业单位（不含参公事业单位）的经常性补助支出。

（6）对事业单位资本性补助。反映对事业单位（不含参公事业单位）的资本性补助支出。

（7）对企业补助。反映政府对各类企业的补助支出。对企业资本性支出不在此科目反映。

（8）对企业资本性支出。反映政府对各类企业的资本性支出。

（9）对个人和家庭的补助。反映政府用于对个人和家庭的补助支出。

（10）对社会保障基金补助。反映政府对社会保险基金的补助以及补充全国社会保障基金的支出。

（11）债务利息及费用支出。反映政府债务利息及费用支出。

（12）债务还本支出。反映政府债务还本支出。

（13）转移性支出。反映政府间和不同性质预算间的转移性支出。

（14）预备费及预留。反映预备费及预留。

（15）其他支出。反映不能划分到上述经济分类科目的其他支出。

本章小结 ✅ ⋯⋯⋯⋯⋯⋯⋯⋯⋯⋯⋯⋯⋯⋯⋯⋯ •

•政府收支分类，就是在政府预算管理中，按照特定的标准，对政府预算收入和支出进行类别和层次划分，以全面、准确、清晰地反映政府收支活动，从而有效地为政府预算的编制、执行和决算提供基础性的技术平台。

•现行《中华人民共和国预算法》规定，一般公共预算收入包括各项税收收入、行政事业性收费收入、国有资源（资产）有偿使用收入、转移性收入和其他收入。一般公共预算支出按照其功能分类，包括一般公共服务支出，外交、公共安全、国防支出，农业、环境保护支出，教育、科技、文化、卫生、体育支出，社会保障及就业支出和其他支出。一般公共预算支出按照其经济性质分类，包括工资福利支出、商品和服务支出、资本性支出和其他支出。政府性基金预算、国有资本经营预算和社会保险基金预算的收支范围，按照法律、行政法规和国务院的规定执行。中央预算与地方预算有关收入和支出项目的划分、地方向中央上解收入、中央对地方税收返还或者转移支付的具体办法，由国务院规定，报全国人民代表大会常务委员会备案。上级政府不得在预算之外调用下级政府预算的资金。下级政府不得挤占或者截留属于上级政府预算的资金。

•国际上，预算支出分类的主要方式有部门分类、功能分类和经济分类三种。部门分类主要明确资金管理责任者，解决"谁"的问题；功能分类主要反映政府支出的功能，明确"做什么"的问题；经济分类主要反映支出的经济性质，明确"如何使用"的问题。

综合练习 ✅ ⋯⋯⋯⋯⋯⋯⋯⋯⋯⋯⋯⋯⋯⋯⋯⋯ •

•简答题

5.1 政府收支分类体系的适用范围有哪些？

5.2 我国现行预算法规定的政府收支范围是怎样的？

5.3 简要分析政府收入分类的主要内容。

5.4 简要分析政府支出功能分类的主要内容。

5.5 简要分析政府支出经济分类的主要内容。

•案例分析题

从政府部门的支出分类归属变化谈起

2007年的政府收支分类改革，仅仅是改变了资金的反映渠道和统计口径，并不触及各方面现有的资金分配和管理权限以及工作流程，不涉及利益格局的调整，是一项技术性和基础性的改革。但从各部门的理解看来，却未必如此。很多部门往往将该部门在政府收支分类体系中是否单独列示，乃至归属的级次，看作对本部门重视与否的标志。

请阅读以下资料，并尝试回答：

1. 为什么某一个部门的支出，是否单独列示，以及归属的级次（类款项），对于部门利益仍旧会产生一定的影响？

2. 查看最近几年的政府收支分类科目，找出一个您熟悉的政府部门或单位，分析其在政府收支分类科目中的变化情况。

在2007年的政府收支分类改革方案颁布后不久，中国红十字会网站上就发布了这样的消息：在政府收支分类方案中新增了"红十字事业"科目，实现了红十字会经费真正意义的单列，这项改革再次体现了政府对红十字事业的关心和支持。如果将政府收支分类是否单列科目看作是对某项公共事业是否支持与关注的标志，那就难免诱发未列科目的单位争列科目，已列科目的部门争列高级次科目的利益冲动。

2004年10月，在针对国家海洋局系统的一项部门预算绩效考评工作中，在海洋局下属单位——国家卫星海洋应用中心（以下简称"卫星中心"）实地考察时，发生过这样一个故事。

在当时，卫星中心性质为公益服务的业务中心，属于财政全额拨款的事业单位。其主要职责和任务是：拟定海洋系列卫星及其应用研究规划，负责对全国重大海洋卫星遥感应用项目与系列海洋卫星发展项目进行综合论证；管理海洋卫星遥感业务及其应用的技术工作，组织开展海洋卫星遥感应用技术研究；拟定海洋卫星遥感应用业务化系统的建设规划，组织实施海洋卫星遥感应用业务；负责海洋卫星地面应用系统及海洋卫星地面接收站的建设和管理等。

非常有趣的是，在分析卫星中心的财务报表时发现，该中心的财政拨款支出基本上列支于"文体广播事业费"类级科目之下。而按照当时的规定，"文体广播事业费"反映的是除基本建设支出、挖潜改造资金、流动资金和科技三项费用以外的各项文体广播等部门的事业费。即使是非财经类专业的人士，单纯从科目名称上判断，也不难发现文体广播事业与卫星中心主要从事海洋卫星研发管理的职能，基本上是"风马牛不相及"的。进一步核对发现，不仅海洋中心，整个国家海洋局系统的事业经费支出，都隶属于"文体广播事业费"类级科目之下的款级科目——海洋事业费（代码：1207）。

为什么会出现这样的情形呢？经过反复询问，一个或然性的答案是，当初设立国家海洋局这一机构的时候，只有"文体广播事业费"类下还有一些富余的经费，于是就将该部门列支于此了。这是一个早期政府预算科目体系设置不合理的典型案例。

在2007年实施的新政府收支分类体系中，在支出功能分类科目中的第一项支出——一般公共服务（代码：201）——类级科目下，专门设置了"海洋管理事务"（代码：19）款级科目，用来反映用于海洋管理方面的支出。在海洋事务管理科目下，又分设了15个项级科目。国家卫星海洋应用中心的事业费支出，归属于其中的"海洋卫星"项级科目（代码10），专门用来核算反映海洋卫星及地面接收系统建设等方面的支出，可谓是"各归其类"。

到后来，2018年3月，根据第十三届全国人民代表大会第一次会议批准的国务院机构改革方案，将国家海洋局的职责整合；组建中华人民共和国自然资源部，自然资源部对外保留国家海洋局牌子；将国家海洋局的海洋环境保护职责整合，组建中华人民共和国生态环境部；将国家海洋局的自然保护区、风景名胜区、自然遗产、地质公园等管理职责整合，组建中华人民共和国国家林业和草原局，由中华人民共和国自然资源部管理；不再保留国家海洋局。与之相应，在后来的政府收支分类科目中，"海洋事务管理"这一款级科目也就随之做出了相应调整与变化。

资料来源：马蔡琛. 政府预算［M］. 大连：东北财经大学出版社，2007；127-131.

推荐阅读资料 ✅ - •

［1］中华人民共和国财政部．2023年政府收支分类科目［M］．北京：中国财政经济出版社，2022.

［2］葛守中．政府财政核算体系（GFS）与中国政府财政统计改革研究［M］．上海：上海财经大学出版社，2017.

［3］孙硕，邓淑莲．国家治理现代化背景下的政府预算收支分类体系研究［J］．财政研究，2020（12）.

第6章
政府预算编制与决策过程

在中国四大古典文学名著之一《三国演义》第三十六回"玄德用计袭樊城，元直走马荐诸葛"中，有这样一段文字——却说单福正与玄德在寨中议事，忽信风骤起。福曰："今夜曹仁必来劫寨。"玄德曰："何以敌之？"福笑曰："吾已**预算**定了。"当然，这里的"预算"是作为动词使用的，与政府预算作为一项专门财经术语的应用，其含义相去甚远。但"预算定了"之于政府公共治理和军事运筹学的同等重要性，似乎仍旧可以从上述徐庶（单福）与刘备的对话中窥见一二。在政府预算管理中，"预算定了"的最为重要环节，就是本章所要叙述的预算编制与决策问题。

6.1　政府预算编制与决策概述

预算编制其实就是预算决策过程，这是政府预算管理中非常重要的一个环节。预算管理与政策是密切相关的，预算必须体现政府的公共政策，恰如邓小平同志在20世纪50年代所指出的，"决定数字就是决定政策。……数目字内包括轻重缓急，哪个项目该办，哪个项目不该办，这是一个政治性的问题"[1]。从总量约束的角度来看，习近平同志强调："公款姓公，一分一厘都不能乱花；公权为民，一丝一毫都不能私用。"[2]预算是实现政策——核心是财政政策——的工具。财政政策涉及的是"需要做什么"，预算管理涉及的是"需要怎样做"，两者之间存在着一定的差别。此外，在实施机制、技术、技能和数据要求方面，好的政策与好的预算管理之间也存在着很大差异。[3]在现实预算决策过程中，不同偏好的组合与不同层次的权力，必须通过预算过程来协调。如果某些参与者感到他们在预算过程中过于弱小，他们很可能不再参与预算过程或者成为反对者，进而阻止任何协议的达成或提出僵化的不能协商的决定。[4]

一般认为，预算编制属于行政权的一部分，因而各国通常将编制预算的权力赋予政府，具体由政府财政部门主管（奥地利预算由审计院编制）。[5]也有学者认为，无论哪个国家，如果把预算编制权归属于议会，从预算制度民主化看，较为理想，但操作起来较为困难。[6]

---

① 邓小平. 邓小平文选：第1卷 [M]. 北京：人民出版社，1994：193-195.
② 习近平. 习近平谈治国理政：第1卷 [M]. 北京：外文出版社，2014：394.
③ 王雍君. 公共预算管理 [M]. 2版. 北京：经济科学出版社，2010：12.
④ 苟燕楠，董静. 公共预算决策——现代观点 [M]. 北京：中国财政经济出版社，2004：73-74.
⑤ 张献勇. 预算权研究 [M]. 北京：中国民主法制出版社，2008：84.
⑥ 井手文雄. 日本现代财政学 [M]. 陈秉良，译. 北京：中国财政经济出版社，1990：199.

对大多数政府而言，预算成为一个一年一度的过程。往往在预算年度结束之前，部门已在进行新的预算年度申请工作。①就各国预算编制的时间跨度而言，一般认为，预算编制时间最好在9个月左右。而预算正式编制时间一般为6个月左右（系指从决定部门最高限额到正式提交预算给立法机构的时间），②这大体相当于我国预算编制中"一下"与"二上"环节之间所应间隔的时间。

在整个预算准备过程中，无论是中等的还是大型机构遵循的程序，和预算首脑在整个政府过程中使用的程序十分相似。在预算过程的最早阶段，良好的部门计划和准备是最终成功的关键。在整个过程的这个节点，来自行政首脑或预算长官的总体指导意见通常被提供给各部门。其中包括关于整个财政状况的声明，可能实施的战略规划的情况，以及立法和执行上的优先权。③简而言之，可以将预算过程概括为五个阶段（参见图6-1）：④

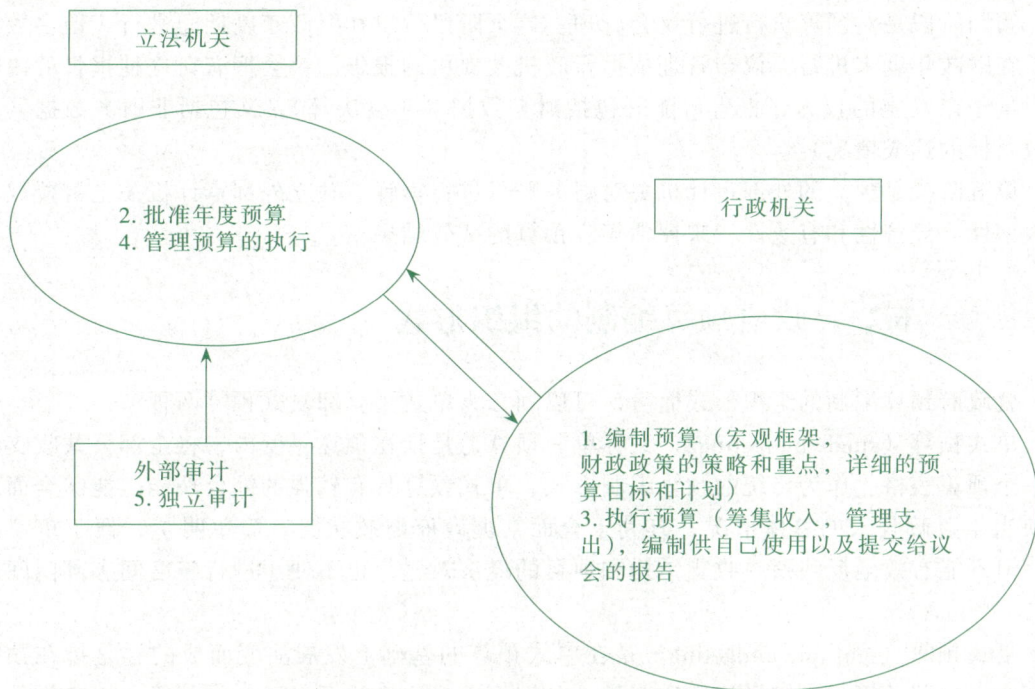

图6-1 立法机关和行政机关在预算周期中的作用

资料来源：利纳特，郑茂京.预算制度的法律框架：国际比较视角［M］. 马蔡琛，等译，北京：经济科学出版社，2021：15.

第一阶段是行政机关编制预算草案并提交给立法机关。通常分为两步进行：第一步，财政部（或类似部门）编制包括明确的政府预算定位之预算草案；第二步，财政部（或类似部门）编制的预算草案经部长会议批准（或总统制国家中的类似部门）。这份预算被提交给立法机关，以便接受可能的修正并获得批准。

① 梅耶斯 R T. 公共预算经典：第1卷［M］. 苟燕楠，董静，译. 上海：上海财经大学出版社，2005：374.
② 上海财经大学公共政策研究中心.2010年中国财政发展报告——国家预算的管理及法制化进程［M］. 上海：上海财经大学出版社，2010：351.
③ 梅耶斯 R T. 公共预算经典：第1卷［M］. 苟燕楠，董静，译. 上海：上海财经大学出版社，2005：376-377.
④ 利纳特，郑茂京.预算制度的法律框架：国际比较视角［M］. 马蔡琛，等译. 北京：经济科学出版社，2021：14-15.

第二阶段是议会阶段，预算一般在议会委员会中被讨论，并可能被建议进行修正。一旦修正在全体大会上通过，预算就得到了立法机关的批准。如果资金不足，法律就会授权行政机关提高税收收入。这些收支建议的正式采用，意味着对许多支出类别设置了法定上限。

第三阶段是实施经批准的预算，它由行政机关和（或）政府机构执行。在这一阶段，中央预算办公室（通常在财政部或类似机关内部）监督预算执行，并通过规定明确的会计系统，定期编制预算执行报告。在无法预料的紧急情况下，包括预算法案中暗含的宏观经济框架出现重大偏差的情况下，行政机关可能被授权对核准的预算进行更改。行政机关的这种更改可能需要对补充预算进行确认。行政机关也可以被授权修改已通过的预算，包括改变其内容（如预算流用或使用年度预算中的准备金），或者根据经济环境的要求，将实际支出控制在批准的支出水平之内。

第四阶段是对预算执行进行议会管理。这个阶段可以在财政年度期间进行，但多数情况下在财政年度末进行。议会管理依据行政机关提供的报告。议会拥有对这种报告的内容和时期予以规定的权力，报告可能既包括财务数据（年度决算），又包括非财务数据（如绩效目标的达成情况）。

第五阶段是独立的外部审计机关对财务账目进行审计。独立外部审计机关也被授权根据效率性、经济性和有效性，来评估年度预算的绩效结果。

6.2　政府预算编制的组织形式

就政府预算编制的组织形式而言，可以划分为单式预算和复式预算两种。

单式预算（single budgeting），又称单一预算，是指在预算年度内，将全部公共收支编入一个预算表格。作为传统的预算编制方式，单式预算具有较强的综合功能，能够全面地反映当年财政收入的总体情况，有利于全面掌握政府财政状况，简单明了，便于审议批准；但不能有效地反映财政收支结构和项目的经济效益，也不便于进行年度间和部门间的比较。

复式预算（multiple budgeting）是在单式预算的基础上发展演变而成的，是指在预算年度内将全部预算收支按经济性质归类，分别汇编成两个或两个以上的预算，以特定的预算收入来源保证特定的预算支出，并使两者具有相对稳定的对应关系。市场经济国家的复式预算制度，一般分为经常预算和资本预算。这种预算形式对总体情况的反映功能比较弱，但能明确揭示财政收支的分类状况，反映财政收支的结构和经济建设项目的效益，较为接近商业会计原则。在制订中长期计划时，资本预算能够对长期公共投资进行较为有效的管理。

实行复式预算实际上是将政府经济与私人经济进行类比。经常预算与资本预算的划分，首先是从支出的不同性质着眼的，私人企业的支出可分为费用和投资，政府支出自然也可以作相似的划分。政府的公共经费属于费用部分，它的支出的结果是减少国家的净资产额，而政府投资是由货币形态转换为固定资产、流动资产和金融资产，对国家的净资产额不发生影响。①

复式预算的最早实践国是丹麦（第二次世界大战后恢复到单式预算）。1927年丹麦率先将财政收支按经济性质分别编为两种收支表，采用资本账，创立了资本预算，从而产生了复式预算，但当时并没有引起其他国家的注意。②复式预算的产生和推广，是与政府职能的扩大和赤字预算的推行联系在一起的。复式预算制度中的经常预算，对应的是公共部门日常收支活动，支出范围多限于满足公共部门实现社会管理职能所需，其收入主要依靠税收。复式预算中的资本预算，其支出主要是非市场性投资，收入包括经常预算的结余、各类专项建设税费、公债等。从世界各国预算编制的形式来看，自20世纪八九十年代以来，随着新公共管理运动的兴起，国有经济规模的相对缩小，许多国家已不再编制复式预算。

资本预算的反对者指出，对政府来说，把经常支出和资本支出清晰地区分开来是很困难的。教育和职业培训计划是一种经常性支出，还是一种在未来能带来收益的人力资本投资呢？导弹是一种投资（因为它将保存很长时间），还是一种经常支出（因为它不可重复使用）？这种区分上的模棱两可会导致一些闹剧，因为每一个新支出计划的支持者都声称它是一种投资，因而属于资本预算。③

截止到20世纪90年代中期，世界上实行复式预算制度的国家大约有几十个，发达国家有英国、法国、意大利、日本、比利时、荷兰、瑞典、挪威、卢森堡、葡萄牙等国，实行复式预算的发展中国家有印度、巴基斯坦、印度尼西亚、新加坡、韩国、以色列、沙特阿拉伯等及非洲80%以上的国家。④如果仅从数量上看，实行复式预算制度的国家数目比例也不在少数。可是，在具体的国别构成分析中，非洲国家的数目占了实行复式预算制度国家的绝大多数。因此，就实行复式预算制度的代表性而言，也确实未必能代表市场经济国家政府预算管理改革的主流模式，并且在某些采行复式预算制度的发达国家（如德国），其经常项目的收入和支出，仍旧构成了政府预算收支的主体，大体占其联邦预算收支总额的80%以上。

相对客观的评价或许应该是，许多发展中国家实行复式预算制度；有些发达国家也实行，但存在着减少的趋势。一些国家放弃复式预算而转向单式预算的原因大体有以下两个方面：首先，随着自由主义经济思潮的重新兴起，市场经济国家往往或多或少地减少了对市场运行的干预程度，资本性政府支出的数额相对下降，通过实行复式预算提高政府投资效能的需求相应降低；其次，随着政府宏观经济调控手段的日益成熟，市场经济国家的宏观经济管理逐步转向运用税率、利率、汇率、产业政策等间接调控手段，资本预算所代表的政府直接投资管理手段的效用也在逐步弱化。1991年国务院发布的《国家预算管理条例》规定，国家预算由单式预算改为复式预算（参见专栏6-1）。1994年通过的《中华人民共和国预算法》第二十六条规定，中央预算和地方各级政府预算按照复式预算编制。2014年的《中华人民共和国预算法》修订中，取消了有关复式预算的规定。

① 财政部预算管理司，财政部外事局.复式预算：改革与实践［M］.北京：中国财政经济出版社，1993：34-35.
② 门惠英.复式预算理论与实践［M］.北京：中国财政经济出版社，1996：5.
③ 罗森 H S，盖亚 T G.财政学［M］.郭庆旺，译.10版.北京：中国人民大学出版社，2015：377.
④ 门惠英.复式预算理论与实践［M］.北京：中国财政经济出版社，1996：15.

复式预算在我国的早期实践

在 20 世纪 90 年代之前，我国财政预算一直实行的是单式预算。单式预算是把国家的财政收支汇编在一个统一的预算表中。它具有编制方法简便、一张表反映财政全貌等优点。但这种预算形式不能明确反映财政"吃饭"与"建设"的收支性质，易混淆国家社会管理者职能和资产所有者职能，尤其是赤字原因及弥补赤字的办法显示不清。因此，复式预算于 20 世纪 90 年代初期被提上日程。

1991 年的《国家预算管理条例》规定：从 1992 年开始，国家预算采用复式预算的编制办法。复式预算的基本内容是，把国家预算划分为经常性预算和建设性预算两个部分，然后将各项财政收支按不同性质分解编入经常性预算和建设性预算的有关科目中。

从当时我国的经济、财政情况看，实行复式预算制的优点在于：

首先，它能更好地反映国民经济持续、稳定、协调的发展和体现"一要吃饭、二要建设"的经济建设方针。复式预算的编制顺序是先编制经常性预算，以保持收支平衡，并有所结余，然后再根据财力情况编制建设性预算。建设性预算必须坚持量力而行，保持合理的建设规模。中央建设性预算的部分资金来源，可以通过举借国内外债务的方式筹措。地方建设性预算则要保持收支平衡。因此，复式预算制一方面可以防止经常性支出过大而导致预算失衡；另一方面又能够避免出现经济建设过热的情况。

其次，实行复式预算制可以较为真实地反映财政预算的平衡状况，有利于分析赤字产生的原因，进而能够有针对性地采取措施，弥补财政赤字，平衡预算。从增强预算透明度的角度看，也有利于各级人大代表审查监督预算的编制与执行。

当时我国实行复式预算制的条件也已具备。我国的经济是以生产资料公有制为主体的，国家不仅具有一般的管理职能，而且具有管理国民经济、指导经济发展的职能。国家的这种双重职能在国家预算收入中体现为一部分收入是国家以管理者身份取得的，而另一部分收入则是国家以国有资产所有者的身份取得的；在国家预算支出中，一部分支出是用于维持国家政权机构活动和保障国家安全等方面的开支，另一部分支出是用于支持经济建设方面的开支。可以说，国家的双重职能，从客观上为我国实行复式预算制提供了基本条件。另外，我国国家预算经过 40 多年的编制实践，形成了一套比较完整的编制制度和方法，积累了不少的实践经验，也为复式预算的编制提供了必要的条件。

资料来源：

[1] 国家财政将实行复式预算 [N]. 人民日报，1991-11-13 (001).

[2] 李林池，刘小明. 实行复式预算势在必行 [N]. 人民日报，1992-01-22 (005).

[3] 李建兴. 复式预算：财政管理制度的重要改革 [N]. 人民日报，1992-03-22 (003).

6.3 预算编制的法律规定

在 2014 年修正通过的《中华人民共和国预算法》和 2020 年修订的《中华人民共和国预算法实施条例》中，对于预算编制作出了较为系统且全面的规定：

国务院应当及时下达关于编制下一年预算草案的通知①。编制预算草案的具体事项由国务院财政部门部署。各级政府、各部门、各单位应当按照国务院规定的时间编制预算草案。财政部于每年6月15日前部署编制下一年度预算草案的具体事项，规定报表格式、编报方法、报送期限等。中央各部门应当按照国务院的要求和财政部的部署，结合本部门的具体情况，组织编制本部门及其所属各单位的预算草案。中央各部门负责本部门所属各单位预算草案的审核，并汇总编制本部门的预算草案，按照规定报财政部审核。财政部审核中央各部门的预算草案，具体编制中央预算草案；汇总地方预算草案或者地方预算，汇编中央和地方预算草案。

各级预算应当根据年度经济社会发展目标、国家宏观调控总体要求和跨年度预算平衡的需要，参考上一年预算执行情况、有关支出绩效评价②结果和本年度收支预测，按照规定程序征求各方面意见后，进行编制。各级政府依据法定权限作出决定或者制定行政措施，凡涉及增加或者减少财政收入或者支出的，应当在预算批准前提出并在预算草案中作出相应安排。各部门、各单位应当按照国务院财政部门制定的政府收支分类科目、预算支出标准和要求③，以及绩效目标管理等预算编制规定，根据其依法履行职能和事业发展的需要以及存量资产情况，编制本部门、本单位预算草案。

省、自治区、直辖市政府应当按照国务院规定的时间，将本级总预算草案报国务院审核汇总。省、自治区、直辖市政府按照国务院的要求和财政部的部署，结合本地区的具体情况，提出本行政区域编制预算草案的要求。县级以上地方各级政府财政部门应当于每年6月30日前部署本行政区域编制下一年度预算草案的具体事项，规定有关报表格式、编报方法、报送期限等。县级以上地方各级政府各部门应当根据本级政府的要求和本级政府财政部门的部署，结合本部门的具体情况，组织编制本部门及其所属各单位的预算草案，按照规定报本级政府财政部门审核。县级以上地方各级政府财政部门审核本级各部门的预算草案，具体编制本级预算草案，汇编本级总预算草案，经本级政府审定后，按照规定期限报上一级政府财政部门。省、自治区、直辖市政府财政部门汇总的本级总预算草案或者本级总预算，应当于下一年度1月10日前报财政部。县级以上各级政府财政部门审核本级各部门的预算草案时，发现不符合编制预算要求的，应当予以纠正；汇编本级总预算草案时，发现下级预算草案不符合上级政府或者本级政府编制预算要求的，应当及时向本级政府报告，由本级政府予以纠正。

各级政府财政部门编制收入预算草案时，应当征求税务、海关等预算收入征收部门和单位的意见。预算收入征收部门和单位应当按照财政部门的要求提供下一年度预算收入征收预测情况。

中央一般公共预算中必需的部分资金，可以通过举借国内和国外债务等方式筹措，举借债务应当控制适当的规模，保持合理的结构。对中央一般公共预算中举借的债务实行余额管理④，余额的规模不得超过全国人民代表大会批准的限额。国务院财政部门具体负责

---

① 此处所称预算草案，是指各级政府、各部门、各单位编制的未经法定程序审查和批准的预算。
② 此处所称绩效评价，是指根据设定的绩效目标，依据规范的程序，对预算资金的投入、使用过程、产出与效果进行系统和客观的评价。绩效评价结果应当按照规定作为改进管理和编制以后年度预算的依据。
③ 此处所称预算支出标准，是指对预算事项合理分类并分别规定的支出预算编制标准，包括基本支出标准和项目支出标准。地方各级政府财政部门应当根据财政部制定的预算支出标准，结合本地区经济社会发展水平、财力状况等，制定本地区的预算支出标准。
④ 此处所称余额管理，是指国务院在全国人民代表大会批准的中央一般公共预算债务的余额限额内，决定发债规模、品种、期限和时点的管理方式；所称余额，是指中央一般公共预算中举借债务未偿还的本金。

对中央政府债务的统一管理。地方各级预算按照量入为出、收支平衡的原则编制，除本法另有规定外，不列赤字。

经国务院批准的省、自治区、直辖市的预算中必需的建设投资的部分资金，可以在国务院确定的限额内，通过发行地方政府债券举借债务的方式筹措。举借债务的规模①，由国务院报全国人民代表大会或者全国人民代表大会常务委员会批准。省、自治区、直辖市依照国务院下达的限额举借的债务，列入本级预算调整方案，报本级人民代表大会常务委员会批准。举借的债务应当有偿还计划和稳定的偿还资金来源，只能用于公益性资本支出，不得用于经常性支出。除前款规定外，地方政府及其所属部门不得以任何方式举借债务。除法律另有规定外，地方政府及其所属部门不得为任何单位和个人的债务以任何方式提供担保。国务院建立地方政府债务风险评估和预警机制、应急处置机制以及责任追究制度。

国务院财政部门对地方政府债务实施监督。地方政府债务余额实行限额管理。各省、自治区、直辖市的政府债务限额，由财政部在全国人民代表大会或者其常务委员会批准的总限额内，根据各地区债务风险、财力状况等因素，并考虑国家宏观调控政策等需要，提出方案报国务院批准。各省、自治区、直辖市的政府债务余额不得突破国务院批准的限额。省、自治区、直辖市政府财政部门依照国务院下达的本地区地方政府债务限额，提出本级和转贷给下级政府的债务限额安排方案，报本级政府批准后，将增加举借的债务列入本级预算调整方案，报本级人民代表大会常务委员会批准。接受转贷并向下级政府转贷的政府应当将转贷债务纳入本级预算管理。使用转贷并负有直接偿还责任的政府，应当将转贷债务列入本级预算调整方案，报本级人民代表大会常务委员会批准。地方各级政府财政部门负责统一管理本地区政府债务。

国务院可以将举借的外国政府和国际经济组织贷款转贷给省、自治区、直辖市政府。国务院向省、自治区、直辖市政府转贷的外国政府和国际经济组织贷款，省、自治区、直辖市政府负有直接偿还责任的，应当纳入本级预算管理。省、自治区、直辖市政府未能按时履行还款义务的，国务院可以相应抵扣对该地区的税收返还等资金。省、自治区、直辖市政府可以将国务院转贷的外国政府和国际经济组织贷款再转贷给下级政府。

财政部和省、自治区、直辖市政府财政部门应当建立健全地方政府债务风险评估指标体系，组织评估地方政府债务风险状况，对债务高风险地区提出预警，并监督化解债务风险。

各级预算收入的编制，应当与经济社会发展水平相适应，与财政政策相衔接。各级政府、各部门、各单位应当依照本法规定，将所有政府收入全部列入预算，不得隐瞒、少列。中央一般公共预算收入编制内容包括本级一般公共预算收入、从国有资本经营预算调入资金、地方上解收入、从预算稳定调节基金调入资金、其他调入资金。地方各级一般公共预算收入编制内容包括本级一般公共预算收入、从国有资本经营预算调入资金、上级税收返还和转移支付、下级上解收入、从预算稳定调节基金调入资金、其他调入资金。

各级预算支出应当依照本法规定，按其功能和经济性质分类编制。各级预算支出的编

---

① 此处所称举借债务的规模，是指各地方政府债务余额限额的总和，包括一般债务限额和专项债务限额。一般债务是指列入一般公共预算用于公益性事业发展的一般债券、地方政府负有偿还责任的外国政府和国际经济组织贷款转贷债务；专项债务是指列入政府性基金预算用于有收益的公益性事业发展的专项债券。

制，应当贯彻勤俭节约的原则，严格控制各部门、各单位的机关运行经费和楼堂馆所等基本建设支出。各级一般公共预算支出的编制，应当统筹兼顾，在保证基本公共服务合理需要的前提下，优先安排国家确定的重点支出。中央一般公共预算支出编制内容包括本级一般公共预算支出、对地方的税收返还和转移支付、补充预算稳定调节基金。中央政府债务余额的限额应当在本级预算中单独列示。地方各级一般公共预算支出编制内容包括本级一般公共预算支出、上解上级支出、对下级的税收返还和转移支付、补充预算稳定调节基金。各部门、各单位在编制预算草案时，应当根据资产配置标准，结合存量资产情况编制相关支出预算。

一般性转移支付应当按照国务院规定的基本标准和计算方法编制。专项转移支付应当分地区、分项目编制。县级以上各级政府应当将对下级政府的转移支付预计数提前下达至下级政府。地方各级政府应当将上级政府提前下达的转移支付预计数编入本级预算。

中央预算和有关地方预算中应当安排必要的资金，用于扶助革命老区、民族地区、边疆地区、贫困地区发展经济社会建设事业。

各级一般公共预算应当按照本级一般公共预算支出额的百分之一至百分之三设置预备费，用于当年预算执行中的自然灾害等突发事件处理增加的支出及其他难以预见的开支。

各级一般公共预算按照国务院的规定可以设置预算周转金，用于本级政府调剂预算年度内季节性收支差额。各级一般公共预算按照国务院的规定可以设置预算稳定调节基金，用于弥补以后年度预算资金的不足。

各级政府上一年预算的结转资金，应当在下一年用于结转项目的支出；连续两年未用完的结转资金，应当作为结余资金管理。各部门、各单位上一年预算的结转、结余资金按照国务院财政部门的规定办理。

中央预算由全国人民代表大会审查和批准。地方各级预算由本级人民代表大会审查和批准。

国务院财政部门应当在每年全国人民代表大会会议举行的45日前，将中央预算草案的初步方案提交全国人民代表大会财政经济委员会进行初步审查。省、自治区、直辖市政府财政部门应当在本级人民代表大会会议举行的30日前，将本级预算草案的初步方案提交本级人民代表大会有关专门委员会进行初步审查。设区的市、自治州政府财政部门应当在本级人民代表大会会议举行的30日前，将本级预算草案的初步方案提交本级人民代表大会有关专门委员会进行初步审查，或者送交本级人民代表大会常务委员会有关工作机构征求意见。县、自治县、不设区的市、市辖区政府应当在本级人民代表大会会议举行的30日前，将本级预算草案的初步方案提交本级人民代表大会常务委员会进行初步审查。

县、自治县、不设区的市、市辖区、乡、民族乡、镇的人民代表大会举行会议审查预算草案前，应当采用多种形式，组织本级人民代表大会代表，听取选民和社会各界的意见。

报送各级人民代表大会审查和批准的预算草案应当细化。本级一般公共预算支出，按其功能分类应当编列到项；按其经济性质分类，基本支出应当编列到款。本级政府性基金预算、国有资本经营预算、社会保险基金预算支出，按其功能分类应当编列到项。

政府性基金预算收入包括政府性基金各项目收入和转移性收入。政府性基金预算支出包括与政府性基金预算收入相对应的各项目支出和转移性支出。中央政府性基金预算收入编制内容包括本级政府性基金各项目收入、上一年度结余、地方上解收入。中央政府性基金预算支出编制内容包括本级政府性基金各项目支出、对地方的转移支付、调出资金。地方政府性基金预算收入编制内容包括本级政府性基金各项目收入、上一年度结余、下级上解收入、上级转移支付。地方政府性基金预算支出编制内容包括本级政府性基金各项目支出、上解上级支出、对下级的转移支付、调出资金。

国有资本经营预算收入包括依照法律、行政法规和国务院规定应当纳入国有资本经营预算的国有独资企业和国有独资公司按照规定上缴国家的利润收入、从国有资本控股和参股公司获得的股息红利收入、国有产权转让收入、清算收入和其他收入。国有资本经营预算支出包括资本性支出、费用性支出、向一般公共预算调出资金等转移性支出和其他支出。中央国有资本经营预算收入编制内容包括本级收入、上一年度结余、地方上解收入。中央国有资本经营预算支出编制内容包括本级支出、向一般公共预算调出资金、对地方特定事项的转移支付。地方国有资本经营预算收入编制内容包括本级收入、上一年度结余、上级对特定事项的转移支付、下级上解收入。地方国有资本经营预算支出编制内容包括本级支出、向一般公共预算调出资金、对下级特定事项的转移支付、上解上级支出。

社会保险基金预算收入包括各项社会保险费收入、利息收入、投资收益、一般公共预算补助收入、集体补助收入、转移收入、上级补助收入、下级上解收入和其他收入。社会保险基金预算支出包括各项社会保险待遇支出、转移支出、补助下级支出、上解上级支出和其他支出。中央和地方社会保险基金预算收入、支出编制内容包括上述规定的各项收入和支出。

6.4 部门预算的编制流程

部门预算，即一个部门一本预算，是市场经济国家预算管理的基本组织形式，也是现代国家预算制度的基本形式。[1]部门预算编制程序实行"二上二下"的基本流程。

"一上"：部门编报预算建议数。部门编制预算从基层预算单位编起，主要是按照每年预算编制通知的精神和要求编制项目预算建议数，并提供与预算需求相关的基础数据和相关资料，主要是涉及基本支出核定的编制人数和实有人数、增人增支的文件、必保项目的文件依据；然后层层审核汇总，由一级预算单位审核汇编成部门预算建议数，上报财政部。就基本支出预算编制而言，从项目库中选取人员类项目、公用经费项目，分别形成人员经费预算建议和公用经费预算建议。就项目支出预算编制而言，从项目库中选取其他运转类项目和特定目标类项目，形成项目支出预算建议。部门要认真填报部门职能、机构设置、资产配置、人员编制等情况及说明，按照规定格式编写支出规划建议，说明项目排序、绩效评价结果运用、项目支出标准建议、非财政拨款收支等情况。[2]

"一下"：财政部下达预算控制限额。对各部门上报的预算建议数，由财政部各业务主管机构进行初审，由预算司审核、平衡，在财政部内部按照规定的工作程序反复协商、沟通，最后由预算司汇总成中央本级预算初步方案报国务院，经批准后向各部门下达预算控

---

[1] 马蔡琛，赵早早.新中国预算建设70年［M］.北京：中国财政经济出版社，2020：156.
[2] 财政部预算司.中央部门预算编制指南（2023年）［M］.北京：中国财政经济出版社，2022：190-191.

制限额。涉及有预算分配权部门的指标确定，由财政部相关主体司对口联系，其分配方案并入"一下"预算控制数，统一由财政部向中央部门下达。根据《中央部门2023—2025支出规划和2023年预算编制规程》规定，中央财政综合平衡后，核定下达部门2023—2025年支出规划控制数和2023年财政拨款"一下"控制数。基本支出控制数一般明确到支出功能分类项级科目或具体项目，项目支出控制数根据管理需要明确到一级项目或二级项目。[①]

"二上"：部门上报预算。部门根据财政部门下达的预算控制限额，编制部门预算草案上报财政部。具体步骤包括：第一，细化分解控制数。部门将财政部下达的控制数细化分解到具体单位和具体项目。在一级项目控制数规模内，部门可调整二级项目支出计划或增减替换二级项目，增加的项目应当是已入库项目。部门如需调整一级项目、据实结算项目、机动经费项目及财政已明确的二级项目控制数，应当商财政部同意。第二，编制"二上"支出规划。部门根据控制数分解情况，从项目库中选取非横向财政拨款资金项目，编制形成"二上"三年支出规划。第三，编制年度预算草案。一是调整完善收入预算，财政拨款收入应当与财政部下达的预算控制数一致，财政专户管理资金、单位资金等各项收入结合最新情况进行必要调整，按规定全部纳入预算。二是根据财政部下达的预算控制数和预计收入情况，完善相关项目信息，明确项目结转金额、当年预算安排及资金来源，重新编制支出预算，做到收支平衡。根据预算安排等情况进一步调整完善绩效目标。[②]

"二下"：财政部批复预算。财政部根据全国人民代表大会批准的中央预算草案批复部门预算。财政部门在对各部门上报的预算草案审核后，汇总成按功能编制的本级财政预算草案和部门预算，报国务院审批后，再报人大预工委和财经委审核，最后提交人民代表大会审议，在人民代表大会批准预算草案后一个月内，财政部预算司组织各部门预算管理司统一向各部门批复预算，各部门应在财政部批复本部门预算之日起15日内，批复所属各单位的预算，并负责具体执行。预算编制总的流程如图6-2所示。

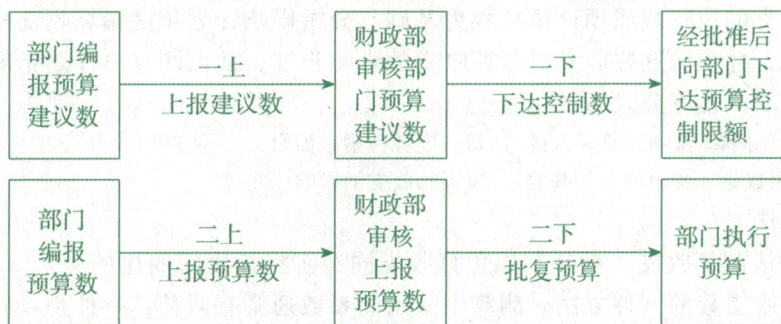

图6-2 中央部门预算流程图

实际操作过程中，结合预算改革的要求和深化程度，各财政年度对"上"和"下"的具体内容进行必要的调整。在"二上二下"的过程中，各部门与财政部可随时就预算问题进行协商、讨论，及时、充分地交流有关预算信息。

---

① 财政部预算司.中央部门预算编制指南（2023年）［M］.北京：中国财政经济出版社，2022：191.
② 财政部预算司.中央部门预算编制指南（2023年）［M］.北京：中国财政经济出版社，2022：191-192.

6.5　政府预算收支的测算方法

1）收支测算的步骤

政府预算收支的测算又分为初步测算和具体测算两步。

（1）初步测算

初步测算是指在上一财政年度的适当时机，由财政部门根据本年度预算执行情况和下一年度国民经济计划初步安排情况以及下年度的变化因素，初步测算下一年度的收支情况。初步测算也称匡算，匡算是采用"算大账"的办法，确定下一年度的各项预算收支的数额。匡算的具体步骤如下：

第一，对上年度国民经济各部门的财务活动和各项生产建设事业的收支情况与发展趋势作出全面预计和分析。

第二，根据国家下达的生产、流通、运输、文教卫生、科学等有关经济指标和事业指标，结合有关财务指标、预算定额和开支标准进行测算。

第三，充分估计各种有利和不利因素对预算收支的影响。

（2）具体测算

具体测算则是在匡算的基础上，根据有关的经济指标和预算定额分各部门、各单位，对各项预算收支指标逐项进行具体测算，以求得更为准确的预算指标数额。具体计算方法是，根据国民经济计划中的具体指标和各项事业发展计划进行逐项预算，然后再由财政部门对预算收支总量进行对比分析和平衡，之后即进入编制预算草案阶段。

2）收支测算的主要方法

经过多年的实践总结，当前各级财政预算部门测算预算收支的方法主要有以下几种：

（1）基数法

基数法也称"基数增减法"，是财政部门测算收支指标时常用的方法之一。它是以报告年度预算收支的执行数或预计执行数为基础，分析影响计划年度预算收支的各种有利因素和不利因素，并预测这些因素对预算收支的影响程度，从而测算出计划年度预算收支数额的一种方法。其计算公式为：

$$\text{计划年度某项预算收入或支出数额} = \text{某项预算收入或支出的上年基数} \pm \text{计划年度各种增减因素对预算收支的影响}$$

（2）系数法

采用系数法测算收支，就是利用预算收支同经济指标之间的比例关系（系数），测算计划年度预算收支数的一种方法。测算中采用的系数通常有两种：一种是以两项指标的绝对额计算系数，另一种是以两项指标的增长速度计算系数。

①根据绝对数的系数计算

系数=同期预算收入（或支出）的绝对额/同期有关经济指标的绝对额×100%

预算收入（或支出）=有关经济指标的计划数×系数

②根据增长速度的系数计算

系数=同期预算收入（或支出）的增长速度/同期有关经济指标的计划增长速度×100%

计划年度预算收入（或支出）的增长速度=有关经济指标的计划增长速度×系数

$$预算收入 \atop (或支出) = 报告年度预算 \atop 收入(或支出) \times \left[1 + 计划年度预算收入 \atop (或支出)的增长速度 \right]$$

（3）比例法

比例法是指财政部门根据财政统计资料，计算出各项预算收支占总收入或总支出的比例，并据以由单项收支测算总收支，或以总收支测算单项收支的一种方法。这是利用局部占全部的比例关系，根据其中一项已知数值，计算局部或全部数值的一种方法。其计算公式为：

①用单项预算收支测算预算收支总额的公式

$$单项预算收入（或支出）占预算收入或支出额的比例 = \frac{一定时期某项预算收入或支出数}{一定时期预算收入或支出总额} \times 100\%$$

$$计划年度预算收入（或支出）总额 = \frac{计划年度某项预算收入或支出数}{某项预算收入或支出占预算收入或支出总数的比例}$$

②用预算收支总数测算单项预算收支的公式

$$单项预算收入（或支出）占预算收入（或支出）总额的比例 = \frac{一定时期某项预算收入或支出数}{一定时期预算收入或支出总额} \times 100\%$$

$$计划年度某项预算 \atop 收入(或支出)数 = 计划年度预算收入 \atop (或支出)总额 \times 某项预算收入(或支出)占预算 \atop 收入(或支出)总数的比例$$

（4）定额法

定额法是利用各项预算定额和有关经济指标，来测算计划年度某项预算收入和支出数的一种方法。预算定额是国家或财政部规定的预算收入和预算支出的数量标准。各项定额与相关指标相乘，即为计划年度的预算收支数。如利用某些特定单位的收入标准，结合预算计划期内的业务活动量或某产品的产量，就可测算出某部门或某企业所能组织的该项收入。又如利用预算计划期内某部门或事业单位的人员编制数及每人月平均工资标准，即可测算出该项预算支出数。其计算公式为：

预算收入或支出计划数=定额×有关计划指标数

这种方法一般适用于文教、卫生、行政以及新开办的事业单位的支出测算。

（5）综合法

综合法是在报告年度预算收支基数的基础上，既使用系数法计算经济和事业增长的因素，又考虑各种影响财政收支的因素，综合分析测算，因此又称为系数法加因素法。其计算公式为：

$$计划年度预算 \atop 收入(或支出) = 报告年度预算收入 \atop (或支出)基数 \times \left[收(支) \atop 增长速度 \right] \pm 计划年度预算 \atop 各种增减因素$$

或：计划年度预算收入（或支出）=有关经济指标计划数×系数±各种增减因素

以上这些方法，都是当前编制预算比较通用的方法，随着数学在经济研究领域的应用不断深入，经济计量分析方法也日益成为各级财政测算预算收支、加强预算管理的一种常用方法。经济计量分析法在预算工作中的运用，不仅使预算收支能够完全通过电子计算机进行分析，提高了预算收支分析的科学性和准确性，同时也使预算工作的参谋与决策能力大大提高。

需要注意的是，正如一些经济史研究者所指出的那样，"在经济学领域，人们描述和预测经济世界的能力，只是在1800年前后达到顶峰，工业革命后，利用经济模型来预测各国、各地区间收入和财富差异的能力越来越差"[1]。譬如，对于新项目的成本通常会被大大低估。悉尼歌剧院的预计成本是 700 万美元，但实际花费了 1.02 亿美元。[2]因此，对于这些预测结论的具体应用，仍旧需要保持必要的谨慎。

6.6 部门预算的报表体系

传统意义上，对政府预算的界定就是一系列收支表格的汇总一览。可见预算表格对于政府预算过程是相当重要的，对于预算编制过程尤其如此。我国的部门预算报表体系主要包括预算表和预算附表，主要的预算收支表格如表6-1至表6-14所示。

表6-1　　　　　　　　　　　　　收支预算总表　　　　　　　　　　　　　单位：万元

收　入		支　出	
项　目	预算数	项　目	预算数
一、一般公共预算拨款收入		一、一般公共服务支出	
二、政府性基金预算拨款收入		二、外交支出	
三、国有资本经营预算拨款收入		三、国防支出	
四、财政专户管理资金收入		四、公共安全支出	
五、事业收入		五、教育支出	
六、上级补助收入		六、科学技术支出	
七、附属单位上缴收入		七、文化旅游体育与传媒支出	
八、事业单位经营收入		八、社会保障和就业支出	
九、其他收入		九、社会保险基金支出	
		十、卫生健康支出	
		十一、节能环保支出	
		十二、城乡社区支出	
		十三、农林水支出	
		十四、交通运输支出	
		十五、资源勘探工业信息等支出	
		十六、商业服务业等支出	
		十七、金融支出	
		十八、援助其他地区支出	

---

① 克拉克 G.应该读点经济史：一部世界经济简史 [M].李淑萍，译.北京：中信出版社，2009：334.
② 斯密德 A. 制度与行为经济学 [M].刘璨，译. 北京：中国人民大学出版社，2004：46.

收　入		支　出	
		十九、自然资源海洋气象等支出	
		二十、住房保障支出	
		二十一、粮油物资储备支出	
		二十二、国有资本经营预算支出	
		二十三、灾害防治及应急管理支出	
		二十四、其他支出	
		二十五、债务付息支出	
		二十六、债务发行费用支出	
本年收入合计		本年支出合计	
上年结转结余		年终结转结余	
收入总计		支出总计	

表6-2　　　　　　　　　　　　　　　　收入总表　　　　　　　　　　　　　　　　单位：万元

部门（单位）代码	部门（单位）名称	合计	本年收入										上年结转结余						
			小计	一般公共预算资金	政府性基金预算资金	国有资本经营预算资金	财政专户管理资金	事业收入	事业单位经营收入	上级补助收入	附属单位上缴收入	其他收入	小计	一般公共预算资金	政府性基金预算资金	国有资本经营预算资金	财政专户管理资金	单位资金
合计																		

表6-3　　　　　　　　　　　　　　　　支出预算总表　　　　　　　　　　　　　　　　单位：万元

支出功能分类科目	政府支出经济分类科目	部门支出经济分类科目	合计	基本支出	项目支出	其中		
						事业单位经营支出	上缴上级支出	对附属单位补助支出

支出功能分类科目	政府支出经济分类科目	部门支出经济分类科目	合计	基本支出	项目支出	其中		
						事业单位经营支出	上缴上级支出	对附属单位补助支出
合　计								

表6-4　　　　　　　　　　　　　　　　　　　项目支出表　　　　　　　　　　　　　　　　　　　单位：万元

项目单位	类型	项目名称	支出功能分类科目	政府支出经济分类科目	部门支出经济分类科目	合计	本年拨款			财政拨款结转结余			财政专户管理资金	单位资金
							一般公共预算	政府性基金预算	国有资本经营预算	一般公共预算	政府性基金预算	国有资本经营预算		
合　计														

表6-5 **政府采购预算明细表** 单位：万元

采购类别	金额
合　计	

表6-6 **财政拨款收支预算总表** 单位：万元

收　入		支　出	
项　目	预算数	项　目	预算数
一、本年收入		一、本年支出	
（一）一般公共预算资金		（一）一般公共服务支出	
（二）政府性基金预算资金		（二）外交支出	
（三）国有资本经营预算资金		（三）国防支出	
		（四）公共安全支出	
		（五）教育支出	
		（六）科学技术支出	
		（七）文化旅游体育与传媒支出	
		（八）社会保障和就业支出	
		（九）社会保险基金支出	
		（十）卫生健康支出	
		（十一）节能环保支出	
		（十二）城乡社区支出	

收　入		支　出	
		（十三）农林水支出	
		（十四）交通运输支出	
		（十五）资源勘探工业信息等支出	
		（十六）商业服务业等支出	
		（十七）金融支出	
		（十八）援助其他地区支出	
		（十九）自然资源海洋气象等支出	
		（二十）住房保障支出	
		（二十一）粮油物资储备支出	
		（二十二）国有资本经营预算支出	
		（二十三）灾害防治及应急管理支出	
		（二十四）预备费	
		（二十五）其他支出	
		（二十六）转移性支出	
		（二十七）债务还本支出	
		（二十八）债务付息支出	
		（二十九）债务发行费用支出	
二、上年结转		二、年终结转结余	
（一）一般公共预算拨款			
（二）政府性基金预算拨款			
（三）国有资本经营预算拨款			
收入总计		支出总计	

表6-7

一般公共预算财政拨款支出表

单位：万元

单位名称	功能分类科目		本年预算数					
	科目编码	科目名称	合计	基本支出			项目支出	
				小计	人员经费	公用经费	项目支出总数	扣除基建项目后预算数
合　计								

表6-8

一般公共预算财政拨款基本支出表

单位：万元

政府支出经济分类科目	部门支出经济分类科目	本年预算数		
		合计	人员经费	公用经费
合　计				

表6-9

政府性基金预算财政拨款支出表

单位：万元

支出功能分类科目	政府支出经济分类科目	部门支出经济分类科目	本年预算数		
			合计	基本支出	项目支出

支出功能分类科目	政府支出经济分类科目	部门支出经济分类科目	本年预算数		
			合 计	基本支出	项目支出
		合　计			

表6-10　　　　　　　国有资本经营预算财政拨款支出表　　　　　　单位：万元

支出功能分类科目	政府支出经济分类科目	部门支出经济分类科目	本年国有资本经营预算支出		
			合 计	基本支出	项目支出
		合　计			

表6-11　　　财政拨款（含一般公共预算和政府性基金预算）"三公"经费支出表　　　单位：万元

年度	"三公"经费财政拨款预算总额	因公出国（境）费用	公务接待费	公务用车购置及运行维护费					
				公务用车购置费	公务用车运行维护费				
					小计	公务用车加油	公务用车维修	公务用车保险	其他
2022									
2023									

表6-12　　　　　　　政府购买服务预算财政拨款明细表　　　　　　单位：万元

项目名称	指导性目录			服务领域	预算金额
	一级	二级	三级		

项目名称	指导性目录			服务领域	预算金额
	一级	二级	三级		
合　计					

表6-13　　　　　　　　　　　　　　　　　　**年度项目支出绩效表**　　　　　　　　　　　　　　　　单位：万元

单位名称	项目名称	项目类别	项目责任人	项目责任人电话	项目总额	其中		绩效目标	一级指标	二级指标	三级指标	绩效指标性质	本年绩效指标值	绩效度量单位	指标方向性
						财政资金	其他资金								
合计															

表6-14　　　　　　　　　　　　　　　　**部门整体支出绩效目标申报表**　　　　　　　　　　　　　单位：万元

<table>
<tr><td colspan="8" align="center">（2023年度）</td></tr>
<tr><td colspan="2">部门（单位）名称</td><td colspan="6"></td></tr>
<tr><td colspan="2" rowspan="3">总体资金情况（万元）</td><td rowspan="2">预算支出总额</td><td colspan="3">财政拨款</td><td colspan="2">其他资金</td></tr>
<tr><td>合计</td><td>基本支出</td><td>项目支出</td><td>合计</td><td>基本支出</td><td>项目支出</td></tr>
<tr><td></td><td></td><td></td><td></td><td></td><td></td><td></td></tr>
<tr><td colspan="2" rowspan="7">整体绩效目标</td><td colspan="2">整体绩效目标</td><td colspan="4"></td></tr>
<tr><td colspan="2">其他说明</td><td colspan="4"></td></tr>
<tr><td>活动</td><td>绩效指标</td><td>指标性质</td><td>指标值</td><td colspan="2">度量单位</td></tr>
<tr><td></td><td></td><td></td><td></td><td colspan="2"></td></tr>
<tr><td></td><td></td><td></td><td></td><td colspan="2"></td></tr>
<tr><td></td><td></td><td></td><td></td><td colspan="2"></td></tr>
<tr><td></td><td></td><td></td><td></td><td colspan="2"></td></tr>
</table>

6.7　中期财政规划改革：中期预算视野中的决策过程

中期财政规划（或称中期预算）体现了当代预算管理改革的发展潮流，也是建立现代财政制度、实现国家治理现代化的重要内容。党的十八届三中全会通过的《中共中央关于全面深化改革若干重大问题的决定》、2014年8月全国人大常委会审议通过的《中华人民共和国预算法》修正案、2014年9月发布的《国务院关于深化预算管理制度改革的决定》及2015年1月发布的《国务院关于实行中期财政规划管理的意见》中，均重点强调了建立跨年度预算平衡机制、实行中期财政规划管理改革。2021年，《国务院关于进一步深化预算管理制度改革的意见》再次强调，要加强中期财政规划管理，强化中期财政规划对年度预算的约束。

中期财政规划并非对年度预算的简单替代，而是在中期时间跨度内（通常为3～5年）准备政府预算，或将年度预算置于中期财政规划的视野之中，其主要目的是根据国家战略目标，确定公共支出重点及优先次序，设定部门支出限额，从而推动有限预算资源的有效配置。在现时的中国，中期财政规划的前身是2008年前后就已在河北省、河南省焦作市和安徽省芜湖县启动的三年期滚动预算试点。[①]

其实，多年期的预算方法很早就有人提出了，其对资源的分配从长期的角度出发，被看作是加强理性选择的一次创新。一年期的预算编制方法一直以来都有争议，被认为导致了目光短浅，因为它只考虑了次年的开支；被认为导致了过度开销，因为在未来几年中的大量开支被隐藏了；被认为是一种保守主义的做法，因为即使是预算增加，也不会看到一个更宽广的未来；还被认为是一种狭隘主义的做法，因为各个项目被孤立看待，没有比较它们未来的成本，而未来成本在考虑时需要结合预期的收入。不过，将预算的时间间隔延长为3年或5年也有争议，有观点认为，这样一来就使预算的长期计划性代替了其短期反应性，而同时预算所具有的对于资金的控制也会变成应付了事。另外，一般到了预算年底，会出现增加开支来用光本年度预算的现象，而如果将预算的年度延长，则会降低这种现象出现的频率。[②]

年度预算的另一个主要缺陷就是忽略了潜在的财政风险。许多当前的政策或政府承诺隐含着导致未来开支或损失剧增的财政风险，但在年度预算框架下，由于这些开支不能在预算中体现出来，从而忽略了这些可能造成高昂代价的潜在风险，而一旦注意到这一点时已经为时已晚，从而无法使决策者在早期阶段就鉴别风险，并采取相应的措施以防患于未然。[③]

中期预算的思想可以上溯到20世纪40年代经济学家阿尔文·汉森（Alvin Hansen）提出的周期预算平衡政策或长期预算平衡理论。[④]中期预算框架也可追溯至20世纪50年代关于发展计划的系列文献。20世纪80年代澳大利亚的预算改革大致可以算作当代中期支

---

　　① 从2008年起，财政部预算司分别选取河北省、河南省焦作市和安徽省芜湖县作为中期基础预算的省级、市级和县级试点单位，标志着中期预算区域性试点工作的展开。2014年财政部要求全国各地启动2015—2017年三年期滚动预算编制。资料来源：陈益刊.中期财政规划实施 编制预算放宽至三年期［N］.第一财经日报，2015-01-26.
　　② 威尔达夫斯基 A.预算：比较理论［M］.苟燕楠，译.上海：上海财经大学出版社，2009：258.
　　③ 王雍君.公共预算管理［M］.2版.北京：经济科学出版社，2010：50.
　　④ 马海涛，安秀梅.公共财政概论［M］.北京：中国财政经济出版社，2003：295.

出框架（Medium-Term Expenditure Framework，以下简称MTEF）的雏形。[1]MTEF通常是一个为期3~5年的滚动且具有约束力的支出框架。早在20世纪60年代，著名预算学者阿伦·威尔达夫斯基就曾指出，中期支出框架已逐渐成为预算编制和弥补年度预算缺陷的一种方法，有望解决诸如短视、保守主义（预算僵化）、狭隘主义（争夺预算资源）、年终突击花钱等问题。[2]目前，全球已有超过2/3的国家实行了某种形式的中期支出框架，其中，较为普遍的是处于初级阶段的中期财政框架。但近年来已开始转向更高阶段的中期预算框架和中期绩效框架，有的国家则直接采用后两者，而不再经过中期财政框架的过渡（参见表6-15）。[3]

表6-15　　　　　　　1990—2008年采用MTEF的国家变化情况　　　　　　　单位：个

发展阶段	模式	采用MTEF的国家数量		1990—2008年的变化		
		1990	2008	新的MTEF	过渡/转换	逆转
初级阶段	MTFF	9	71	104	-41	-1
中级阶段	MTBF	1	42	21	23	-3
高级阶段	MTPF	1	19	0	18	0
统称	MTEF	11	132	125	0	-4

资料来源：World Bank（2013）.

注：MTFF（Medium-Term Fiscal Framework），即中期财政框架；MTBF（Medium-Term Budget Framework），即中期预算框架；MTPF（Medium-Term Performance Framework），即中期绩效框架。MTFF逆转发生在阿根廷，MTBF逆转发生在阿根廷、爱沙尼亚和美国，18个转换为MTPF，其中9个源于MTFF，9个源于MTBF。此处，逆转是指MTEF退回到上一发展阶段。

6.7.1　中期预算的全球发展趋势

与年度预算体制不同，中期基础预算要求采用基线筹划（baseline projictions）法，用以清楚地区分和仔细评估现行政策与新的政策提议的未来成本，在此基础上决定政策取舍、政策重点和优先性排序，以确定适当的支出水平。"基线"被定义为：假如现行政策和活动继续下去，未来年度（后续）的支出或成本将是多少？在中期基础预算中，基线还是预算申请者与财政部门之间预算谈判的基础。[4]

基线法作为中期基础预算中极为重要和基本的预算策略，与一度盛行的基数法是不可调和的。基数法本质上是一种年度基础上的边际（渐进式）变化。在制定预算过程中，基数法并不要求重新考虑以往年度的预算存量（基数），只是在认可这些基数的基础上作少量的增量调整。相反，基线法要求对执行现行政策和活动在预算年度所增加的支出进行仔细评估，还要求对新出台的政策或活动所增加的成本及成本有效性进行严格的分析和评估，并与可得的预算资源总量进行比较，据以决定是否应该出台新的政策，或停止执行某

---

[1]　World Bank. Beyond the annual budget-global experience with medium-term expenditure frameworks［R］. International Bank for Reconstruction and Development，2013：27.
[2]　威尔达夫斯基 A. 预算：比较理论［M］. 苟燕楠，译. 上海：上海财经大学出版社，2009：258.
[3]　MTFF、MTBF和MTPF各自的侧重点不同，依次强调财政纪律、分配效率和技术效率，属于一个逐渐递进的过程（World Bank，2013：19）。由于三者只是中期预算改革的不同手段和方法，因此，本节不作过于严格之区分，统一用"中期预算"来表述。
[4]　王雍君. 公共预算管理［M］. 2版. 北京：经济科学出版社，2010：7.

些现行政策，以确保财政政策的可持续性，以及将稀缺资源优先用于更具价值的政策和活动中。清晰地区分现行政策（以及活动）和新政策，并对两类政策产生的未来财政效应作严格细致的分析，以此制定中期预算估计和准备年度预算，正是中期基础预算的一个显著特征，也是一个突出优势。①

目前，通过基线筹划法在中期支出框架下制定年度预算的做法，在发达国家已经普遍制度化，如德国、新西兰、瑞典、法国、英国、西班牙、澳大利亚、美国、荷兰、挪威、加拿大、瑞士、爱尔兰、芬兰等 OECD 大多数成员国以及一些重要的国际组织（如欧盟）均已实行了某种形式的中期预算。②虽然发达国家的中期预算模式各异，且效果也不尽相同，但与发展中国家和新兴市场国家相比，发达国家引入中期预算改革较为成功，也更有利于实现当代公共支出管理的三个目标：财政纪律、优先配置、运营绩效。

目前，许多国家还采用长期的财政评估（包括代际会计、环境会计和或有负债计量技术）方法，来弥补中期预算在"长期"（通常在 10 年以上）视角上的不足。③

值得注意的是，在应对金融危机方面，中期预算也确实发挥了一定的作用。④中期预算采用"自上而下"的集中型预算模式，⑤可将计划与预算紧密结合，通过设定支出上限，严格在收入范围内进行合理支出，以更好地实现周期性预算平衡的目标。中期预算模式下所形成的财政政策，更注重熨平经济周期，减少周期性因素对预算的冲击，尽可能避免财政政策的顺周期性，⑥以起到经济稳定器的作用。

例如，澳大利亚在经历了 2008 年金融危机之后，主权债务等级还被世界三大评级机构评为 AAA 级，就主要归功于其公共财政强大的稳健性。⑦这与该国自 20 世纪 70 年代以来的预算改革密不可分，更是其在新财政规则约束下有效实施中期预算框架的直接结果。澳大利亚适时建立了规则导向的中期预算框架，预测财政经济政策对未来经济发展的影响，进而相机调整财政政策以维持合理的债务规模。⑧同时将中期预算框架与绩效预算、财政透明度改革紧密结合，对澳大利亚免遭债务危机重创起到了重要作用。

此外，作为新兴市场国家的韩国，在经历 1997 年亚洲金融危机和 2008 年金融危机后迅速复苏，也充分体现了其良好的财政稳健程度，被视为构建有效财政管理体系的典范。⑨韩国自 2003 年开始大刀阔斧地推进预算改革，正式引入中期财政框架，通过对公共

① 王雍君. 中国公共预算改革：从年度到中期基础 [M]. 北京：经济科学出版社，2011：7-8.
② 自 1988 年开始，欧盟除每年编制共同新政策外，还会定期提出一份跨年度的中期共同财政方案，以增强欧盟预算的透明度和延续性。资料来源：李力. 欧盟中期预算谈判重启 [N]. 光明日报，2005-11-03.
③ 王雍君. 中国公共预算改革：从年度到中期基础 [M]. 北京：经济科学出版社，2011：2.
④ 2008 年金融危机时，MTEF 的实施提高了一些国家的财政信誉。英国和澳大利亚制订了财政刺激计划和整顿计划以应对危机，中期预算框架迫使政策制定者详细说明税收和支出将在何时增加或减少。资料来源：SCHICK A. Post-crisis fiscal rules：Stabilising public finance while responding to economic aftershocks [J]. OECD Journal on Budgeting，2010（10）.
⑤ 自上而下模式（top-down approach）可使政府更有效地控制财政赤字，有助于硬化预算约束，避免过度讨价还价导致的浪费和低效率，也有助于激活预算资源的再分配机制，促进资源从较低价值用途转入更高优先级的用途（王雍君，2011：204-205）。自下而上模式（bottom-up approach）的特点是，预算限额事后才确定，整个预算过程实际上是一种讨价还价的游戏，存在鼓励支出增加的倾向，部门预算要求难以反映政府政策的轻重缓急（闫晓燕、徐卫，2009）。
⑥ 财政政策的顺周期是指财政支出与经济发展呈趋同之势，即在繁荣期财政支出扩张，在萧条期财政支出收缩。这会引致赤字偏见，有损宏观经济的稳定，削弱了抵御外部冲击的宏观调控能力，也容易形成财政风险。资料来源：马蔡琛、孙利媛. 中国财政政策的顺周期性问题——基于预算平衡准则的实证考察 [J]. 经济与管理研究，2015，36（4）：3-8.
⑦ COMMONWEALTH OF AUSTRALIA. Mid-year economic and fiscal outlook（2012—2013）[EB/OL].［2012-12-13］. http：//budget.gov.au/2012-13/content/myefo/html.
⑧ 赵早早. 澳大利亚政府预算改革与财政可持续 [J]. 公共行政评论，2014，7（1）：4-22；128.
⑨ PARK N，CHOI J. Making performance budgeting reform work：A case study of Korea [R]. Policy Research Working Paper of World Bank，2013.

支出管理的有效控制，韩国在 2008 年金融危机中并未出现严重动荡，一直保持稳健的财政状态，甚至在危机蔓延后一年内，就已实现了少量的财政盈余。[①]

就各国实践而言，每一级政府都可以编制中期预算，但编制什么内容，则取决于各级政府具体承担了哪些支出责任。总体而言，中央政府和地方政府职能上的差异，决定了中期预算内容和形式上的不同。从世界范围看，地方政府既没有承担平抑经济波动的职能，也没有能力去承担，因此，地方层面的中期预算报告多为对具体项目的收支进行预算和评估的资本预算。[②]

各国的实践表明，中期预算能够为制定、评估和实施财政政策提供比年度预算更为有效且透明的工具，有助于促进财政可持续性与资源的有效配置，但成功实施中期预算改革也殊非易事，其改革成功的关键条件主要包括以下几个方面：

第一，强大的财政管理能力和健全的预算制度。中期预算不同于传统的年度预算，前者要求在一个经济周期内实现预算平衡（实现跨年度或周期性预算平衡），而后者要求在本年度内实现预算平衡。从传统的年度预算平衡走向跨年度预算平衡，是现代预算治理结构的重要变化之一，这需要有强大的公共财政管理能力和健全的预算管理制度作为保证。

第二，稳定的经济环境和相对准确的宏观经济预测。一般来说，一个极不稳定的宏观经济环境（如重大经济危机或战争）会使预测极其困难，甚至无法实行中期预算。例如，为应对 2008 年金融危机，亚美尼亚和俄罗斯在 2009 年就曾暂停实施中期预算。[③]这主要考虑到全球经济增长的急剧放缓和国民经济的衰退，以及不确定的复苏前景，致使宏观经济和财政预测显得异常艰难。同时，收入下降、财政刺激计划和银行救助等一系列变化的财政后果，使得支出的优先排序更加困难。[④]此外，宏观经济预测与物价、消费、就业和收入水平的稳定性密切相关。因此，某些国家在中期预算实践中通过引入通胀率、汇率、失业率、消费指数等变量，建立了更加全面的宏观经济预测模型（如瑞典、英国和美国等）。

第三，年度预算的可靠性和可预测性。实施中期预算并不意味着放弃年度预算。年度预算作为中长期预测的基础，如果年度预算的可信度和可预测性不甚理想，则中期支出预测就会存在较大的误差。[⑤]年度预算的可靠性主要取决于以下因素：一是预算资源的充足性，当预算资金不能及时足额拨付时，年度预算的可信度就会大打折扣。二是预算分配与政策目标的匹配程度。只有在财政部门和各支出部门普遍认为预算分配与其政策目标相适应时，中期预算才具有可行性。三是预算的执行刚性。如果预算执行效率较低且外部条件不稳定，则政府可能会对年度预算进行重大调整，大大降低了年度预算的可信度。

第四，中期财政规则的确立。中期预算的构建需要确立约束规则，以限制各部门增加支出的冲动，实现真正的预算硬约束。只有当政府明确承诺不超过特定的支出水平或赤字

---

① 张岌.后危机时代的韩国预算改革：通往财政可持续之路 [J]. 公共行政评论，2014，7（3）：25-50；176-177.
② 王朝才，张晓云，马洪范. 部分国家中期预算制度 [M]. 北京：中国财政经济出版社，2016：10.
③ 受国际金融危机影响，俄罗斯政府曾中止了三年期联邦预算（2009—2011 年），转而执行一年期预算，其后两年的预算失效，但涉及的长期计划和已签署的合同仍有效。与亚美尼亚不同的是，俄罗斯在危机之后，于 2010 年迅速重新启动中期预算，有效改善着了 2010—2012 年预算周期内的财政状况（The Government of The Republic of Armenia，2010：4）.资料来源：http://euroasia.cass.cn/news/94807.htm.
④ WORLD BANK. Performance management（PM）in Russia [R]. World Bank Policy Note Prepared for the Ministry of Economic Development of the Russian Federation. Washington，D.C.：World Bank，January，2011.
⑤ 1997—2007 年，OECD 成员国广义政府支出的预测数和结果数之间的平均差异显示：葡萄牙实际支出比预测数高 4% 左右，而爱尔兰实际支出比预测数低 5.5% 左右。

规模时，①或者能够保证各项支出与财政目标相一致时，中期预算约束才具有较高的可信度。

20世纪90年代以来，许多发展中国家和新兴市场国家也开始引入中期预算模式。这些国家引入中期预算旨在借此变革传统的年度预算，以便在政策制定、计划安排和预算编制之间建立起有机联系，但由于公共行政与财政管理能力相对欠缺，这些国家在引入中期预算时遇到了诸多困难，其成效和进展参差不齐。②一些国家由于满足了前述关键条件而得以成功，而另一些国家则因未能满足一个或多个关键条件而效果不佳。③

6.7.2　我国中期财政规划的制度规定

当前，我国经济社会发展面临的国内外环境错综复杂，财政可持续发展面临较多挑战，财政收入增速下降，与支出刚性增长矛盾进一步加剧；现行支出政策考虑当前问题较多，支出结构固化僵化；地方政府性债务存在一定风险隐患；专项规划、区域规划与财政规划衔接不够，不利于预算统筹安排。实行中期财政规划管理，由财政部门会同各部门研究编制三年滚动财政规划，对未来三年重大财政收支情况进行分析预测，针对规划期内一些重大改革、重要政策和重大项目，研究政策目标、运行机制和评价办法，通过逐年更新滚动管理，强化财政规划对年度预算的约束性，有利于通过深化改革解决上述问题，实现财政可持续发展，也有利于充分发挥财政职能作用，促进经济结构调整和发展方式转变。

2015年，国务院和财政部分别发布了《国务院关于实行中期财政规划管理的意见》（国发〔2015〕3号）和《财政部关于推进中央部门中期财政规划管理的意见》（财预〔2015〕43号），较为系统地明确了中期财政规划的总体要求、基本原则、主要内容、编制主体和程序等核心内容。

1）中期财政规划的基本原则

统筹当前考虑长远发展。既要着力应对当前经济发展进入新常态、财政收入增幅回落等问题，也要考虑长远发展，处理好经济建设与民生改善、生态环境保护之间的关系，优化财政资金分配，切实防范财政风险，促进实现国家长治久安。

坚持问题导向。针对部分现行财政支出政策"碎片化"、不可持续等问题，从政策内容和运行机制上查找原因，立足基本国情，借鉴国际经验，提出解决问题的改革措施。

实施滚动调整。中期财政规划按照三年滚动方式编制，第一年规划约束对应年度预算，后两年规划指引对应年度预算。年度预算执行结束后，对后两年规划及时进行调整，再添加一个年度规划，形成新一轮中期财政规划。

强化约束机制。凡是涉及财政政策和资金支持的部门、行业规划，都要与中期财政规划相衔接。强化中期财政规划对年度预算编制的约束，年度预算编制必须在中期财政规划框架下进行。

2）中期财政规划的主要内容

中期财政规划是中期预算的过渡形态，是在对总体财政收支情况进行科学预判的基础

---

① 例如，《马斯特里赫特条约》规定预算赤字不得超过GDP的3%，《稳定与增长公约》也规定债务率不超过GDP的60%。
② 王雍君.中国公共预算改革：从年度到中期基础［M］.北京：经济科学出版社，2011：67；204-205.
③ QAG（Quality Assurance Group）. Improving public sector governance portfolio：Quality enhancement review［R］. QAG, World Bank, 2008.

上，重点研究确定财政收支政策，做到主要财政政策相对稳定，同时根据经济社会发展情况适时研究调整，使中期财政规划渐进过渡到真正的中期预算。中期财政规划涵盖一般公共预算、政府性基金预算、国有资本经营预算和社会保险基金预算，主要包括四部分内容：

第一，预测现行政策下财政收支。根据国民经济和社会发展五年规划纲要及年度计划，考虑国际国内发展环境重大变化，结合基期年的经济社会发展情况，预测未来三年经济社会发展状况及主要经济指标。在做好经济预测的基础上，按照现行宏观经济政策，预测未来财政收支情况。

第二，分析现行财政收支政策问题。根据对现行政策下财政收支的预测和对现行财政收支政策实施效果的分析，深入查找问题：一是财政收入制度存在的问题。现行税制对促进资源节约和环境保护、化解过剩产能、调节收入分配以及筹集财政收入等方面的作用，部分税制改革政策对财政收入的影响，非税收入管理的规范等。二是财政支出政策存在的问题。一些重点支出同财政收支增幅或生产总值挂钩对财政支出结构的影响，社会保障、医疗卫生支出因人口结构变化的增长情况，一些亟须解决的问题在支出预算中的保障情况，已安排的财政资金由于各种原因形成沉淀的情况等。三是债务风险问题。部分地区地方政府性债务规模较大，存在风险隐患等。

第三，制订财政收支政策改革方案。一是在财政收入政策方面，财政部门要与税务、海关、发展改革等相关部门协商提出税制改革、重大税收政策调整、清理规范收费和政府性基金项目的路线图和时间表，明确政策目标和政策实施时间，评估政策对经济运行和相关产业的影响以及企业、个人税费负担的变化。二是在财政支出政策方面，财政部门要与相关部门梳理规划期内重大改革、支出政策和支出项目，明确政策目标，列出分年度工作任务和时间节点，说明资金使用对象、保障标准、运行流程，建立预算绩效评价机制，并加大结转结余资金清理力度，减少新增沉淀资金。三是在政府债务管理方面，财政部门要根据财政收支和政府债务风险预测情况，合理确定财政赤字规模、政府债务限额等风险控制目标，将债务分类纳入预算管理，并建立债务风险预警和应急处置机制。

第四，测算改革后财政收支情况。根据财政收支政策改革方案，测算未来三年财政收支情况，并进行综合平衡。

3）中期财政规划的编制主体和程序

财政部牵头编制全国中期财政规划。全国中期财政规划对中央年度预算编制起约束作用，对地方中期财政规划和年度预算编制起指导作用。财政部要在下一年度预算编制启动之前，提前编制中期财政规划草案。草案应征求相关部门和社会有关方面的意见，报国务院批准后实施。

各部门应结合国民经济和社会发展五年规划纲要及相关专项规划、区域规划的实施，按照部门职责分工，研究未来三年涉及财政收支的重大改革和政策事项，并测算收支数额，及时提交财政部汇总平衡。同时，各部门还要编制部门三年滚动财政规划，按照部门预算管理有关规定执行。

各省、自治区、直辖市及计划单列市财政部门要比照中央做法，编制地方中期财政规划，经同级人民政府批准后，报财政部备案。省级各部门、省级以下地方财政部门也可分别编制省级部门三年滚动财政规划和当地中期财政规划。

4）中期财政规划的编制方法

一是部门提出规划需求。中央部门结合国民经济和社会发展五年规划纲要及相关专项规划，按照部门职责，研究规划期内涉及财政支出的重大改革和政策事项，以此为基础，测算提出部门的三年支出需求，按规定时间和预算管理渠道提交财政部。

二是审核确定支出限额。财政部根据中期财政规划、财政政策、部门需求等情况，经综合平衡、优化结构，分解形成部门支出限额，并下达部门三年支出控制数。

三是部门调整编报三年规划。中央部门根据财政部下达的三年控制数，合理安排政策出台时机和力度，明确政策目标，列出分年度工作任务和时间节点，说明资金使用对象、保障标准、运行流程，建立预算绩效管理机制，在此基础上编制三年支出规划报财政部。

四是汇总部门中期财政规划。财政部审核汇总部门的三年支出规划，汇编形成中央部门中期规划草案，按程序报批后实施。

以后年度编制方法。部门中期财政规划实行滚动管理，以后年度编制规划时，中央部门根据情况变化，可对上年编制的三年规划中后两个年度的分年支出规划进行内部结构调整，并补充第三个年度的规划。财政部重点就调整的内容及第三个规划年度的支出上限进行测算，并按前述程序审核下达。

规划调整方法。部门中期财政规划一经确定，原则上不予调整。中央部门因重大增减支出因素需要调整三年规划的，应在编制新一轮规划时重新测算、提出需求，按部门中期财政规划的编制流程报批。经批准后，按调整后的规划实施。

财政部根据未来财政收支预测结果，可以结合部门提出的调整需求相应调整部门未来年度的支出规划，并在编制规划时通知中央部门，各部门根据新的支出上限调整部门分年度支出安排，按程序报批后实施。

本章小结 ✅ ⋯⋯⋯⋯⋯⋯⋯⋯⋯⋯⋯⋯⋯⋯⋯⋯⋯⋯●

• 就政府预算编制的组织形式而言，可以划分为单式预算和复式预算两种。单式预算具有较强的综合功能，能够全面地反映当年财政收入的总体情况，有利于全面掌握政府财政状况，简单明了，便于审议批准；但不能有效地反映财政收支结构和项目的经济效益，也不便于进行年度间和部门间的比较。复式预算对总体情况的反映功能比较弱，但能明确揭示财政收支的分类状况，反映财政收支的结构和经济建设项目的效益，较为接近商业会计原则。

• 部门预算编制程序实行"二上二下"的基本流程。政府预算收支测算的基本方法包括基数增减法、系数法、比例法、定额法和综合法等多种方法。

• 实行中期财政规划管理，由财政部门会同各部门研究编制三年滚动财政规划，对未来三年重大财政收支情况进行分析预测，对规划期内一些重大改革、重要政策和重大项目，研究政策目标、运行机制和评价办法，通过逐年更新滚动管理，强化财政规划对年度预算的约束性，有利于通过深化改革解决上述问题，实现财政可持续发展，也有利于充分发挥财政职能作用，促进经济结构调整和发展方式转变。

•简答题

6.1 简要比较单式预算和复式预算的异同。

6.2 政府预算编制中的"二上二下"流程是怎样的？

6.3 简要分析政府预算收支测算的主要方法。

6.4 政府预算编制中涉及的主要表格有哪些？

6.5 简要分析我国中期财政规划改革的主要内容。

•案例分析题

参与式预算：国际经验与中国试验

政府预算是一个公共偏好的表达过程，经由公共选择机制，提供公众参与预算过程的途径，也是各国预算管理的共识。巴西等国的地方政府所尝试的参与式预算，是一种颇有新意的探索。

阅读后续案例介绍后，请思考以下问题：

（1）参与式预算的主要特点是什么？

（2）除了浙江温岭之外，近年来一些地区也开展了参与式预算的试点，进一步阅读有关情况介绍后，尝试讨论参与式预算在我国地方政府层面上是否具有现实的应用性。

（3）目前，参与式预算在中国的试验，主要是在街道和乡镇一级的层面展开的。原因在于，较高层级的预算，通常涉及一些大的基础设施，技术性很强，老百姓很难看懂；但在基层预算安排中，与公民生活息息相关，城市和农村社区居民较有能力把握。请讨论在中国县级预算管理中，是否有可能引入参与式预算的管理模式。

参与式预算（participatory budgeting）是公民个人和不同群体、不同利益的代表直接参与地方和社区公共财政的开支和投资决策的一种预算管理方式。直接参与预算并不是公民通过选举政治代理人来参与预算的决策，而是公民面对面直接参与预算的制定过程。这种试验的成功在一定程度上证明了这样一个事实，即公民的参与对预算的结果有重要的影响。

"参与式预算"对于加强乡村财务管理、缓解财政困难和债务矛盾、落实"政务公开"和"民主理财"、推进乡村民主化治理有直接的参考和借鉴价值。参与式预算的实践最早产生于巴西等国。

在巴西，"参与式预算"已经试验了许多年，其模式已经成为该国各地方政府的主要预算模式。其中榆港市的改革曾经通过联合国向全球推广。巴西城的波尔图-阿莱格里也取得了参与式预算的成功。该计划自1989年开始实施以来，波尔图-阿莱格里已有成百上千的公民被训练成为预算决策者。

参与式预算在中国的实践，开始于浙江省温岭市的新河镇。新河镇是位于浙江省温岭市东北部的一个水乡名镇，辖89个村6个居委会，12万人，行政区域面积71.4平方公里，属于长江三角洲甬台温经济区"台州金三角"的重要组成部分。新河镇所在的温岭市具有多年民主恳谈会的传统，民主恳谈会是诞生于温岭的一种基层民主政治形式，在2004年荣获了由中国地方政府创新奖专家委员会颁发的、在国内外都有影响的"中国地方政府创新奖"。

民主恳谈是让基层党委、政府或农村自治组织在就公共事务作出决策前，先在政府和群众之间展开完全平等、自由、公开、坦诚、双向和深入的讨论，在形成基本共识后，再通过一定的程序作出决策。在这样的基础上，新河镇决定将民主恳谈的方式引入到镇人民代表大会财政预算的审议程序中，进行人大财政预算的改革实践，将政府财政预算的最终决策权和监督权真正地交到人大手中。

2005年7月27日下午，镇里的人大会议要讨论2005年的财政预算。和尚、尼姑、道士，外加190个百姓——新河镇十四届人大五次会议的列席旁听代表有193个人——在镇政府的报告厅里，正式人大代表只有90个。"只要你愿意，都可以来听，三教九流都可以对政府财政预算提意见。"新河镇党委书记金良明说。旁听的群众来自全镇89个村6个居委会，对于有着12万人口的新河镇来说，"财政预算"这个名词曾经是神秘且遥不可及的。但在当天的"财政预算民主恳谈会"上，无论是被邀请的代表，还是自发前来旁听的百姓，都有了直观且真实的体验。

例如，人大代表陈元方问："这个行政管理费1 600万元是不是花得太多了？车辆购置费为什么要花70万元？能不能压缩这部分财政支出？"镇长戴美忠答："镇政府用车一直有困难。目前我跟书记两个人用一辆别克，另外有三辆普通桑塔纳，一辆用了13年，一辆11年，最新的也用了9年。十几年的车破损严重，根本开不出镇。所以，镇里打算新买一辆别克，一辆面包车，再添两辆桑塔纳，预计要70万元。行政管理费高，是因为镇里自聘人员比较多，我们打算压缩这块经费、节约开支。"

如果代表在讨论和辩论中对预算草案有明显不同的意见，由人大主席团讨论决定，将不同意见的条目列出，由全体人大代表进行表决，决定该单项是否需要继续修改，如果有50%以上的人大代表要求修改该条目，则由预算审查小组和政府再次召开联席会议，对预算进行修改；如果没有需要单项修改的条目，则对财政预算决议进行总体表决。

资料来源：张妮."参与式预算"改革试验：谨慎乐观［J］.中国发展观察，2007（2）.

推荐阅读资料 ✅ ⋯⋯⋯⋯⋯⋯⋯⋯⋯⋯⋯⋯⋯⋯⋯⋯⋯⋯⋯⋯⋯⋯⋯⋯⋯ ●

［1］财政部预算司.中央部门预算编制指南（2023年）［M］.北京：中国财政经济出版社，2022.

［2］财政部预算司.中央部门预算编制指南（2022年）［M］.北京：中国财政经济出版社，2021.

［3］财政部预算司.中央部门预算编制指南（2021年）［M］.北京：中国财政经济出版社，2020.

［4］王雍君.中国公共预算改革：从年度到中期基础［M］.北京：经济科学出版社，2011.

［5］马蔡琛，袁娇.中期预算改革的国际经验与中国现实［J］.经济纵横，2016（4）.

第7章
预算执行与国库管理

政府预算一经立法机构审查批准之后，即进入预算管理流程中的执行阶段。预算执行是预算周期管理的重要环节，其核心目标是实现既定的政府预算收支任务，贯彻落实政府预算政策。政府预算执行是政府预算由理想的预算状态走向现实的必经步骤。

<h2>7.1   政府预算的执行</h2>

在政府预算周期管理中，预算草案经立法机构审查批准通过后，即成为具有法律效力的文件，由此政府预算流程就进入了下一个重要阶段——政府预算执行阶段。政府预算执行，也称为政府预算实施，在这一阶段，政府机构将执行已获批准的预算：支出拨款，提供服务。尽管在预算执行活动中还存在其他重要的管理问题，但支出活动必须按照有关的预算拨款法律来进行。

在我国早期的预算研究中，预算执行也称为"现计"（actual account），包含出纳及金库（receipts，disbursements and treasury）等，与预算对等言之，则亦可称为预算之执行（execution of budget）。预算经议会议定之后，一到会计年度开始之期，即当发生效力，由出纳机关施行支出及收入。在理论上直至年度告终之日为止，在实际上亦不能延长至出纳整理期间以外，此出纳之时间的原则也。又出纳之项目数量，应以预算上所明记者为准，而不能任意流用（diverse），此出纳之实质的原则也。出纳机关分为二种，出纳之命令，与出纳现金之实行，各由不同的机关任之，以免事权集中于一人而生种种流弊，此出纳之分权的原则也。国家之金库，限于一个，一切出纳，皆须经过唯一的国库，以谋财政的统一，此国库之统一的原则也。所谓现计者，盖不外乎根据此等原则，而行出纳及保管而已。[①]即使以现代的眼光来看，这些论述也是颇多见地的。

从市场经济各国政府预算管理的实践看，虽然政府预算执行的具体措施与方式存在诸多不同之处，但大多是为了有效地实现政府预算目标，而试图解决政府预算系统运行的合规性和监控问题的。前者主要涉及收入预算执行和支出预算执行的管理规则问题，后者主要涉及预算执行中的会计核算、审查、实施政策以及对人员经费与政府购买支出的管理问题。[②]虽然都称为预算的执行，但年度收入预算与年度支出预算之间还是存在很大的不同，因为年度收入预算本身是不执行的。也就是说，并非执行年度收入预算，而是援引其

---

① 陈启修. 财政学总论 [M]. 北京：商务印书馆，2015：91（原书于1924年由商务印书馆出版）.
② 卢洪友. 政府预算学 [M]. 武汉：武汉大学出版社，2005：176.

基石（税法）等相关法律来处理。①概括起来，在预算执行过程中，一是需要确保预算的实施与法定授权相一致；二是根据宏观经济环境的重大变化，对预算加以必要的调整；三是通过政府采购等方式，有效管理预算资源的流转使用。②

7.1.1 预算执行的目标

立法机关批准的拨款，而不是行政机关所提交的预算，决定了在预算年度中提供公共服务可用的资金数额。这一获得批准的预算不仅成为实际运营活动的管理标准，也是预算实施过程中一个至关重要的工具，既可以指导政府机构的运营活动，也可以确保财政支出不超出拨款限额。获得批准的预算为实际运行确立了控制标准；在预算实施过程中，针对一些偏离标准的地方，通过控制系统的运行加以纠正。在实际过程中，该机制中包含了如下预算控制性的目标：③

（1）事前控制（preventive controls）的建立，是用来防止一些违背标准的行为。为了防止这些违规的活动，有些政府建立了特殊的程序来对价格超出规定限额的购买活动进行审核；当财政资金紧张时，这个限额标准也会相应地降低。在填写支票前，更多的政府甚至采用特殊的事前审计来确保支出的恰当性，在发生支出前，通常需要多个独立机构的批准（其中一些批准可能等同于无用的繁文缛节）。

（2）事中控制（feed-forward controls），就是对财政支出过程中出现的问题进行诊断和修正的活动。当实际支出和预算支出的差额超过一定水平后，差异报告（variance reports）会自动地对一些特定账户发布停止支付的命令。

（3）事后控制（feedback controls），在预算周期中开始对未来年度进行纠正。将财政年度内的预算支出和实际财政支出进行比较，为下一年预算的准备、审议和指导提供重要的信息。

总之，政府预算执行的目标可以概括为，实现既定的预算方针和进行必要的灵活性调整这样两个相辅相成的方面。在预算执行中，要从实际出发对预算经立法机构批准时确定的目标进行必要的适时修正，但这并非是指在预算执行中可以随意变更预算，而是强调法定的政府预算应该按照这样一种方式来贯彻落实：④随着客观情况的变化或者新的需要调整因素的出现，而这些变化或因素又不能在现有预算框架的范围内加以调和时，就有必要在执行过程中按照法定程序进行适当的调整，以避免简单机械地执行预算而妨碍公共目标的实现。

7.1.2 预算执行的组织系统

政府预算执行需要按照一定的组织层级与职责分工来进行。在我国，政府预算的执行主要是根据国家政权级次、行政区划和行政管理体制，实行"统一领导、分级管理、分工负责"的管理模式。中央预算和全国预算由国务院组织执行，地方各级预算由本级人民政府组织执行。在预算执行过程中，财政部和地方各级政府财政部门，在国务院和地方各级

① 神野直彦. 财政学——财政现象的实体化分析［M］. 彭曦，等译. 南京：南京大学出版社，2012：118.
② 陈工. 政府预算与管理［M］. 北京：清华大学出版社，2004：204.
③ 米克塞尔 J L. 公共财政管理：分析与应用［M］. 苟燕楠，马蔡琛，译. 9版. 北京：中国人民大学出版社，2020：175.
④ 王雍君. 公共预算管理［M］. 北京：经济科学出版社，2002：101.

人民政府领导下，具体负责预算执行的组织工作，并监督本级各部门和下级政府的预算执行工作。

1）政府预算执行的组织领导机构——国务院和各级人民政府

《中华人民共和国预算法》规定，各级预算由本级政府组织执行。也就是说，负责预算执行的组织领导机构是国务院和地方各级人民政府。国务院作为最高国家行政机关，负责组织中央预算和全国预算的执行；地方各级人民政府负责组织本级政府预算的执行，并负责对本级政府各职能部门和下级人民政府预算的执行进行动态监督与检查。

2）政府预算执行的具体管理机构——各级政府财政部门

《中华人民共和国预算法》规定，政府预算执行的具体工作由本级政府财政部门负责。具体说来，财政部对国务院负责，在国务院领导下，具体负责组织中央预算的执行，指导监督地方预算的执行，并定期向国务院报告预算执行情况；各级地方财政管理部门对地方各级政府负责，在其领导下，负责具体组织本级政府预算的执行，监督和指导下级政府预算的执行，并定期向同级人民政府和上级财政部门报告预算执行情况。

《中华人民共和国预算法实施条例》具体规定，在预算执行中，政府财政部门的主要职责包括：第一，研究和落实财政税收政策措施，支持经济社会健康发展；第二，制定组织预算收入、管理预算支出以及相关财务、会计、内部控制、监督等制度和办法；第三，督促各预算收入征收部门和单位依法履行职责，征缴预算收入；第四，根据年度支出预算和用款计划，合理调度、拨付预算资金，监督各部门、各单位预算资金使用管理情况；第五，统一管理政府债务的举借、支出与偿还，监督债务资金使用情况；第六，指导和监督各部门、各单位建立健全财务制度和会计核算体系，规范账户管理，健全内部控制机制，按照规定使用预算资金；第七，汇总、编报分期的预算执行数据，分析预算执行情况，按照本级人民代表大会常务委员会、本级政府和上一级政府财政部门的要求定期报告预算执行情况，并提出相关政策建议；第八，组织和指导预算资金绩效监控、绩效评价；第九，协调预算收入征收部门和单位、国库以及其他有关部门的业务工作。

3）政府预算执行的具体实施机构——各预算部门和单位

各预算部门和单位需要正确执行部门（单位）预算，积极培植财源，组织收入并按规定上缴；按照支出预算和财政、财务制度的规定办理各项预算支出；对单位的各项经济业务进行会计核算，编制会计报表；定期向主管部门的同级财政部门报告预算执行情况，并接受监督。

《中华人民共和国预算法实施条例》具体规定，在预算执行中，各部门、各单位的主要职责包括：第一，制定本部门、本单位预算执行制度，建立健全内部控制机制；第二，依法组织收入，严格支出管理，实施绩效监控，开展绩效评价，提高资金使用效益；第三，对单位的各项经济业务进行会计核算；第四，汇总本部门、本单位的预算执行情况，定期向本级政府财政部门报送预算执行情况报告和绩效评价报告。

4）政府预算执行的专门机构和参与机构

我国的政府行政管理系统，除财政部门外，还根据政府预算收支的性质和具体管理需要，设立或指定专门的管理机构负责参与政府预算的执行工作。

（1）各级税务机关。其主要职责是：按照税收法律法规规定，组织各项工商税收的征收管理，同时负责办理政府交办的其他有关预算收入的征收管理工作（例如，社会保险费）。

（2）海关总署及其分支机构。其主要职责是：主要负责关税的征收管理，并代理税务机关征收进口环节的增值税、消费税和其他有关税收。

（3）中国人民银行。其主要职责是经理国家金库业务等。

各级政府财政部门和税务、海关等预算收入征收部门和单位必须依法组织预算收入，按照财政管理体制、征收管理制度和国库集中收缴制度的规定征收预算收入，除依法缴入财政专户的社会保险基金等预算收入外，应当及时将预算收入缴入国库。

除依法缴入财政专户的社会保险基金等预算收入外，一切有预算收入上缴义务的部门和单位，必须将应当上缴的预算收入，按照规定的预算级次、政府收支分类科目、缴库方式和期限缴入国库，任何部门、单位和个人不得截留、占用、挪用或者拖欠。

7.1.3 预算执行的法律规定

2014年8月修正通过的《中华人民共和国预算法》和2020年修订的《中华人民共和国预算法实施条例》中，对于预算执行问题作出了进一步的明确规定。

各级预算由本级政府组织执行，具体工作由本级政府财政部门负责。各部门、各单位是本部门、本单位的预算执行主体，负责本部门、本单位的预算执行，并对执行结果负责。

各级政府财政部门应当加强对预算资金拨付的管理，并遵循下列原则：第一，按照预算拨付，即按照批准的年度预算和用款计划拨付资金。除《中华人民共和国预算法》第五十四条规定的在预算草案批准前可以安排支出的情形外，不得办理无预算、无用款计划、超预算或者超计划的资金拨付，不得擅自改变支出用途；第二，按照规定的预算级次和程序拨付，即根据用款单位的申请，按照用款单位的预算级次、审定的用款计划和财政部门规定的预算资金拨付程序拨付资金；第三，按照进度拨付，即根据用款单位的实际用款进度拨付资金。

预算年度开始后，各级预算草案在本级人民代表大会批准前，可以安排下列支出：①上一年度结转的支出；②参照上一年同期的预算支出数额安排必须支付的本年度部门基本支出、项目支出，以及对下级政府的转移性支出；③法律规定必须履行支付义务的支出，以及用于自然灾害等突发事件处理的支出。根据前款规定安排支出的情况，应当在预算草案的报告中作出说明。预算经本级人民代表大会批准后，按照批准的预算执行。

预算收入征收部门和单位，必须依照法律、行政法规的规定，及时、足额征收应征的预算收入。不得违反法律、行政法规规定，多征、提前征收或者减征、免征、缓征应征的预算收入，不得截留、占用或者挪用预算收入。各级政府不得向预算收入征收部门和单位下达收入指标。

政府征收的全部预算收入应当上缴国家金库（以下简称国库），任何部门、单位和个人不得截留、占用、挪用或者拖欠。对于法律有明确规定或者经国务院批准的特定专用资金，可以依照国务院的规定设立财政专户。

各级政府财政部门必须依照法律、行政法规和国务院财政部门的规定，及时、足额地拨付预算支出资金，加强对预算支出的管理和监督。各级政府、各部门、各单位的支出必须按照预算执行，不得虚假列支。各级政府、各部门、各单位应当对预算支出情况开展绩效评价。

各级预算的收入和支出实行收付实现制。特定事项按照国务院的规定实行权责发生制的有关情况，应当向本级人民代表大会常务委员会报告。

县级以上各级预算必须设立国库；具备条件的乡、民族乡、镇也应当设立国库。中央国库业务由中国人民银行经理，地方国库业务依照国务院的有关规定办理。各级国库应当按照国家有关规定，及时准确地办理预算收入的收纳、划分、留解、退付和预算支出的拨付。

各级国库库款的支配权属于本级政府财政部门。除法律、行政法规另有规定外，未经本级政府财政部门同意，任何部门、单位和个人都无权冻结、动用国库库款或者以其他方式支配已入国库的库款。各级政府应当加强对本级国库的管理和监督，按照国务院的规定完善国库现金管理，合理调节国库资金余额。

已经缴入国库的资金，依照法律、行政法规的规定或者国务院的决定需要退付的，各级政府财政部门或者其授权的机构应当及时办理退付。按照规定应当由财政支出安排的事项，不得作退库处理。

根据1989年12月颁布的《中华人民共和国国家金库条例实施细则》的有关规定，预算收入退库的具体范围包括：第一，技术性差错退库。由于工作疏忽发生技术性差错而多缴、错缴需要退库的。第二，结算性退库。由于企业单位隶属关系改变，收入级次转移，交接双方办理财务结算需要退库的；企业收入超缴且不宜在下期抵缴，需要清算退库的。第三，政策性退库。根据批准的企业亏损计划，需要弥补计划亏损而需要退库的。第四，提留性退库。例如，地方财政从已经入库的税款中提取税收附加，以及从工商各税中提取代征手续费，需要退库的。第五，财政部明文规定和专项批准的其他退库项目。凡是不符合上述退库范围的，各级财政机关和主管收入机关不得办理审批手续，对于不符合规定的退库，各级国库有权拒绝办理。

国家实行国库集中收缴和集中支付制度，对政府全部收入和支出实行国库集中收付管理。

各级政府应当加强对预算执行的领导，支持政府财政、税务、海关等预算收入的征收部门依法组织预算收入，支持政府财政部门严格管理预算支出。财政、税务、海关等部门在预算执行中，应当加强对预算执行的分析，发现问题时应当及时建议本级政府采取措施予以解决。

各部门、各单位应当加强对预算收入和支出的管理，不得截留或者动用应当上缴的预算收入，不得擅自改变预算支出的用途。

各级预算预备费的动用方案，由本级政府财政部门提出，报本级政府决定。

各级预算周转金由本级政府财政部门管理，不得挪作他用。

各级一般公共预算年度执行中有超收收入的，只能用于冲减赤字或者补充预算稳定调节基金。各级一般公共预算的结余资金，应当补充预算稳定调节基金。省、自治区、直辖市一般公共预算年度执行中出现短收，通过调入预算稳定调节基金、减少支出等方式仍不能实现收支平衡的，省、自治区、直辖市政府报本级人民代表大会或者其常务委员会批准，可以增列赤字，报国务院财政部门备案，并应当在下一年度预算中予以弥补。

7.1.4 政府预算执行中的调整

1）预算调整概述

在政府预算执行过程中，受社会经济环境和预算管理因素的影响，立法机构审批通过的年度预算，通常会发生某种相机性的变化，如预算收支难以达到或超过年度预算规定的限额水平，由此导致了政府预算执行中的调整。

预算调整的主要形式是预算的追加追减。在原定预算支出规模之外，按照法定程序增加预算支出数额的，称为追加预算支出；在原定预算收入规模之外，按照法定程序减少预算收入数额的，称为追减预算收入。经全国人民代表大会批准的中央预算和经地方各级人民代表大会批准的地方各级预算，在执行中出现下列情况之一的，应当进行预算调整：①需要增加或者减少预算总支出的；②需要调入预算稳定调节基金的；③需要调减预算安排的重点支出数额的；④需要增加举借债务数额的。

2）预算调整的法律规定

各国对于预算调整的法律规定，大致有两种情况：[①]

一是预算调整权集中在议会，政府如果需要追加预算或临时拨款，需要提出预算调整方案，经由议会审查批准（如法国、英国、日本、印度等国）。例如，英国规定，政府如需追加预算开支或临时拨款，必须向议会提交议案，经议会审查批准。我国的预算调整也大体采用了这种模式。

二是除了议会拥有预算调整权外，政府部门也有部分预算调整权限（如美国、德国、西班牙等国）。例如，德国法律规定，一般情况下，追加支出必须经议会批准，但在联邦政府面临重大威胁或者遇到有重大危害的突发事件时，联邦政府可以按照《促进经济稳定和增长法》的规定，追加预算。西班牙法律规定，政府如果需要支拨临时款项时，财政大臣应建议政府讨论通过并向议会提交一份法律草案，由议会批准。法案中应说明扩大公共支出的财力来源，政府根据财政大臣的建议，也可以在特殊情况下，例外地批准拨付不可拖延的支出（但每个预算年度的最高限额为总预算拨款的1%）。

与追加预算（supplementary budgets）相关的一般性规定，载于一些国家（如丹麦、芬兰、韩国、西班牙、瑞典）的宪法或预算制度法中（如法国、德国、日本、新西兰、美国）。一些国家的法律中规定了追加预算的理由。例如在日本，公共财政法案允许内阁向议会提交追加预算的草案：（1）追加的资金需要履行年初预算无法预见到的政府法定合同义务；（2）修改预算，以满足国会通过预算之后新产生的额外支出需求。追加的支出一般包括自然灾害、特别紧急事件、新政策的行动方案等。

法律很少限制追加预算的数量和时间。例如在德国，联邦预算法允许在财政年度结束之前，随时向立法机关提交补充预算请求。在OECD成员国中，法律不限制修订预算的规模。对于大多数支出项目来说，一般都是向上调整（尽管并非总是如此），但实际发生时，向上调整的幅度平均不到10%。在许多国家，议会在年度预算周期内定期通过2~3项追加预算。在一些国家中，法律要求行政机关提交年中预算发展审查报告，可以用于向

---

① 刘明慧. 政府预算管理 [M]. 北京：经济科学出版社，2004：207-208.

立法机关提出追加预算的要求。[①]

根据《中华人民共和国预算法》的有关规定，在预算执行中，各级政府一般不制定新的增加财政收入或者支出的政策和措施，也不制定减少财政收入的政策和措施；必须作出并需要进行预算调整的，应当在预算调整方案中作出安排。

在预算执行中，各级政府对于必须进行的预算调整，应当编制预算调整方案。预算调整方案应当说明预算调整的理由、项目和数额。在预算执行中，由于发生自然灾害等突发事件，必须及时增加预算支出的，应当先动支预备费；预备费不足支出的，各级政府可以先安排支出，属于预算调整的，列入预算调整方案。各级一般公共预算年度执行中厉行节约、节约开支，造成本级预算支出实际执行数小于预算总支出的，不属于预算调整的情形。

国务院财政部门应当在全国人民代表大会常务委员会举行会议审查和批准预算调整方案的30日前，将预算调整初步方案送交全国人民代表大会财政经济委员会进行初步审查。

省、自治区、直辖市政府财政部门应当在本级人民代表大会常务委员会举行会议审查和批准预算调整方案的30日前，将预算调整初步方案送交本级人民代表大会有关专门委员会进行初步审查。

设区的市、自治州政府财政部门应当在本级人民代表大会常务委员会举行会议审查和批准预算调整方案的30日前，将预算调整初步方案送交本级人民代表大会有关专门委员会进行初步审查，或者送交本级人民代表大会常务委员会有关工作机构征求意见。

县、自治县、不设区的市、市辖区政府财政部门应当在本级人民代表大会常务委员会举行会议审查和批准预算调整方案的30日前，将预算调整初步方案送交本级人民代表大会常务委员会有关工作机构征求意见。

中央预算的调整方案应当提请全国人民代表大会常务委员会审查和批准。县级以上地方各级预算的调整方案应当提请本级人民代表大会常务委员会审查和批准；乡、民族乡、镇预算的调整方案应当提请本级人民代表大会审查和批准。未经批准，不得调整预算。

经批准的预算调整方案，各级政府应当严格执行。未经《中华人民共和国预算法》第六十九条规定的程序，各级政府不得作出预算调整的决定。对违反前款规定作出的决定，本级人民代表大会、本级人民代表大会常务委员会或者上级政府应当责令其改变或者撤销。

在预算执行中，地方各级政府因上级政府增加不需要本级政府提供配套资金的专项转移支付而引起的预算支出变化，不属于预算调整。接受增加专项转移支付的县级以上地方各级政府应当向本级人民代表大会常务委员会报告有关情况；接受增加专项转移支付的乡、民族乡、镇政府应当向本级人民代表大会报告有关情况。

各部门、各单位的预算支出应当按照预算科目执行。严格控制不同预算科目、预算级次或者项目间的预算资金的调剂，确需调剂使用的，按照国务院财政部门的规定办理。

地方各级预算的调整方案经批准后，由本级政府报上一级政府备案。

3）预算调整的基本类型

在政府预算执行过程中，预算调整按照其调整的幅度和影响范围的不同，分为全面调

---

① 利纳特，郑茂京.预算制度的法律框架：国际比较视角［M］. 马蔡琛，等译. 北京：经济科学出版社，2021：88.

整和局部调整两种情况。

（1）全面调整

全面调整，也称为"大调整"或"盘子"外调整。全面调整，是指在政府预算执行中，因特殊情况或突发事件的缘故，而对政府预算收支总盘子进行的全局性大调整。这种调整的特点是涉及面广、工作量大，实际上相当于重新编制一次预算。因而，全面调整在预算管理中并非经常发生，只有在特殊情况下才采用，并且需要极其慎重。导致政府预算全面调整的特殊情况主要包括：遭遇特大自然灾害或战争、国民经济和社会发展出现过度异常（如经济过分高涨或过分低落）等。

（2）局部调整

局部调整，也称为"小调整"或"盘子"内调整，是指对政府预算进行的局部性调整变动。在此主要介绍动用预备费和经费流用这两种情况。

①动用预备费

预备费也称总预备费。各级财政总预算中的预备费，是指各级政府预算中不规定具体用途的当年后备基金，一般是为了解决在预算执行过程中发生的某些临时性急需和事前难以预料的重大开支项目，而相应设置的备用资金。中央预备费和地方预备费均按各级政府支出预算总额的一定比例提取。

总预备费，在某些国家也称为"预算准备金制度"。准备金的设立通常有两种模式：一是由政府设立总准备金；二是由各部门设立准备金。各国近年来的发展趋势是，日益倾向由政府设立总准备金，其原因在于，中央政府的预算机构更有能力确定准备金的使用时机和数额。例如，英国和加拿大已然放弃由部门设立准备金的做法，而是由中央建立统一控制的准备金。英国每年的支出计划中，都有一项包括本年度和未来两年在内的准备金，通常后一两年的准备金比例要高于第一年。意大利国会批准的准备金可以高达全年支出的8%～10%；而奥地利每年的预算中则不列出一般应急的准备金，但可能会预留一定比例的象征性资金以应对可能增加的支出。[①]

《中华人民共和国预算法》规定，各级一般公共预算应当按照本级一般公共预算支出额的1%至3%设置预备费，用于处理当年预算执行中的自然灾害等突发事件增加的支出及其他难以预见的开支。

②经费流用

经费流用（transfer of funds），也称科目流用，是指在保证完成各项建设事业计划，又不超过原定预算支出总额的情况下，由于预算科目之间调入、调出和改变资金用途而形成的预算资金的再分配。

在预算执行中，各预算科目的执行结果会产生不同的资金余缺情况，为了充分发挥预算资金的使用效果，在保证完成各项事业的计划，又不超过既定的预算支出总额的前提下，在一些科目之间进行调整，可以达到预算资金以多补少、调剂余缺的目的。

预算科目之间的经费流用，虽然不影响政府预算的总规模和收支平衡，但由于不同科目的资金各有不同的用途，因此在相互调剂时要遵循一定的原则，并履行相应的报批手续。从各国政府预算管理实践来看，为使得预算的执行更具弹性与充分授权，各国对经费

---

① 经济合作与发展组织. 比较预算 [M]. 财政部财政科学研究所，译. 北京：人民出版社，2001：62-66.

流用的限制已有放宽的趋势。例如，1998 年德国联邦议会通过法律，允许在一些确定的科目之间进行调剂，可以调剂的科目，在预算说明中有严格规定，并明确一旦某科目确定为可调剂的，则要相应扣减该科目资金总额的 3%～4%。在德国联邦预算的约 8 000 个科目中，可以调剂的有 4 800 个，但这些科目的总和仅占联邦预算总支出的 6%。[①]

在法国，《预算组织法》区分了流用（virement）（同一部门内部的不同项目间的预算授权交换）和调剂（transfers）（不同部门间的项目之预算授权交换）。允许政府部门内的流用，最高可达计划授权总量的 2%。允许在具有服务同样目标的项目之间调剂。流用和调剂由法令授权，但是必须在财政部的报告由议会委员会审核之后。[②]

7.1.5 财政结余资金产生的原因及管理

近年来，虽然不断加强对财政拨款结转和结余资金的管理，但财政拨款结转和结余资金大量产生、广泛存在的状况并未得到根本改观，究其原因，主要有以下几个方面：[③]

1）中央部门加强管理形成的结转和结余

（1）中央部门加强财务管理、厉行节约形成的结转和结余。部门通过建立健全各种规章制度，堵塞财务漏洞，严格界定各项业务的开支范围，规范支出内容，加强财政资金的管理，节约资金，形成结转和结余。

（2）中央部门特殊管理方式形成的结转和结余。如教育部所属院校规定，学校超过一定额度的支出只有经过审计部门审计后才能列支，先列"暂付款"。由于这个过程时间较长，未能及时列支，形成结转和结余。

（3）中央部门实行系统管理形成的结转和结余。如税务系统基层单位数量较多，需要一定的资金备用，形成结转和结余。

2）财政部门下达预算、拨款不及时形成的结转和结余

（1）中央预算批复后，有的部门未按规定时间及时批复预算，预算执行时间过短，形成的结转和结余。中央本级预算草案每年 3 月 15 日经人大审议通过后，财政部在规定的 1 个月时间内批复部门预算，部门按规定半个月内批复下属单位的预算。有些中央部门并未按规定时间及时批复下属单位预算，有的部门每年预算下达到实际执行单位基本都在 4 月末或 5 月初，预算拨款时间更晚。预算执行时间仅半年左右，造成有的项目无法完成，形成结转和结余。

（2）财政追加预算时间较晚形成的结转和结余。从这几年预算执行情况看，有些项目预算 12 月 31 日还办理追加，拨款时间更晚；有些代编预算的下达也集中在年底，下达到部门后项目来不及执行，也形成了部门财政拨款结转和结余。

3）财政国库管理制度改革形成的结转和结余

（1）财政部门实行国库集中支付改革，加强执行监督和资金使用监控等，提高资金使用效率，形成结转和结余。

（2）中央部门大型设备等实施政府集中招标采购，降低了成本，形成结转和结余。如部分大型设备集中采购后，虽已订货，但出于安全方面考虑，部门在设备到货前不付款；

① 全国人大常委会预算工作委员会调研室. 国外预算管理考察报告 [M]. 北京：中国民主法制出版社，2005：44.
② 利纳特，郑茂京. 预算制度的法律框架：国际比较视角 [M]. 马蔡琛，等译. 北京：经济科学出版社，2021：172.
③ 财政部预算司. 中央部门预算编制指南（2014 年）[M]. 北京：中国财政经济出版社，2013：240-247.

或部门已经收到货的大型设备正在试运行，在确保质量之前也暂不付款，虚增结转和结余。

4）其他因素形成的结转和结余

其他因素形成的结转和结余包括外交项目受政治、外交等不可抗力因素影响出现结转和结余；测绘、勘探等项目受气候条件等自然环境影响进展缓慢形成结转资金；账面上存在财政拨款结转和结余资金，但实际资金已经垫付医疗费等，形成虚假结转和结余，等等。

对财政拨款结转和结余资金的管理，根据时间顺序可分为：报送和确认阶段、预算执行阶段和预算编制阶段。

结转和结余资金的报送和确认。根据《中央部门结转和结余资金管理办法》（财预〔2016〕18号）规定①：第一，年度结转资金的报送和确认。对部门年度结转资金不再单独组织统计、报送和批复，部门在编制年度预算时一并编报。财政部在批复部门年初预算时一并批复部门结转资金。部门预算中批复的结转资金与部门决算批复相关数据不一致的，以部门决算为准。第二，年度结转资金的报送和确认。年度预算执行结束后，中央部门在30日内完成对结余资金的清理，将情况报财政部。财政部在20日内发文确认结余资金，并收回财政。年初确认的结余资金数与部门决算批复相关数据不一致的，以部门决算为准，并做相应调整。

预算执行阶段。部门基本支出结转资金原则上结转下年继续使用，用于增人增编等人员经费和日常公用经费支出；项目支出结转资金下年按原用途继续使用，项目支出结余资金在执行中原则上不得动用，全部用于统筹编制以后年度部门预算。

预算编制阶段。部门在编制部门"一上"预算时，应将本部门财政拨款结转和结余资金安全使用情况和申请当年财政拨款安排支出统筹考虑，提出部门预算申请。

7.2　国库管理

人们常说的国库，在物理意义上，本意是一个存放具体实物、货币和黄金的库房。但现代意义上的国库，已经不单单是国家金库，每个国家的国库往往都担负着保管、管理该国财政的资产和负债，以及反映该国预算执行情况的一系列国家财政职能。国库的职能已由传统的"库藏"管理发展成控制政府预算内、外资金，管理政府现金和债务等全面财政管理事务。

7.2.1　国库制度概述

1）国库的主要功能

国库，系"国家金库"（national treasury）的简称，是管理预算收入的收纳、划分、留解和库款支拨以及报告国家财政预算执行情况的专门机构。国库的功能主要体现为如下几个方面：②

---

① 财政部预算司.中央部门预算编制指南（2022年）[M]. 北京：中国财政经济出版社，2021：106-107.
② 本小节对于国库功能的分析，主要采用了国际货币基金组织的观点。进一步的分析参阅亚洲开发银行. 政府支出管理 [M]. 北京：人民出版社，2001.

第一，现金管理。在总额范围内控制支出，有效地完成预算，实现政府筹资成本的最小化。

第二，政府银行账户的管理。国库负责监督所有中央政府机构的银行账户（包括各种预算外资金）。当商业银行介入税款征收或支出支付时，国库则须与银行进行协商安排，以保证现金需求。

第三，财务计划及现金流量预测。财务计划包括编制年度现金计划、年度预算执行计划、月度现金计划和当月财务预测。通常，国库部门需按纯现金基础（即收付实现制）编制预算执行计划和全面现金计划。

第四，公共债务管理。在某些市场经济国家，国库还负责控制政府债务的发行与管理工作。例如，在英国，国库部门在其每个财政年度的公告中所涉及的年度债务管理方面，都要报告有关筹资需求、政府债务拍卖计划，以及已发行债券的到期情况。

第五，外国援助资金及来自国际援助机构相应基金的管理。根据国际货币基金组织的建议，对于实施复式预算制度的发展中国家而言，外援资金的管理应置于国库部门之下，外援资金的集中登记应由国库部门或国民经济计划部门负责。

第六，金融资产管理。国库部门负责记录并核算政府的金融资产，[①]及时获取政府持股企业的财务信息，监督红利支付以及处理企业产权交易的财务问题。

概括起来，现代国库的职能定位大体具有这样的共性特点：一是国库是财政部门受政府委托、代表政府履行职能的一种体现；二是国库不是简单意义上的国库资金收支操作，而是一系列管理职能的集中体现；三是国库重在控制预算执行，要保证财政资金严格按照部门预算规定执行；四是国库部门要对政府资产和负债实施管理，提高政府资产和负债的管理效率。[②]其中，国库现金管理和债务管理的效率，以及能否及时准确地为财政管理和宏观经济决策提供完整的预算执行报告，是衡量一国国库管理水平的两个关键指标。[③]

在各国的国库管理实践中，国库的具体功能取向又体现出结合自身具体国情的差异性。某些国家国库部门的职能主要集中于现金管理和政府债务上，而少数国家的债务管理则由其他自治机构负责，在另一些国家，国库部门还负责预算执行的控制，以及（或者）会计核算和预算执行的报告等事务。

需要特别说明的是，在多数发展中国家，政府通常对现金管理问题缺乏足够的关注，预算执行过程和现金流量管理主要集中于程序遵从性问题，忽视了公共筹资成本与国库资金的增值问题。而在新西兰、瑞典、澳大利亚等政府预算管理相对成熟且激进的国家，对于国库现金管理中的激励措施，则进行了有益的探索与尝试。[④]

2）国库制度的主要类型

每个国家都有自己的国库制度。日本的国库由财务省主管，但绝大部分具体业务委托中央银行——日本银行来实施。1993年，俄罗斯政府颁布了建立联邦国库的政府令，在俄财政部设立了联邦国库管理局，委托中央银行具体管理。美国的国库预算由财政部管

---

① 政府的金融资产包括企业股份、政府发放的贷款、债务人未承兑的担保付款等。
② 詹静涛. 现代财政国库管理制度理论与实践 [R]. 见廖晓军. 财政改革纵论：2006 [M]. 北京：经济科学出版社，2006：812.
③ 阎坤，周雪飞. 发达国家国库管理制度的考察与借鉴 [J]. 财政研究，2003（2）：25-28.
④ 在新西兰，各个部门就其年度的现金支出计划数额与国库协商确定，之后如果这些部门超支了，则要支付给国库一笔利息作为惩罚；若有结余，则可以获得一笔利息收益。同时，专设机构每晚对各部门的银行账户进行平仓，将其余额投资于隔夜拆借市场。和过去各部门将剩余资金留在其银行账户的制度相比，新的制度安排每年可以节省大约2 000万美元。转引自亚洲开发银行. 政府支出管理 [M]. 北京：人民出版社，2001：201.

理，但财政部主要是管理资金的使用，具体保管是由美国国库局来执行。美国国库局是财政部的下属单位，具体负责印制美元、铸造硬币、灌注金锭，以及保管这些钱财，是美国政府真正的"钱袋子"。

从市场经济各国的主要情况看，国家金库制度大致可以分为独立国库制、委托国库制和银行制三种。

独立国库制，是指国家特设机构，办理政府财政预算收支的保管出纳工作。其优点在于，便于财政部门的国库管理工作，严格体现了公共部门财务管理的分权与制衡原则，可以良好地控制和监督各项预算收支活动，以保证国库职能的有效执行。缺点在于，政府自行设立国库，需保持单独的人、财、物运行系统，其运行成本较为高昂，并且难以实现财政性资金的余缺调剂，在一定程度上影响了预算资金使用效果。目前，采行这种国库制度的国家相对较少，[①]较为典型的是芬兰的国库董事会制度。[②]

委托国库制，是指政府不单设独立的国库机构，而是由财政部门委托中央银行直接经营或代理国库业务。其优点在于，由于银行系统网络广布，信息传递便捷，可以大量节省国库费用开支。同时，由于各国中央银行大多还负责本国货币政策的制定与实行，采用委托国库制也有利于财政政策与货币政策的综合协调运用。缺点在于，在中央银行系统内部，国库业务具有相当的派生性，往往难以得到足够的重视，增大了国库管理的难度。[③]目前，世界上大多数国家都采用了委托国库制，我国亦然。

银行制，是指国家不单独设立国库，也不委托中央银行代理国库，而是由财政部门在商业银行开立银行账户，办理预算收支业务，其账户性质视同于一般存款账户看待，实行存款有息、结算付费的管理方式（如蒙古国和美国的一些州及地方政府）。[④]虽然这一模式可以较大限度地节约国库运行成本，但因难以良好地履行国库的监督管理职能，而较少有国家采用。

概括起来，市场经济国家的国库管理制度普遍具有下列特征：[⑤]

首先，财政部门设立国库单一账户。所有财政资金都通过国库单一账户集中核算，并以国库单一账户为基础，建立国库分类账册体系。多数国家将国库单一账户开设在中央银行，也有些国家开设在商业银行。

其次，财政资金收付方式规范。税收收入经过纳税人申报和税务机关审核后，直接缴入银行，并及时通过银行清算系统划入国库单一账户。财政支出实行财政直接支付或授权预算单位支付，通过代理银行将款项支付给商品和劳务供应者或用款单位。财政资金的余额只保存在国库单一账户。例如，法国的财政资金支付，由财政部派往各政府部门和单位的公共会计师负责开出支付令，直接向商品和劳务供应者支付款项，每天业务结束时，所有支付数额通过计算机汇总，进而确定国库在法兰西银行账户的余额。与分散支付的方式相比较，采取集中支付有利于有效控制财政资金流向，保障财政资金安全，也有利于加强对资金使用情况的管理监督。

---

① 美国曾经一度设立独立国库，后改为委托国库制。
② 卢洪友. 政府预算学 [M]. 武汉：武汉大学出版社，2005：228.
③ 由于在委托国库制下，财政资金管理并非中央银行的应有之义和"分内事"，而仅仅是其一种辅业，加之在一些地方的人民银行中，国库人员配备不齐，业务素质较差，很难保证财政资金的管理质量，从而影响了国库资金管理的效率。参阅阎坤，周雪飞. 发达国家国库管理制度的考察与借鉴 [J]. 财政研究，2003（2）：25-28.
④ 陈工. 政府预算与管理 [M]. 北京：清华大学出版社，2004：278.
⑤ 项怀诚，楼继伟. 中国政府预算改革五年（1998—2003）[M]. 北京：中国财政经济出版社，2003：91-92.

最后，财政部门设立专门的国库现金管理和收付执行机构。实行国库单一账户制度的国家，普遍设有不同形式的专门履行国库现金管理和支付职能的执行机构。例如，美国联邦财政部这类人员约有1 900人，具体负责国库现金管理和支付事务；法国由财政部任命在政府各部门和单位负责支付的公共会计师有3 000人；匈牙利财政部下设的国库机构职员总数有830人。设立专门的财政国库现金管理和收付执行机构，不仅可以保证财政资金支付的安全、高效，而且可以获得较好的国库现金管理效益，使财政资金在支付行为发生前都保存在国库单一账户。

3）我国的国库制度

国库是随着政府财政收支规模的扩展而产生的。历代国库制度及其称谓虽时有变化，但多采用以行政系统为基础的"银谷分藏制"。随着经济社会的演化，行政库藏制逐渐向银行代理制转变。1908年大清银行成立，国库委托银行代理，并以货币为单位，统一折算征收的实物价值，至此由银行代理的无形国库形式得以确立。

我国1950年3月政务院颁布的《中央金库条例》和1985年7月国务院发布的《中华人民共和国国家金库条例》，[①]均明确中国人民银行具体经理国库。

我国的国库分为中央国库和地方国库。国库机构按照国家财政管理体制设立，原则上是一级财政设一级国库。中央国库业务由中国人民银行代理。中央国库业务应当接受财政部的指导和监督，对中央财政负责。地方国库业务由中国人民银行分支机构代理。未设中国人民银行分支机构的地区，由上级中国人民银行分支机构与有关地方政府财政部门商定后，委托有关银行办理。地方国库业务应当接受本级政府财政部门的指导和监督，对地方政府负责。

根据《中华人民共和国国家金库条例》的规定，国库的基本职责主要包括：办理国家预算收入的收纳、划分和留解；办理国家预算支出的拨付；向上级国库和同级财政机关反映预算收支执行情况；协助财政、税务机关督促企业和其他有经济收入的单位及时向国家缴纳应缴款项，对于屡催不缴的，应依照税法协助扣收入库；组织管理和检查指导下级国库的工作；办理国家交办的同国库有关的其他工作。

国库的主要权限如下：督促检查各经收处和收入机关所收之款是否按规定全部缴入国库，发现违法不缴的，应及时查究处理；对擅自变更各级财政之间收入划分范围、分成留解比例，以及随意调整库款账户之间存款余额的，国库有权拒绝执行；对不符合国家规定要求办理退库的，国库有权拒绝办理；监督财政存款的开户和财政库款的支拨；任何单位和个人强令国库办理违反国家规定的事项，国库有权拒绝执行，并及时向上级报告；对不符合规定的凭证，国库有权拒绝受理。

2020年修订的《中华人民共和国预算法实施条例》对于国库管理问题作出了进一步的明确规定：

第一，国库是办理预算收入的收纳、划分、留解、退付和库款支拨的专门机构。国库分为中央国库和地方国库。中央国库业务由中国人民银行经理。未设中国人民银行分支机构的地区，由中国人民银行商财政部后，委托有关银行业金融机构办理。地方国库业务由

[①] 2020年11月29日《国务院关于修改和废止部分行政法规的决定》规定，将《中华人民共和国国家金库条例》第十六条第二款删除，不再对经济特区、中外合资经营企业、中外合作经营企业和外籍人员缴纳库款办法作更多规定。

中国人民银行分支机构经理。未设中国人民银行分支机构的地区，由上级中国人民银行分支机构商有关地方政府财政部门后，委托有关银行业金融机构办理。具备条件的乡、民族乡、镇，应当设立国库。具体条件和标准由省、自治区、直辖市政府财政部门确定。

第二，中央国库业务应当接受财政部的指导和监督，对中央财政负责。地方国库业务应当接受本级政府财政部门的指导和监督，对地方财政负责。省、自治区、直辖市制定的地方国库业务规程应当报财政部和中国人民银行备案。

第三，各级国库应当及时向本级政府财政部门编报预算收入入库、解库、库款拨付以及库款余额情况的日报、旬报、月报和年报。

第四，各级国库应当依照有关法律、行政法规、国务院以及财政部、中国人民银行的有关规定，加强对国库业务的管理，及时准确地办理预算收入的收纳、划分、留解、退付和预算支出的拨付。各级国库和有关银行业金融机构必须遵守国家有关预算收入缴库的规定，不得延解、占压应当缴入国库的预算收入和国库库款。

第五，各级国库必须凭本级政府财政部门签发的拨款凭证或者支付清算指令于当日办理资金拨付，并及时将款项转入收款单位的账户或者清算资金。各级国库和有关银行业金融机构不得占压财政部门拨付的预算资金。

7.2.2 国库集中收付与预算管理一体化改革

在20世纪90年代末期以前，我国实行的是分散的委托国库制度。这种模式存在的主要弊端是：重复和分散设置账户，导致财政资金活动透明度不高，不利于对其实施有效管理和全面监督；财政收支信息反馈迟缓，难以及时为预算编制、执行分析和宏观经济调控提供准确依据；财政资金入库时间延滞，收入退库不规范，大量资金经常滞留在预算单位，降低了使用效率；财政资金使用缺乏事前监督，截留、挤占、挪用等问题时有发生，甚至出现腐败现象。

同时，从国际经验看，发达市场经济国家普遍实行国库单一账户制度，一些发展中国家也已陆续进行了财政国库管理制度改革。

自2000年以来，我国推行了以国库集中收付制度为核心的财政国库管理制度改革。截至2005年年底，全国36个省区市（含计划单列市）已然全面推行了国库集中收付改革，并将改革推行到200多个地市和500多个县。①概括起来，国库集中收付制度改革主要包括：

1）国库集中收付制度改革的指导思想和原则

财政国库管理制度改革的指导思想是：按照社会主义市场经济体制下公共财政的发展要求，借鉴国际通行做法和成功经验，结合我国具体国情，建立和完善以国库单一账户体系为基础、资金缴拨以国库集中收付为主要形式的财政国库管理制度，进一步加强财政监督，提高资金使用效率，更好地发挥财政在宏观调控中的作用。

根据上述指导思想，财政国库管理制度改革遵循以下原则：

（1）有利于规范操作。合理确定财政部门、征收单位、预算单位、中国人民银行国库和代理银行的管理职责，不改变预算单位的资金使用权限，使所有财政性收支都按规范的

---

① 财政部预算司. 中央部门预算编制指南（2007年）[M]. 北京：中国财政经济出版社，2006：171.

程序在国库单一账户体系内运作。

（2）有利于管理监督。增强财政收支活动透明度，基本不改变预算单位财务管理和会计核算权限，使收入缴库和支出拨付的整个过程都处于有效的监督管理之下。

（3）有利于方便用款。减少资金申请和拨付环节，使预算单位用款更加及时和便利。

（4）有利于分步实施。改革方案要体现系统性和前瞻性，使改革目标逐步实现。

2）国库集中收付制度改革的主要内容

按照财政国库管理制度的基本发展要求，建立国库单一账户体系，所有财政性资金都纳入国库单一账户体系管理，收入直接缴入国库或财政专户，支出通过国库单一账户体系支付给商品和劳务供应者或用款单位。

（1）建立国库单一账户体系

所谓国库单一账户体系，是由财政部门开设的，以国库存款账户为核心，全面反映财政资金收付的各类账户的总称。国库单一账户体系是财政国库管理制度改革的主要内容。现代国库管理制度以国库单一账户为基础，实行规范和高效的财政资金运作方式。

国库单一账户体系的构成主要包括：

——财政部门在中国人民银行开设国库单一账户，按收入和支出设置分类账，收入账按预算科目进行明细核算，支出账按资金使用性质设立分账册。

——财政部门按资金使用性质在商业银行开设零余额账户，在商业银行为预算单位开设零余额账户。

——财政部门在商业银行开设预算外资金财政专户，按收入和支出设置分类账。

——财政部门在商业银行为预算单位开设小额现金账户。

——经国务院和省级人民政府批准或授权财政部门开设特殊过渡性专户（以下简称特设专户）。

国库单一账户体系中各类账户的功能主要包括：第一，国库单一账户为国库存款账户，用于记录、核算和反映纳入预算管理的财政收入和支出活动，并用于与财政部门在商业银行开设的零余额账户进行清算，实现支付。第二，财政部门的零余额账户，用于财政直接支付并与国库单一账户清算；预算单位的零余额账户用于财政授权支付和清算。第三，预算外资金财政专户，用于记录、核算和反映预算外资金的收入和支出活动，并用于预算外资金日常收支清算。第四，小额现金账户，用于记录、核算和反映预算单位的零星支出活动，并用于与国库单一账户清算。第五，特设专户，用于记录、核算和反映预算单位的特殊专项支出活动，并用于与国库单一账户清算。上述账户和专户要与财政部门及其支付执行机构、中国人民银行国库部门和预算单位的会计核算保持一致性，相互核对有关账务记录。

（2）规范收入收缴程序

①收入类型。按政府收支分类标准，对财政收入实行分类。

②收缴方式。适应财政国库管理制度的改革要求，将财政收入的收缴分为直接缴库和集中汇缴。

——直接缴库，是由缴款单位或缴款人按有关法律法规规定，直接将应缴收入缴入国库单一账户或预算外资金财政专户。

——集中汇缴，是由征收机关按有关法律法规规定，将所收的应缴收入汇总缴入国库单一账户或预算外资金财政专户。

③收缴程序。

——直接缴库程序。直接缴库的税收收入，由纳税人或税务代理人提出纳税申报，经征收机关审核无误后，由纳税人通过开户银行将税款缴入国库单一账户。直接缴库的其他收入，比照上述程序缴入国库单一账户或预算外资金财政专户。

——集中汇缴程序。小额零散税收和法律另有规定的应缴收入，由征收机关于收缴收入的当日汇总缴入国库单一账户。非税收入中的现金缴款，比照本程序缴入国库单一账户或预算外资金财政专户。

规范收入退库管理。涉及从国库中退库的，依照法律、行政法规有关国库管理的规定执行。

（3）规范支出拨付程序

① 支出类型。财政支出总体上分为购买性支出和转移性支出。根据支付管理需要，具体分为：工资支出，即预算单位的工资性支出；购买支出，即预算单位除工资支出、零星支出之外购买服务、货物、工程项目等支出；零星支出，即预算单位购买支出中的日常小额部分，除政府采购品目分类表所列品目以外的支出，或列入政府采购品目分类表，但未达到规定数额的支出；转移支出，即拨付给预算单位或下级财政部门，未指明具体用途的支出，包括拨付企业补贴和未指明具体用途的资金、中央对地方的一般性转移支付等。

② 支付方式。按照不同的支付主体，对不同类型的支出，分别实行财政直接支付和财政授权支付。

——财政直接支付。由财政部门开具支付令，通过国库单一账户体系，直接将财政资金支付给收款人（商品和劳务供应者，下同）或用款单位账户。实行财政直接支付的支出包括：第一，工资支出、购买支出以及中央对地方的专项转移支付，拨付企业大型工程项目或大型设备采购的资金等，直接支付给收款人。第二，转移支出（中央对地方专项转移支出除外），包括中央对地方的一般性转移支付中的税收返还、原体制补助、过渡期转移支付、结算补助等支出，对企业的补贴和未指明购买内容的某些专项支出等，支付给用款单位（包括下级财政部门和预算单位，下同）。

——财政授权支付。预算单位根据财政授权，自行开具支付令，通过国库单一账户体系将资金支付到收款人账户。实行财政授权支付的支出包括未实行财政直接支付的购买支出和零星支出。

3）预算管理一体化改革的主要内容

在我国现代预算制度改革进入深水区、攻坚期的宏观背景下，以信息化手段为突破口，深入推进预算管理一体化改革，构建"制度+技术"的现代信息技术管理机制，全面提高各级预算管理的规范化、标准化、系统化和自动化水平。从推进的历程来看，预算管理一体化改革经历了从地方探索试点、地方全面覆盖、中央试点到中央推广实施的不同阶段。[①]2019年财政部开始部署推进预算管理一体化建设，旨在以系统化思维和信息化手段推进预算管理工作，构建现代信息技术条件下"制度+技术"的管理机制，这些举措意义

---

① 张绘.预算管理一体化改革实践、挑战与优化路径［J］.财会月刊，2023，44（4）：115-122.

重大、影响深远。[1]

2020年2月，财政部发布了《预算管理一体化规范（试行）》及其配套的系统技术标准，初步建立了各级预算管理统一的业务规范和系统建设标准。2023年3月，为了深入推进预算管理一体化建设，有力支撑健全现代预算制度，财政部对《预算管理一体化规范（试行）》进行了修订，形成了《预算管理一体化规范（2.0版）》，将政府债务管理、资产管理、绩效管理等业务纳入一体化，涵盖了预算管理全流程各环节，进一步细化完善了全国各级预算管理的主要工作流程、基本控制规则、核心管理要素。[2]以此为契机，将制度规范与信息系统建设紧密结合，一方面有利于央地预算的协同管理，提高预算系统的响应效率和能力；另一方面有助于打通不同部门间的数据壁垒，夯实财政大数据治理的基础。

目前，中央及全国36个省、自治区、直辖市、计划单列市和新疆生产建设兵团已建设应用财政预算管理一体化系统。地方3 700多个财政部门，60余万个预算单位已应用财政预算管理一体化系统开展预算编制、预算执行等业务，初步实现了预算管理各环节的衔接贯通，以及上下级财政部门和预算单位的业务协同和数据共享。[3]

7.2.3　国库现金管理

在市场经济国家，最早出现的是司库管理（treasury management）的概念，它是企业或政府司库部门管理现金、筹资与投资、发行长期债务、资本管理、维护与债权人的关系以及规划与风险管理等功能的总称。司库现金管理（treasury cash management）是司库管理的一个子概念，通常是指对企业或政府资产负债表经常性项目一方的资金往来行为进行的管理，一般也简称为现金管理（cash management）。政府国库现金管理（government treasury cash management）则是现金管理的子概念，特指政府财政国库部门对其现金收支及相关过程的管理，一般又简称为政府现金管理或国库现金管理（government cash management）。[4]现金管理过程由三个部分组成：（1）对现金的筹集和支出过程进行管理；（2）对现有的现金余额进行管理；（3）将这些现金余额投资于短期金融工具。

20世纪70年代，美国联邦政府各机构在管理与使用政府资金时，还没有认识到货币的时间价值，因此使用余额超过100万美元的无息支票账户的情况十分普遍。作为回报，金融机构为其提供免费服务。[5]直到1950年，州和地方政府几乎40%的财政资金还是存放在现金账户和活期存款账户中的。1972年，由于保留了过多的闲置现金，州和地方政府的损失高达4.53亿美元。到了20世纪70年代中期，这一比重已经下降到了15%以下；到了80年代，这一比重更是下降到了5%以下，并且从此没有再增长过。[6]现金管理的技术，特别是现金预算的可预测性和资金转账的便捷性，使这种变化具有了可能性；公众对政府

① 马海涛，肖鹏.借力预算管理一体化 提升财政管理水平［J］.行政管理改革，2022（8）：30-37.
② 财政部.财政部关于印发《预算管理一体化规范（2.0版）》的通知［EB/OL］.（2023-04-14）［2023-03-26］.http：//gks.mof.gov.cn/guizhangzhidu/202304/t20230414_3879079.htm.
③ 中国新闻网.财政预算管理一体化系统基本覆盖中国县级及以上行政区划［EB/OL］.（2023-02-10）［2023-03-24］.https：//baijiahao.baidu.com/s？id=1757458584532203852&wfr=spider&for=pc.
④ 财政部国库司.国库现金管理基础与实务［M］.北京：经济科学出版社，2007：13.
⑤ 米克塞尔 J L.公共财政管理：分析与应用［M］.白彦锋，马蔡琛，译.6版.北京：中国人民大学出版社，2005：586.
⑥ BOARD OF GOVERNORS OF THE FEDERAL RESERVE SYSTEM.Flow of funds accounts，financial assets and liabilities，Fourth quarter［R］.1991：2.1，Outstandings（Washington，D.C.：Board of Governors，1992）.

资源使用的经济性的更高要求，使这种变化具有了必然性。[①]

与发达市场经济国家相比，中国的国库现金管理概念出现得较晚，它是在传统计划经济向社会主义市场经济转型的过程中，伴随着政府财政职能的转变，于 2000 年才被正式引入的。[②]在 2001 年改革试点之初，中央 6 个试点部门年度结余预算资金 58 亿元；安徽省 16 个试点部门年底结余预算资金 1 亿元；四川省 14 个试点部门年底结余预算资金 9 193 万元。从更宽的时间区间看，根据 1997—2005 年全国财政在中央银行的季度末存款余额的统计数据，虽然我国国库存款余额保持着缓慢、平稳的增长，而在国库集中收付制度改革开始之后的 6 年间，国库存款余额增长迅速。比如，2005 年 3 月的国库存款余额相当于 2003 年 3 月的 1.72 倍；相当于 2000 年 3 月的 3.34 倍；相当于 1997 年 3 月的 5.39 倍。此外，国库月终存款余额较大、波动幅度大，动辄是几千亿元的水平，曾经一度达到 3 万亿～4 万亿元的规模水平。[③]

2014 年 12 月，财政部和中国人民银行联合发布了《地方国库现金管理试点办法》（财库〔2014〕183 号）。从 2014 年开始，财政部会同中国人民银行总行选择 3～6 个预算管理水平高、财政专户清理力度大、政府债务约束考评机制相对完善的省（区、市），积极、稳妥、有序地推进试点工作。2016 年，为进一步扩大地方国库现金管理试点范围，促进地方国库现金管理工作规范有序开展，确定天津、河北、吉林、江苏、浙江、安徽、福建、厦门、江西、海南、四川、陕西、甘肃、青海、新疆 15 个省（区、市）为 2016 年地方国库现金管理试点地区。2017 年 1 月，财政部和中国人民银行联合发布了《关于全面开展省级地方国库现金管理的通知》（财库〔2017〕8 号），决定在全国全面开展省级地方国库现金管理工作。同年，财政部门进一步完善相关业务制度规范，中央结算公司在总结地方国库现金管理业务开办经验与市场诉求的基础上，配合发布了《地方国库现金管理业务担保品管理服务指引》，规范相关业务的开展。自试点开始至 2019 年 6 月，全国 34 家财政部门办理地方国库现金管理业务操作金额超过 11 万亿元，担保品管理框架已紧密融入国库管理体系。近年来，地方国库现金管理的组织实施取得显著成效。2022 年，地方国库现金管理操作金额共 2.6 万亿元，利息收入达 136 亿元。[④]

1）地方国库现金管理应遵循的原则

第一，安全性、流动性、收益性相统一原则。在确保财政资金安全、财政支出支付流动性需求基础上，实现财政资金保值、增值。

第二，公开、公平、公正原则。地方国库现金管理应公开、公平、公正开展操作，确保资金安全。

第三，协调性原则。地方国库现金管理应充分考虑对市场流动性的影响，与货币政策操作保持协调性。

2）地方国库现金管理的总体规定

地方国库现金管理操作工具为商业银行定期存款，定期存款期限在 1 年期以内。此处

---

① BLANKENBECKLER G M. Excess cash management at the state and local levels [J]. State and Local Government Review, 1978 (10): 2-7.
② 财政部国库司. 国库现金管理基础与实务 [M]. 北京：经济科学出版社，2007：13.
③ 马洪范. 国库现金管理：理论与政策 [M]. 北京，经济科学出版社，2014.
④ 资料来源：中华人民共和国财政部.构筑担保品机制 提升库款管理效益——地方国库现金管理改革与发展 [EB/OL]. [2021-06-23]. http://sd.mof.gov.cn/zt/dcyj/202106/t20210623_3723671.htm；财政部国库司.为推动高质量发展贡献财政国库力量 [J]. 中国财政，2023（7）：36-39.

的商业银行定期存款，是指将暂时闲置的国库现金按一定期限存放商业银行，商业银行提供足额质押并向地方财政部门支付利息。

地方财政部门会同中国人民银行当地分支机构（以下简称人民银行分支机构）共同开展地方国库现金管理。

地方财政部门、人民银行分支机构应建立必要的协调机制，包括季度、月度例会制度以及每期操作前进行必要的沟通。

地方财政部门负责国库现金预测并根据预测结果商人民银行分支机构制订地方国库现金管理分月操作计划。每月25日前应将下月操作计划报财政部、中国人民银行总行备案，财政部、中国人民银行总行可根据宏观调控需要对操作计划提出建议。每次操作前5个工作日将具体操作信息上报财政部、中国人民银行总行备案。执行中有调整的，及时上报更新操作信息。

地方国库现金管理应采取公开招标方式。地方国库现金管理招标应成立招标小组，小组成员由地方财政部门、人民银行分支机构等部门人员构成。每次招标日前3个工作日，通过财政部门网站、人民银行网站公告信息，招标完成当日及时公布经招标小组成员一致确认的结果。

地方国库现金的商业银行定期存款（以下简称地方国库定期存款）利率按操作当日同期限金融机构人民币存款基准利率执行，由商业银行在中国人民银行规定的金融机构存款利率浮动区间内根据商业原则自主确定。

地方国库现金管理应严格控制单一存款银行存款比例，防范资金风险。单一存款银行一般不得少于5家，单一存款银行当期存款金额不得超过当期存款总额的1/4。单一存款银行的地方国库定期存款余额一般不得超过该银行一般性存款余额的10%，不得超过地方财政国库定期存款余额的20%。

3）定期存款质押和资金划拨

存款银行取得地方国库定期存款，应当以可流通国债为质押，质押的国债面值数额为存款金额的120%。

省级财政部门应在中央国债登记结算有限责任公司开设省级国库现金管理质押账户，登记省级财政部门收到的存款银行质押品质权信息。人民银行分支机构负责办理具体质押操作。

地方财政部门确认存款银行足额质押后，通知人民银行分支机构办理资金划拨。

存款银行收款后，应向地方财政部门开具存款单，载明存款银行名称、存款金额、利率以及期限等要素。

地方国库定期存款存续期内，地方财政部门负责对存款银行质押品实施管理，确保足额质押。

存款银行应于存款到期日足额汇划存款本息。本金和利息应分别汇划，不得并笔。本息款项入库后，存款银行质押品相应解除。

存款银行应设置"国库定期存款"一级负债类科目，科目下按国库级次分设账户，分别核算存入、归还中央和地方财政的国库定期存款。存款银行应将增设"国库定期存款"科目变动情况报人民银行备案。该科目纳入一般存款范围缴纳存款准备金。

中国人民银行应设置"国库现金管理"资产类科目，核算商业银行定期存款操作、到期收回额以及余额。该余额纳入国库库存表反映。

人民银行分支机构根据国库现金管理资金划拨情况，于次一工作日向同级财政部门提供当期地方国库定期存款资金划出、存款到期本息划回明细表。

人民银行分支机构应按月、按年向同级财政部门报送地方国库定期存款操作、存款到期和余额（分银行）以及利息收入等报表及电子信息，并进行对账。

中国人民银行总行按月、按年向财政部提供分省、分银行的地方国库定期存款操作、存款到期和余额以及利息收入等报表及电子信息。

地方国库定期存款利息收入纳入同级财政预算管理，缴入同级国库。

地方国库定期存款属于地方政府财政库款。除法律另有规定外，任何单位不得扣划、冻结地方政府财政部门在存款银行的国库定期存款。

任何单位和个人不得借开展地方国库现金管理业务干预金融机构正常经营，不得将地方国库现金管理与银行贷款挂钩。

存款银行应加强对地方国库定期存款资金运用管理，防范资金风险，不得将地方国库定期存款资金投向国家有关政策限制的领域，不得以地方国库定期存款资金赚取高风险收益。

7.3　财政总预备费管理

7.3.1　财政预备费管理的由来与现状

财政预备费（也称财政总预备费）作为应急财政管理的重要内容，在各国预算管理中均具有重要的地位。就其内涵而言，财政预备费是指在预算筹编过程中，针对临时性或紧急性的资金支出需求而设置的、不预先确定具体用途的后备性基金，这是现代预算审慎管理原则的重要体现。

早在近代财政预算理念在中国传播之初，就有学者指出，预备费是为预算平衡的必要而设——于国家财政不敷开支时，经严密审查，认为必要者，得以预算中预备费酌量拨给。[①]在中国近代预算制度的草创时期，其预算法的修改就主要集中在"新增费用"和"临时费用"两项，并规定政府因特别事业，或为备预算不足或预算所未及，得于预算案内设预备费。[②]

在现代预算实践的演化过程中，人们也通常认为，预备费提供了一种为未来可能的资金用途而提前做好准备的合理机制，同时也可以促进经济波动时期的财政稳定。[③]

在各国预算管理实践中，当遭遇各类突发事件之时，均需要有坚固殷实的财力作保障，以使政府能够有效应对。而财政预备费作为应急财政资金的主体，在应对突发事件中具有举足轻重的作用。近年来，随着各类突发事件的频繁发生，应急财政支出的规模不断

① 毛起鹬. 经济宪法［J］. 东方杂志，1933（14）.
② 中华民国宪法草案（天坛宪草，1913年拟定）第99条规定，政府因特别事业，得于预算案内预定年限，设预备费。第100条规定，政府为备预算不足或预算所未及，得于预算案内设预备费。预备费之支出，须于次会期请求众议院追认。
③ Division of local government and school accountability office of the New York State comptroller ［R］. Local Government Management Guide：Reserve Funds，www.osc.state.ny.us/localgov/pubs/lgmg/reservefunds.pdf，2010.

增长。2008年的南方雪灾，仅中央财政就支出了27亿元；[1]汶川地震后，中央财政通过动支中央预备费和调整支出科目等途径，统筹安排抢险救灾资金250.92亿元，[2]后续的各级财政支出更是高达809.36亿元。2013年，我国多地出现"人感染H7N9禽流感"病例，中央财政专门拨付了逾3亿元的补助资金，各地方财政亦加紧下拨专项资金。[3]2019年年底，新冠肺炎疫情暴发，截至2020年2月14日，各级财政已安排疫情防控补助资金901.5亿元，其中中央财政安排252.9亿元。[4]

财政预备费管理也引起了众多国际组织的高度关注。OECD、世界银行与泛美开发银行在世纪之交前后，展开了针对各国预算实践及预备费管理的调查与评估。将预备费能否满足不可预知的预算支出、法律法规是否明确规定了其具体用途，以及准许动支预备费的决策机制等方面，作为衡量各国预算改革成效的重要依据之一。[5]其研究显示，在设置财政预备费的国家中，其使用偏重于突发事件，但也有少数国家将其用于平衡预算或提升政策激励效果。就预备费的规模设定而言，大多不超过当年预算总额的1%（参见表7-1）。

表7-1　　　　　　　　　部分国家的财政预备费计提情况

用途	各国预备费占预算总额比例（%）							
用于突发事件	奥地利	哥斯达黎加	捷克	芬兰	英国	希腊	匈牙利	意大利	日本
	0.6	0.005	0.3	0.01	1	0.1	0.5	0.25	0.4
	丹麦	新西兰	葡萄牙	斯洛文尼亚	韩国	西班牙	土耳其	委内瑞拉	
	0.05	0.25	1	0.22	1	0.19	0.5	1	
用于平衡预算	冰岛				土耳其				
	0.5				0.2				
用于新政策激励	土耳其								
	0.3								
用于其他用途	匈牙利、秘鲁、斯洛伐克、斯洛文尼亚、西班牙								

资料来源：OECD WORKING PARTY OF SENIOR BUDGET OFFICIALS.International Budget Practices and Procedures Database［DB］.［2022-07-18］. http：//webnet.oecd.org/budgeting/Budgeting.aspx，2007.

在现时的中国，预算法对于财政预备费问题仅有原则性界定，而未就其计提、动支、结转等方面作出具体规定。例如，1994年颁布的《中华人民共和国预算法》第三十二条规定，各级政府预算应当按照本级政府预算支出额的1%至3%设置预备费，用于当年预

① 冯俏彬. 我国应急财政资金管理的现状与改进对策［J］. 财政研究，2009（6）：12-17.
② 谢旭人. 充分发挥稳健财政政策作用 促进经济社会又好又快发展［N］. 经济日报，2008-08-16.
③ 中国财政拨数亿元防控人感染H7N9禽流感［EB/OL］.［2013-04-24］. http：//www.chinanews.com/gn/2013/04-24/4761308.shtml.
④ 中华人民共和国中央人民政府.各级财政疫情防控补助资金已经超过900亿元［EB/OL］. ［2020-02-16］. http://www.gov.cn/xinwen/2020-02/16/content_5479533.htm.
⑤ FILC G，SCARTASCINI C. Budget Institutions and Fiscal Outcomes：Ten Years of Inquiry on Fiscal Matters at the Research Department［R］. presentation at the Research Department 10th Year Anniversary Conference. Office of Evaluation and Oversight. Inter-American Development Bank. 2004.

算执行中的自然灾害救灾开支及其他难以预见的特殊开支。而在2014年8月修正通过的《中华人民共和国预算法》第四十条规定：各级一般公共预算应当按照本级一般公共预算支出额的1%至3%设置预备费，用于当年预算执行中的自然灾害等突发事件处理增加的支出及其他难以预见的开支。

对比新旧预算法中有关财政预备费的规定，其变化主要体现在两个方面：一是收窄了提取预备费的口径，由"本级政府预算支出"改为"本级一般公共预算支出"。也就是说，预备费的提取基础不包括政府性基金预算、国有资本经营预算、社会保险基金预算等部分。这实际上在预备费的计提基数中，剔除了具有特定安排的预算项目，从而在某种程度上缩小了预备费的提取口径。二是预备费的动支方向由"自然灾害救灾开支"改为"自然灾害等突发事件处理增加的支出"，扩大了预备费的用途。事实上，在预备费管理实践中，诸如"非典""禽流感""新冠肺炎疫情"等突发性事件，也调用了中央和地方的预备费。这一修改实际上矫正了既往法条规定的不严谨性，也更加符合实际情况。

在建设现代财政预算制度的时代背景下，急需进一步完善财政预备费管理的规范化运作，建立健全高效有序的应急财政管理机制。

7.3.2 财政预备费管理的具体实践

各国因社会制度、经济状况、文化传统等背景差异，对预备费管理的规定也各具特色。本节对财政预备费管理的国际比较，将从预备费的设置类型、数额确定及动支规定等方面加以展开。

1）财政预备费的设置类型

在预算管理实践中，各国预备费的设置并不仅限于应急财政问题。很多国家设有专门的自然灾害基金，而预备费则因多种目的而设立，并非单纯针对自然灾害的救济问题。[①]

从财政预备费的设置目的来看，可以分为应急性预备费、预算平衡预备费、公共设施建设预备费等主要类型。

其中，应急预备费（contingency reserve fund）是最为常见的，主要针对紧急情况而设置，《中华人民共和国预算法》规定的预备费用途亦属此列。其早期的实践，可以追溯至20世纪30年代"大萧条"期间的反危机政策组合。当时，美国调整了其原有的单一预算体系，将灾后恢复重建作为一种新的紧急情况分类，从总预算中区分开来。与以往不同的是，这种新的应急预算模式不必遵循此前烦琐的信用评估程序，也不必再经常另设临时预算。[②]又如，2005年，当卡特里娜飓风袭击了新奥尔良并造成严重损失之时，美国国会通过了一个特别法案。这类特殊立法被称为"追加拨款"（supplemental appropriation）。追加拨款一般需由总统申请，国会通过时不会将之列入通常的预算过程，因此，一般都会得到快速通过。[③]此外，日本、新加坡、印度等地的预备费也属此种类型，主要用于自然灾

---

① 其实，财政上的预备费和军事上的预备队颇有相同之处，均系针对不可预知及极端情况而预设的应对手段。再精密的预算和计划，也不可能就未来发展的所有方面都算无遗策，因此如何使用预备队（预备费）正是军事家（财政管理专家）必备的本领。
② SUNDELSON J W. The emergency budget of the federal government [J]. The American Economic Review，1934（1）：53-68.
③ 麦蒂亚 K.联邦预算：美国政府怎样花钱 [M]. 上海金融与法律研究院，译. 北京：生活·读书·新知三联书店，2013：54.

害、公共卫生突发事件处理以及各种难以预见的开支。

预算平衡预备费（budget-stabilization reserve fund）主要用于弥补预算缺口，满足因经济衰退等原因而难以维系的公共支出需求。最典型的案例是，在2002年经济增长强劲的背景下，美国为预防经济衰退和其他不可预知事件，在其《个人责任与就业机会协调法》（PRWORA）中规定，政府可以设置预备费，其实际作用相当于不景气基金（rainy day funds），并可结转至后续财年。[①]就平衡预算的功能而言，此类预备费与我国的预算稳定调节基金具有一定的相似性。预算稳定调节基金就是依"超收"或"超支"的不同情形，而发挥稳定预算的蓄水池作用。

从与经济景气循环的相关度来看，加拿大和法国的预备费也可归入此类。法国工业危机委员会（Commission on Industrial Crises）于1909年设立的特殊预备费，就是在经济衰退年份用于增加开支。[②]其作用机理在于，财政收入总量在衰退年份会下降，而财政自动稳定器功能会导致失业救济、社保等支出增加，收支矛盾更为突出，则须预留更多的预备费。此外，加拿大政府自1999年起，为增加信息的可信性，以私人部门的经济预测代替了原有的政府部门预测。[③]财政部通过在私人部门经济预测的基础上，再上调0.5～1个百分点的方式，来规划政府的财政目标。作为制度转换的缓冲，加拿大政府相应建立了每年达25亿～30亿加元的意外开支预备费，并规定只能作为预测错误和意外事件的补偿，而不能转用于任何新的政策激励。[④]

公共设施建设预备费（public works reserve fund）则主要针对公共服务、基础设施的建设维修而设立。如美国威斯康星州的密尔沃基市曾拥有一项针对紧急事项的应急资金，1921年后则改为公共设施建设资金。[⑤]在德国，1920年之前的很长时间内，均设置预备费以支持包括高校建设、道路拓宽、公共浴场等在内的公共设施建设。[⑥]该预备费可以在经济衰退时期使用，但在物价低廉、劳动力资源充裕时，则应转而进行资金积累。[⑦]

2）财政预备费规模的确定方法

各个国家（或地区）为实现预备费的规范化管理，以及央地间支出比例的协调，对预备费规模的确定方法也各具特色。

譬如，为提高地方政府应急预算的真实程度，新加坡国会每年对各地方主管部门的预算进行质询和审批，并对上一年度的预算外透支予以审计和追加。当出现资金不足的情况时，国会将召开紧急会议，以国家储备金中的计划外资金，给予紧急追加。[⑧]

印度各邦按照其财政委员会的建议，建立了灾难救济基金（calamity relief fund），由全国委员会规定一般救助标准，中央政府出资75%，邦政府出资25%。财政委员会在综合

① LOPREST P，SCHMIDT S，WITTE A D. Welfare reform under PRWORA：Aid to children with working families？[M]//Tax Policy and the Economy. Cambridge：MIT Press，2000：157-203.
② FUSTER E. Appeal of the Permanent International Committee on Social Insurance-International Association for Labor Legislation [R]. International Association on Unemployment，Paris，Basel，Ghent，1914（1-3）：263.
③ MÜHLEISEN M，DANNINGER S，HAUNER J，et al. How do Canadian budget forecasts compare with those of other industrial countries？[R]. IMF Working Papers，2005：1-49.
④ BLONDAL J R. Budget reform in OECD member countries：Common trends [J]. OECD Journal on Budgeting，2003，2（4）：7-26.
⑤ MALLERY O T. The long-range planning of public works //Business cycles and unemployment [R]. NBER，1923：233-263.
⑥ SHILLADY，JOHN R. Planning public expenditures，to compensate for decreased private employment during business depressions [R]. Mayor's Committee on Unemployment，New York City，November，1916.
⑦ 张德峰.德国经济协调储备金制度之内容与借鉴 [J]. 西南政法大学学报，2006（5）：123-129.
⑧ 2014 Government of Singapore.About the budget process [EB/OL]. [2014-01-28]. http：//www.singaporebudget. gov.sg/budget_2014/AboutTheBudgetProcess.aspx.

研判此前十年的灾难救助和恢复费用资金规模的基础上，确定当期总规模，而各邦的具体标准则由一个邦级委员会提出建议。[1]

在澳大利亚，对于突发事件采用"自然灾害救济和恢复安排"（NDRRA）来加以应对。对于灾后重建支出，实行两条预算控制线的管理方式。[2]如果在一个预算年度内，州（或领地）用于救灾与重建的支出，没有超过第一预算控制线，联邦政府将承担救灾与重建支出的50%；如果超过第一预算控制线但在第二控制线之内，联邦政府除承担救灾与重建支出的50%外，还承担修复基础设施和向个人提供贷款补贴等支出的50%；如果超过了第二预算控制线，则由联邦政府承担上述几类支出超出第二预算控制线部分的75%。[3]该原则保证了在一般性灾害条件下，地方政府自行承担部分责任，不至于过分依赖联邦政府；而在受灾严重且资金需求巨大时，联邦政府则相应给予更高比例的援助。

3）财政预备费的使用及监管

针对自然灾害等突发事件的预备费，世界各国（或地区）多有专门法律规范其设置比例、央地分担和监管等。

在预备费的设置比例方面，美国20世纪70年代通过的《斯坦福法案》（《联邦灾难救济和突发事件救助法案》）规定：联邦政府对州政府的援助不应少于575 000美元或当年财政支出的1%（以更低者为标准），但不超过15%。美国各州和地方政府依据相关法案设立灾害预备金。针对应急性需求的财政投入，1991年占GDP的9.0%（历史最高），1999—2002年间占GDP的6.3%（历史最低），13年来平均占GDP的7.3%。[4]

政府动支预备费一般不需要议会批准，但应在事后获得议会的承认。如在日本，根据《宪法》第87条规定，为补充难以预见的经费的不足，可根据国会决议设置预备费，由内阁负责其支出。但是，所有预备费的支出，内阁必须于事后取得国会的承认，从而以事后承认的方式起到解除内阁责任的效果。又如韩国1951年《财政法》规定，由于不可预测的原因导致的预算外支出，可通过设立预备费弥补，并列入岁入岁出预算；但政府应编制预备费支办总调书提交给国会，以备定期国会议决。[5]

关于预备费的央地分担问题，各国之规定也颇具特色。日本的中央政府、地方政府均设置预备费，但在资金使用方向上，前者侧重国土安全和灾害预防，后者则主要用于应急响应和灾民救助，二者事权范围清楚。其中，国土开发费、保全费以及自然灾害恢复重建费用支出，中央负担27%，地方负担73%。[6]

与之相似，为了确保财政资金的应急功能、合理分配央地间的支出责任，加拿大政府设立了灾害融资补助专项资金（DFAA，Disaster Financial Assistance Arrangements）。[7]自1970年该资金设立以来，加拿大政府已投入逾34亿美元，用于诸如2003年英属哥伦比亚

---

① 牟卫民. 印度危机管理机制与政策调整［EB/OL］.［2006-10-10］. http://www.china.com.cn/xxsb/txt/2006-10/10/content_7228142.htm.

② 以州财政收入的0.225%为第一预算控制线，以第一预算控制线×1.75为第二预算控制线。各州的预算控制线由澳大利亚联邦统计局以书面形式通知各州或领地。

③ Austrian Government，Department of Finance. Review of the Insurance Arrangements of State and Territory Governments under the Natural Disaster Relief and Recovery Arrangements Determination，2011.

④ CONGRESSIONAL BUDGET OFFICE.The Economic and Budget Outlook：1990-2000［R］. Washington，D.C.：CBO，1990.

⑤ 张献勇. 预算权研究［M］. 北京：中国民主法制出版社，2008：146-147.

⑥ 数据来源于日本财务省，可登录以下网站查询：http://www.mof.go.jp/index.htm.

⑦ 该资金设立于1970年，地方政府用于灾难应急和重建的资金，超过自身财政能力时，可以获得。

的森林大火及2005年阿尔伯塔洪水等灾后支持与复建。[①]

在预备费的监管方面，各国往往设置特定部门来具体负责。例如，美国《斯坦福法案》规定，防灾减灾基金实行基金式管理，其支用须经过财政部审核和总统批准。2007年，该法案由国会再次修订，[②]联邦政府据此设立了专门的赈灾基金，并由应急事务管理机构——联邦紧急事务管理署（FEMA）负责管理。[③]

日本国会各院的预备金分别由各议长管理，支出时受到各议院运营委员会批准，并且各委员会主任应定期追踪报告承诺。日本《灾害救助法》规定，各都道府县都有预存基金的义务，其金额一般为过去三年间普通税收平均值的5‰（最低限额为500万日元）。

《中华人民共和国预算法》规定，各级一般公共预算应当按照本级一般公共预算支出额的1%至3%设置预备费，用于当年预算执行中的自然灾害等突发事件处理增加的支出及其他难以预见的开支。

本章小结 ✅

• 政府预算执行，也称为政府预算实施，其目标可以概括为：实现既定的预算方针和进行必要的灵活性调整这样两个相辅相成的方面。

• 各级预算由本级政府组织执行。也就是说，负责预算执行的组织领导机构是国务院和地方各级人民政府。国务院作为最高国家行政机关，负责组织中央预算和全国预算的执行；地方各级人民政府负责组织本级政府预算的执行，并负责对本级政府各职能部门和下级人民政府预算的执行进行动态监督与检查。

• 国库，系"国家金库"的简称，是管理预算收入的收纳、划分、留解和库款支拨以及报告国家财政预算执行情况的专门机构。国库现金管理和债务管理的效率，以及能否及时准确地为财政管理和宏观经济决策提供完整的预算执行报告，是衡量一国国库管理水平的两个关键指标。

• 从各国的主要情况看，国家金库制度大致可以分为独立国库制、委托国库制和银行制三种。目前世界上多数国家都采用了委托国库制，我国亦然。按照国库管理改革的要求，建立国库单一账户体系，所有财政性资金都纳入国库单一账户体系管理，收入直接缴入国库或财政专户，支出通过国库单一账户体系支付到商品和劳务供应者或用款单位。

• 在预算执行中，各级政府一般不制定新的增加财政收入或者支出的政策和措施，也不制定减少财政收入的政策和措施；必须作出并需要进行预算调整的应当在预算调整方案中作出安排。在预算执行中，各级政府对于必须进行的预算调整应当编制预算调整方案。预算调整方案应当说明预算调整的理由、项目和数额。在预算执行中，由于发生自然灾害等突发事件，必须及时增加预算支出的，应当先动支预备费；预备费不足支出的，各级政府可以先安排支出，属于预算调整的，列入预算调整方案。

---

① DFAA. Public safety canda disaster financial assistance arrangements ［EB/OL］. ［2014-07-03］. http：//www.publicsafety.gc.ca/cnt/mrgnc-mngmnt/rcvr-dsstrs/dsstr-fnncl-ssstnc-rrngmnts/index-eng.aspx.
② FEMA. Disaster Relief and Emergency Assistance Act，2007.
③ FEMA.Disaster relief fund：Monthly report ［R］. ［2014-12-05］. http：//www.fema.gov/media-library/assets/documents/31789.

综合练习

• 简答题

7.1 简述我国政府预算执行的组织系统。

7.2 我国预算法对于预算调整有哪些规定？

7.3 简述国库现金管理的主要内容。

7.4 简述财政预备费管理的主要国际经验。

• 案例分析题

什么是总理预备费，有多少钱，都花哪了

请阅读以下资料，思考如下问题：

1. 从近年来总预备费的动支情况，分析我国财政预算管理的主要进展。

2. 请关注您所在地方的财政总预备费动支情况，并与总理预备费的使用情况进行比较，看看其中的主要异同有哪些。

2017年3月9日，时任国务院总理的李克强同志在参加全国人民代表大会陕西代表团的审议时表示，谁能提出治理雾霾良策，他愿拿出总理预备费给予重奖。到底什么是"总理预备费"？预备费都花在哪儿了？

李克强曾多次提到动用总理预备费

3月9日，李克强在陕西团参加审议时说，如果有科研团队能把雾霾的形成机理和危害真正研究透，提出更有效的应对良策，"我们愿意拿出总理预备费给予重奖！这是民生的当务之急，我们会不惜财力，一定要把这件事研究透"。

其实，这并不是李克强第一次对总理预备费的使用作出表态。

2016年4月15日，在北京大学召开的高等教育改革创新座谈会上，李克强提出，教育部要拿具体计划，支持100个世界一流学科建设。"今年的预算已做完了，不行的话就从总理预备费中出。舍不得金弹子，打不了金凤凰。"

同年7月29日，李克强在国务院防汛工作专题会议上表示，有些地方汛期来得早，持续时间长，转移人口比较多，要强化转移群众的过渡安置。这主要由地方负责，中央要给支持，"中央财政要及时拨付救灾款项，该动用预备费就要动用"。

总理预备费有多少钱？

占中央预算支出1%~3%。

李克强提到的"总理预备费"，有个正式的名字叫"中央预备费"。财政部一位专家介绍，中央财政总预算预备费只能在国务院常务会议通过的情况下，由总理亲自调拨。因此，经济界人士也称其为"总理基金"。

《中华人民共和国预算法》规定，中央预备费按照中央全年一般公共预算支出额的1%~3%设置。这笔钱具体有多少？根据每年中央财政收入和预算支出的不同，从几亿到几百亿元不等。

以1983年为例，当时预算法尚未出台，中央预备费应占预算多少比例并无明文规定，当年的中央预备费只有5亿元。为此，全国人大财政经济委员会在审查当年国家决算时指出，这一比例偏小，"从长远考虑，为了把国家预算建立在更加稳固可靠的基础上，今后

国家总预备费应逐步有较多的增加"。之后，中央预备费金额逐步增加。

华商报记者查阅到的近年中央决算报告显示，2003年中央预备费已达100亿元，到2006年增至150亿元，2008年增至350亿元，2009年增至400亿元，2011年起增至500亿元。

2017年3月5日，财政部提请十二届全国人大五次会议审查《关于2016年中央和地方预算执行情况与2017年中央和地方预算草案的报告》，其中提到了中央预备费为500亿元，占今年中央本级支出的1.69%。

预备费花在哪儿了？

主要应对灾害等突发事件。

根据《中华人民共和国预算法》的相关规定，预备费用于当年预算执行中的自然灾害等突发事件处理增加的支出及其他难以预见的开支。

2000年，按预算编制改革要求，今后财政部不再保留预算机动指标，对预算中确需追加的支出，由各部门提出申请，财政部汇总审核后报国务院审定，通过动用预备费解决。

上海财经大学教授邓淑莲告诉华商报记者，由于预备费金额已列在当年预算中，并且经全国人大会议审查和批准，具体动用支出时不再需经人大审批，由行政决定即可。

中央预备费具体花在哪儿？

从历年中央决算报告中可一窥究竟。

在《中华人民共和国预算法》开始实施的1995年，中央预备费21亿元，其中一半用于防汛、救灾，其余用于外事、国防、社会治安和文教科学等临时性支出。

在2008年一系列自然灾害面前，中央预备费的拨付达到总预算的2.65%，仅在汶川特大地震中的预备费拨付就达到349.94亿元，几乎用尽了当年的中央预备费。

2011年，青海玉树地震灾后重建有47.81亿元来自中央预备费。

2013年，四川芦山地震灾后重建资金有89.83亿元来自中央预备费。

2014年，中央预备费中又有99.2亿元用于云南鲁甸地震灾后重建。

贫困生上学、非典防治……

总理预备费重点支持对象。

随着中央财政收入年年递增，预备费的使用项目也更丰富，除自然灾害与紧急公共事件上的支出，科教文卫等领域，都成为总理预备费的重点支持对象。

1982年，我国建立学位制度初期，由于研究生教育经费紧张，国务院专门从总理预备费中拨出2 000万元给88所重点大学作科研经费；自1994年起，每年都动用总理预备费1亿元，专项用于对中央部属高校中经济困难学生的资助；从2002年起，中央财政在总理预备费中每年再增加1亿元，设立国家奖学金，用于对全国普通高校中经济困难、品学兼优的学生进行资助；2003年，中央财政又从总理预备费中增拨4 000万元，将获得国家奖学金的贫困生增加了1万人。

我国极地科考船"雪龙号"的采购用的也是总理预备费。1992年秋，乌克兰造船厂有破冰船急于出售。但当时我国外汇储备有限，财政部和国家计委的财政计划也早已完成审批，不可能挪出任何经费。时任国家南极考察委员会主任的武衡写报告直接上报国务院，时任国务院总理李鹏特批从总理预备费中解决。1993年从乌克兰以1 750万美元买进这条破冰船。

如今你能享受到互联网带来的便捷，也和总理预备费有关。1993年，我国参加CCIRN（洲际研究网络协调委员会）会议，基本扫清了连入全球Internet的障碍，随后，时任国务院总理李鹏批准使用300万美元总理预备费支持启动金桥前期工程建设（建设国家公用经济信息通信网）。

疾病防治也是总理预备费倾力支持的方面。1995年，国家用总理预备费专项拨款600万元资助血吸虫病疫苗研究；2003年非典暴发，中央财政设立非典防治基金，基金总额20亿元，从预算总预备费中安排。当年中央预备费中卫生医疗支出达22.12亿元，占实际动用金额的1/4以上；2005年，中央财政从预算总预备费中安排20亿元，设立高致病性禽流感防控基金。

资料来源：佚名. 什么是总理预备费，有多少钱，都花哪了［EB/OL］.［2017-03-13］. http://news.163.com/17/0313/03/CFCKMJ4M00018AOP.html.

推荐阅读资料 ✅

［1］财政部预算司. 中央部门预算编制指南（2023年）［M］. 北京：中国财政经济出版社，2022.

［2］财政部预算司. 中央部门预算编制指南（2022年）［M］. 北京：中国财政经济出版社，2021.

［3］财政部预算司. 中央部门预算编制指南（2021年）［M］. 北京：中国财政经济出版社，2020.

［4］马海涛，肖鹏.借力预算管理一体化 提升财政管理水平［J］. 行政管理改革，2022（8）.

［5］朱大旗. 中华人民共和国预算法释义［M］. 北京：中国法制出版社，2015.

［6］马蔡琛，隋宇彤. 预算制度建设中的财政预备费管理——基于国际比较的视角［J］. 探索与争鸣，2015（10）.

第8章
政府决算与综合财务报告

当政府预算管理历经预算编制、执行等循环周期之后，就进入决算阶段了。如果说预算是政府的财务收支计划书，那么决算（final report）则是执行预算之最终报告。早在70多年前，著名经济学家马寅初先生就曾指出：

在欧美各国，决算报告大都送交国会审议……政府每年度取于民者几何，支出者又几何，应使人民详悉内容，求其谅解与拥护，用以解除责任……论者咸以政府决算之能否如期完成公布，为测验民治程度之标准，其重要可知。[①]

因此，通过政府决算的编制与审批，可以清晰地勾勒出政府预算决策与执行系统的最终产出和结果，从而实现政府公共受托责任的解除。

在预算年度结束时，需要考虑的基本问题是预算是否按照批准的那样来执行的。被采纳的预算应当反映出政府支出的轻重缓急，以及这些融资政策的意图。如果预算的编制比较负责任，而且通过立法程序成为具有法律意义的财政计划，那么对这个预算应当原封不动地予以执行，如果遇到预算中没有考虑到的特殊情况则属例外。要审查的第一个关键问题就是，最后执行的预算是否和最初批准的预算相一致。在预算年度结束时，实际的支出模式是否与预算中所反映的计划相一致？如果二者不相符，那么预算执行中所做的修改是否遵循了恰当的程序？[②]换句话说，只要预算程序是有意义的，预算的法律就必须得到遵守，这也就是政府决算所要解决的首要问题。

8.1 政府决算

8.1.1 政府决算概述

所谓政府决算，是对年度政府预算收支执行情况的最终反映，也是一年内国民经济和社会发展计划执行结果在财政上的集中反映。

决算草案，是指各级政府、各部门、各单位编制的未经法定程序审查和批准的预算收支和结余的年度执行结果。决算草案由各级政府、各部门、各单位在每一预算年度终了后按照规定时间编制。编制决算草案的具体事项，由国务院财政部门部署。决算草案必须符

---

① 马寅初. 财政学与中国财政——理论与现实［M］. 北京：商务印书馆，2001：144（原书于1948年由商务印书馆出版）.
② 米克塞尔 J L. 公共财政管理：分析与应用［M］. 苟燕楠，马蔡琛，译. 9版. 北京：中国人民大学出版社，2020：180.

合法律、行政法规的要求，做到收支数额准确、内容完整、报送及时。财政部应当在每年第四季度部署编制决算草案的原则、要求、方法和报送期限，制发中央各部门决算、地方决算以及其他有关决算的报表格式。省、自治区、直辖市政府按照国务院的要求和财政部的部署，结合本地区的具体情况，提出本行政区域编制决算草案的要求。县级以上地方政府财政部门根据财政部的部署和省、自治区、直辖市政府的要求，部署编制本级政府各部门和下级政府决算草案的原则、要求、方法和报送期限，制发本级政府各部门决算、下级政府决算以及其他有关决算的报表格式。

与政府预算一样，政府决算也同样由中央决算和地方决算组成。而地方各级决算也是按照行政级次相应划分的，一级政权，一级决算。凡是编制政府预算的地区、部门和单位，都要编制决算。

决算经审议、公布后，政府官员的责任似应解除。可是决算内容繁密，议会审查讨论时间极为短暂，难以发现不当。如果决算公布后，即无复查权利，则一旦事后发现重大非法失职情形，就无法处理。所以，在一些法律中规定，一定时期内，如发现重大非法行为，其决算书仍得重新审查。譬如，中华民国时期《审计法》第18条规定："审计院对于审查完竣之事项，自决定之日起，五年内发现其中有错误、遗漏、重复等情势者，得再为审查，若发现诈伪之证据者，虽经过五年后，仍得再为审查。"因而，决算公布后，如无上述事项，则其效力归于消灭；如有，则其效力回复。易言之，决算公布后，形式上的效力终结，但仍含有回复的潜在效力。①

8.1.2　政府决算的意义

在一般性的理解中，往往容易认为政府决算主要是财政部门的职责，其实决算涉及所有使用政府财政资金的部门和机构。早在近代预算制度的萌芽时代，我国学者对此就曾有过深刻的认识："决算之编制，其责属于财政部，以其为财政之最高机关也。虽然，若探其内容，则凡与收支有关各官厅，皆有编制之责。财政部特总其成已耳。"②《中华人民共和国预算法》规定，决算草案由各级政府、各部门、各单位，在每一预算年度终了后按照国务院规定的时间编制。编制决算草案的具体事项，由国务院财政部门部署。编制政府决算的意义主要有以下几个方面：

1）政府决算是预算管理流程的最终环节，体现了预算管理系统的最终运行成果

正如本书前文所述，完整的政府预算管理流程包括预算编制与审批、预算执行、决算这样一个完整的系统。政府决算是预算管理流程的最终环节，决算是政府预算的总结，反映了预算执行的最终效果。政府预算在运行过程中，由于种种主客观因素的影响，总会或多或少地偏离立法机构审议批准的预算。因此，在预算执行过程结束之后，需要对政府预算的执行效果，以决算的形式加以必要的总结。政府预算执行的相关数据，必须经过决算的批准，才能具有最终的法律效力。

决算与预算的关系非常密切，决算意味着预算过程的真正结束。同时，下年度预算之编制，又须以本年之实际收支数额作为依据，因而本年决算又成为下年度预算之基础。因此，决算的编制在一定程度上具有继往开来的性质。没有决算，则上年度之预算法案徒具

---

① 吴贯因. 中国之预算与财务行政及监督 [M]. 上海：上海建华书局，1932：175-184.
② 吴贯因. 中国预算制度刍议 [M]. 北京：内务部编译处，1918：134.

形式，政府财政部门的公共受托责任不能实质上得到解除，而公共财政之得失，也无从考核；若无决算，则下年度之预算，也将缺乏根据，而单纯的估计，又往往与实际不符。因此，世界各国于预算年度终了后，大多要求提交政府决算。以求政府公共受托责任之解除，同时实现公共财政管理上继往开来的目标。[①]

在许多 OECD 成员国中，关于会计制度的基础法律，只是提供几项一般性的规定。尽管如此，一些国家（如丹麦、日本）有特别的公共会计法。预算制度法——或特别的财政透明度法——常常详细说明定期预算执行报告和年度决算的时间和内容，这是主要的责任性文件，立法机关据此对预算执行得出结论。

部门年度决算的公开，是威斯敏斯特国家长期以来的法律要求，部分是因为承担受托责任的部长和部门领导，被要求在议会面前为"他们的"预算之年度财政成果作出辩护。为协助议会进行监督，这些国家的法律对部门和政府的相关报告都提出了要求。相反，一些欧洲国家和日本只强调报告主体（如联邦或中央政府）的综合账目。在法国，2001年采用新的《预算组织法》之前，各部门没有编制年度决算和报告的法律义务。

一些国家的法律中，并未说明部门有提供非财务信息的义务，特别是与部门绩效有关的信息（如丹麦、瑞典）。在这类国家中，有关绩效的信息主要是根据政府确定的"规则"，"自愿地"提供给立法机关（例如英国为编制公共部门和服务支付协议）。另一个极端是美国1993年《政府绩效与结果法案》，详细阐述了年度绩效报告的广泛范围，要求具体到每个联邦政府机构的每项政府计划。法国和新西兰或许是处于中间状态的国家——其法律分别规定了一些年度部门绩效报告之细节，包括评估实际绩效高于（低于）前一年作出的绩效意向和预期之原因。[②]

2）政府决算是整理与积累财政统计资料的主要渠道

决算的任务不仅在于说明预算执行之结果，也体现了施政的具体成果，其意义在于显示国家财政经济政策演变的趋势，以及政府施政计划的绩效与得失，从而作为以后年度编制预算、制定施政方针以及管理财务行政的重要依据。

财政统计资料是制定未来宏观经济政策、从事经济管理和财政史研究的重要文献，而政府决算恰恰是整理与积累财政统计资料最为重要的渠道。以编制政府决算的方式，系统整理预算执行的最终实际数据，全面分析预算管理和预算资金使用效果的正反两方面的经验教训，对于提升后续年度的政府预算管理、更加科学地制定宏观财政经济政策，具有重要的决策参考价值。

改革开放以来，我国财政部门先后编辑出版了《国家预算决算辑要（1979—1990）》《国家预算决算辑要（1991—2000）》《国家预算决算辑要（2001—2011）》，囊括了改革开放以来党中央、国务院领导及财政部领导有关财政工作的重要讲话，国家预算决算报告以及人民代表大会审查报告、决议，国家预算决算有关问题的说明，预算决算收支表等内容。这些文献资料对于积累和整理政府财政统计资料具有重要的意义。

3）政府决算是实现预算监督管理的重要手段

财政年度结束后，对政府预算进行监督的主要工具就是决算。决算的流程体现了执行

---

① 李君达. 中央预算制度 [M]. 重庆：独立出版社，1942：146-147.
② 利纳特，郑茂京. 预算制度的法律框架：国际比较视角 [M]. 马蔡琛，等译. 北京：经济科学出版社，2021：93-96.

预算法案而发生的账目，由行政机关编制决算报告，提交立法机关审议，由此最终确认政府公共收支的合法性。因此，决算是实现政府预算法治化监督的重要手段。

同时，通过政府决算的编制、审核与分析过程，可以从收支两方面对政府预算资金管理进行考核与监督，从而不断提升预算绩效管理水平。

8.1.3　政府决算的主要法律规定

根据2014年修正通过的《中华人民共和国预算法》规定，编制决算草案，必须符合法律、行政法规，做到收支真实、数额准确、内容完整、报送及时。决算草案应当与预算相对应，按预算数、调整预算数、决算数分别列出。一般公共预算支出应当按其功能分类编列到项，按其经济性质分类编列到款。

地方政府财政部门根据上级政府财政部门的部署，制定本行政区域决算草案和本级各部门决算草案的具体编制办法。各部门根据本级政府财政部门的部署，制定所属各单位决算草案的具体编制办法。各部门对所属各单位的决算草案，应当审核并汇总编制本部门的决算草案，在规定的期限内报本级政府财政部门审核。各级政府财政部门对本级各部门决算草案审核后发现有不符合法律、行政法规规定的，有权予以纠正。

各级政府财政部门、各部门、各单位在每一预算年度终了时，应当清理核实全年预算收入、支出数据和往来款项，做好决算数据对账工作。决算各项数据应当以经核实的各级政府、各部门、各单位会计数据为准，不得以估计数据替代，不得弄虚作假。各部门、各单位决算应当列示结转、结余资金。各单位应当按照主管部门的布署，认真编制本单位决算草案，在规定期限内上报。各部门在审核汇总所属各单位决算草案基础上，连同本部门自身的决算收入和支出数据，汇编成本部门决算草案并附详细说明，经部门负责人签章后，在规定期限内报本级政府财政部门审核。

各级预算收入征收部门和单位应当按照财政部门的要求，及时编制收入年报以及有关资料并报送财政部门。各级政府财政部门应当根据本级预算、预算会计核算数据等相关资料编制本级决算草案。年度预算执行终了，对于上下级财政之间按照规定需要清算的事项，应当在决算时办理结算。县级以上各级政府财政部门编制的决算草案应当及时报送本级政府审计部门审计。

国务院财政部门编制中央决算草案，经国务院审计部门审计后，报国务院审定，由国务院提请全国人民代表大会常务委员会审查和批准。县级以上地方各级政府财政部门编制本级决算草案，经本级政府审计部门审计后，报本级政府审定，由本级政府提请本级人民代表大会常务委员会审查和批准。乡、民族乡、镇政府编制本级决算草案，提请本级人民代表大会审查和批准。

国务院财政部门应当在全国人民代表大会常务委员会举行会议审查和批准中央决算草案的30日前，将上一年度中央决算草案提交全国人民代表大会财政经济委员会进行初步审查。省、自治区、直辖市政府财政部门应当在本级人民代表大会常务委员会举行会议审查和批准本级决算草案的30日前，将上一年度本级决算草案提交本级人民代表大会有关专门委员会进行初步审查。设区的市、自治州政府财政部门应当在本级人民代表大会常务委员会举行会议审查和批准本级决算草案的30日前，将上一年度本级决算草案提交本级人民代表大会有关专门委员会进行初步审查，或者送交本级人民代表大会常务委员会有关工作机构征求意见。县、自治县、不设区的市、市辖区政府财政部门应当在本级人民代表大会常务委员会举行会议审查和批准本级决算草案的 30 日前，将上一年度本级决算草案送交本级人民代表大会常务委员会有关工作机构征求意见。县级以上地方各级政府应当自本级决算经批准之日起 30 日内，将本级决算以及下一级政府上报备案的决算汇总，报上一级政府备案；将下一级政府报送备案的决算汇总，报本级人民代表大会常务委员会备案。乡、民族乡、镇政府应当自本级决算经批准之日起 30 日内，将本级决算报上一级政府备案。

全国人民代表大会财政经济委员会和省、自治区、直辖市、设区的市、自治州人民代表大会有关专门委员会，向本级人民代表大会常务委员会提出关于本级决算草案的审查结果报告。

县级以上各级人民代表大会常务委员会和乡、民族乡、镇人民代表大会对本级决算草案重点审查下列内容：①预算收入情况；②支出政策实施情况和重点支出、重大投资项目资金的使用及绩效情况；③结转资金的使用情况；④资金结余情况；⑤本级预算调整及执行情况；⑥财政转移支付安排执行情况；⑦经批准举借债务的规模、结构、使用、偿还等情况；⑧本级预算周转金规模和使用情况；⑨本级预备费使用情况；⑩超收收入安排情况，预算稳定调节基金的规模和使用情况；⑪本级人民代表大会批准的预算决议落实情况；⑫其他与决算有关的重要情况。

县级以上各级人民代表大会常务委员会应当结合本级政府提出的上一年度预算执行和其他财政收支的审计工作报告，对本级决算草案进行审查。

各级决算经批准后，财政部门应当在 20 日内向本级各部门批复决算。各部门应当在接到本级政府财政部门批复的本部门决算后 15 日内向所属单位批复决算。

国务院和县级以上地方各级政府对下一级政府依照《中华人民共和国预算法》第八十一条规定报送备案的决算，认为有同法律、行政法规相抵触或者有其他不适当之处，需要撤销批准该项决算的决议的，应当提请本级人民代表大会常务委员会审议决定；经审议决定撤销的，该下级人民代表大会常务委员会应当责成本级政府依照本法规定重新编制决算草案，提请本级人民代表大会常务委员会审查和批准。

8.2 政府财务报告

政府财务报告是市场经济国家向立法机构和社会公众提供政府财务信息的重要制度载体。2008—2009 年的全球金融与经济危机及其持续的长期余波表明，更多的工作需要落实，以改进财政报告。危机摧毁了许多国家的公共财政，但是危机前的报告很少对那些浮现的问题发出警示。在希腊，政府报告隐瞒了公共支出和债务，部分原因在于，早期它们努力改进其综合性和覆盖范围，而后期更是加倍努力保持支出和债务的账外循环。在其他国家中，财政部门发展的烦恼最终成为财政问题，但是这些问题在财政报告中没有受到关注，甚至在财政风险的陈述中也未提及。在大部分国家中，未来养老金和医疗保健的成本——这虽然不是危机的起因，对危机却有复杂的反应——是已知的，但没有反映在任何债务和赤字措施中。[1]针对传统收付实现制政府财务报告的缺陷，建立权责发生制政府财务报告体系，已然逐渐成为一种发展潮流。图 8-1 展示了收付实现制和权责发生制财务报告的结构差异。

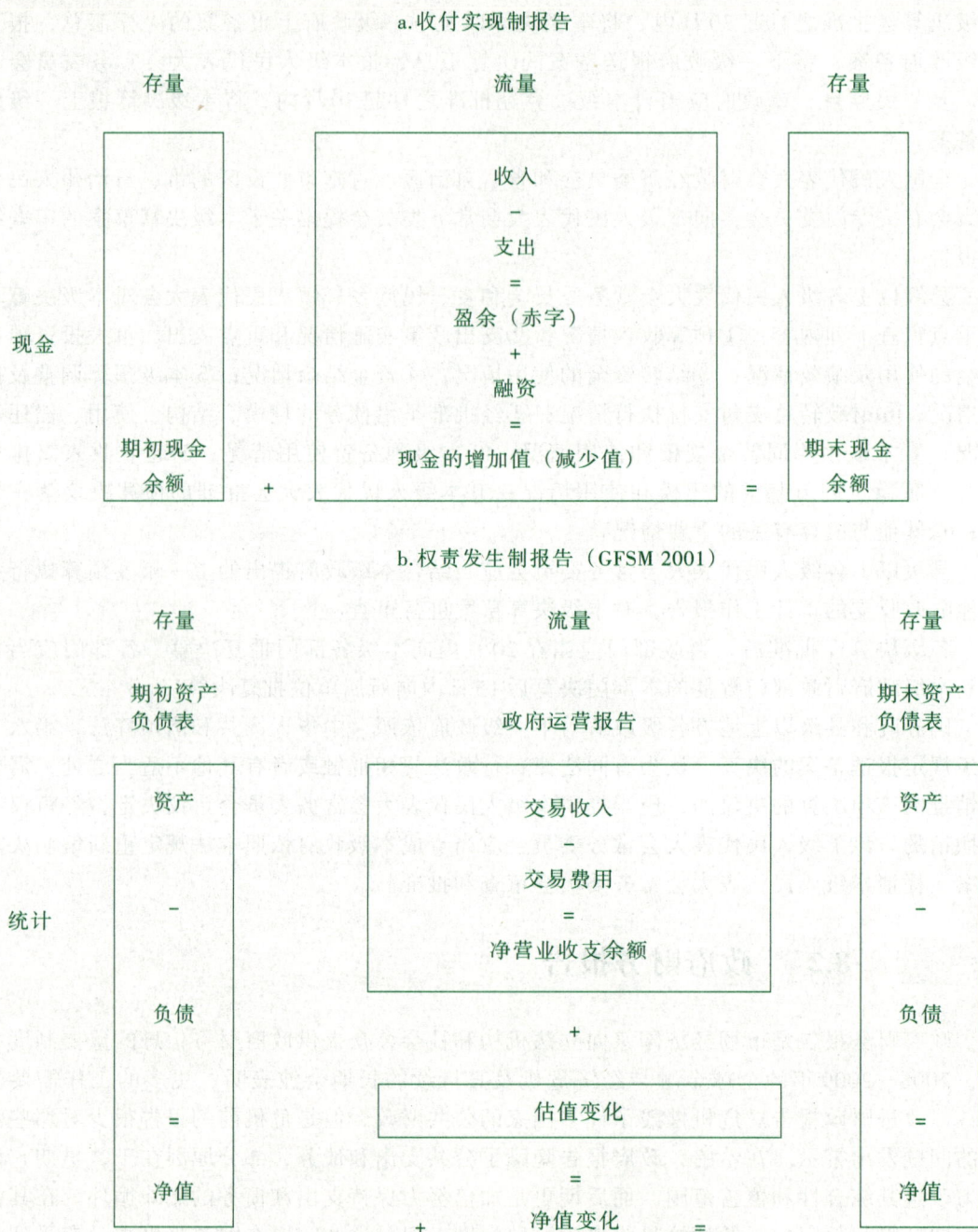

a.收付实现制报告

存量	流量	存量
现金	收入 - 支出 = 盈余（赤字） + 融资 =	
期初现金余额 +	现金的增加值（减少值）	= 期末现金余额

b.权责发生制报告（GFSM 2001）

存量	流量	存量
期初资产负债表	政府运营报告	期末资产负债表
统计	交易收入 - 交易费用 = 净营业收支余额	资产
资产 - 负债 = 净值	+ 估值变化 = 净值变化 +	负债 = 净值

图8-1 收付实现制和权责发生制报告的结构差异[2]

---

① 坎贾诺 M，克里斯汀 T，拉扎尔 M.公共财政管理及其新兴架构［M］. 马蔡琛，张慧芳，赵铁宗，等译. 大连：东北财经大学出版社，2017：304.
① 坎贾诺 M，克里斯汀 T，拉扎尔 M.公共财政管理及其新兴架构［M］. 马蔡琛，张慧芳，赵铁宗，等译. 大连：东北财经大学出版社，2017：304.
② 坎贾诺 M，克里斯汀 T，拉扎尔 M.公共财政管理及其新兴架构［M］. 马蔡琛，张慧芳，赵铁宗，等译. 大连：东北财经大学出版社，2017：306.

8.2.1　政府财务报告的改革进程

通过编制权责发生制政府综合财务报告，全面、准确反映各级政府资产负债和成本费用等财务状况和运行情况，为强化政府资产管理、降低行政成本、提升运行效率、防范财政风险、促进财政可持续发展等提供信息支持，是加快完善系统完备、法制健全、权责清晰、公平普惠、科学规范、运行有效的现代财政制度，服务推进国家治理体系和治理能力现代化的一项基础工作。

2013年，党的十八届三中全会通过的《中共中央关于全面深化改革若干重大问题的决定》，首次要求建立权责发生制的政府综合财务报告制度。2014年修订的《中华人民共和国预算法》也对编制以权责发生制为基础的政府综合财务报告提出了明确要求。2020年修订的《中华人民共和国预算法实施条例》进一步明确，预算法所称政府综合财务报告，是指以权责发生制为基础编制的反映各级政府整体财务状况、运行情况和财政中长期可持续性的报告。政府综合财务报告包括政府资产负债表、收入费用表等财务报表和报表附注，以及以此为基础进行的综合分析等。

2014年12月12日，国务院批转了财政部《权责发生制政府综合财务报告制度改革方案》，改革的任务主要包括四个方面：建立健全政府会计核算体系、政府财务报告体系、政府财务报告审计和公开机制、政府财务报告分析应用体系。2014—2015年，重点是建立健全政府会计准则体系和财务报告制度框架体系，清查核实政府资产负债信息，开展政府综合财务报告信息系统建设。2016—2017年，在前期准备的基础上，开展政府综合财务报告编制试点。2018—2020年，在试点工作基础上，全面开展政府综合财务报告编制工作，建立健全政府财务报告分析应用体系，制定发布政府财务报告审计制度、公开制度等。

2015年11月，为规范权责发生制政府综合财务报告制度改革试点期间的政府财务报告编制工作，确保政府财务报告真实、准确、完整、规范，财政部发布了《政府财务报告编制办法（试行）》（财库〔2015〕212号），并于2015年12月发布了《政府综合财务报告编制操作指南（试行）》（财库〔2015〕224号）。

2015年启动试点时，由于行政事业单位日常会计核算仍以收付实现制为主，编制政府财务报告需要对有关核算数据按照权责发生制原则进行调整，当时印发的编制办法和操作指南基于原有会计制度，侧重于如何对数据进行调整。2017年，财政部印发《政府会计制度——行政事业单位会计科目和报表》，自2019年1月1日起施行。新的制度实行"双基础、双报告"的政府会计核算模式，要求行政事业单位采用"平行记账"，同步进行权责发生制财务会计核算和收付实现制预算会计核算，从制度层面解决了政府财务报告编制的核算基础问题。同时，试点过程中既积累了一些经验，也遇到了一系列问题，需要在制度中加以规定。为进一步推进权责发生制政府综合财务报告制度改革，2019年12月，财政部对现行政府财务报告编制办法和操作指南进行了全面修订，印发了《政府财务报告编制办法（试行）》、《政府部门财务报告编制操作指南（试行）》和《政府综合财务报告编制操作指南（试行）》等三项制度。从报告文本结构看，政府部门财务报告主要由财务报表和财务分析两部分构成；政府综合财务报告主要由财务报表、政府财政经济分析和政府财政财务管理情况三部分构成。

政府财务报告以权责发生制为基础编制，包括政府部门财务报告和政府综合财务报告。

政府部门财务报告由政府部门编制，主要反映本部门财务状况、运行情况等，为加强政府部门资产负债管理、预算管理、绩效管理等提供信息支撑。

政府综合财务报告由政府财政部门编制，主要反映政府整体财务状况、运行情况和财政中长期可持续性等，可作为考核地方政府绩效、开展地方政府信用评级、评估预警地方政府债务风险、编制全国和地方资产负债表以及制定财政中长期规划和其他相关规划的重要依据。

这里所说的政府整体财务状况、运行情况是指政府财政部门将各部门和其他纳入财务报表合并范围的各主体的财务报表进行合并汇总，并以合并汇总的结果反映的政府整体财务状况和运行情况。

8.2.2 构建中的中国政府财务报告体系

1）政府财务报告的主要内容

（1）政府部门财务报告的主要内容

政府部门财务报告应当包括会计报表、报表附注、财务分析等。

会计报表主要包括资产负债表、收入费用表等。

资产负债表重点反映政府部门年末财务状况。资产负债表应当按照资产、负债和净资产分类分项列示。其中，资产应当按照流动性分类分项列示，包括流动资产、非流动资产等；负债应当按照流动性分类分项列示，包括流动负债、非流动负债等。收入费用表重点反映政府部门年度运行情况。收入费用表应当按照收入、费用和盈余分类分项列示。

报表附注重点对财务报表作进一步解释说明，一般应当按照下列顺序披露：①报表的编制基础、遵循政府会计准则和会计制度的声明；②报表涵盖的主体范围；③重要会计政策和会计估计；④报表中重要项目的明细资料和进一步说明；⑤或有和承诺事项、资产负债表日后重大事项的说明；⑥部门及所属单位代表政府管理的有关经济业务或事项的说明，包括政府储备资产、公共基础设施、保障性住房等；⑦需要说明的其他事项。

政府部门财务分析主要包括资产负债状况分析、运行情况分析、相关指标变化情况及趋势分析等。

（2）政府综合财务报告的主要内容

政府综合财务报告应当包括会计报表、报表附注、财政经济分析、政府财政财务管理情况分析等。

会计报表主要包括资产负债表、收入费用表等。

资产负债表重点反映政府整体年度财务状况。资产负债表应当按照资产、负债和净资产分类分项列示。其中，资产应当按照流动性分类分项列示，包括流动资产、非流动资产等；负债应当按照流动性分类分项列示，包括流动负债、非流动负债等。收入费用表重点反映政府整体年度运行情况。收入费用表应当按照收入、费用和盈余分类分项列示。

报表附注重点对会计报表作进一步解释说明，一般应当按照下列顺序披露：①报表的编制基础、遵循政府会计准则和会计制度的声明；②报表涵盖的主体范围；③重要会计政策和会计估计；④报表中重要项目的明细资料和进一步说明，包括政府重要资产转让及其出售情况，重大投资、融资活动等；⑤或有和承诺事项、资产负债表日后重大事项的说明；⑥与政府履职和财务情况密切相关的经济业务或事项的说明，包括政府储备资产、公共基础设施、保障性住房、政府持有的企业的出资人权益等；⑦需要说明的其他事项。

政府财政财务管理状况分析应当包括政府财务状况分析、政府运行情况分析、政府财政中长期可持续性分析等。

政府财务状况分析主要包括：资产方面，重点分析政府资产的构成及分布，对于货币资产、政府对外投资、政府储备资产、公共基础设施、保障性住房等重要项目，分析各资产比重变化趋势以及对于政府偿债能力和公共服务能力的影响。负债方面，重点分析政府债务规模大小、债务结构以及发展趋势。通过政府资产负债率、债务率等指标，分析政府当期及未来中长期债务风险情况。

政府运行情况分析主要包括：收入方面，重点分析政府收入规模、结构及来源分布、重点收入项目的比重及变化趋势，特别是宏观经济运行、相关行业发展、税收政策、非税收入政策等对政府收入变动的影响。费用方面，重点按照经济分类分析政府费用规模及构成，特别是政府投融资情况对政府费用变动的影响。通过政府收入费用率等指标，分析政府运行效率。

政府财政中长期可持续性分析主要包括：基于当前政府财政财务状况和运行情况，结合本地区经济形势、重点产业发展趋势、财政体制、财税政策、社会保障政策等，全面分析政府未来中长期收入支出变化趋势、预测财政收支缺口以及相关负债占GDP比重等。

政府财政财务管理情况主要反映政府财政财务管理的政策要求、主要措施和取得的成效等。

2）政府财务报告的编制与报送

（1）政府部门财务报告的编制

政府部门财务报告由本部门所属单位逐级编制。政府各单位应当以经核对无误的会计账簿数据为基础编制本单位财务报表。

政府各单位应当严格按照相关财政财务管理制度以及会计制度规定，全面清查核实单位的资产负债，做到账实相符、账证相符、账账相符、账表相符。对代表政府管理的资产，各单位应全面清查核实，完善基础资料，全面、准确、真实、完整地反映。

会计账簿相关数据不符合权责发生制原则的，应当提取数据后按照相关报告标准进行调整，数据调整应当符合重要性原则，并编制调整分录。

政府各部门应当对所属各单位财务报表进行合并编制本部门财务报表。

编制合并财务报表时，对部门内部单位之间发生的经济业务或事项应当经过确认后抵销，并编制抵销分录，在此基础上分项合并财务报表项目。

政府部门财务报表之间、财务报表各项目之间，凡有对应关系的数字，应当相互一致；报表中本期与上期有关的数字应当衔接。

各部门使用的会计政策、会计估计一经确定，不得随意变更；因特殊情形发生较大变更的，应当报同级财政部门备案，并陈述相关理由。

政府部门财务分析应当基于财务报表所反映的信息，并紧密结合政府部门职能履行、预算管理、资产负债管理和绩效管理等要求。

（2）政府综合财务报告的编制

政府财政部门应当以财政总预算会计报表、农业综合开发资金会计报表、部门财务报表、土地储备资金财务报表、物资储备资金会计报表等为基础编制政府综合财务报表。

政府财政部门应当严格按照相关财政管理制度以及会计制度规定，全面清查核实财政部门代表政府管理的资产负债等，做到账实相符、账证相符、账账相符、账表相符。

政府综合财务报表之间、财务报表各项目之间，凡有对应关系的数字，应当相互一致；报表中本期与上期有关的数字应当衔接。

政府财政经济分析应当基于财务报表所反映的信息，结合经济形势状况和趋势、财政管理政策措施，对政府整体财务情况进行综合性分析。

（3）政府财务报告的报送

政府各单位按照财务管理关系，应当按规定内容和时限采取自下而上方式逐级报送财务报告。

政府部门财务报告应当按规定内容和时限报送同级政府财政部门。

县级以上地方政府财政部门应当将本级政府综合财务报告以及本行政区政府综合财务报告，按规定内容和时限报送上级政府财政部门。

3）政府财务报告的数据质量审核

政府财务报告数据质量审核重点是报告的真实性、准确性、完整性和规范性，具体包括：（1）内容真实性：报表数据与会计账簿数据是否相符，是否有漏报、虚报和瞒报等现象。（2）数据准确性：财务报表表内、表间勾稽关系是否衔接，纸质数据与电子数据、分户数据与合并汇总数据是否保持一致。（3）范围完整性：是否涵盖所有报告主体和事项。（4）格式规范性：会计报表、报表附注、分析说明的格式等是否符合政府财务报告编制制度规定。

政府各部门、各单位应当对本部门、本单位财务报告真实性、准确性、完整性、规范性进行初审并负责。政府财政部门应当对部门财务报告的准确性、完整性、规范性进行复审。

各级政府财政部门应当对本级政府综合财务报告真实性、准确性、完整性、规范性进行初审并负责。上级财政部门应认真做好对下级政府综合财务报告的审核工作，确保报告数据资料的准确性、完整性、规范性。

政府财务报告的审核包括自行审核、集中会审、委托审核等多种形式。（1）自行审核：各单位在报送财务报告前自行将本单位纸质报表、电子数据以及相关资料，按规定的审核内容进行逐项审核。（2）集中会审：各地区、各部门组织专门力量对本地区、本部门所属单位编制的财务报告纸质报表、电子数据以及相关资料，按照财政部门的标准及要求集中进行审核。（3）委托审核：各地区、各部门在遵循有关法律法规的前提下，可委托中介机构对本地区、本部门所属单位编制的财务报告纸质报表、电子数据以及相关资料进行审核。

各地区、各部门应当认真做好财务报告审核工作，凡发现报告编制不符合规定，存在漏报、重报、虚报、瞒报、错报以及相关数据不衔接等错误和问题，应当要求有关单位立即纠正，并限期重新报送。

政府财务报告审核应当采取人工审核和计算机审核相结合方式进行，审核方法主要包括政策性审核、规范性审核等。政策性审核主要依据政府会计准则、相关财务会计制度和有关政策规定，对财务报告进行审核；规范性审核侧重于财务报告编制的准确性和真实性及勾稽关系等方面的审核。

政府财务报告数据质量监督检查采取随机抽取与定向选择相结合的方式，对政府财务报告存在明显质量问题或以往年份监督检查不合格单位进行重点核查。

8.2.3　政府财务报告的主要报表

为规范权责发生制政府综合财务报告的编制工作，财政部于2019年12月发布了《政府综合财务报告编制操作指南（试行）》。财务报表由会计报表和报表附注组成。会计报表主要包括资产负债表（表8-1）、收入费用表（表8-2）。会计报表附注主要包括会计报表编制基础、遵循相关制度规定的声明、会计报表包含的主体范围、重要会计政策与会计估计变更情况、会计报表重要项目明细信息及说明、需要说明的其他事项。

表8-1　　　　　　　　　　　　　　　　资产负债表

编制单位：　　　　　　　　　　　　年　月　日　　　　　　　　　　　单位：万元

项目	附注	年末数	年初数
流动资产			
货币资金	附表1		
短期投资			
应收及预付款项	附表2		
应收股利			
应收利息			
存货			
一年内到期的非流动资产	附表3		
其他流动资产			
非流动资产			
长期投资	附表4		
应收转贷款	附表5		
固定资产净值	附表6		
在建工程	附表7		
无形资产净值	附表8		
研发支出			
公共基础设施净值	附表9		
政府储备物资	附表10		

项目	附注	年末数	年初数
文物文化资产			
保障性住房净值	附表11		
其他非流动资产			
受托代理资产			
资产合计			
流动负债			
应付短期政府债券			
短期借款			
应付职工薪酬			
应付及预收款项	附表12		
应付政府补贴款			
应付利息			
一年内到期的非流动负债	附表13		
其他流动负债			
非流动负债			
应付长期政府债券	附表14		
应付转贷款	附表15		
长期借款	附表16		
长期应付款			
其他非流动负债			
受托代理负债			
负债合计			
净资产			
负债及净资产合计			

表8-2 　　　　　　　　　　　　　收入费用表

编制单位：　　　　　　　　　　　　年　　　　　　　　　　　　单位：万元

项目	附注	本年数	上年数
税收收入			

项目	附注	本年数	上年数
非税收入			
事业收入			
经营收入			
投资收益			
政府间转移性收入	附表17		
其他收入			
收入合计			
工资福利费用			
商品和服务费用			
对个人和家庭的补助			
对企业补助费用			
对社会保障基金补助费用			
政府间转移性支出	附表18		
固定资产折旧费用			
无形资产摊销费用			
公共基础设施折旧（摊销）费用			
保障性住房折旧费用			
资产处置费用			
财务费用			
其他费用			
费用合计			
本年盈余			

本章小结

• 政府决算是对年度政府预算收支执行情况的最终反映，也是一年内国民经济和社会发展计划执行结果在财政上的集中反映。决算草案由各级政府、各部门、各单位在每一预算年度终了后按照规定时间编制。编制决算草案的具体事项，由国务院财政部门部署。决算草案必须符合法律、行政法规的要求，做到收支数额准确、内容完整、报送及时。

• 政府决算体现了预算管理系统的最终运行成果。政府决算是整理与积累财政统计资料的主要渠道，是实现预算监督管理的重要手段。政府决算草案的主要编制流程包括：拟订和下达编审决算草案的通知，进行年终清理，制定和颁发决算表格，编制各级决算和决算说明书等。决算草案应当与预算相对应，按预算数、调整预算数、决算数分别列出。一般公共预算支出应当按其功能分类编列到项，按其经济性质分类编列到款。

•政府财务报告以权责发生制为基础编制，包括政府部门财务报告和政府综合财务报告。政府部门财务报告由政府部门编制，主要反映本部门财务状况、运行情况等，为加强政府部门资产负债管理、预算管理、绩效管理等提供信息支撑。政府综合财务报告由政府财政部门编制，主要反映政府整体财务状况、运行情况和财政中长期可持续性等，可作为考核地方政府绩效、开展地方政府信用评级、评估预警地方政府债务风险、编制全国和地方资产负债表以及制定财政中长期规划和其他相关规划的重要依据。

综合练习 ✔

•简答题

8.1　简述决算的主要内涵与编制意义。

8.2　政府决算的主要法律规定有哪些？

8.3　简要论述政府财务报告的构成与主要内容。

推荐阅读资料 ✔

［1］财政部预算管理司.国家预算决算辑要（1979—1990）［M］．北京：中国财政经济出版社，1992.

［2］财政部预算管理司.国家预算决算辑要（1991—2000）［M］．北京：中国财政经济出版社，2002.

［3］财政部预算管理司.国家预算决算辑要（2001—2011）［M］．北京：中国财政经济出版社，2013.

［4］财政部关于修订印发《政府财务报告编制办法（试行）》的通知（财库〔2019〕56号）.

［5］财政部关于修订印发《政府部门财务报告编制操作指南（试行）》的通知（财库〔2019〕57号）.

［6］财政部关于修订印发《政府综合财务报告编制操作指南（试行）》的通知（财库〔2019〕58号）.

［7］坎贾诺 M，克里斯汀 T，拉扎尔 M.公共财政管理及其新兴架构［M］．马蔡琛，张慧芳，赵铁宗，等译．大连：东北财经大学出版社，2017.

第9章
预算监督与绩效管理

世界近代的财政监督制度开始于1256年，当年法国国王圣路易命令将会计报告送交巴黎的审计人员审查，这一管理实践被誉为西方政府审计的萌芽。[①]早在一百多年前，中国学者对于预算监督问题也曾有过深刻的认识："监督会计及预算之制，其严重如此，是皆国会重要之职权，即立宪国所以建设责任政府唯一之武器也。"[②]

追求效率是人类生活的永恒主题。自公共财政诞生以来，公共资源的使用效率始终是一个常话常新的命题。尽管对于财政支出的绩效是否适合采用考核评价的方式，在近代预算发展史上，也曾存在过某些分歧；但随着现代信息处理技术在财政预算管理中的良好应用，政府会计和财务报告系统的改进，财政支出绩效是可以数量化测度的，已日益成为广泛的共识。近年来，财政支出绩效评价与管理在中国取得了长足的进步，渐呈方兴未艾之势。

9.1 政府预算监督

政府预算监督，是指在政府预算管理的全过程中，以法治化的形式，就政府预算利益相关主体的资金筹集、配置和使用等活动进行的检查、督促和约束，是政府预算管理的重要组成部分。经过长期的制度创新与演进，时至今日，政府预算监督与法治化建设已然成为市场经济国家政府预算管理体系的重要组成部分。

早在近90年前，我国著名经济学家何廉、李锐在其《财政学》一书中就专门论述了预算监督的重要性：

预算之实行，须有监督之方法，始可免财务行政官吏之滥费或舞弊。苟第有预算而无监督其实行之机关，则预算将等于具文。吾人研究英国之财政制度，即可见国会控制财政权之成功，不在其初得是权之时，而在其获得监督实际岁出之后。故欲谋预算之施行无弊，立法机关应有监督预算实行之权，此决算之制所以发生也……预算制度在近世已甚发达，其监督预算实行之法，亦已日趋完善，此为现代财政公开之事实，然第有预决算而不公布，则不得谓之财政公开。即使揭布而无普及之工具，则财政公开之程度，亦属有限。故近世之印刷及新闻事业愈发达，财政因之愈可公开，而预算制度，及其监督之方法，亦遂得因之而益进也。[③]

---

① 李燕. 政府预算理论与实务 ［M］. 北京：中国财政经济出版社，2004：330.
② 杨度. 金铁主义说 ［N］. 中国新报，1907-01-20至1907-05-20.
③ 何廉，李锐. 财政学 ［M］. 北京：商务印书馆，2011：462（原书于1935年由商务印书馆出版）.

在 20 世纪 90 年代中期以前，经济体制改革中虽然也时常涉及预算法治监督的内容，但系统化的政府预算法治化进程则是始于 20 世纪 90 年代末期。在 1999 年 7 月 8 日《经济日报》"财金报道"栏目头条位置上刊登了一篇标题醒目的文章——《预算资金在流血》。这篇文章披露了审计署在审计 1998 年度中央预算执行情况过程中发现的一系列发人深省的问题，引起了社会各界对政府预算管理问题的广泛关注。[①]大约也就是在那个时候，在立法监督机构的积极推动下，中央和地方各级政府财政部门先后启动了以"部门预算"为核心内容的新一轮预算管理改革，日益突出了预算监督之于现代财政制度建设的重要性。

9.1.1 各国法律对政府预算管理的相关规定

1）宪法规则对政府预算管理的约束

宪法约束作为根本性约束，是政府预算管理诸规定中最为重要的约束因素。对各国宪法中有关政府预算管理的规定加以归纳，其约束主要体现在以下几个方面：一是宪法决定了国家政权以及财政的基本任务，赋予了财政基本的权利和义务，政府以及财政预算必须满足宪法所提出的要求；二是各国宪法都对本国政权组织形式做了规定，政权的组织形式决定了政府预算的组织形式；三是宪法都明确地规定了财政的运行程序，即要求财政在国会的直接监督下，以预算报告、审查、批准、监督等过程来完成。

各国宪法关于政府预算管理的条款大体包括预算前期条款、合法性条款、程序性条款。[②]

（1）预算前期条款。年度预算必须提交立法机关审议通过，才能成为具有法律效力的正式法案。立法机关对预算草案的审批，通常需要一定时间，因此，有些国家宪法中对预算提交立法机关审批的时间作了具体规定。如《丹麦宪法》第 45 条规定：下一个财政年度的财政法案须在该财政年度开始前至少 4 个月提交议会审议。《奥地利联邦宪法》第 51 条规定：在财政年度届满前的 10 周内，联邦政府应向国民议会提交该联邦下一财政年度的收支预算。在国民议会开始审议前，预算内容不得公开。

（2）合法性条款。所谓合法性，是指政府年度财政预算必须提交立法机构审议并通过，才能具有法律效力，才可付诸实施。《日本宪法》第 86 条规定：内阁必须编制每个会计年度的预算，向国会提出，经其审议通过。《丹麦宪法》第 46 条规定：非根据议会所通过的财政法案、补充拨款法案或临时拨款法案，不得支付任何经费开支。《巴西宪法》第 66 条规定：年度预算法案由共和国总统提交国会，由两院联席会议共同决定，直到下一财政年度开始前的 4 个月为止；如在本财政年度结束前 30 天，立法权力机关仍未将法案付诸审议，则该法案将作为法律宣布生效。

（3）程序性条款。宪法的程序性条款规定了财政事务和其他公共事务在国家各权力机关间的运作程序，要求政府财政管理必须在国会的监督下，通过预算报告、审查、批准和审计等过程来完成。例如，英国在 1911 年颁布的宪法性文件《议会法》中，第 1 条就专门规定了财政案的运作程序，其内容是：凡下议院通过之财政法案，于闭会 1 个月前，提交上议院，而该院于 1 个月内不加修正并未通过者，除下议院另有规定外，应径行呈请国王

---

① 马蔡琛. 预算资金分配中的自由裁量权：阳光财政建设的制度性障碍 [J]. 中国审计，2005（11）.
② 王金秀，陈志勇. 国家预算管理 [M]. 北京：中国人民大学出版社，2001：32-33.

核准。虽未经上议院通过，仍应认为系议会之法令。又如，现行《法国宪法》第47条规定：议会根据组织法规定的条件，表决通过财政法律草案（特制预算草案）。如果国民议会在此项草案提出后40日的期限内在第一读中未作出决议时，政府应将其提交参议院，参议院必须在15日的期限内作出决议。如果议会在70日的期限内未作出决议，该草案的规定可以以法令付诸实施。在日本，在国会常会的150天里，预算案是先行审议的重要议案，通常要占用一半左右的时间。①

2）一般法律对预算管理的约束

在宪法之下，各国一般都设立了财政法或预算法，这是财政的基本法。预算法承接宪法中的有关规定，对财政预算运行程序、财政的权利和义务作出进一步规定。同时，在宪法之下设立的卫生法、教育法等，也都规定了政府承担的义务和预算支出的标准，财政预算必须为满足政府的正常运转提供资金。预算的有效性取决于其法律基础的强度以及辅助性的法规和行政管理做法。

编辑成典的预算法律、法规和行政管理做法的相对重要性在各国有相当的不同。②英国式的预算法往往侧重于处理公共资金的广泛原则，而详细的预算程序则写在法规和行政管理指令中。但是，一些国家最近出现了建立更全面的立法框架的趋势，这些框架强调政府对透明度和责任感的责任。欧洲大陆以民法为基础的国家，例如法国，往往更多地依靠法律详细规定的预算做法和程序，这与这些国家强有力的行政管理控制是一致的。

例如，《法国国民议会议事规则》第23章"财政法案在全院大会的辩论"规定：

任何条款或修正案含有与财政法案有关的组织法所述范围以外的条文，万一这一条文会形成一个法律草案或提案，如果可能受理这种议案的常设委员会提出要求，并且财政、经济和计划委员会主席或总报告人、该委员会为此专门指定的一名秘书处成员同意，则这一条文必须从财政法案中抽出来，分开进行辩论。这一辩论如果关系到财政法案的某一条款，就需要在辩论财政法案之后列入国民议会的议程。如果政府、财政委员会或依法提出的修正案，都未要求对预算法案进行修改，那么对预算法案只需进行简单的辩论。在此情况下，每个演说者只能以个人的名义发言一次。但对部长或报告人提出抗辩除外，这种抗辩的时间，任何情况下均不得超过十分钟。③

又如，《意大利代表院议事规则》第27章"审议财政议案和预算案"规定：

对于每年和多年的财政议案、批准预算的议案、关于经济政策的文件，以及与上述议案有关的公共款项管理的议案，应在本院指定的预算会议上进行审议。审议前款议案的预算会期应为45天，时间自议案正文、所附单项条款一览表以及预测和规划报告实际分发之日起计算。议案移交给参议院后，在不违背第120条第5款规定的前提下，预算会期应为35天，时间自参议院提出的修正草案正文实际分发之日起计算。在预算会议前，本院各相关委员会应先行审议预算法案的概算项目，收集资料，并进行表决。为此目的，各个委员会征得议长同意后，可以决定听证会议程。预算和计划委员会依照这一程序，开始对

① 上海财经大学公共政策研究中心. 2010年中国财政发展报告——国家预算的管理及法制化进程 [M]. 上海：上海财经大学出版社，2010：542.
② 国际货币基金组织. 财政透明度 [M]. 北京：人民出版社，2001：14-15.
③ 尹中卿，等. 英、法、美、德、意、日六国议会议事规则 [M]. 北京：中国民主法制出版社，2005：150.

预算案进行全面审议。①

　　大多数发展中国家采用欧洲或英国式的预算立法模式。转轨经济体为其预算过程建立立法基础正处于不同的阶段，但是许多经济体在执行现实的财政政策以及在实践中控制预算执行方面存在困难。这些国家建立健全的法律框架需要得到能力建设的支持，以在现实预算中反映这种框架。另外，在一些转轨经济体，国库法比更全面的预算法律更早公布，在这些国家全面法律框架尚未具备的情况下，这种折中的做法，更符合其政策和管理能力的现实需要。

　　尽管各国的政府预算立法存在着诸多方面的差异，但有一些共同性的指导思想和基本原则，在各国的政府预算法律中都不同程度地得到了体现。这些指导思想和基本原则主要包括以下几方面的内容：公共资金只能依法开支；预算应是全面的，涵盖中央政府的全部交易；预算交易应以总额反映；应赋予财政责任长官以有效的管理预算的权力；应对使用应急款项或准备金款项规定明确的、严格的条件；应为立法机构和公众准备经独立审计的报告，明确反映公共资金是如何使用的。

　　3）行政法对预算管理的约束

　　在宪法、一般法和国会批准的预算通过各自的方式授权给财政部门之后，财政部门通过行政法体系来落实和实施。日本是通过"政令"和"通达"的形式来下达文件进行具体实施的，美国是通过"财政部条例"来实现的。对财政活动的最后的法律约束和保护来自民事和刑事法院，有些国家（如法国）还设有行政法院。

　　从以上可以看出，政府预算是在一个完备的法律以及司法体系中运行的，宪法、普通法和行政法之间协调一致，由宪法法院、国会和一般民事或行政法院解释、阐述和处置有关的争议。法制为政府预算的运行和管理提供了一个存在的框架和基础。

9.1.2　我国政府预算审查监督的法律规定

　　关于全国人大及其常委会审查政府预算、决算的法律法规，主要有《宪法》《全国人民代表大会议事规则》《中华人民共和国预算法》等。其主要内容是：

　　1）《宪法》中的有关规定

　　《宪法》第六十二条规定，全国人民代表大会审查和批准国家的预算和预算执行情况的报告。第六十七条规定，在全国人民代表大会闭会期间，全国人民代表大会常务委员会审查和批准国民经济和社会发展计划、国家预算在执行过程中所必须作的部分调整方案。

　　2）《全国人民代表大会议事规则》中的有关规定

　　《全国人民代表大会议事规则》第三十四条规定，全国人民代表大会会议举行的45日前，国务院有关主管部门应当就上一年度中央和地方预算执行情况的主要内容与本年度中央和地方预算草案的初步方案，向全国人民代表大会财政经济委员会和有关的专门委员会汇报，由财政经济委员会进行初步审查。财政经济委员会进行初步审查时，应当邀请全国人民代表大会代表参加。第三十五条规定，全国人民代表大会每年举行会议的时候，国务院应当向会议提出关于上一年度中央和地方预算执行情况与本年度中央和地方预算草案的报告、中央和地方预算草案，由各代表团进行审查，并由财政经济委员会和有关的专门委

---

　　①　尹中卿，等. 英、法、美、德、意、日六国议会议事规则［M］. 北京：中国民主法制出版社，2005：520-521.

员会审查。财政经济委员会根据各代表团和有关的专门委员会的审查意见，对前款规定的事项进行审查，向主席团提出审查结果报告，主席团审议通过后，印发会议，并将关于上一年度中央和地方预算执行情况与本年度中央和地方预算的决议草案提请大会全体会议表决。有关的专门委员会的审查意见应当及时印发会议。

3）《中华人民共和国预算法》中的有关规定

《中华人民共和国预算法》第五章"预算审查和批准"和第九章"监督"系统规定了有关预算审查、批准和监督的相关问题。

（1）预算审查和批准

在全国人民代表大会举行会议时，国务院向大会做关于中央和地方预算草案以及中央和地方预算执行情况的报告。地方各级政府在本级人民代表大会举行会议时，向大会做关于总预算草案和总预算执行情况的报告。

全国人民代表大会和地方各级人民代表大会对预算草案及其报告、预算执行情况的报告重点审查下列内容：①上一年预算执行情况是否符合本级人民代表大会预算决议的要求；②预算安排是否符合本法的规定；③预算安排是否贯彻国民经济和社会发展的方针政策，收支政策是否切实可行；④重点支出和重大投资项目的预算安排是否适当；⑤预算的编制是否完整，是否符合本法第四十六条的规定；⑥对下级政府的转移性支出预算是否规范、适当；⑦预算安排举借的债务是否合法、合理，是否有偿还计划和稳定的偿还资金来源；⑧与预算有关的重要事项的说明是否清晰。

全国人民代表大会财政经济委员会向全国人民代表大会主席团提出关于中央和地方预算草案及中央和地方预算执行情况的审查结果报告。省、自治区、直辖市、设区的市、自治州人民代表大会有关专门委员会，县、自治县、不设区的市、市辖区人民代表大会常务委员会，向本级人民代表大会主席团提出关于总预算草案及上一年总预算执行情况的审查结果报告。

审查结果报告应当包括下列内容：对上一年预算执行和落实本级人民代表大会预算决议的情况作出评价；对本年度预算草案是否符合预算法的规定，是否可行作出评价；对本级人民代表大会批准预算草案和预算报告提出建议；对执行年度预算、改进预算管理、提高预算绩效、加强预算监督等提出意见和建议。

乡、民族乡、镇政府应当及时将经本级人民代表大会批准的本级预算报上一级政府备案。县级以上地方各级政府应当及时将经本级人民代表大会批准的本级预算及下一级政府报送备案的预算汇总，报上一级政府备案。县级以上地方各级政府将下一级政府依照前款规定报送备案的预算汇总后，报本级人民代表大会常务委员会备案。国务院将省、自治区、直辖市政府依照前款规定报送备案的预算汇总后，报全国人民代表大会常务委员会备案。

国务院和县级以上地方各级政府对下一级政府依照预算法第五十条规定报送备案的预算，认为有同法律、行政法规相抵触或者有其他不适当之处，需要撤销批准预算的决议的，应当提请本级人民代表大会常务委员会审议决定。

各级预算经本级人民代表大会批准后，本级政府财政部门应当在20日内向本级各部门批复预算。各部门应当在接到本级政府财政部门批复的本部门预算后15日内向所属各单位批复预算。中央对地方的一般性转移支付应当在全国人民代表大会批准预算后30日内正式下达。中央对地方的专项转移支付应当在全国人民代表大会批准预算后90日内正式下达。省、自治区、直辖市政府接到中央一般性转移支付和专项转移支付后，应当在30日内正式下达到本行政区域县级以上各级政府。县级以上地方各级预算安排对下级政府的一般性转移支付和专项转移支付，应当分别在本级人民代表大会批准预算后的30日和60日内正式下达。对自然灾害等突发事件处理的转移支付，应当及时下达预算；对据实结算等特殊项目的转移支付，可以分期下达预算，或者先预付后结算。县级以上各级政府财政部门应当将批复本级各部门的预算和批复下级政府的转移支付预算，抄送本级人民代表大会财政经济委员会、有关专门委员会和常务委员会有关工作机构。

（2）预算监督

全国人民代表大会及其常务委员会对中央和地方预算、决算进行监督。县级以上地方各级人民代表大会及其常务委员会对本级和下级预算、决算进行监督。乡、民族乡、镇人民代表大会对本级预算、决算进行监督。

各级人民代表大会和县级以上各级人民代表大会常务委员会有权就预算、决算中的重大事项或者特定问题组织调查，有关的政府、部门、单位和个人应当如实反映情况和提供必要的材料。

各级人民代表大会和县级以上各级人民代表大会常务委员会举行会议时，人民代表大会代表或者常务委员会组成人员，依照法律规定程序就预算、决算中的有关问题提出询问或者质询，受询问或者受质询的有关政府或者财政部门必须及时给予答复。

国务院和县级以上地方各级政府应当在每年6月至9月期间向本级人民代表大会常务委员会报告预算执行情况。

各级政府监督下级政府的预算执行；下级政府应当定期向上一级政府报告预算执行情况。

各级政府财政部门负责监督检查本级各部门及其所属各单位预算管理有关工作，并向本级政府和上一级政府财政部门报告预算执行情况。

县级以上政府审计部门依法对预算执行、决算实行审计监督。对预算执行和其他财政收支的审计工作报告应当向社会公开。

政府各部门负责监督检查所属各单位的预算执行，及时向本级政府财政部门反映本部门预算执行情况，依法纠正违反预算的行为。

4)《中华人民共和国预算法实施条例》中的有关规定

《中华人民共和国预算法实施条例》专设一章，专门就预算监督问题作出了进一步规定：

县级以上各级政府应当接受本级和上级人民代表大会及其常务委员会对预算执行情况和决算的监督，乡、民族乡、镇政府应当接受本级人民代表大会和上级人民代表大会及其常务委员会对预算执行情况和决算的监督；按照本级人民代表大会或者其常务委员会的要求，报告预算执行情况；认真研究处理本级人民代表大会代表或者其常务委员会组成人员有关改进预算管理的建议、批评和意见，并及时答复。

各级政府应当加强对下级政府预算执行情况的监督，对下级政府在预算执行中违反预算法、预算法实施条例和国家方针政策的行为，依法予以制止和纠正；对本级预算执行中出现的问题，及时采取处理措施。下级政府应当接受上级政府对预算执行情况的监督；根据上级政府的要求，及时提供资料，如实反映情况，不得隐瞒、虚报；严格执行上级政府作出的有关决定，并将执行结果及时上报。

各部门及其所属各单位应当接受本级政府财政部门对预算管理有关工作的监督。财政部派出机构根据职责和财政部的授权，依法开展工作。

各级政府审计部门应当依法对本级预算执行情况和决算草案，本级各部门、各单位和下级政府的预算执行情况和决算，进行审计监督。

9.2 预算绩效管理：走向现代财政制度的必由之路

9.2.1 全面实施预算绩效管理的时代意义

党的十九大报告从全局和战略的高度强调加快建立现代财政制度，明确了深化财税体制改革的目标要求和主要任务。党的二十大进一步强调了健全现代预算制度的重要性。全面实施预算绩效管理是推进国家治理体系和治理能力现代化的内在要求，是深化财税体制改革、健全现代预算制度的重要内容，是优化财政资源配置、提升公共服务质量的关键举措。

2014年修正的《中华人民共和国预算法》充分体现了未来预算改革的绩效导向，其中的第十二条、三十二条、四十九条、五十七条和七十九条，共6次提到绩效问题。2018年9月颁布的《中共中央 国务院关于全面实施预算绩效管理的意见》中进一步明确要求，"力争用3~5年时间基本建成全方位、全过程、全覆盖的预算绩效管理体系"。

（1）全面实施预算绩效管理是推进国家治理体系和治理能力现代化的内在要求。预算是政府的血液，如果我们不说政府应该怎样做，而说政府预算应该怎样做，就可以更加清晰地看出预算在国家治理中的重要作用。政府预算集中体现着政府活动的范围和方向，诠释了政府公共受托责任的履行与实现情况。而作为衡量政府职责履行与实现程度的重要尺度，就是公共财政所提供的公共产品和服务的效率与质量。从这个意义上讲，凡现代国家必有财政预算，凡财政预算必须讲求绩效。因此，全面实施预算绩效管理体现了不断优化政府治理体系与提升政府治理能力的时代要求。

（2）全面实施预算绩效管理是深化财税体制改革、建立现代财政制度的重要内容。在党的十八届三中全会发布的《中共中央关于全面深化改革若干重大问题的决定》中，明确了建立现代财政制度的财税改革总体方向。在党的十九大报告中，针对现代预算制度进一步强调指出，建立全面规范透明、标准科学、约束有力的预算制度，全面实施绩效管理。党的二十大报告提出"健全现代预算制度"，讲求绩效成为现代预算制度的重点要求。现代各国的预算改革与制度建设，在追求决策理性化的过程中，逐渐演化出一系列更具绩效导向性与财政问责性的管理工具。全面实施预算绩效管理改革方略的提出，恰逢中国预算改革处于从"控制取向"走向"绩效导向"的关键转换节点，从而构成了全面深化财税体制改革、建设现代财政制度的重要内容。

（3）全面实施预算绩效管理是优化财政资源配置、提升公共服务质量的关键举措。尽管对于政府预算的绩效是否可以通过考核评价来加以测度，在预算发展史上，也曾存在某些分歧，但随着政府会计和财务报告系统的改进，现代信息与通信技术在预算和财政系统中的良好应用，预算绩效是可以数量化测度的，已日益成为广泛的共识。进入21世纪以来，中国政府预算收支规模不断迈上新台阶，面对规模如此庞大的公共预算资金，如何才能做到"好钢用在刀刃上"？如何有效避免预算执行中的"跑冒滴漏"现象？如何最大限度地提升公共资源的边际配置效率和实现政府行政成本的有效约束？这些颇难回答却必须正面回应的现实问题，将有望在全面实施预算绩效管理的改革方略中找到答案，这无疑是优化财政资源配置、提升公共服务质量的关键举措。

9.2.2　传统绩效预算与新绩效预算

回顾现代预算发展史，就绩效预算改革而言，存在着20世纪50—60年代的传统绩效预算（traditional performance budgeting）与20世纪90年代以来的新绩效预算（new performance budgeting）之区别。

关于两类绩效预算的对比分析以及新绩效预算的最新进展，近年来研究者的关注日渐增多。在绩效预算的对比分析上，有的研究者认为，绩效预算分为新旧两种形式，旧形式与新形式之间的相似之处在于，二者都试图根据绩效指标来分配资源，而主要区别在于各自强调不同类型的绩效指标：传统绩效预算侧重于使用投入指标和产出指标，新绩效预算则致力于将效率指标、有效性指标和成果指标（所谓"3E"标准，关于"3E"标准的具体分析，可以参阅本章案例分析题）与预算决策挂钩。[①]基于绩效预算的实施条件，新绩效预算在对立法部门的重视程度、对机构的权力下放、对各类型绩效指标的使用等方面，均优于传统的绩效预算。[②]早期的绩效预算注重工作量的测量，这些指标关注于支出机构的内部世界，而新绩效预算尝试使用有效性指标和成果指标，关注了机构的客户及其他利益相关者，试图评估客户满意度等互动性效果。

1）传统绩效预算的变迁

（1）绩效预算的缘起

自20世纪中叶以来，各国政府的规模大幅扩张，强调资金使用的合规性以及防止资金滥用的分行列支预算（line-item budgeting）显然不足以支撑政府的高效运转。分行列支预算的主要功能是控制政府预算开支。其主要控制措施包括：分项、详细地记录政府购买的商品或劳务；采用标准化的政府会计控制系统；利用统一的政府采购制度和竞争性招标制度，增强政府购买性支出的透明度，力求节约公共开支。就形式而言，分行列支预算基本上是一种对机构投入加以具体说明的"家庭预算"的形式，如人员经费、设备支出、办公用品和交通费用等。

预算改革者们认为，公共部门应借鉴企业的运行模式，更加强调管理效率，而强调以产出或结果为导向的绩效预算可以较好地实现这一目标。绩效预算可以回答预算过程中涉及的一系列重要问题，诸如要完成什么样的工作或服务、应该如何进行工作以及资金如何支出等。

（2）传统绩效预算失败的原因

在公共部门中推行绩效预算本来是一个很好的倡议，然而，早期的传统绩效预算在实

---

①　LU H. Performance budgeting resuscitated：Why is it still inviable？［J］．American Journal of Hospital Pharmacy，1998（11）．

②　WANG X H. Conditions to implement outcome-oriented performance budgeting：Some empirical evidence ［J］．Journal of Public Budgeting Accounting & Financial Management，1999（4）．

施过程中却遇到了各种各样的问题：政治上的阻力、相关技术支持的缺乏、绩效结果难以与资金分配决策挂钩等。A.Schick（1971）对美国48个州从1961年到1965年预算实践的调查显示，州预算官员和立法者并未对绩效预算给予高度评价。他们认为编制绩效预算是一回事，而如何实施又是另一回事，故许多州都采用"旧酒装新瓶"的方式来实施绩效预算。他们致力于在预算编制领域展示其绩效预算，然而预算决策在实质上并未受到绩效指标和绩效评估的影响。由于绩效预算未能真正影响预算决策，许多州后来放弃或修改了其绩效预算。[1]

绩效指标的设计是绩效预算的关键。绩效预算主要包括五种绩效指标：投入（input）、产出或工作量（output or workload）、效率（efficiency）、有效性（effectiveness）、成果（outcome）。传统绩效预算关注的是投入指标、产出指标以及效率指标，忽略了成果指标的使用。[2]与成果和有效性指标相比，传统的投入和产出指标相对容易量化、收集和理解，它们通常不需要复杂的成本会计核算系统，不需要花费大量资源来收集信息，并且可控性较大。然而，投入、产出以及效率指标关注的是机构本身，反映的是机构内部的运行及其成本。产出指标并不能反映项目目标的完成情况，它与项目的目标不一定存在因果关系。

绩效预算是以结果为导向的预算，要求公共部门将更多的注意力放在项目或服务的效果上，关注公共服务的质量。传统绩效预算的失败，有一部分要归因于政府机构对成果指标的忽略。例如，对于公共安全部门来说，其目标是减少犯罪的发生，而产出指标（如逮捕人数、巡逻情况等）都不能全面反映机构目标的实现情况。

2）新绩效预算的兴起

与传统绩效预算相比，新绩效预算在实施基础、配套改革、绩效评价、信息应用等方面发生了很大的改变。

（1）更加重视立法机关的参与

绩效预算的成功实施，不仅要靠行政机关的推行，还需要其他利益相关主体的配合。经济合作与发展组织（OECD）在各国绩效预算的实践和进程报告中指出：行政部门通常是绩效预算的发起部门，可以推动绩效预算的具体实施，但具体推行还会受到外部压力的影响。[3]缺少立法机关的支持和参与，是传统绩效预算失败的原因之一，所以各国实施新绩效预算时不约而同地注意到了这一因素。

首先，立法机关在绩效信息方面发挥了至关重要的作用。例如，在加拿大，国会对于更多信息的需求，反过来促进了行政部门监督结构的改善。因而，立法机关对绩效信息需求的压力，会在一定程度上推动绩效预算的实施。

其次，在实施新绩效预算的过程中，大多数国家日益重视加强绩效预算和绩效评价的立法工作。法国于2001年颁布了新的《财政组织法》，提出了以结果为导向的预算模式，并规定从2006年开始全面实施。[4]新的《财政组织法》通过任务（missions）（议会投票的第一层次）和项目群（programmes）（第二层次——与结果的目标和指标相关联的主要管

---

① SCHICK A. Budget innovation in the states ［M］. Washington，D.C.：The Brookings Institution，1971：66-67.
② MCGILL R. Performance budgeting ［J］. International Journal of Public Sector Management，2001（5）.
③ SHAW T. Performance budgeting practices and procedures ［J］. OECD Journal on Budgeting，2016（3）.
④ PERFORMANCE FORUM. The genesis of the LOLF ［EB/OL］.（2012-07-25）［2018-01-30］. https：//www.performance-publique. budget. gouv. fr/performance-gestion-publiques/gestion-publique-axee-performance/essentiel/fondamen-taux/genese-lolf#.WnMcs3aWaUk.

理体系）的设计，实现国家预算的现代化。以目标取代了投入导向，以零基预算、结果导向预算取代了增量预算。150个项目群（programmes）替代了原有的大约850个明细支出项目（line items of expenditure）。[1]波兰绩效预算的法律基础是由2009年的《公共财政法案》奠定的，该法案要求审查机构监督绩效计划的实施情况，并规定内阁在提交年度绩效报告的同时，还要引入三年期财政框架。[2]

成功实施新绩效预算的国家，几乎都有相应的法律基础。新西兰的绩效预算改革始于20世纪80年代末，一个突出特点就是通过一系列立法来推动改革的进程，如《国家部门法案》《公共财政法案》《财政责任法案》等。[3]澳大利亚通过《预算诚实宪章》和《财政管理及问责法案》等法律法规，规范了支出机构的预算管理。[4]土耳其2003年颁布了《公共财政管理与控制法》，标志着其绩效预算的引入。[5]此外，丹麦政府绩效管理的实践也证明，必须得到法律的支持，绩效管理和绩效预算才能取得实效。[6]

最后，各国立法机构在预算过程中的积极参与，进一步推动了绩效预算的实施。例如，英国的国家审计署每年进行物有所值审计（monetary value audit），以检查公共支出的主要领域，进而促进政府部门改善服务。[7]

（2）更加注重政府成本会计改革

对成本的精确核算是开展预算绩效管理的前提。收付实现制会计并不能准确计量政府活动的全部成本。政府会计改革的滞后，也是传统绩效预算失败的重要原因。在推进新绩效预算改革中，大部分国家进行了与之配套的政府会计改革，将权责发生制计量原则引入政府会计。权责发生制会计更为关注成本分摊和资源的使用，由此可以得到应用于绩效预算的信息。

（3）促进绩效评价指标体系的完善

传统绩效预算提供的绩效信息主要是单位成本和工作量分析，政府各机构倾向于使用投入指标和产出指标进行绩效评估。产出是定量指标，并不能说明政府活动（提供公共产品或服务）的影响是好还是坏，并且受技术的限制，产出指标和成果指标也往往难以得到很好的测量；而新绩效预算更重视结果，强调以结果为导向，反映了政府机构完成目标的情况，说明了政府活动产生的各种影响。例如，法国中央政府在2005年公布的绩效指标，主要包括三类：一是对公众的社会影响（更加重视效果而不仅是产出），二是对使用者的服务质量，三是对纳税人的效率。[8]

（4）致力于绩效信息的提供和使用

海量的绩效指标和绩效信息并不是绩效预算改革的终点，绩效预算的核心是要将绩效和预算联系起来，利用绩效信息实现资源的有效配置，并运用评价结果展开预算决策。如果在预算决策时不使用绩效信息，那么绩效预算的实施也就难以获得成功。因而实施新绩效预算的国家，在促进绩效信息的使用方面更是竭尽全力。

---

① 利纳特，郑茂京.预算制度的法律框架：国际比较视角［M］.马蔡琛，等译.北京：经济科学出版社，2021：156.
② WORLD BANK GROUP. Toward next-generation performance budgeting［R］. World Bank Group, 2016.
③ 苟燕楠.绩效预算：模式与路径［M］.北京：中国财政经济出版社，2011：73-75.
④ HAWKE L. Performance budgeting in Australia［J］. OECD Journal on Budgeting, 2008（3）.
⑤ OECD. Performance budgeting in Turkey［R］. OECD, 2010.
⑥ GINNERUP R, REFSLUND N. Performance budgeting in Denmark［J］. OECD Journal on Budgeting, 2008（4）.
⑦ UNITED KINGDOM COMPTROLLER AND AUDITOR GENERAL. Progress with VFM savings and lessons for cost reduction programs［R］. London: NAO, 2010.
⑧ WORLD BANK GROUP. Toward next-generation performance budgeting［R］. World Bank Group, 2016.

随着绩效预算的实施，绩效信息得以不断丰富，然而庞杂的绩效信息，又对行政人员和立法人员的信息使用提出了挑战。立法机构的相关人员往往没有足够的时间和精力去分析绩效信息。为了促进国会对绩效信息的使用，法国预算部门一直在致力于减少绩效指标的数量，促进效率指标的使用，试图将结果与资源分配联系起来，2015—2017年，绩效指标减少了24%，已降至118个项目、635个指标。[①]波兰将其绩效预算子任务的数量从698个减少到353个；荷兰将其绩效指标减少了30%~50%。[②]缩减绩效指标的数量，提高绩效信息的质量和有用性，使其在预算协商和预算分配时，能够被充分考虑。

（5）企业管理的思想和方法

自20世纪80年代以来，许多企业管理的方法被引入政府部门，以完善政府绩效管理，如平衡计分卡、标杆管理、作业成本法等。平衡计分卡（balanced scorecard）最早是用于企业绩效管理的，许多公共部门组织利用平衡计分卡来构建其绩效评价体系。有研究者曾对一些国家的地方政府绩效测量和平衡计分卡的使用情况进行调查，在收回的184份反馈中，大多数政府部门在构建绩效指标体系时借鉴了平衡计分卡的思想；40%的管理者对平衡计分卡特别熟悉，部分引用了平衡计分卡；7.5%的地方政府完全引入了平衡计分卡，其管理者对平衡计分卡给予了充分的肯定。[③]此外，企业用于归集成本的作业成本法（activity based costing，ABC）也被引入政府部门。作业成本法的引入可以更精确地核算公共部门和公共支出项目的直接成本和间接成本，促进预算绩效控制指标的构建，同时提高了绩效指标的可信度。[④]

相较于传统绩效预算，新绩效预算不仅取得了立法机关的支持、有匹配的政府会计制度，还致力于建立内部市场结构（internal market），这也恰恰是新绩效预算的"新"之所在。内部市场结构的建立，促使公共部门与私人部门、公共部门各机构之间展开竞争，出现市场检验、优胜劣汰的局面，以此进一步促进绩效评价结果的应用。

9.2.3　预算绩效管理的制度构建

党的十八大以来，党中央、全国人大、国务院日益重视预算绩效管理工作，多次强调要深化预算绩效管理改革，提高财政资金使用效益和政府工作效率。党的十八大报告提出"创新行政管理方式，提高政府公信力和执行力，推进政府绩效管理"；党的十八届三中全会提出要"严格绩效管理"；党的十九大报告提出"建立全面规范透明、标准科学、约束有力的预算制度，全面实施绩效管理"；党的二十大报告从战略和全局的高度，明确了进一步深化财税体制改革的重点举措，提出"健全现代预算制度"，构建完善综合统筹、规范透明、约束有力、讲求绩效、持续安全的现代预算制度。

随着改革的不断深入，预算绩效管理不再拘泥于项目支出的绩效评价，而是逐步将绩效观念融入预算管理的全过程，将预算绩效管理覆盖全部预算。在这一过程中，我国修订了《中华人民共和国预算法》及《中华人民共和国预算法实施条例》，并出台了《中共中

① PERFORMANCE FORUM. Mission, Programs, Objectives, Indicators [EB/OL]. (2016-07-07) [2018-01-20]. https://www.performance-publique.budget.gouv.fr/sites/performance_publique/files/farandole/ressources/2017/DOFP/DOFP_2017_Tome_02.pdf.
② WORLD BANK GROUP. Toward next-generation performance budgeting [R]. World Bank Group, 2016.
③ CHAN Y C. Performance measurement and adoption of balanced scorecards: A survey of municipal governments in the USA and Canada [J]. International Journal of Public Sector Management, 2004 (3): 204-211.
④ 马蔡琛，李明穗. 作业成本法在政府预算绩效评价中的应用 [J]. 会计之友，2017 (2): 25-28.

央 国务院关于全面实施预算绩效管理的意见》《国务院关于深化预算管理制度改革的决定》《国务院关于进一步深化预算管理制度改革的意见》等文件，进一步健全了全面实施预算绩效管理的制度框架。

1)《中华人民共和国预算法》及《中华人民共和国预算法实施条例》有关预算绩效管理的规定

为适应预算改革的需要，2014年8月全国人大常委会审议通过了《关于修改〈中华人民共和国预算法〉的决定》，并自2015年起施行。这是继1994年颁布《中华人民共和国预算法》以来的首次修订，规范预算调整和执行，加强预算审查监督，增强了预算的完整性、科学性和透明度。其中，第三十二条规定"各级预算应当根据年度经济社会发展目标、国家宏观调控总体要求和跨年度预算平衡的需要，参考上一年预算执行情况、有关支出绩效评价结果和本年度收支预测，按照规定程序征求各方面意见后，进行编制"，第五十七条规定"各级政府、各部门、各单位应当对预算支出情况开展绩效评价"，为预算绩效管理改革提供了法律遵循。新预算法首次明确要求预算编制、执行、监督过程必须嵌入绩效原则。各级政府预算除了收支平衡，还需要讲求绩效，不仅需要明确各级政府的绩效目标，部门预算也必须明确部门绩效目标，在预算执行过程中依据目标进行绩效监督，预算项目执行完毕后进行绩效评价，主要依据上年绩效评价结果进行当年预算编制工作。预算法要求政府预算决策、预算过程讲求绩效，这给绩效预算改革向纵深发展提供了法规依据，创造了制度空间。

随着2014年《中华人民共和国预算法》的修订，加之财政预算改革实践的不断深化，《中华人民共和国预算法实施条例》于2020年修订完成，将《中华人民共和国预算法》实施后出台的关于深化预算管理制度改革的有关规定法制化，强化了预算绩效方向。《中华人民共和国预算法实施条例》要求："根据设定的绩效目标，依据规范的程序，对预算资金的投入、使用过程、产出与效果进行系统和客观的评价。绩效评价结果应当按照规定作为改进管理和编制以后年度预算的依据。"强调全过程的绩效评价、相关配套措施的建立、绩效评价结果的应用，强化了预算管理在理性和科学方面的追求。这些法律规范构成了现代预算制度的总体法律制度框架。

2)《中共中央 国务院关于全面实施预算绩效管理的意见》有关预算绩效管理的规定

2018年9月，《中共中央 国务院关于全面实施预算绩效管理的意见》正式发布，旨在破解预算绩效管理存在的突出问题，以全面实施预算绩效管理为关键点和突破口，推动财政资金聚力增效，提高公共服务供给质量，增强政府公信力和执行力。这是中共中央、国务院对全面实施预算绩效管理作出的顶层设计和重大部署，是我国首个关于预算绩效管理的纲领性文件，标志着预算绩效管理由探索试点阶段走向全面实施阶段，具有里程碑式的意义。

《中共中央 国务院关于全面实施预算绩效管理的意见》围绕"全面"和"绩效"两个关键点，对全面实施预算绩效管理作出了部署。其总体思路是，创新预算管理方式，更加注重结果导向、强调成本效益、硬化责任约束，力争用3～5年时间基本建成全方位、全过程、全覆盖的预算绩效管理体系，实现预算和绩效管理一体化，着力提高财政资源配置效率和使用效益，改变预算资金分配的固化格局，提高预算管理水平和政策实施效果，为经济社会发展提供有力保障。具体来看，《中共中央 国务院关于全面实施预算绩效管理的意见》从"全方位、全过程、全覆盖"三个维度推动预算绩效管理的全面实施，即在预算绩效管理内容上，实现"全方位"的预算绩效管理格局；从预算绩效管理的时间上，实现"全过程"的预算绩效管理链条；从预算绩效管理的对象上，实现"全覆盖"的预算绩效管理体系。

（1）构建全方位预算绩效管理格局。要实施政府预算、部门和单位预算、政策和项目预算绩效管理。将各级政府收支预算全面纳入绩效管理，推动提高收入质量和财政资源配置效率，增强财政可持续性。将部门和单位预算收支全面纳入绩效管理，增强其预算统筹能力，推动提高部门和单位整体绩效水平。将政策和项目预算全面纳入绩效管理，实行全周期跟踪问效，建立动态评价调整机制，推动提高政策和项目实施效果。

（2）建立全过程预算绩效管理链条。将绩效理念和方法深度融入预算编制、执行、监督全过程，构建事前、事中、事后绩效管理闭环系统，包括建立绩效评估机制、强化绩效目标管理、做好绩效运行监控、开展绩效评价和加强结果应用等内容。

（3）完善全覆盖预算绩效管理体系。各级政府须将一般公共预算、政府性基金预算、国有资本经营预算、社会保险基金预算全部纳入绩效管理。积极开展涉及财政资金的政府投资基金、主权财富基金、政府和社会资本合作（PPP）、政府采购、政府购买服务、政府债务项目绩效管理。

总体来看，《中共中央 国务院关于全面实施预算绩效管理的意见》立足长远，站位高、举措实，在关注财政资金使用效益的同时，着眼健全长效机制，力求从整体上提高财政资源配置效率。主要体现在以下几个方面：①

（1）拓展预算绩效管理实施对象。即从政策和项目预算为主向部门和单位预算、政府预算拓展，从转移支付为主向地方财政综合运行拓展，逐步提升绩效管理层级，在更高层面统筹和优化资源配置，这也是大部分市场经济国家预算绩效改革的普遍路径。

（2）开展事前绩效评估。为从源头上防控财政资源配置的低效无效，《中共中央 国务院关于全面实施预算绩效管理的意见》将绩效管理关口前移，提出建立重大政策和项目事前绩效评估机制。各部门各单位要对新出台重大政策、项目开展事前绩效评估，投资主管部门要加强基建投资绩效评估，评估结果作为申请预算的前提条件。财政部门要加强新增重大政策和项目预算审核，必要时可以组织第三方机构独立开展绩效评估，审核和评估结果作为预算安排的重要参考依据。需要说明的是，事前绩效评估不是另起炉灶，另搞一套，而是结合预算评审、项目审批等现有工作来开展，更加突出绩效导向。

（3）实施预算和绩效"双监控"。各级政府各部门各单位对绩效目标实现程度和预算执行进度实行"双监控"，发现问题要及时纠正，确保绩效目标如期保质保量实现。通过开展"双监控"，不仅有利于及时调整预算执行过程中的偏差，避免出现资金闲置沉淀和损失浪费，而且有利于及时纠正政策和项目实施中存在的问题，堵塞管理漏洞，确保财政资金使用安全高效。

（4）建立多层次绩效评价体系。各部门各单位对预算执行情况以及政策、项目实施效

---

① 财政部.加快建成全方位、全过程、全覆盖的预算绩效管理体系——财政部有关负责人就贯彻落实《中共中央 国务院关于全面实施预算绩效管理的意见》答记者问［EB/OL］．（2018-09-25）［2019-04-26］. http://www.mof. gov.cn/zhengwuxinxi/caizhengxinwen/201809/t20180925_3026400.htm.

果开展绩效自评，各级财政部门建立重大政策、项目预算绩效评价机制，逐步开展部门整体绩效评价，对下级政府财政运行情况实施综合绩效评价，必要时可以引入第三方机构参与绩效评价。通过建立绩效自评和外部评价相结合的多层次绩效评价体系，不仅能够落实部门和资金使用单位的预算绩效管理主体责任，推动提高预算绩效管理水平，而且能够全方位、多维度反映财政资金使用绩效和政策实施效果，促进提高财政资源配置效率和使用效益，使预算安排和政策更好地贯彻落实党中央、国务院重大方针政策和决策部署。

3）《国务院关于深化预算管理制度改革的决定》及《国务院关于进一步深化预算管理制度改革的意见》有关预算绩效管理的规定

2014年10月，《国务院关于深化预算管理制度改革的决定》正式发布，这是在《中华人民共和国预算法》修订的背景下，为改进预算管理，实施全面规范、公开透明的预算制度，提出的深化预算管理制度改革要求。其中明确提出"加强预算执行管理，提高财政支出绩效"，要求健全预算绩效管理机制。全面推进预算绩效管理工作，强化支出责任和效率意识，逐步将绩效管理范围覆盖各级预算单位和所有财政资金，将绩效评价重点由项目支出拓展到部门整体支出和政策、制度、管理等方面，加强绩效评价结果应用，将评价结果作为调整支出结构、完善财政政策和科学安排预算的重要依据。

2021年4月发布的《国务院关于进一步深化预算管理制度改革的意见》，针对当前和今后一个时期财政处于紧平衡状态、收支矛盾较为突出的形势，提出了进一步深化预算管理改革的要求。其中，将推动预算绩效管理提质增效作为重点要求。将落实党中央、国务院重大决策部署作为预算绩效管理重点，加强财政政策评估评价，增强政策可行性和财政可持续性。加强重点领域预算绩效管理，分类明确转移支付绩效管理重点，强化引导约束。加强对政府和社会资本合作、政府购买服务等项目的全过程绩效管理。加强国有资本资产使用绩效管理，提高使用效益。加强绩效评价结果应用，将绩效评价结果与完善政策、调整预算安排有机衔接，对低效无效资金一律削减或取消，对沉淀资金一律按规定收回并统筹安排。加大绩效信息公开力度，推动绩效目标、绩效评价结果向社会公开。《国务院关于深化预算管理制度改革的决定》《国务院关于进一步深化预算管理制度改革的意见》发布之后，我国预算管理制度改革进程不断推进，针对预算绩效管理这一重要命题，制定并实施了诸多政策措施，为预算绩效管理夯实了基础。

9.2.4　预算绩效管理的具体流程

1）事前绩效评估

事前绩效评估是绩效目标审核的拓展和延伸，有利于进一步提升预算安排的科学性和透明度。《中共中央 国务院关于全面实施预算绩效管理的意见》指出，"建立绩效评估机制。各部门各单位要结合预算评审、项目审批等，对新出台重大政策、项目开展事前绩效评估，重点论证立项必要性、投入经济性、绩效目标合理性、实施方案可行性、筹资合规性等，投资主管部门要加强基建投资绩效评估，评估结果作为申请预算的必备要件。各级财政部门要加强新增重大政策和项目预算审核，必要时可以组织第三方机构独立开展绩效评估，审核和评估结果作为预算安排的重要参考依据"。

当前，我国的事前绩效评估尚处于起步阶段，部分地方政府已经制定了详细的实施办法或实施细则。譬如，北京市于2019年制发了《北京市市级财政支出事前绩效评估管理办法》，并于2021年进行了修订，为事前绩效评估提供了指导和规范。

在实施方面，事前绩效评估已取得了显著的成效。2022年，财政部预算评审中心积极开展了政策评估及事前绩效评估，涉及资金1 300.4亿元，为政策的有效实施奠定了良好基础。①四川省财政投资评审中心聚焦教育、卫生、工信、自然资源、金融等领域，2022年上半年对4个项目开展了事前绩效评估，涉及金额0.33亿元，审减0.12亿元，审减率35.66%。②2022年，重庆市财政局要求对所有市级重点专项一级项目（包含2023年新增及以前年度设立并延续至2023年或以后年度的重点专项）全部开展事前绩效评估，做到应评尽评。③

下面我们以北京市为例，简要介绍事前评估是如何实施的。北京于2002年开展绩效评价工作试点，并于2010年首创了事前绩效评估管理模式，在之后的几年中，评价项目和评估资金的覆盖面不断扩大，审减率也不断提升，为节约预算资金作出了巨大的贡献。2014年，北京市财政局颁布了《北京市市级项目支出事前绩效评估管理实施细则》，对事前评估的对象和内容、组织管理、方式方法、结果及应用、工作程序、评估报告及行为规范等进行了详细的解释和规定。2019年，北京市财政局进一步发布了《北京市市级财政支出事前绩效评估管理办法》，并于2021年进行了修订。具体来看，事前绩效评估的内容主要包括项目或政策的必要性、可行性、经济性、效率性、效益性五个维度。事前绩效评估的流程涵盖了以下六个阶段：④

一是预算部门和单位项目申报。市财政局根据"随申报、随评估、随入库"的原则开展事前评估。市级预算部门和单位按照年度预算编制时间安排，完成本部门本单位事前评估及项目录入工作，并按预算编制流程将拟新增重大项目、政策报送市财政局开展事前评估，评估通过后纳入项目库。在预算执行过程中，市级预算部门和单位申请预算调整，须将拟新增重大项目、政策报送市财政局。

二是市财政局预算管理处室审核把关。市财政局预算管理处室对预算部门和单位申报的项目、政策进行初审，提出初步意见，将拟列入预算安排的事前评估对象清单及初步意见送市财政局绩效处，通知预算部门和单位按要求提供相关材料，并对申报材料进行指导和把关。

三是市财政局绩效处组织评估工作。市财政局绩效处汇总各预算管理处室提交的评估项目、政策，报局领导审批同意后，组建事前评估工作组。工作组由市财政局绩效处、预算管理处室、第三方机构相关人员组成，按流程开展后续评估工作。

四是召开预审会。预审会主要由工作组和专家组听取预算部门和单位的汇报，对提交的资料进行审核，并出具补充资料清单。预算部门和单位在10个工作日内补齐评估资料，逾期未按要求补充资料的项目、政策退回预算管理处室。提交评估资料达到评估条件的项目、政策，在30日内完成事前评估工作。

① 预算评审中心.2022年数字看评审：评审业务量大幅提升 促预算管理提质增效 [EB/OL]. （2023-03-30）[2023-03-31]. http://tzps.mof.gov.cn/shujudongtai/202303/t20230330_3876286.htm.
② 四川省财政厅.2022年上半年省本级财政评审工作成效显著 [EB/OL]. （2022-07-27）[2023-03-31]. http://czt.sc.gov.cn/scczt/c102358/2022/7/27/d88c0c1bd89348faad74eef2c5175c34.shtml.
③ 重庆市人民政府.重庆开展财政资金事前绩效评估 [EB/OL]. （2022-08-03）[2023-03-31]. http://www.cq.gov.cn/ywdt/zwhd/bmdt/202208/t20220803_10973638.html.
④ 北京市财政局.北京市市级财政支出事前绩效评估管理办法 [Z]. 2021-10-18.

五是召开正式评估会。会议主要由专家组依据预算部门和单位补充完善的资料，对照评估指标体系，独立客观地进行评分，提出评估意见。

六是形成评估报告。工作组汇总专家组意见，得出最终评估结论，在征求预算管理处室意见的基础上形成正式评估报告。

综合来看，今后一方面要逐步扩大事前绩效评估的覆盖范围，加强评估结果与预算安排的关联，另一方面也要关注评估方法、评估依据等技术性问题，从而提高事前绩效评估的科学性和合理性。

2）绩效运营监控

绩效运营监控是指在预算执行过程中，对预算执行情况和绩效目标实现程度开展的监督、控制和管理活动，[1]是全过程预算绩效管理的重要环节。在绩效监控过程中，预算部门（支出部门）负责对本部门及所属单位的资金运行绩效的监控工作，发现问题应及时纠正。财政部门负责在预算部门自行监控基础上的重点检查工作，督促预算部门及时采取措施，纠正发现的问题，确保绩效目标的实现。[2]

为进一步提高绩效监控工作的规范性和系统性，财政部于2019年发布了《中央部门预算绩效运行监控管理暂行办法》，明确了在绩效监控过程中各部门的职责分工、监控范围与内容、监控方法与流程以及结果应用等方面的具体要求，并制定了项目支出绩效目标执行监控表（如表9-1所示）。[3]

表9-1　　　　　　　　　　　　　项目支出绩效目标执行监控

项目支出绩效目标执行监控表				
（　　年度）				
项目名称				
主管部门及代码	实施单位			
项目资金（万元）		年初预算数	1—7月执行数	1—7月执行率	全年预计执行数
项目资金（万元）	年度资金总额：				
项目资金（万元）	其中：本年一般公共预算拨款				
项目资金（万元）	其他资金				
年度总体目标					

---

[1] 财政部.中央部门预算绩效运行监控管理暂行办法［Z］.2019-07-26.
[2] 中华人民共和国财政部预算司.中国预算绩效管理探索与实践［M］.北京：经济科学出版社，2013：101.
[3] 财政部.中央部门预算绩效运行监控管理暂行办法［Z］.2019-07-26.

项目支出绩效目标执行监控表

一级指标	二级指标	三级指标	年度指标值	1—7月执行情况	全年预计完成情况	偏差原因分析					完成目标可能性			备注
						经费保障	制度保障	人员保障	硬件条件保障	原因说明	确定能	有可能	完全不可能	
绩效指标	产出指标	数量指标												
		质量指标												
		时效指标												
		成本指标												
		⋮												
	效益指标	经济效益指标												
		社会效益指标												
		生态效益指标												
		可持续影响指标												
		⋮												
	满意度指标	服务对象满意度指标												
		⋮												

资料来源：财政部.关于印发《中央部门预算绩效运行监控管理暂行办法》的通知［EB/OL］.（2019-08-01）［2023-03-31］. http://yss.mof.gov.cn/zhuantilanmu/ysjxgl/201907/t20190731_3339251.htm.

3）预算绩效评价

我国的预算绩效管理始于绩效评价，预算绩效评价的改革时间最长，已经形成了较为成熟的评价体系。特别是在 2012 年之后，各地各部门对绩效评价体系进行了一系列的探索和完善。在评价内容上，纳入绩效评价的资金规模逐步扩大；在评价主体上，第三方评价逐渐兴起；在评价方式上，再评价机制、整体支出评价和政策评价逐步出现，并互相融合、互相补充。

（1）评价内容：绩效评价的资金规模不断扩大。近年来，预算绩效评价被越来越多的地方政府所采用，纳入评价范围的资金规模日益扩大。2022 年按照全面实施预算绩效管理的总体部署，锚定"推动预算绩效管理提质增效"工作目标，全国各级财政评审机构积极开展绩效评价工作，业务涉及资金达 29 806.09 亿元，占总业务量比重为 18.58%。其中，省级以下财政评审机构的绩效评价业务量增势同样显著，涉及资金 11 265.39 亿元，比上年增长 78.86%。①

从中央财政层面来看，在绩效自评方面，中央部门已经实现对所有本级项目进行绩效自评，并于 2018 年开始组织地方对中央专项转移支付全面开展绩效自评。在重点绩效评价方面，财政部于 2016 年建立了重点绩效评价常态机制，每年选择部分重点民生政策和重大项目组织开展绩效评价工作。②此外，中央部门还格外重视预算绩效的公开。2015 年度中央部门决算中共有 69 个部门首次公开绩效工作开展情况，24 个部门公开了项目绩效评价报告，受到社会广泛关注。③2023 年，中央部门公开绩效目标比例又有所提高，除法律规定的涉密、敏感信息外，原则上公开部门预算的中央部门应将一般公共预算一级项目、政府性基金预算项目、国有资本经营预算项目绩效目标表，按照不低于项目数量 60%的比例向社会公开。④

（2）评价方式：多种评价方式相结合。随着预算绩效管理改革的不断深入，评价方式也朝向多样化的方向发展，绩效自评、整体支出评价、政策评价等评价方式相继出现。不同评价方式的侧重点不同，能够反映财政绩效的不同方面。当前，正致力于将不同的评价方式融合在一起，建立起"多层次"的预算绩效评价体系，以实现绩效评价的全面性。

从中央财政层面来看，财政部颁布了《关于开展中央部门项目支出绩效自评工作的通知》，为中央部门的绩效自评提供了指导和规范。要求所有中央部门比照年初填报的绩效目标及指标，对所有一级项目、二级项目开展绩效自评，确保绩效自评覆盖率达到 100%，同时，按照不低于本部门项目支出总金额 50%的比例选取部分一级项目绩效自评结果，随同中央部门决算报财政部。

具体来看，绩效自评采用打分评价的形式，满分为 100 分。其得分评定方法分为两类：一是定量指标。完成指标值的，记该指标赋全部分值；未完成的，按照完成值在指标值中所占比例记分。二是定性指标。根据指标完成情况分为达成预期指标、部分达成预期

---

① 预算评审中心.2022 年数字看评审：评审业务量大幅提升 促预算管理提质增效［EB/OL］.（2023-03-30）［2023-03-31］. http://tzps.mof.gov.cn/shujudongtai/202303/t20230330_3876286.htm.
② 中国经济网.财政：中央财政加快预算绩效改革 绩效目标基本实现全覆盖［EB/OL］.（2019-01-31）［2019-04-02］. http://www.ce.cn/xwzx/gnsz/gdxw/201901/31/t20190131_31408457.shtml.
③ 财政部预算司.预算绩效管理工作要报：中央部门首次绩效公开获舆论好评［EB/OL］.（2016-08-16）［2019-04-02］. http://yss.mof.gov.cn/zhuantilanmu/ysjxgl/201611/t20161115_2458850.html.
④ 李忠峰.预算公开更细 花钱更重绩效——解读 2023 年中央部门集中"晒"预算［N］. 中国财经报，2023-03-30（001）.

指标并具有一定效果、未达成预期指标且效果较差三档，分别按照该指标对应分值区间100%～80%（含80%）、80%～50%（含50%）、50%～0合理确定分值。各项指标得分汇总成该项目自评的总分。[①]2017年，财政部首次组织中央部门对所有项目2016年预算执行结果开展绩效自评，并最终选择99个中央部门111个一级项目自评结果，随同部门决算草案一并提交全国人大常委会审议，此举成为预算绩效管理的又一重大突破。[②]

从地方财政层面来看，各地还采用了再评价、整体支出评价和政策评价等多种评价方式。为促进提高评价工作质量，提升预算绩效管理效果，多地开展绩效再评价工作。例如，云南省曲靖市财政局于2021年对市发展和改革委员会、市教育体育局、市民政局、市自然资源和规划局、市人力资源和社会保障局等11个部门抽取的14个项目，开展绩效运行监控再评价工作，取得了积极成效。[③]部门整体支出绩效评价的开展，有助于推进部门整体绩效预算改革，深化"全方位"预算绩效管理格局的构建。2022年，合肥市财政局在市直部门绩效自评全覆盖的基础上，对41个部门整体支出开展财政重点评价，通过创新评价体系、规范评价实务、突出评价重点，推动了部门整体支出绩效管理提质增效。[④]为提高财政支出政策资金的配置效率和使用效益，上海市财政局于2019年印发了《上海市市级财政政策预算绩效管理办法（试行）》，对财政政策组织事前绩效评估、绩效目标、绩效跟踪、绩效评价及结果应用等活动作出了具体规定。[⑤]2020年10月，浙江省财政厅颁布了《浙江省财政支出政策绩效评价管理办法》，对财政支出政策绩效评价的基本原则、主要依据、基本内容、评价指标体系、评价方法、工作程序、结果运用等进行了规定。

4）绩效评价结果应用

绩效评价结果应用是指财政部门、预算部门和被评价单位等通过多种方式充分运用绩效评价结果，并将其转化为提高预算资金使用绩效具体行为的活动。[⑥]绩效评价结果应用是预算绩效管理落到实处、取得实效的关键，也是全过程预算绩效管理工作的落脚点，已成为全面实施预算绩效管理的关键环节。

通过优化制度整体设计，将预算绩效评价结果在绩效奖金分配、领导干部选拔任用、财政预算安排等方面加以应用，并强化评价结果与上述各方面间的挂钩，着力改变评价结果应用不足的局面，加强评价结果应用的责任约束。具体而言，根据绩效评价反馈结果，对交叉重复、碎片化的政策和项目予以调整，对低效无效资金一律削减或取消，对长期沉淀的资金一律收回，体现奖优罚劣和激励相容导向，并按有关规定统筹用于亟须支持的领域。通过硬化绩效评价结果与预算安排的挂钩机制，将绩效评价结果作为编制预算、加强预算管理和完善政策实施的重要依据，从而切实扩大绩效评价结果的应用深度。

———————————

① 预算司.关于开展中央部门项目支出绩效自评工作的通知［EB/OL］．（2016-10-31）［2019-04-03］. http://www.mof.gov.cn/gp/xxgkml/yss/201611/t20161115_2510867.html.

② 财政部.中央部门项目支出预算绩效自评覆盖率达100%［EB/OL］．（2017-06-28）［2019-04-03］. http://www.mof.gov.cn/zhengwuxinxi/caijingshidian/zgcjb/201706/t20170628_2633302.htm.

③ 财政部.曲靖市财政：绩效运行监控再评价工作取得成效［EB/OL］．（2021-12-21）［2023-03-31］. http://www.mof.gov.cn/zhengwuxinxi/xinwenlianbo/yunnancaizhengxinxilianbo/202112/t20211221_3776571.htm.

④ 财政部.合肥市财政局：部门整体支出绩效评价"出新招亮实招使硬招"［EB/OL］．（2022-04-14）［2023-03-31］. http://www.mof.gov.cn/zhengwuxinxi/xinwenlianbo/yunnancaizhengxinxilianbo/202112/t20211221_3776571.htm.

⑤ 上海市财政局.关于印发《上海市市级财政政策预算绩效管理办法（试行）》的通知［EB/OL］．（2019-07-05）［2022-05-18］. https://czj.sh.gov.cn/zys_8908/zcfg_8983/zcfb_8985/ysgl_8986/ysjx/20190708/0017-180687.html.

⑥ 中华人民共和国财政部预算司.中国预算绩效管理探索与实践［M］.北京：经济科学出版社，2013：122.

本章小结 ✔

•政府预算监督，是指在政府预算管理的全过程中，以法治化的形式，就政府预算利益相关主体的资金筹集、配置和使用等活动，进行的检查、督促和约束，是政府预算管理的重要组成部分。

•全面实施预算绩效管理是推进国家治理体系和治理能力现代化的内在要求，是深化财税体制改革、健全现代预算制度的重要内容，是优化财政资源配置、提升公共服务质量的关键举措。

•党的十八大以来，党中央、全国人大、国务院日益重视预算绩效管理工作，多次强调要深化预算绩效管理改革，提高财政资金使用效益和政府工作效率。党的十八大报告提出"创新行政管理方式，提高政府公信力和执行力，推进政府绩效管理"；党的十八届三中全会提出要"严格绩效管理"；党的十九大报告提出"建立健全规范透明、标准科学、约束有力的预算制度，全面实施绩效管理"；党的二十大报告从战略和全局的高度，明确了进一步深化财税体制改革的重点举措，提出"健全现代预算制度"，构建完善综合统筹、规范透明、约束有力、讲求绩效、持续安全的现代预算制度。

综合练习 ✔

•简答题

9.1 简要论述我国政府预算监督的法律规定。

9.2 简要论述全面实施预算绩效管理的时代意义。

9.3 试分析从传统绩效预算走向新绩效预算的发展路径。

9.4 举例说明事前绩效评估的具体流程。

•案例分析题

"3E"衡量标准的辩证思考

但凡言及绩效管理，源于20世纪80年代英国首次提出的绩效评价"3E"衡量标准，就不得不被提及。请阅读以下资料，并尝试回答下列问题：

1.尝试举例说明经济性、效率性和有效性衡量标准之间的区别和联系。

2.您认为"3E"衡量标准在现实应用中需要注意哪些问题？

3.结合本例中有关"产出"与"成果"之间的分析，再列举几个产出与成果有可能背离的案例。

所谓"3E"衡量标准，是指以经济性、效率性和有效性（也称为效果性）作为绩效评判标准。后来，有人又增加了公平性（equity），从而构成"4E"衡量标准体系。

按照通常的界定，经济性主要衡量政府部门投入成本的降低程度，要求各部门尽可能以最低的成本购买或提供特定的数量与质量的公共产品或服务；效率性则反映政府部门的最终工作成果与工作过程中资源消耗之间的对比关系，要求在既定的投入水平下达到产出最大化，或在既定的产出水平下实现投入最小化，即支出是否合理、高效；有效性通常是要求衡量政府所进行的工作或提供的服务，在多大程度上达到了政府的目标并满足了公众的需求。还有的解释为，经济是指输入成本的降低程度；效率是指一种活动或一个组织的产出及其投入之间的关系；效果是指产出对最终成果所贡献的大小。而绩效则是经济性、效率性和有效性的统一。

其实，不论是在英文语境还是在中文语境中，"3E"（economy, efficiency, effectiveness）这三个词都显得晦涩难懂，且内容又不确定，更多具有文字游戏的色彩，其实际应用价值是相对有限的。但在具体操作中，实际部门对于"3E"之间的具体区别何在，也往往莫衷一是。譬如，"经济性"和"效率性"到底有何差别？某些指标到底是"效率性"的还是"有效性"的？这些问题不仅严重困扰了理论研究者，也在相当程度上影响了预算绩效管理工作的推进。

其实，在实际操作中，"产出"和"成果"之间的区别，有时也难以把握。但国际经验表明，如果能够精心考量测度对象的特异性，仍旧可以循此构建恰当的成本收益分析框架。我们可以通过一些国家地方政府《绩效预算手册》中的例子来加以说明：某城市有一条河，需要建一座桥以缓解交通拥堵压力。但有关部门却将建桥本身作为目标，从建桥的便利性出发，将桥设计在河流最狭窄的地段。桥建成后，交通拥堵的问题却没有得到很好的解决。虽然有关部门很好地完成了"产出"，工作量完全符合要求，桥也按期高质量完工，但是它的"成果"是很差的。这个案例似乎说明，在很多情况下，财政支出项目的"产出"与"成果"之间，甚至会出现南辕北辙的情况。

资料来源：[1] 马蔡琛，朱旭阳. 21 世纪公共预算绩效管理方向探究 [J]. 财政监督，2017（11）.
[2] 马蔡琛，等. 结合财政支出项目成本收益分析，构建预算评审的基础数据库 [R]. 财政部预算评审中心委托研究课题，2017.

推荐阅读资料 ✅

[1] 中华人民共和国财政部预算司. 中国预算绩效管理探索与实践 [M]. 北京：经济科学出版社，2013.
[2] 财政部预算评审中心. 中国财政支出政策绩效评价体系研究 [M]. 北京：经济科学出版社，2017.
[3] 马蔡琛，赵早早. 新中国预算建设70年 [M]. 北京：中国财政经济出版社，2020.
[4] 马蔡琛，等. 构建中的预算绩效指标框架：理论与实践 [M]. 太原：山西经济出版社，2020.
[5] 马蔡琛，等. 全面实施预算绩效管理：国际经验与中国方略 [M]. 太原：山西经济出版社，2023.

主要参考文献

［1］财政部预算司. 中央部门预算编制指南（2023 年）［M］. 北京：中国财政经济出版社，2022.

［2］财政部预算司. 中国预算绩效管理探索与实践［M］. 北京：经济科学出版社，2013.

［3］财政部预算司. 零基预算［M］. 北京：经济科学出版社，1997.

［4］全国人大常委会预算工作委员会调研室. 国外预算管理考察报告［M］. 北京：中国民主法制出版社，2005.

［5］陈工. 政府预算与管理［M］. 北京：清华大学出版社，2004.

［6］陈纪瑜. 政府预算管理［M］. 长沙：湖南大学出版社，2003.

［7］陈启修. 财政学总论［M］. 北京：商务印书馆，2015.

［8］程瑜. 政府预算契约论——一种委托–代理理论的研究视角［M］. 北京：经济科学出版社，2008.

［9］何廉，李锐. 财政学［M］. 北京：商务印书馆，2011.

［10］苟燕楠，董静. 公共预算决策——现代观点［M］. 北京：中国财政经济出版社，2004.

［11］苟燕楠. 绩效预算：模式与路径［M］. 北京：中国财政经济出版社，2011.

［12］李成威，杜崇珊. 零基预算：从方法到理念演进的要件分析［J］. 中央财经大学学报，2020（10）.

［13］李燕. 政府预算理论与实务［M］. 北京：中国财政经济出版社，2004.

［14］刘昆. 绩效预算：国外经验与借鉴［M］. 北京：中国财政经济出版社，2007.

［15］刘立佳，刘博敏，刘小兵. IMF2001 版政府财政统计是否有利于财政风险管理——一项基于世界经验的实证分析［J］. 财贸经济，2015（8）.

［16］刘明慧. 政府预算管理［M］. 北京：经济科学出版社，2004.

［17］卢洪友. 政府预算学［M］. 武汉：武汉大学出版社，2005.

［18］姜维壮. 比较财政管理学［M］. 北京：中国财政经济出版社，2000.

［19］马蔡琛，赵早早. 新中国预算建设 70 年［M］. 北京：中国财政经济出版社，2020.

［20］马蔡琛. 如何解读政府预算报告［M］. 北京：中国财政经济出版社，2002.

［21］马蔡琛. 变革世界中的政府预算管理——一种利益相关方视角的考察［M］. 北京：中国社会科学出版社，2010.

［22］马蔡琛，等. 山坳上的中国政府预算改革——变革世界中的现代预算制度［M］. 北京：经济科学出版社，2018.

［23］马蔡琛，等. 构建中的预算绩效指标框架：理论与实践［M］. 太原：山西经济出版社，2020.

［24］马蔡琛. 初论公共预算的交易特征［J］. 河北学刊，2006（5）.

［25］马蔡琛，童晓晴. 公共支出绩效管理的国际比较与借鉴［J］. 广东社会科学，2006（2）.

［26］马蔡琛，李宛姝. 后金融危机时代的政府预算管理变革——基于 OECD 国家的考察［J］. 经济与管理研究，2016（6）.

［27］马蔡琛，赵灿. 公共预算遵从的行为经济学分析——基于前景理论的考察［J］. 河北学刊，2013（4）.

［28］马蔡琛，李璐. 再论中国政府预算改革的路径选择——基于 PPBE 和规划预算的考察［J］. 甘肃行政学院学报，2009（1）.

［29］马蔡琛，隋宇彤. 预算制度建设中的财政预备费管理——基于国际比较的视角［J］. 探索与争鸣，2015（10）.

［30］马蔡琛，桂梓椋. 探索预算绩效监督的中国模式：基于国际比较视角［J］. 经济纵横，2022（1）.

［31］马蔡琛，李红梅. 参与式预算在中国：现实问题与未来选择［J］. 经济与管理研究，2009（12）.

［32］马蔡琛，赵笛，苗珊. 共和国预算 70 年的探索与演进［J］. 财政研究，2019（7）.

［33］马蔡琛，朱旭阳. 从传统绩效预算走向新绩效预算的路径选择［J］. 经济与管理研究，2019（1）.

［34］马国贤. 政府预算［M］. 上海：上海财经大学出版社，2011.

［35］马洪范. 国库现金管理：理论与政策［M］. 北京，经济科学出版社，2014.

［36］马骏，赵早早. 公共预算：比较研究［M］. 北京：中央编译出版社，2011.

［37］马寅初. 财政学与中国财政——理论与现实［M］. 北京：商务印书馆，2001.

［38］门惠英. 复式预算理论与实践［M］. 北京：中国财政经济出版社，1996.

［39］聂丽洁，王俊梅. 关于绩效预算与零基预算相结合的预算方法体系的思考［J］. 中央财经大学学报，2004（12）.

［40］孙硕，邓淑莲. 国家治理现代化背景下的政府预算收支分类体系研究［J］. 财政研究，2020（12）.

［41］王朝才，张晓云，马洪范. 部分国家中期预算制度［M］. 北京：中国财政经济出版社，2016.

［42］王金秀，陈志勇. 国家预算管理［M］. 3 版. 北京：中国人民大学出版社，2013.

［43］王雍君. 公共预算管理［M］. 2 版. 北京：经济科学出版社，2010.

［44］项怀诚，楼继伟．中国政府预算改革五年（1998—2003）［M］．北京：中国财政经济出版社，2003.

［45］谢庆奎，单继友．公共预算的本质：政治过程［J］．天津社会科学，2009（1）．

［46］阎坤，周雪飞．发达国家国库管理制度的考察与借鉴［J］．财政研究，2003（2）．

［47］于中一．基层财政预算工作指导全书［M］．北京：经济科学出版社，2005.

［48］张岌．后危机时代的韩国预算改革：通往财政可持续之路［J］．公共行政评论，2014（3）．

［49］张献勇．预算权研究［M］．北京：中国民主法制出版社，2008.

［50］赵早早．澳大利亚政府预算改革与财政可持续［J］．公共行政评论，2014（1）．

［51］朱大旗．中华人民共和国预算法释义［M］．北京：中国法制出版社，2015.

［52］坎贾诺M，克里斯汀T，拉扎尔L.公共财政管理及其新兴架构［M］．马蔡琛，张慧芳，赵铁宗，等译．大连：东北财经大学出版社，2017.

［53］米克塞尔J L.公共财政管理：分析与应用［M］．苟燕楠，马蔡琛，译．9版．北京：中国人民大学出版社，2020.

［54］希克A．当代公共支出管理方法［M］．王卫星，译．北京：经济管理出版社，2000.

［55］鲁宾I.公共预算中的政治：收入与支出，借贷与平衡［M］．马骏，叶娟丽，译．4版．北京：中国人民大学出版社，2001.

［56］瑞宾J R，林奇T D.国家预算与财政管理［M］．丁学东，等译．北京：中国财政经济出版社，1990.

［57］李R D，约翰逊R W，乔伊斯P G.公共预算制度［M］．苟燕楠，译．8版．北京：中国财政经济出版社，2011.

［58］亨利N.公共行政与公共事务［M］．项龙，译．7版．北京：华夏出版社，2002.

［59］普雷姆詹德．预算经济学［M］．周慈铭，等译．北京：中国财政经济出版社，1989.

［60］威尔达夫斯基A，凯顿N.预算过程中的新政治学［M］．邓淑莲，魏陆，译．4版．上海：上海财经大学出版社，2006.

［61］林奇T D.美国公共预算［M］．苟燕楠，董静，译．4版．北京：中国财政经济出版社，2001.

［62］神野直彦．财政学——财政现象的实体化分析［M］．彭曦，等译．南京：南京大学出版社，2012.

［63］亚洲开发银行．政府支出管理［M］．财政部财政科学研究所，译．北京：人民出版社，2001.

［64］经济合作与发展组织．比较预算［M］．财政部财政科学研究所，译．北京：人民出版社，2001.

［65］卡恩 A K，希尔德雷斯 B H.公共部门预算管理［M］.韦曙林，译.上海：上海人民出版社，2010.

［66］凯丽 J M，瑞文巴克 W C.地方政府绩效预算［M］.苟燕楠，译.上海：上海财经大学出版社，2007.

［67］梅耶斯 R T.公共预算经典：第 1 卷［M］.苟燕楠，董静，译.上海：上海财经大学出版社，2005.

［68］利纳特，郑茂京.预算制度的法律框架：国际比较视角［M］.马蔡琛，等译.北京：经济科学出版社，2021.

［69］BLONDAL J R. Budget reform in OECD member countries：Common trends［J］. OECD Journal on Budgeting，2003，2（4）.

［70］CAIDEN N. A new perspective on budgetary reform［J］. Australia Journal of Public Administration，1989，48（1）.

［71］CARIDAD M. Performance budgeting and medium-term expenditure frameworks：A comparison in OECD central governments［J］. Journal of Comparative Policy Analysis：Research and Practice，2019（4）.

［72］CURRISTINE T. Performance information in the budget process：Results of the OECD 2005 questionnaire［J］. OECD Journal on Budgeting，2005，5（2）.

［73］HO A T，NI A Y. Have cities shifted to outcome-oriented performance reporting？—A content analysis of city budgets［J］. Public Budgeting & Finance，2005，25（2）.

［74］KELLY J M. The long view：Lasting（and fleeting）reforms in public budgeting in the twentieth century［J］. Journal of Public Budgeting，Accounting & Financial Management，2003（2）.

［75］KEY V O，JR. The lack of a budgetary theory［J］. American Political Science Review，1940，34（6）.

［76］KRAAN D J. Budgetary decisions—a public choice approach［M］. Cambridge：Cambridge University Press，1996.

［77］MATINEZ-VAZQUEZ J，BOEX J. Budgeting and fiscal management in transitional economies［J］. Journal of Public Budget，Accounting & Financial Management，2001，13（32）.

［78］MEYERS R T，RUBIN I S. The executive budget in the federal government：The first century and beyond［J］. Public Administration Review，2011（3）.

［79］RIVENBARK W C，KELLY J M. Performance budgeting in municipal government［J］. Public Performance & Management Review，2006，30（1）.

［80］RUBIN I. Past and future budget classics：A research agenda［J］. Public Administration Review，2015，75（1）.

［81］SUNDELSON J W. The emergency budget of the federal government［J］. The American Economic Review，1934（1）.

［82］WILNER S. Budgetary principles［J］. Political Science Quarterly，1935，1（2）.